普通高等教育经济与管理类规划教材

国际经济法
（第 2 次修订本）

席 静 主编

清华大学出版社
北京交通大学出版社
·北京·

内容简介

本书共分 11 章，第 1 章导论部分主要介绍了国际经济法的调整对象、主体及渊源等基础理论，第 2 章至第 4 章从买卖合同、运输、保险和支付等方面介绍了国际货物贸易的主要法律制度，第 5 章和第 6 章分别对国际技术贸易和国际服务贸易的法律制度进行介绍，第 7 章主要介绍了政府对贸易管理的法律制度，第 8 章主要介绍了国际投资的法律制度，第 9 章和第 10 章分别介绍了国际金融领域的法律制度和国际税收法律制度，第 11 章则介绍了国际经济争端解决的相关法律制度。

本书可作为经管类专业本、专科学生学习国际经济法的教材，也可作为涉外商务人员了解对外经济交往制度的参考书。

本书封面贴有清华大学出版社防伪标签，无标签者不得销售。

版权所有，侵权必究。侵权举报电话：010-62782989　13501256678　13801310933

图书在版编目（CIP）数据

国际经济法/席静主编 .—北京：清华大学出版社；北京交通大学出版社，2011.9
（2024.2重印）
（普通高等教育经济与管理类规划教材）
ISBN 978-7-5121-0733-5

Ⅰ.①国⋯　Ⅱ.①席⋯　Ⅲ.①国际经济法-高等学校-教材　Ⅳ.①D996

中国版本图书馆 CIP 数据核字（2011）第 181292 号

责任编辑：黎　丹　　特邀编辑：张　明
出版发行：清 华 大 学 出 版 社　　邮编：100084　　电话：010-62776969
　　　　　北京交通大学出版社　　邮编：100044　　电话：010-51686414
印　刷　者：北京虎彩文化传播有限公司
经　　　销：全国新华书店
开　　　本：185×230　　印张：20.25　　字数：454 千字
版　　　次：2011 年 9 月第 1 版　　2024 年 2 月第 2 次修订　　2024 年 2 月第 5 次印刷
书　　　号：ISBN 978-7-5121-0733-5/D·102
定　　　价：49.00 元

本书如有质量问题，请向北京交通大学出版社质监组反映。对您的意见和批评，我们表示欢迎和感谢。
投诉电话：010-51686043，51686008；传真：010-62225406；E-mail：press@bjtu.edu.cn。

前　言

国际经济法是一门新兴的综合性学科，随着经济全球化的不断发展，中国参与国际经济交往日益频繁，熟悉和掌握国际经济交往的基本规则将更有助于在国际经济交往中取得有利的竞争地位。

本书在保证国际经济法体系完整性的基础上，结合经管类专业特点进行编写；从教学和涉外交往的实际出发，对基本概念和基础理论阐述简明清晰；结合最新法律法规，重点对国际经济交往的具体规则加以详细介绍和分析。能够帮助学生全面系统地掌握国际经济法的具体法律制度，同时有助于学生了解国际经济发展的新形势和中国对外经济交往的新情况。在每章最后均列出适量的作业与思考题，便于学生巩固每章所学知识，并有助于学生培养处理实务的能力。本书非常适合非法学专业本、专科学生学习，也能适应涉外商务人员了解对外经济交往制度的需求。

本书共分11章，第1章导论部分主要介绍了国际经济法的调整对象、主体及渊源等基础理论，第2章至第4章从买卖合同、运输、保险和支付等方面介绍了国际货物贸易的主要法律制度，第5章和第6章分别对国际技术贸易和国际服务贸易的法律制度进行介绍，第7章主要介绍了政府对贸易管理的法律制度，第8章主要介绍了国际投资的法律制度，第9章和第10章分别介绍了国际金融领域的法律制度和国际税收法律制度，第11章则介绍了国际经济争端解决的相关法律制度。

本书由席静担任主编，具体分工如下：席静编写了第1、6、7、9、10章，万志前编写了第2、5章，刘欣编写了第3、4、8章，江君编写了第11章。

本书配有教学课件和相关的教学资源，有需要的读者可以从网站 http：//press.bjtu.edu.cn 下载或与 cbsld@jg.bjtu.edu.cn 联系。

由于编者水平有限，书中难免存在缺点和错误，敬请同行专家和广大读者赐教匡正。

编　者
2011年8月

出 版 说 明

高职高专教育是我国高等教育的重要组成部分，它的根本任务是培养生产、建设、管理和服务第一线需要的德、智、体、美全面发展的高等技术应用型专业人才，所培养的学生在掌握必要的基础理论和专业知识的基础上，应重点掌握从事本专业领域实际工作的基本知识和职业技能，因而与其对应的教材也必须有自己的体系和特色。

为了适应我国高职高专教育发展及其对教学改革和教材建设的需要，在教育部的指导下，我们在全国范围内组织并成立了"21世纪高职高专教育教材研究与编审委员会"（以下简称"教材研究与编审委员会"）。"教材研究与编审委员会"的成员单位皆为教学改革成效较大、办学特色鲜明、办学实力强的高等专科学校、高等职业学校、成人高等学校及高等院校主办的二级职业技术学院，其中一些学校是国家重点建设的示范性职业技术学院。

为了保证规划教材的出版质量，"教材研究与编审委员会"在全国范围内选聘"21世纪高职高专规划教材编审委员会"（以下简称"教材编审委员会"）成员和征集教材，并要求"教材编审委员会"成员和规划教材的编著者必须是从事高职高专教学第一线的优秀教师或生产第一线的专家。"教材编审委员会"组织各专业的专家、教授对所征集的教材进行评选，对所列选教材进行审定。

目前，"教材研究与编审委员会"计划用2~3年的时间出版各类高职高专教材200种，范围覆盖计算机应用、电子电气、财会与管理、商务英语等专业的主要课程。此次规划教材全部按教育部制定的"高职高专教育基础课程教学基本要求"编写，其中部分教材是教育部《新世纪高职高专教育人才培养模式和教学内容体系改革与建设项目计划》的研究成果。此次规划教材编写按照突出应用性、实践性和针对性的原则编写并重组系列课程教材结构，力求反映高职高专课程和教学内容体系改革方向；反映当前教学的新内容，突出基础理论知识的应用和实践技能的培养；适应"实践的要求和岗位的需要"，不依照"学科"体系，即贴近岗位群，淡化学科；在兼顾理论和实践内容的同时，避免"全"而"深"的面面俱到，基础理论以应用为目的，以必需、够用为度；尽量体现新知识、新技术、新工艺、新方法，以利于学生综合素质的形成和科学思维方式与创新能力的培养。

此外，为了使规划教材更具广泛性、科学性、先进性和代表性，我们希望全国从事高职高专教育的院校能够积极加入到"教材研究与编审委员会"中来，推荐"教材编审委员会"成员和有特色、有创新的教材。同时，希望将教学实践中的意见与建议及时反馈给我们，以便对已出版的教材不断修订、完善，不断提高教材质量，完善教材体系，为社会奉献更多、更新的与高职高专教育配套的高质量教材。

此次所有规划教材由全国重点大学出版社——清华大学出版社与北京交通大学出版社联合出版。适合于各类高等专科学校、高等职业学校、成人高等学校及高等院校主办的二级职业技术学院使用。

21世纪高职高专教育教材研究与编审委员会
2011年6月

目 录

第1章 国际经济法导论 (1)
  1.1 国际经济法概述 (1)
  1.2 国际经济法的渊源 (6)
  1.3 国际经济法的主体 (8)
  1.4 国际经济法与相邻法律部门的关系 (13)
  练习题 (16)

第2章 国际货物买卖合同法 (18)
  2.1 国际货物买卖合同法概述 (18)
  2.2 国际货物买卖合同的成立 (24)
  2.3 国际货物买卖合同条款 (29)
  2.4 买卖双方的主要义务 (35)
  2.5 违约及其补救措施 (41)
  2.6 货物所有权及风险的转移 (49)
  练习题 (53)

第3章 国际货物买卖的运输与保险法律制度 (57)
  3.1 国际货物买卖的运输制度 (57)
  3.2 国际货物运输保险法 (73)
  练习题 (83)

第4章 国际货物贸易支付的法律制度 (87)
  4.1 国际贸易支付的工具 (87)
  4.2 国际贸易支付的方式 (90)
  练习题 (104)

第5章 国际技术贸易法律制度 (107)
  5.1 国际技术贸易法概述 (107)

  5.2 国际许可协议 ·· (112)
  5.3 知识产权的国际保护 ·· (120)
  5.4 国际技术贸易的管理 ·· (141)
  练习题 ·· (145)

第 6 章 国际服务贸易法 ·· (148)
  6.1 国际服务贸易的概念与特征 ·· (148)
  6.2 《服务贸易总协定》 ·· (151)
  6.3 中国的服务贸易法 ·· (159)
  练习题 ·· (163)

第 7 章 政府管理贸易的法律制度 ·· (165)
  7.1 政府管理贸易法律制度概述 ·· (165)
  7.2 政府管理贸易的国内法措施 ·· (168)
  7.3 政府管理贸易的国际法制度 ·· (173)
  练习题 ·· (185)

第 8 章 国际投资法律制度 ·· (188)
  8.1 国际投资法概述 ·· (188)
  8.2 国际投资的法律形式 ·· (192)
  8.3 国际投资的国内立法 ·· (197)
  8.4 投资的国际法律机制 ·· (203)
  8.5 中国外资法及其双边协定 ··· (211)
  练习题 ·· (220)

第 9 章 国际金融法律制度 ·· (223)
  9.1 国际金融法概述 ·· (223)
  9.2 国际借贷融资的法律制度 ··· (226)
  9.3 国际项目融资 ··· (230)
  9.4 国际证券融资 ··· (233)
  9.5 国际银行监管的法律制度 ··· (240)
  9.6 国际金融交易中的外汇管理制度 ··· (244)
  练习题 ·· (250)

第 10 章 国际税收法律制度 ·· (253)
  10.1 国际税法概述 ··· (253)

  10.2 国家的税收管辖权……………………………………………………(257)
  10.3 国际双重征税及其解决…………………………………………(261)
  10.4 国际逃避税与其防范……………………………………………(268)
  10.5 国际双边税收协定………………………………………………(277)
  练习题……………………………………………………………………(281)

第11章 国际经济争端解决法律制度……………………………(284)
  11.1 国际经济争端概述………………………………………………(284)
  11.2 国际商事仲裁……………………………………………………(289)
  11.3 WTO争端解决机制………………………………………………(298)
  11.4 国家与他国国民之间投资争议的解决…………………………(307)
  练习题……………………………………………………………………(312)

参考文献………………………………………………………………………(315)

第1章

国际经济法导论

【学习目的与要求】
通过本章的学习,了解国际经济法的历史发展,掌握国际经济法的概念、渊源与主体,将国际经济法与几门相关课程区别开来,从而对国际经济法的体系有较为清楚的认识。

1.1 国际经济法概述

1.1.1 国际经济法的产生和发展

国际经济法是随着国际经济行为的产生和国际经济关系的形成而出现的,当人类的经济交流跨越了国家的界限之后,就产生了相应的国际经济行为,而当国家开始对这种国际经济行为进行管理时,就形成了相应的国际经济法律制度。

1. 国际经济法的萌芽时期

国际经济交往的历史由来已久,中国自"丝绸之路"形成以来,就开始了国际贸易往来。而公元前的地中海沿岸,欧、亚、非各国之间就已产生频繁的国际经济交往活动,形成了以古希腊"城邦"为中心的商品贸易集散地,此后罗马帝国的兴起也极大地促进了国际商贸的发展。随着国际商贸行为的日益频繁,商人们在实践中逐渐形成了一些商事交易习惯,这些习惯就成为他们实施商事交易行为的基本准则和处理其商事纠纷的规则，如公元前 9 世纪在地中海沿岸形成的"罗得海法"。

中世纪时期，由于特殊的地理优势，现今意大利北部的威尼斯、热那亚、佛罗伦萨逐渐成为欧洲的商事交易中心，商人们在商事交易实践中逐渐形成了许多国际商事惯例。例如，阿马斐法、奥列隆法等海事商事法典或法规，这些关于海商事务的国际习惯法得到了当时国际社会的认可。

在中世纪中、后期，开始出现了国际商务条约。1417 年 8 月 17 日英王亨利五世在与布尔格尼公爵和弗兰德伯爵缔结的条约中首先规定了最惠国待遇条款，1496 年英国与荷兰签订了双边商务条约，开始以条约对国际商事交流行为进行适度的调整和规范。但是在这一时期，规制国际商事交易行为的规则仍然很少，而且其具体表现形式主要是国内法。

2. 国际经济法的形成时期

17 世纪以后，西欧各国先后进入资本主义社会，随着科技革命的深入发展，国际商事交易行为和国际商事关系都发生了巨大的变化。主要表现为资本的大量输出、跨国公司的产生和发展及各国垄断资本对国际商品市场的争夺，从而使国家不得不对商品市场进行干预，于是在国内法中开始形成商法和经济法。法国于 1807 年颁布了《法国商法典》，德国于 1900 年颁布了《德国商法典》，受《法国商法典》的影响，荷兰、希腊、比利时、西班牙、葡萄牙等先后制定了各自的商法，瑞士则于 1911 年颁布了包含商法内容的《瑞士民法典》。在英美法系中，英国原来将商事法律规范融于"普通法"与"衡平法"之中，属于判例法，是不成文的，美国则与英国一致，其商法也属于判例法，是不成文的。然而自 1896 年以后，美国也相继制定了一些统一的商事法案，供联邦各州立法时参考采用。国际社会中国家直接干预经济发展、率先制定规制经济行为法律规范的便是美国。美国首先制定了《反托拉斯法》，随后德国于 1919 年颁布了世界上第一部以"经济法"命名的法律规范——《煤炭经济法》，从此经济立法出现高潮，各国开始普遍对经济交流行为进行管理。

在对涉外经济交流行为进行管理的过程中，各国均是基于保护自身经济利益之目的而制定相关法律，一旦国家的经济利益发生冲突，各国的利益冲突将不断激化。为了缓解各国之间日趋尖锐的经济矛盾，国家之间开始着手对此进行协调努力，国际社会开始干预国家间的经济矛盾，国际经济条约便由此而生。首先形成的是大量的双边条约，当时的双边条约主要是友好通商航海条约。这些条约就其主要条款而言，都是规制缔约方之间国际经济行为的，然而这些双边条约在本质上分为两类，即平等的和不平等的。资本主义各国之间签订的双边商务条约通常是平等的，如 1843 年和 1845 年比利时与法国、荷兰、卢森堡分别签订的税务行政互助协定；而资本主义国家与弱小国家之间签订的"双边商务条约"则往往是不平等的，如《中英南京条约》、《中英虎门条约》及《中美望厦条约》等。这一时期国际社会还缔结了许多多边条约，这些条约主要是专项商品协定，如 1902 年、1931 年及 1937 年的《国际砂糖协定》、1931 年的《国际锡协定》、

1934年的《国际橡胶协定》等。

伴随着上述国内法规范和国际法规范的形成，"二战"之后，作为一个独立的法律部门国际经济法开始形成，并不断的深入发展。

3. 国际经济法的发展时期

第二次世界大战以后，世界政治格局和国际经济形势发生了巨大变化，特别是关税与贸易总协定、世界银行、国际货币基金组织三大国际经济组织的建立，奠定了国际经济秩序的基础。这三大国际经济组织的成员方不断增多，制定了为数众多的国际经济法律规范，促进了国际经济法的不断发展。20世纪六七十年代之后，许多殖民地逐渐摆脱殖民统治，形成独立自主的新国家，并开始了建立国际经济新秩序的努力，各国及国际社会积极制定相应的涉外经济法律规范和国际经济条约，以规制国际经济行为。

与此同时，随着全球计算机产业的产生与发展，国内及国际商事交易，尤其是国际商事交易开始广泛在网上实施，产生了新兴的电子商务。电子商务与传统的商务活动比较而言，产生了一系列不同于传统方式的新问题，给国家的监管带来了新挑战。相应的，国际经济的法律规范也在不断发展。

在这一时期，各种国际经济法律规范数量的增长速度是惊人的，其具体内容也得到了广泛的充实和完善，许多国际经济组织不断涌现，从而使作为一个独立法律部门的国际经济法得到了长足的发展。

1.1.2 国际经济法的调整对象

作为一个独立的法律部门，"二战"后国际经济法才作为一个法律学科形成，相对于其他法律学科是一个新兴的部门。国际社会通常认为国际经济法是调整国际经济关系的法律规范的总和，但是对于国际经济关系的具体内容的理解则始终存在着争议。

目前，因为对"国际"的理解不同而出现了不同的学说。

1. 狭义说

在国际社会中，这一学说的代表主要有英国的施瓦曾伯格（G. Schwarenberger）、日本的金泽良雄和法国的卡罗等学者。

持狭义观点的学者认为，国际经济关系主要是指政府间、政府与国际经济组织间相互经济交流所形成的关系，而国际法调整的是国家间的全面交往关系，包含了国家之间的经济关系，因而在法律性质上，国际经济法的调整对象属于国际公法调整对象的一部分，国际经济法即是"经济的国际法"。这一学说否认国际经济法是一门独立学科，认为国际经济法不过是国际公法的一部分，甚至有的学者认为国际经济法连国际法的分支也算不上。

2. 广义说

在国际上，这一学说的代表人物有美国的杰克逊（J. H. Jackson）和洛文费尔德

(A. F. Lowenfeld)、日本的樱井雅夫等。

持广义观点的学者认为，国际经济法的调整对象比较广泛。所谓国际经济关系，应是指跨越国境的经济交流关系，包括了国家及国际经济组织相互间的经济关系，同时还包括了不同国家的自然人、法人之间的经济交流关系。私人之间的跨国经济交流行为显然不属于国际法的范畴，因此国际经济法并非是国际公法的一个分支，而是与国际公法既交叉又相互独立的一个法律部门或法律体系。

狭义说固守传统的学科分类，显得过于僵化，而广义说则更多地反映了国际经济交流的国际现状，被更多的人所接受和赞同。我国大部分学者持广义说观点，认为国际经济法是调整国际经济关系的各种法律规范的总称，是调整自然人、法人、国家及国际经济组织因国际经济交往而产生的相互关系的法律规范的总和。根据这一理解，国际经济法的调整对象可分为以下三个层次。

第一层是不同国家的经济主体之间的经济交流行为而形成的关系。例如，中国甲公司与美国乙公司签署了一批货物的买卖合同；美国一家公司到中国新建外资企业等。在这一层次的经济交流中主体双方来自不同的国家，地位平等，是一种横向的经济交流关系。这种经济交流关系一般由国内法中的民法或商法调整。

第二层是国家对不同国家的经济主体之间的交流行为进行监督管理而形成的关系。例如，国家对进出口贸易进行管理；国家对外来投资者的投资行为进行监督等。这种经济交流关系中主体双方一方是主权国家，另一方是私主体，显然是一种典型的纵向监督管理关系，因而一般由国内法中的经济法，特别是涉外经济法规范进行调整。

第三层是国际社会中对国家的纵向管理行为进行协调而形成的关系。例如，世界贸易组织中对各成员方的贸易管理制度进行规范；国际货币基金组织对各国的货币政策和外汇管理政策进行协调。这种关系实质上是一种国际协调关系，由主权国家相互协商制定的规则进行调整，因而是一种典型的平等主体之间的关系，其法律体现主要是国际条约。

1.1.3 国际经济法的基本原则

国际经济法的基本原则，指的是贯穿于调整国际经济关系的各类法律规范之中的主要精神和指导思想，体现的是这些法律规范的基础和核心。

1. 经济主权原则

国家主权是一个含义相当广泛的概念，既包括政治主权，也包括经济主权、社会主权及文化主权等。"二战"之后是新独立的国家摆脱殖民统治获得政治独立的高峰时期，然而长期的殖民历史使民族经济遭受了极大的破坏，仅有政治主权的独立显然是不足够的，经济独立的缺乏最终将影响国家政治主权的行使。为了取得经济独立自主的权力，建立新的平等的国际经济秩序，发展中国家在联合国大会的主导下进行了一系列的努力。

1974年5月，联大第6届特别会议通过了《建立国际经济新秩序宣言》和《建立国际经济新秩序行动纲领》；同年12月联大第29届会议又通过了《各国经济权利和义务宪章》。这些纲领性的法律文献确认和强调了各国对本国境内的全部自然资源享有完整的和永久的主权，而且确认和强调各国对本国境内的一切经济活动也享有完整的和永久的主权。

尊重东道国对本国自然资源的主权，是南北国家之间一切国际经济交往和经贸活动的前提。经济主权原则要求每一个国家对本国的自然资源及一切经济活动拥有完整的、永久的主权。为了保护这些资源，各国有权采取适合本国国情的各种措施，对本国的资源及其开发事宜加以有效的控制管理，包括有权实行国有化或把所有权转移给本国国民。国家有权独立自主地决定自己的对外经济交往政策，这种权力是国家享有完整的永久的主权的一种体现。

2. 公平互利原则

公平互利原则是主权平等原则和平等互利原则的重大发展。现代国际社会，国家与国家之间的关系只有建立在平等的基础上，才能做到互利；只有真正地实行互利，才算是贯彻了平等的原则，才能实现实质上的平等。《各国经济权利和义务宪章》强调："所有国家在法律上一律平等，并作为国际社会的平等成员，有权充分和有效地参加解决世界经济、金融和货币问题作出国际决定的过程，并公平分享由此产生的利益。"

然而国际社会中，发达国家和发展中国家的经济发展水平差距较大，而且许多发展中国家都曾经有被发达国家殖民的历史。在国际经济交流的过程中，发达国家往往利用自身的经济优势，在国际经济交流中获取更大的利益。在这种经济实力悬殊的情况下，公平互利原则的贯彻不能止步于形式上的平等，只有实质上的平等才符合该原则的要求。国际组织在制定国际经济规则时也贯彻了公平互利原则，例如世界贸易组织之下的许多贸易规则都给予发展中国家特殊和差别待遇，在一定程度上照顾到了发展中国家的实际利益。另外，发达国家单项给予发展中国家的初级产品的普惠制待遇也是追求实质平等的一个具体的体现。

3. 全球合作原则

全球各类国家开展全面合作是促进国际经济共同发展的方式之一。《各国经济权利和义务宪章》规定："国际合作以谋发展是所有国家的一致目标和共同义务，每个国家都应对发展中国家的努力给予合作，提供有利的外界条件，给予符合其发展需要和发展目标的积极协助，要严格尊重各国的主权平等，不附带任何有损它们主权的条件，以加速它们的经济和社会的发展。"

在这一原则的指引下，全球国家展开了充分的合作，南南合作和南北合作都得到了比较深入的发展。南南合作是发展中国家之间的合作，发展中国家的经济发展水平相当，这是一种新型的互惠互利、共同发展的国际经济关系，其典型的表现形式有"七十七国集团"。[①] 南北合作则是指发达国家和发展中国家之间的合作，两类国家经济发展水平差距较大，但在经济领域存在一定的互补性，它们之间的合作对于促进双方的共同发展具有极大的推动作用。南北合作的典型表现是《洛美协定》[②]。

1.2　国际经济法的渊源

国际经济法的渊源主要是指调整国际经济关系的法律规范表现的形式，结合国际经济法的调整对象，其法律渊源具有明显的双重性质，既有国际法律渊源，又有国内法渊源。

1.2.1　国际经济条约

作为国际经济渊源的国际条约主要是国际经济条约，它是国家、国际经济组织为了确定彼此间权利义务所达成的书面协议。国际经济条约对缔约方有约束力，是国际经济法的主要渊源。按照缔约方数量的不同，可分为双边条约、区域性条约和多边条约。

双边经济条约是指由两个主权国家就某些或某个有关经济方面的事项或问题签订的协议，如双边友好通商航海条约、双边贸易协定、双边经济技术合作协定、双边投资保护协定及避免双重征税和防止逃避税协定等。双边条约仅适用于签订条约的两个国家，只对签订条约的国家具有法律约束力，具有明显的针对性的优势。目前国际社会中签订的双边经济条约数以千计，它们构成了国际经济法中相当重要的一部分。

区域性经济条约主要是指由两个以上的国家所签订的协议，这些国家通常来自某一特定地区。区域性经济条约的缔约方来自同一地区，往往具有更多的共性因素，从而在国际经济领域缔结了许多有影响性的条约。特别是区域性国际组织的建立，更刺激了区域性经济条约的发展。例如，欧盟1993年的《马斯特里赫特条约》及北美1994年的

[①] 七十七国集团（Groupof 77）是一个为扭转发展中国家在国际贸易中被动地位的经济组织，主要由亚非拉国家组成，于1964年成立。七十七国集团是发展中国家在反对超级大国的控制、剥削、掠夺的斗争中，逐渐形成和发展起来的一个国际集团。

[②] 《洛美协定》的全称是《欧洲经济共同体——非洲、加勒比和太平洋（国家）洛美协定》，简称《洛美协定》或《洛美公约》。1975年2月28日，非洲、加勒比海和太平洋地区46个发展中国家（简称非加太地区国家）和欧洲经济共同体（欧盟）9国在多哥首都洛美开会，签订贸易和经济协定。它在当前的南北关系中是最大的经济贸易集团，缔约方已达86个。

《北美自由贸易协定》，对于促进区域经济一体化的发展有明显的推动作用。

多边经济条约是由三个或三个以上的主权国家签订的，通常就全球性的某些或某个有关经济方面的事项或问题达成协议，具有普遍的约束力，影响较为深远。例如，1947年的《关税及贸易总协定》、1994年的《关于建立世界贸易组织的马拉喀什议定书》（简称《WTO协定》），这些都是普遍性的国际经济公约。还有大量专门性的国际经济公约，如有关国际货物买卖方面的1980年《联合国国际货物买卖合同公约》；有关国际货物运输方面的1924年《统一提单若干法律规则的国际公约》、1978年《联合国海上货物运输公约》等；有关票据方面的1930年《统一汇票和本票法公约》和1931年《统一支票法公约》等；有关知识产权方面的1883年《保护工业产权巴黎公约》、1891年《商标国际注册马德里协定》等；有关国际投资方面的1965年《解决国家与他国国民间投资争端公约》和1985年《多边投资担保机构公约》等。此外，在仲裁、国际海事及国际环境等方面还有一些多边经济公约。

1.2.2　国际商务惯例

国际商务惯例是在长期的国际经济贸易交往中，商人们经过反复实践、反复适用而逐步形成的习惯性规范和原则。国际商务惯例是任意性的规范，只有在当事人明确表示援引某惯例的规定时，该惯例才对当事人具有约束力。同时，当事人有权对国际商务惯例进行修改或补充。

国际商务惯例是在实践中形成的，通常散见于各处，具有不成文的特点，在国际经济交流中往往会在不同国家的当事人之间形成不同的理解，这种不同的理解给国际经济交流的发展带来了一定的阻碍。为了改变这种状况，一些民间性的国际组织和国内组织，在近代开始着手编纂国际商务惯例。现在编纂成册的国际商务惯例主要有：国际法协会的《华沙—牛津规则》；国际商会的《国际贸易术语解释通则》、《跟单信用证统一惯例》、《托收统一规则》；国际海事委员会的《约克—安特卫普规则》等。这些国际商务惯例经过统一解释之后，在更广泛的范围内得到了商人们的认可，包括中国在内的许多国际商事交易都遵守国际商务惯例。

1.2.3　有关国际组织的决议

许多国际组织具有协调国际经济关系的作用，其中一些重要的国际组织更是对国际经济关系的发展有着巨大的影响力。联合国在历次会议中形成了一系列关于国际经济交流的决议，如联合国大会通过的1962年《关于自然资源永久主权宣言》、1974年《建立国际经济新秩序宣言》及其《行动纲领》、《各国经济权利和义务宪章》等。这些决议按其目的和内容，的确反映了一些已经存在的或正在形成的国际经济法的原则、规则和制度，完全可以成为确定某些国际经济法原则、规则和制度的补助资料，许多学者将其列为国际经济法的渊源之一。

但是，国际社会中对于国际组织决议的渊源地位存在着争议，因为这些决议通常对签订者只有建议性质，而没有明确的法律拘束力。随着国际经济实践的发展，联大重要决议的效力问题已经引起国际社会的广泛关注，这些决议所确立的国家对自然资源主权原则、建立国际经济新秩序原则等已经被国际社会所公认，具有国际经济法效力。越来越多的学者对联合国组织重大决议的法律效力予以肯定，凡是符合国际法公认准则、具有规范性重要意义的联合国组织有关经济方面的决议，应当视为国际经济法的渊源。

1.2.4 国内立法

国内立法作为国际经济法的渊源，是指各国制定的关于调整涉外经济关系的法律、法令、条例、规定等规范性文件。各国调整国际经济关系的法律大致可以分为民商法、经济活动管理法和冲突法三类。这些法律法规在协调国际经济关系中各自起着不同的作用，是国际经济法的渊源之一。大陆法系国家实行成文法制度，大多有相对完善的商法典或民商法典。英美法系国家实行判例法制度，权威的法院判例作为一种先例对下级法院具有约束力，起着法的作用，判例是这些国家的法的重要渊源或主要渊源，在经济领域亦如此。因而对于英美法系的国家而言，国内法院的判例也是国际经济法国内法渊源的组成部分。

1.3 国际经济法的主体

国际经济法的主体是指能独立参加国际经济交流关系，能直接承担义务和享受权利的法律人格者，依据广义说的观点，国际经济法的主体有自然人、法人、国家及国际经济组织。

1.3.1 私人

国际经济交流一般发生在不同国家的私人之间，最早的国际经交流主要就是以民间交往的方式形成的，因而私人是相当重要的一类主体。作为国际经济法的主体，通常认为私人包括了自然人和法人两种。这两者在国际经济交流中都需要确定其权利能力和行为能力，以确定其是否具有参加国际经济交流的能力。

1. 自然人

自然人享有一般民事权利能力，是国际经济活动的参加者，但实际参与这种经济活动，必须具备相应的行为能力。权利能力是指自然人享有权利和承担义务的资格，而行为能力则是指自然人通过自己的行为实际取得权利和义务的能力。自然人的权利能力一般始于出生，终于死亡；行为能力则一般取决于自然人的年龄和心智。国家通常将自然人区分为无民事行为能力人、限制民事行为能力人和完全民事行为能力人。只有完全民事行为能力人才具有参加国际经济交往的可能性。当然由于有些国家有自己的特殊要求，作为国际经济法主体的自然人不能只是拥有一般的权利能力，还应该拥有能直接从事国际经济交流的特殊权利能力。例如，中国在 2004 年对《中华人民共和国对外贸易法》修改之前，我国自然人并不具备参加对外贸易的能力。随着改革开放的不断发展，中国取消了这一限制，境内自然人从事国际经济其他领域交流的能力也正在逐渐放宽。

在国际经济交流中，自然人通常来自不同的国家，而各国国内法中对权利能力中的何为出生？何为死亡？理解并不一致，对于行为能力中的年龄和心智的评判标准差异也非常大。因而当不同国家的法律出现冲突时，需要从中选择相应的法律来决定自然人的权利能力和行为能力。国际社会中，国家一般在其冲突法中规定自然人的权利能力和行为能力受其属人法调整。属人法通常是指自然人的国籍法或者住所地法。对于行为能力，许多国家从保护本国交易安全的角度出发，对属人法的适用会以行为地的法律进行适度的限制。

任何自然人只要不具备某一国的国籍，对这个国家而言就是外国人，外国人在该国的法律地位取决于该国国内法和该国所签订的条约。虽然国家所签订的条约中会约定最惠国待遇或者国民待遇，以保证外国人在内国拥有一定的平等的法律地位。但事实上基于国家利益的维护，在经济领域国家一般对外国人仍保留适度的限制。例如，对于内国而言，一些关系国家安全或者公众安全的领域通常不允许外国投资者进入。

2. 法人

法人是指依法设立，有一定的组织机构和独立的财产，能以自己的名义享有权利和承担义务的社会组织，是当代国际经济法的基本主体，在国际经济关系中具有举足轻重的地位。与自然人相同的是，不同的国家在国内法中对法人的权利能力和行为能力的规定也不尽相同，因而当不同国家的法人从事国际经济活动时，其权利能力和行为能力也面临法律冲突，国家一般也以其属人法来规范。

法人的属人法一般是指法人国籍所属国的法律。当然，各国对法人的国籍判断标准并不一致。有些国家以法人的成立地作为其国籍，因为法人是依据其法律设立的。有些国家采用法人的住所地标准来确定法人的国籍。所谓法人的住所，一般是指法人的管理中心所在地或营业中心所在地。有些国家则采用资本控制的要求，认为法人的资本掌控在谁的手中，这个人的国籍就是法人的国籍。当然，还有一部分国家考虑到上述判断国籍的标准单一使用会有缺陷，从而同时采用两个或两个以上的标准来判断，被称为复合标准的国籍。中国现行法律采用的是注册登记地作为法人的国籍标准。

任何法人，只要不具备某一国家的国籍，对该国而言即是外国法人。与自然人相比，法人是法律拟制出来的人，而非自然界的人，因而外国法人必须取得该国的承认才能在该国以法人的身份参加国际经济活动。承认一个外国法人，意味着该外国法人的法人资格被该国所认可，但并不改变其国籍使其成为该国法人。即使外国法人得到该国的认可，也并不表示它能在该国取得与该国法人完全相同的法律地位，该外国法人的活动必须受到该国法律的约束。

在国际经济交流中，法人广泛参与国际贸易、投资及金融等领域，其地位日益重要。随着法人参与国际经济活动的深入，跨国公司开始成为国际经济关系的重要参加者。跨国公司通常是由位于不同国家的多个法人组成的集合体，通常是母公司、子公司的集合。从经济学的观点看母公司和子公司共同构成一个整体，子公司的经济决策受制于母公司，但从法律的观点看，它们分属于不同国家，是不同国家的法人。这就形成了跨国公司经济的一体化与法律人格的独立性之间的矛盾，从而给跨国公司的法律责任的承担带来困难，也使东道国对跨国公司的监管面临许多挑战。

1.3.2 国家

1. 国家作为国际经济法主体的资格

国家具有参加国际交往的能力，能够独立承担义务和享受权利。作为国际经济法的主体，国家具有不同于私人的特殊性。一方面，国家是国际法上的主权者，国家有权与其他国家及国际经济组织交往，签订条约以调整它们之间的国际经济交流关系；国家还拥有自然资源的永久主权，可以对本国境内发生的一切经济交流行为进行监督和管理。另一方面，国家也可以平等主体的身份在一定范围内直接参与国际经济贸易活动，如国家与其他主体签订政府采购合同、东道国与外来投资者签订资源开发协议等。由此可见，作为国际经济法的主体，国家具有双重地位，既是国际经济活动的参与者，也是国际经济活动的管理者。

2. 国家豁免权原则

由于国家是主权者，根据主权平等的原则，当国家参与国际经济活动时不可避免地产生敏感的国家豁免的问题。国家豁免权是指一国的国家财产在任何别的国家，都受特殊保护，未经财产所有国的同意，不能对外国国家财产行使司法管辖权，不能对这种财产实行没收、扣押及采取其他强制手段，当然对于这种豁免权国家可以明示或默示的方式表示放弃。国家豁免权的具体内容，按照一般国际惯例，主要包括以下三个方面。

（1）司法管辖豁免

即任何国家财产，除非该国明示自愿接受其司法管辖，否则不得强制该国受其他国家国内法院的管辖。

（2）诉讼保全豁免

即在国家作原告或被告的场合，除非该国明示同意，否则法院地国家不得以参加诉讼国在其境内的财产作诉讼担保为由查封、扣押外国国家财产。

（3）强制执行豁免

即一国在外国法院参加民事诉讼时，无论是当原告或自愿作被告，外国法院的判决都不能对其强制执行。

当前各国都承认国家豁免权，但对国家豁免权的范围则观点不一，有绝对豁免与有限豁免之区分。绝对豁免主义，主张凡国家财产均享有豁免权，仅国家明示同意放弃者除外。而有限豁免主义，则主张对外国国家财产豁免权施以种种限制。原苏联、东欧及一些亚非拉发展中国家一般主张国家财产享有绝对豁免权，欧美发达资本主义国家一般主张对国家财产豁免权施以限制。

2004年12月2日，第59届联合国大会通过了《联合国国家及其财产管辖豁免公约》，该《公约》第五条确认了国家在他国享有豁免权的一般原则。但受限制豁免主义理论和发达国家豁免实践之影响，该《公约》第十条至十六条规定，一国在因下列事项而引发的诉讼中，不得向另一国的法院援引管辖豁免：商业交易；雇佣合同；人身伤害和财产损害；财产的所有、占有和使用；知识产权和工业产权；参加公司或其他集体机构；国家拥有和经营的船舶。可见，该公约认可国家豁免权的一般原则，但也对限制豁免主义的观点予以确认，体现了各种利益的平衡与妥协。中国于2005年9月14日签署了该公约，表明中国政府对其的肯定。

1.3.3 国际经济组织

国际经济组织作为国际经济法的主体，基本上是第二次世界大战后出现的新情况。国际经济组织拥有独立的主体资格，具有独立参加国际经济交流的能力，其权利能力和行为能力源于其成员的授权。国际经济组织一般可分为以下几类：普遍性国际经济组织；区域性国际经济组织和专业性国际经济组织。

普遍性国际经济组织向全世界的国家开放，处理国际经济领域的重要事务，在国际经济活动中发挥着非常重要的作用，如国际货币基金组织、世界银行和世界贸易组织。区域性国际经济组织则向特定区域的国家开放，处理特定区域的国际经济事务，比较著名的有欧盟、东盟、北美自由贸易区等。专业性国际经济组织主要是针对特定商品形成的国际组织，如石油输出国组织、天然橡胶生产国联盟等。

当前国际社会中，国际货币基金组织、世界银行集团、世界贸易组织共同构成了国际经济秩序的框架。

1. 国际货币基金组织（International Monetary Fund，IMF）

"二战"即将结束的时候，国际社会为了战后经济的复苏于1944年在美国的布雷顿森林召开会议，预计在国际贸易、货币、金融等领域建立相应的国际经济组织，以维系战后的国际经济秩序。国际货币基金组织即是布雷顿森林会议的产物，于1945年12月

27日正式成立。IMF是联合国的专门机构之一,其组织结构由理事会、执行董事会、总裁和常设职能部门等组成。截止2011年4月IMF共有186个成员,中国是其创始成员之一,于1980年恢复在IMF的合法席位。

IMF的宗旨是:促进国际货币合作,为国际货币问题的磋商和协作提供方法;通过国际贸易的扩大和平衡发展,把促进和保持各成员的就业、生产资源的发展、实际收入的高水平,作为经济政策的首要目标;稳定国际汇率,在各成员之间保持有秩序的汇价安排,避免竞争性的汇价贬值;协助各成员建立经常性交易的多边支付制度,消除妨碍世界贸易的外汇管制;在有适当保证的条件下,IMF向其成员临时提供普通资金贷款,使其解决国际收支失衡的困境等。

IMF的主要职能:一是制定国际货币金融领域规则制度,如制定成员间的汇率政策和经常项目的支付及货币兑换性方面的规则并进行监督;二是金融贷款职能,对发生国际收支困难的成员在必要时提供紧急资金融通。此外,IMF还为其成员提供有关国际货币合作与协商等会议场所。由于20世纪六七十年代国际社会出现了一次严重的经济危机,IMF创立的货币体制实际上已经崩溃,为挽救这一危机,1969年IMF创立了特别提款权。当前IMF的职能主要集中于对其成员外汇管理措施的监督和管理及金融贷款。

2. 世界银行集团

世界银行集团目前主要由国际复兴开发银行(即世界银行)、国际金融公司、国际开发协会、多边投资担保机构和解决投资争端国际中心五个成员机构组成。这五个机构都是独立的国际经济法主体,分别侧重于不同的发展领域,但都运用各自的比较优势,协力实现其共同的最终目标。其中世界银行在国际社会中最具影响力,世界银行主要向各成员国提供发展经济的中长期贷款以刺激全球经济的复苏与发展。

世界银行是1944年7月布雷顿森林会议后,与国际货币基金组织同时产生的两个国际性金融机构之一。世界银行与国际货币基金组织两者起着相互配合的作用,也是联合国下属的一个专门机构,其总部设在美国首都华盛顿。凡是参加世界银行的国家必须首先是国际货币基金组织的会员国,中国是世界银行的创始会员国之一,于1980年恢复合法席位。其主要职能是向发展中国家提供低息贷款、无息信贷和赠款。世界银行的资金主要来自各成员国缴纳的股金、向国际金融机构的借款及发行债券和收取贷款所得的利息。其最初使命是帮助在"二战"中被破坏的国家进行重建,当前它的主要职能是资助国家克服穷困,各机构在减轻贫困和提高生活水平的使命中发挥独特的作用。

3. 世界贸易组织(World Trade Organization,WTO)

1995年1月1日,WTO根据《关于建立世界贸易组织的马拉喀什议定书》而建立,是对1947年的关贸总协定(又称GATT1947)的继承和发展。

关贸总协定形成于1947年,是布雷顿森林会议建立国际贸易组织的《哈瓦那宪章》的一部分,先于《哈瓦那宪章》以行政协定的方式临时生效。由于美国国会拒绝批准

《哈瓦那宪章》，国际贸易组织最终以失败而告终，GATT 1947 以临时生效的方式适用了近半个世纪，并逐渐发展成为一个事实意义的国际经济组织。GATT 的历史上一共主持了八轮多边关税与贸易谈判，其中第八轮谈判于 1986 年开始在日内瓦举行，称为"乌拉圭回合"。正是在这一回合中，GATT 的缔约方通过多次谈判，通过了《关于建立世界贸易组织的马拉喀什议定书》。

相对于 GATT，WTO 的调整范围从传统的货物贸易延伸至服务贸易及知识产权贸易，并成为一个法律意义的永久性的国际经济组织，负责管理世界经济和贸易秩序，总部设在瑞士日内瓦。其主要职能是：组织实施各项贸易协定；为各成员方提供多边贸易谈判场所，并为多边谈判的结果提供框架；解决成员方间发生的贸易争端；对各成员的贸易政策与法规进行定期审议；协调与国际货币基金组织、世界银行的关系，提供技术支持和培训。2008 年 7 月 23 日，WTO 共有 153 个成员，中国于 2001 年 12 月 11 日加入 WTO。

1.4 国际经济法与相邻法律部门的关系

1.4.1 国际经济法与国际法的关系

持狭义说观点的学者通常认为国际经济法是国际法中的一个部分，但是从广义说的角度而言，国际经济法与国际法是两个不同的独立学科，它们之间存在一定的相同之处，但是更多的是区别。

国际法的主体一般是国家和国际组织，而国际经济法的主体除了国家和国际组织以外，还有私主体——自然人和法人。从渊源的角度而论，国际法的渊源主要是国际条约和国际习惯，但国际经济法则还包括国内法的渊源——各国经济法的涉外部分。

国际法主要调整国家之间的关系，而国家之间的关系包括了国家之间政治、经济、军事、文化、外交等各方面的内容，主权国家相互间发生的经济关系只是国家关系的一个部分或一个局部。从这个方面而言，国际经济法与国际法都调整国家之间的经济关系，这是一个共性之处。但从另一方面讲国际经济关系所包含的"跨越国境"的私人之间的经济往来关系又不是国家之间的关系所能涵盖的，因而国际法所调整的社会关系与国际经济法所调整的社会关系是相互交叉的，这也就决定了国际法与国际经济法在部分内容上的相互交融和重叠，但又相互不能完全代替。

1.4.2 国际经济法与国际私法的关系

国际私法（又称冲突法），其调整对象可以分为两个部分：涉外私人间财产关系和涉外私人间人身关系。涉外财产关系包括私主体之间的经济交流活动关系，涉外人身关系则主要包括私人之间的涉外婚姻、继承和收养等关系。其中私主体之间跨越国境的经济交流行为同时也属于国际经济法的调整范围，但是私主体之间的人身关系则不属于国际经济法的范畴。因而，国际经济法与国际私法（又称冲突法）也是相互交叉的关系，既有联系又有区别。

国际经济法与国际私法的主体是相同的，其渊源也都有国际法渊源和国内法渊源。但是相应来说，国际经济法主要是实体法律规范，是一种直接调整的方法；而国际私法的调整方法比较特殊，兼具直接调整方法和间接调整方法，但其法律规范主要是以冲突规范的形式体现出来的，主要解决在涉外民商事交往中由于涉及多国因素而面临的法律冲突下的法律选择问题。

1.4.3 国际经济法与国际商法的关系

国际经济法与国际商法的主体相同，其规范的对象都包含有国际商事交易行为，而法律规范的表现形式和性质也基本相同，都包括国际法律规范和国内法律规范，而且都是实体法。

但国际经济法与国际商法仍存在明显的区别：国际经济法调整的对象是国际经济行为，包括国际商事交易行为与国家和国际社会干预国际商事交易的经济行为，调整的是国际经济关系，解决的是国际经济问题；而国际商法调整的对象主要是国际商事交易行为，调整国际商事交易关系和各种商事组织关系，它不仅解决因际商事交易问题，还解决包括商事组织在内的问题。

1.4.4 国际经济法与国内经济法的关系

国际经济关系的特点是已超越了一国国境的范围，与不同国家的法律制度发生了联系，这是它区别于纯粹国内经济关系的根本因素，国际经济法和国内经济法也是相互交叉和渗透的两个法律体系。

国内经济法中的涉外经济法律规范是国际经济法的法律规范的国内法部分，但国内经济法还对纯粹的国内经济交流行为进行规范，这并不是国际经济法调整的对象。国际经济法既包括国内法律规范也包括国际法律规范；涉外经济法仅仅是国内法律规范。

1.4.5 国际经济法的范围及体系

国际经济法是一个内容十分丰富、范围十分广泛的法律体系。学者们划分这些分支所依据的标准有所不同，因而他们所确立的国际经济法分支的内容及名称也彼此不同。

在我国，大多数学者认为，国际经济法可以分为国际贸易法、国际投资法、国际货币金融法、国际税法、国际经济组织法等分支。也有学者认为，除上述分支外还可以包括国际技术转让法、国际海事法、国际争端处理法、国际环境法等。

1. 国际贸易法

国际贸易法是指调整国际贸易关系及其他同国际贸易有关的经济关系的法律规范的总称。国际贸易法所调整的经济关系相当广泛，可以包括国际货物买卖关系、国际货物运输关系、国际贸易保险关系、国际贸易支付与结算关系、国际技术转让与许可关系、国际服务贸易关系及国家对进出口贸易法律管制关系、贸易争议的仲裁与法律解决关系等。国际贸易法的表现形式既有国际法规范又有国内法规范，既有私法规范又有公法规范。国际贸易法的范围广，涉及有关国际贸易的双边、多边条约、国际贸易惯例、各国对外贸易法、进出口管制法，以及传统商法中的买卖法、民法、产品责任法、反倾销法、海关法、税法、保险法、海商法、专利法、商标法、票据法、商事仲裁法等内容。

2. 国际投资法

国际投资法是指调整国际私人直接投资关系的法律规范的总称。国际投资法调整的对象是国际私人直接投资，其特点有二：一是它属于外国人的私人投资，即外国自然人或法人在东道国的投资行为，包括投资设厂、兴办企业或开发自然资源等投资活动，但不包括政府间的投资行为或信贷关系；二是它属于私人的直接投资，即投资者对所办企业拥有一定数量的股权、直接参与经营管理并有较大的控制权的投资。国际投资法是包含调整国际投资关系的各种国内立法和国际立法的综合体。

3. 国际货币金融法

国际货币金融法是指调整国际货币金融关系的法律规范的总称。国际货币金融法包括国际货币法和国际金融法两个部分。前者是指协调各国货币关系的法律规范；后者是指调整国家之间资金融通关系的法律规范。国际货币金融法的调整范围大致可以概括为：外汇交易关系、国际证券交易关系、国际借贷关系、国际结算和国际货币体制。

4. 国际税法

国际税法是指调整国际税收关系的法律规范的总称。国家税法要解决的问题有税收管辖权问题、国际双重征税问题、涉外税收问题及国际逃避税问题。

5. 国际争端解决法

国际争端解决法主要是程序法，国际经济交流的过程中主体之间经常因为各种原因产生纠纷，为了更好地解决纠纷、维护国际经济秩序，国际社会形成了许多争端解决的方式，相应地制定了国际争端解决的法律。例如，规范不同国家主体之间商事纠纷的国际商事仲裁法；解决投资争端国际中心及专门解决成员方之间贸易纠纷的WTO争端解决机制。

练 习 题

一、单项选择题

1. 《国际贸易术语解释通则》从性质上讲属于下列哪一项？（　　）
   A. 国际条约　　　　　　　　B. 国内法
   C. 联合国大会的决议　　　　D. 国际商业惯例

2. 下述有关跨国公司的说法，正确的是（　　）。
   A. 跨国公司是一个具有多重国籍的法人
   B. 跨国公司是由不同的实体组成的，这些实体分布在不同的国家
   C. 跨国公司是区别于合伙的，其投资者分布在多个国家的股份公司
   D. 跨国公司内部不存在母子公司关系，而是总公司与分公司的关系

3. 下列哪一项不是国际经济法的渊源？（　　）
   A. 联合国国际货物买卖合同公约
   B. 中国交通安全法规
   C. 国际贸易术语解释通则
   D. 中国海商法

4. 关于国际经济法与国际公法的关系正确的有（　　）。
   A. 国际经济法的主体有国家、经济组织、法人和个人；国际公法的主体没有个人，但包括法人
   B. 国际经济法的法律规范有国际公约、国际商业惯例和国内法，与国际法相同
   C. 国际经济法和国际法一样都具有强制性
   D. 国际公法主要调整国家与国家之间的关系，而国际经济法主要调整国际经济关系

5. 根据国家经济主权原则，下述说法正确的是（　　）。
   A. 各国有权将外国投资国有化，无须给予补偿
   B. 各国对其领土内的自然资源享有完整永久主权，外国公司不得开采
   C. 随着经济全球化程度的加深，各国互相依赖，经济主权已经不存在了
   D. 各国对其境内的经济活动享有管理、控制或限制的权利

二、多项选择题

1. 下列哪些属于国际经济法的调整对象？（　　）
   A. 一国外贸管理机关与本国外贸公司的管理关系
   B. 跨国银行的法律管制
   C. 东道国和跨国银行的母国对跨国银行海外分支机构的设立及经营活动的法律管制

D. 跨国税收关系
2. 关于广义的国际经济法的主体，下列选项哪些是不正确的？（　　）
   A. 其主体包括国家和国际经济组织
   B. 其主体包括法人、国家和国际经济组织
   C. 其主体包括自然人、法人、国家和国际经济组织
   D. 其主体包括自然人和法人
3. 国际经济法的主体包括自然人、法人、国际组织和国家。下列关于作为国际经济主体的国家的表述哪些是正确的？（　　）
   A. 国家只有自愿放弃豁免权，以平等的民事主体资格进行民事活动和经济活动时，才是国际经济法主体
   B. 作为国际经济法主体时，国家仅以其授权以国家的名义从事民事和经济活动的组织和机构的财产为限承担民事责任
   C. 国家作为国际经济法主体所进行的活动，包括其对经济的管理和监督
   D. 国际经济法的内容不仅包括经济法律规范和民事法律规范，还包括部分行政法律规范
4. 世界银行集团由以下机构组成（　　）。
   A. 亚太经合组织
   B. 国际开发协会
   C. 国际金融公司
   D. 国际复兴开发银行
5. 有关国家及其财产豁免权的下述说法中，正确的是（　　）。
   A. 国家外交人员享有外交特权与豁免权
   B. 国家财产神圣不可侵犯
   C. 国家豁免权原则的基础是主权平等
   D. 国家及其财产豁免权的趋势是有限豁免

三、思考题
1. 简述国际经济法的调整对象。
2. 简述国际经济惯例的特点。
3. 简述国际经济法的体系。
4. 比较国际经济法与国际法。
5. 简述国际经济法的基本原则。

第 2 章

国际货物买卖合同法

【学习目的与要求】
　　国际货物贸易是比较古老的一种贸易形式，经过长期的历史发展，形成了相对成熟的法律制度，进行货物贸易首先应该缔结买卖合同。通过本章的学习，应该了解国际货物买卖合同的概念与特点，了解国际货物买卖合同的基本条款，熟练掌握关于国际货物买卖合同的联合国公约及国际贸易术语解释通则，能够运用相关知识解析国际货物买卖的案例。

2.1　国际货物买卖合同法概述

2.1.1　国际货物买卖合同的概念

　　国际货物买卖是一种具有国际性的货物买卖交易，是通过买卖双方当事人签订国际货物买卖合同而达成。根据 1980 年《联合国国际货物买卖合同公约》第 1 条的规定：国际货物买卖合同，是指营业地处于不同国家当事人之间所订立的货物买卖合同。在我国，国际货物买卖合同也称为外贸合同或进出口合同。
　　国际货物买卖合同具有以下主要特点。
　　第一，国际货物买卖合同的主体是营业地位于不同国家的自然人或法人，一般情况下多以法人为主体订立合同。

第二,合同的标的物只能是有形动产,不包括有价证券、不动产和提供劳务。

第三,合同的履行是将货物由一国运往另一国,需要超越一国范围。

国际货物买卖合同法是调整国际货物买卖合同关系的法律规范的总称。它包括国际货物买卖合同的类型、成立、内容、双方权利义务、履行、不履行责任等方面的内容。其法律渊源主要有国际条约、国际商业惯例和各国国内法,英美法系国家还包括相应的判例法。

2.1.2 国际货物买卖合同的国际条约

关于国际货物买卖的国际公约主要有：罗马国际统一私法协会1964年编撰的《国际货物买卖统一法公约》和《国际货物买卖合同成立统一法公约》,1980年联合国制定的《联合国国际货物买卖合同公约》。

1. 1964年《国际货物买卖统一法公约》和《国际货物买卖合同成立统一法公约》

国际货物贸易是跨越国界的,如适用各国国内法,会造成一定的法律障碍,不利于交易的顺利进行。因为各国国内法都是各国根据本国政治经济情况和历史发展状况制定的,服从本国利益,不可避免地存在各种差异。进入20世纪之后,资本主义发展使得各国极力拓展国际市场,扩大商品输出,因而需要协调各国贸易立法。

早在1930年,罗马国际私法统一协会就决定拟订一项有关国际货物买卖统一法,以便协调和统一各国关于国际货物买卖的实体法。后因第二次世界大战爆发,此项工作一度中断。战后,协会继续进行这项统一法的起草工作。1964年在海牙会议上正式通过了《国际货物买卖统一法公约》和《国际货物买卖合同成立统一法公约》,两者分别于1972年8月18日和23日生效。

但这两个公约在规则上受欧洲大陆法传统的影响较多,内容比较烦琐,语言比较晦涩,没有得到国际社会的普遍认可,因而事实上未能起到统一国际货物买卖法的作用。

2. 1980年《联合国国际货物买卖合同公约》

(1)《联合国国际货物买卖合同公约》的制定

由于1964年海牙会议通过的两项公约都未能达到统一国际货物买卖法的预期目的,联合国国际贸易法委员会为缓解该领域的法律冲突,于1969年成立了一个专门工作小组,在1964年两项公约的基础上制定了一项统一的国际货物买卖法,力求使其得到不同社会经济制度和不同法律制度的国家的广泛接受。经过多年的努力,最终制定了《联合国国际货物买卖合同公约》(简称《公约》)。该公约于1980年3月在维也纳召开的外交会议上获得通过,并于1988年1月1日起生效,截止2010年9月共有76个缔约国。

该《公约》全文除序言(阐述公约的宗旨)外,分四个部分,共101条,187款。第一部分规定了公约的适用范围和法院或仲裁庭适用公约的基本原则;第二部分是"合同的订立",系统规定了要约、承诺的规则;第三部分为"货物销售",所含内容最多,主要规定买卖双方的权利义务、违约及违约救济方法及货物风险的转移；第四部分主要是"最后条款"，涉及公约的签字、加入、生效、退出、保留及正本的保管等。

(2) 公约的适用范围

① 合同主体范围。《公约》在第1条第1款中首先明确了其调整的国际货物买卖合同的主体范围：营业地处于不同缔约国的当事人之间的国际买卖合同，同时规定营业地所在国不是缔约国，但如果依国际私法规则导致适用某一缔约国的法律，也可适用《公约》。但对于第二种情况允许国家提出保留。

② 货物销售范围。《公约》以明文列举的方式明确排除了下列货物的销售：供私人和家庭使用的货物的买卖；依拍卖或依法律或依执行令状的买卖；几种特殊商品的买卖，如证券、船舶、飞机、电力等。

同时《公约》还强调：不适用于来料加工合同，或者一方主要义务为提供劳务的合同。

③《公约》规范的事项范围。《公约》主要调整合同的成立、双方的义务、违约救济及风险的转移，其本身不调整合同的有效性问题。同时也不调整合同所引起的有关货物所有权的两个问题：一是所有权转移的时间未涉及；二是第三人对标的提出的权利要求未规定。对于卖方对所售出货物引起的人身伤亡的责任也不进行规范。

《公约》在具体适用时，允许当事人在合同中约定排除适用《公约》，或改变《公约》的某一条或多条条款的内容。

(3) 中国与《公约》

我国是《联合国国际货物买卖合同公约》的最早的缔约国之一，并于1986年12月向联合国秘书长递交了关于该《公约》的核准书，成为该《公约》缔约国。但应注意的是，我国在核准该《公约》时曾根据该《公约》第95条和第96条的规定，对该《公约》提出了两项保留。

① 合同形式的保留。按照《公约》第11条的规定，国际货物买卖合同不一定要以书面形式订立或以书面来证明，在形式方面不受任何其他条件的限制。《公约》的这一规定及其他类似内容的规定同我国当时的《涉外经济合同法》关于涉外经济合同（包括国际货物买卖合同在内）必须采用书面形式订立的规定不一致，因此我国在核准该《公约》时，对此提出了保留。但1999年的《中华人民共和国合同法》（简称《合同法》）第10条已不再要求合同必须采用书面形式，与《公约》第11条的规定相一致，对《公约》的这一保留似乎已无意义。

② 扩大适用的保留。根据《公约》第1条第1款第1项的规定，《公约》适用于营业地处于不同缔约国的当事人之间订立的买卖合同。该款中的第2项又规定，只要双方当事人的营业地是处于不同的国家，即使他们的营业地所在国不是《公约》的缔约国，但如果按照国际私法的规则导致适用某一缔约国的法律，则该《公约》亦将适用于这些当事人之间订立的国际货物买卖合同，此项规定旨在扩大《公约》的适用范围。对此，

我国在核准该《公约》时也提出了保留，即我国认为该《公约》的适用范围仅限于双方的营业地分处于不同缔约国的当事人间之所订立的货物买卖合同。

2.1.3 国际货物买卖合同的国际商业惯例

国际商业惯例是指在国际商业长期交往中形成的，经过反复使用而被国际商业的参加者接受的习惯做法或通例，是国际货物买卖法的一个重要渊源。一旦当事人选择了某一项国际商业惯例，该惯例对于当事人即具有法律拘束力。目前，在国际货物买卖合同领域最为重要的国际商业惯例主要是贸易术语。

1. 贸易术语的概念与作用

（1）贸易术语的概念

贸易术语，是商人们用以说明买卖双方各自权利义务的短语或短语的缩写。一般用来确定卖方交货的地点和方式，以及买卖双方有关责任、风险和费用划分。由于主要被用来明确买卖双方在交接货物过程中的责任，故又称交货条件。同时，又由于买卖双方交货过程中的责任、风险、费用的划分主要反映在价格构成上，所以又称为价格术语。

（2）贸易术语的作用

贸易术语的产生与国际货物贸易的特点密切相关，双方的营业地不在同一国家，每次买卖都需要长途运输，必然引起一系列的责任和费用的分摊，如果每交易一次磋商一次，将显得十分复杂。因此，实践中商人们逐渐形成一套术语，双方只需就术语的选择达成共同意见即可解决国际货币贸易中存在的各种问题。术语的出现有利于缩短谈判交易的过程，简化合同内容，而且便于确定合同的性质，明确当事人的权利义务。

但是，这种术语本身是不成文的，传播到不同国家或地区之后，对其内容的理解经常出现差异，对国际贸易的发展不利。于是经过一些著名的国际商业组织、学术团体加以编纂，解释和整理，给它们以明确的定义和统一的解释，逐渐形成了以国际贸易术语为内容的国际贸易惯例。其中影响最大的有三个：1932年国际法协会编纂的《华沙—牛津规则》，主要解释了"cost+insurance+freight"的性质与特点；《美国对外贸易定义（1941年修订本）》，对美国外贸中常用的六种术语作了定义性解释，在南美非常流行；1936年国际商会编纂的《国际贸易术语解释通则》，进行了多次的修改，最近的一次修改是2010年。其中国际贸易术语解释通则定义的术语最多，普遍适用性也最强，包括中国在内的许多国家在从事国际货物买卖时都采用其解释规则。

2. 国际贸易术语解释通则

国际商会（ICC）于1936年首次公布了《国际贸易术语解释通则》（International Rules for the Interpretation of Trade Terms, Incoterms 1936）。此后，为了适应国际贸易快速发展的需要，考虑到影响国际贸易实践的一些主要因素，如国际贸易区域化、通信方式和运输方式变化等，该通则分别于1953年、1967年、1976年、1980年、1990

年、2000 年和 2010 年先后 7 次被修改和补充。目前最新的修订本是《2010 年国际贸易术语解释通则》(简称《Incoterms 2010》),但基于国际商业惯例的特点,此前的 6 个修订本并不废除,而是由当事人自己选择适用的修订本。

(1)《Incoterms 2010》的修改

《Incoterms 2010》于 2010 年 9 月 27 日公布,于 2011 年 1 月 1 日实施。相对于《Incoterms 2000》,其主要变化如下。

① 术语分类的调整。将原来的 EFCD 四组贸易术语按照运输方式的不同分为两类:一类适用于各种运输方式,另一类则适用于水运。

② 从数量上,将贸易术语由原来的 13 种改变为 11 种。《Incoterms 2010》删去了《Incoterms 2000》中的 4 个术语:DAF(Delivered at Frontier,边境交货)、DES(Delivered Ex Ship,目的港船上交货)、DEQ(Delivered Ex Quay,目的港码头交货)、DDU(Delivered Duty Unpaid,未完税交货)。与此同时,新增了 2 个术语:DAT(delivered at terminal,在指定目的地或目的港的集散站交货)、DAP(delivered at place,在指定目的地交货)。

即用 DAP 取代了 DAF、DES 和 DDU 三个术语,DAT 取代了 DEQ,且扩展至适用于一切运输方式。

③ 修订后的《Incoterms 2010》取消了"船舷"的概念,卖方承担货物装上船为止的一切风险,买方承担货物自装运港装上船后的一切风险。

同时,在 FAS,FOB,CFR 和 CIF 等术语中加入了货物在运输期间被多次买卖的责任义务的划分。考虑到对于一些大的区域贸易集团内部贸易的特点,《Incoterms 2010》不仅适用于国际销售合同,也适用于国内销售合同。

(2)《Incoterms 2010》的内容

第一组:适用于任何运输方式的术语,共有七个术语。

EXW (ex works)	工厂交货
FCA (free carrier)	货交承运人
CPT (carriage paid to)	运费付至目的地
CIP (carriage and insurance paid to)	运费/保险费付至目的地
DAT (delivered at terminal)	目的地或目的港的集散站交货
DAP (delivered at place)	目的地交货
DDP (delivered duty paid)	完税后交货

第二组:适用于水上运输方式的术语,共有四个术语。

FAS (free alongside ship)	装运港船边交货
FOB (free on board)	装运港船上交货
CFR (cost and freight)	成本加运费
CIF (cost insurance and freight)	成本、保险费加运费

除了国际贸易术语以外，国际统一私法协会1994年编撰了《国际商事合同通则》（以下简称《合同通则》），2004年做了较大的修订。它是一部具有现代性、广泛代表性、权威性与实用性的商事合同统一法，不属于国际公约，不具有强制性，只能作为国际惯例发挥作用。《合同通则》参照了国际上比较通行的相关公约，尤其是《联合国国际货物买卖合同公约》。《合同通则》的适用范围除有形货物贸易外，还包括有关服务、投资、特许协议和知识产权交易等种类繁多的其他国际商事合同。尽管《合同通则》没有专门规范国际货物买卖合同，但其原则和一般性规定仍适用国际货物买卖合同。从实用的角度看，一国在制定或修订合同法时可以将《合同通则》作为示范法，参考、借鉴其条文；合同当事人可以选择《合同通则》作为合同的准据法，作为解释合同、补充合同、处理合同纠纷的法律依据。

2.1.4　国际货物买卖合同的国内立法

尽管有关国际货物买卖的国际公约、惯例正日益增多和完善，但各国法院或仲裁机构在处理国际货物买卖合同争议时，仍需借助国际私法规则选择适用某国国内法，因此各国有关货物买卖的国内法仍是国际货物买卖合同法的重要渊源之一。

大陆法系，又称民法法系，包括欧洲大陆大部分国家。该法系主要是从19世纪初以罗马法为基础建立起来的，以1804年《法国民法典》和1896年《德国民法典》为代表的法律制度及其他国家或地区仿效这种制度而建立的法律制度。在大陆法系民商分立的国家中，民法的一般原则和相关规定适用于商事活动，另有商法典对货物买卖进行更为具体的专门规定，因此商法与民法属于特别法与一般法的关系。根据特别法优于普通法的适用原则，商法优先适用，在商法没有规定时适用民法的一般规定。在民商合一的国家中则没有单独的商法典，有关货物买卖的法律通常是民法典的一部分。如意大利、泰国等国家没有单独的有关货物买卖的商法典，而是将有关商法的内容编入民法典中。

英美法系又称普通法系，以判例为主要法律渊源，属于该法系的国家没有民法与商法的区分，也无专门民法典，其买卖法基本上由两个部分组成：一部分是由法院判例所确立的法律规则；另一部分则是制定法，主要为单行法规，如英国的《1893年货物买卖法》和《1994年货物销售和提供法》、美国的《1906年统一买卖法》，都是专门规定货物买卖的特别法。另外，为美国多数州目前所采用的1994年修订的《美国统一商法典》第二编专门规定了货物买卖问题。其内容包括简称、解释原则和适用范围；合同的形式、订立和修改；当事方的一般义务和合同解释；所有权、债权人和善意购买人；履约；违约、毁约和免责；救济共计7章104条。

我国无专门的货物买卖法，对于货物买卖法所产生的各种法律关系，主要由两部法律进行调整：一是1986年《中华人民共和国民法通则》，该法第四章第一节关于民事法律行为的规定、第五章第二节关于债权的规定及第六章有关民事责任的规定，都适用于货物买卖关系;二是 1999 年颁行的《中华人民共和国合同法》(简称《合同法》)对货物买卖进行专门规定。该法结束了我国《经济合同法》、《涉外经济合同法》和《技术合同法》三法并存的格局,实现了合同法体系的统一与协调,成为调整国际货物买卖法律关系最为重要的国内法渊源。

2.2 国际货物买卖合同的成立

2.2.1 要约

1. 要约的含义及其构成要件

要约,又称发盘、发价、报价等,是希望和他人订立合同的一种意思表示。《联合国国际货物买卖合同公约》(以下简称公约)第 14 条规定,一方当事人以订立合同为目的,向一个或一个以上特定人提出的建议,如果这种建议十分确定并表明在得到对方接受时即受约束,就构成了要约。提出要约的人,被称为要约人,对方被称为受要约人。

一项有效要约应具备如下四个条件。

第一,要约是以订立合同为目的的意思表示。要约人发出要约目的是为了订立合同,不具备订立合同目的,不构成要约。

第二,要约应向一个或一个以上特定人发出。向特定人发出,就是以具体商号、企业或个人名称为抬头,并按其地址直接向他们发出要约。要约是要约人向特定受要约人提出的一种订立合同的建议,如果这种建议不是向特定受要约人而是向广大公众提出,不应视为要约。

第三,要约应具备确定内容。要约内容基本上就是买卖合同内容,一项确定的要约需要写明货物并明示或默示地规定数量和价格或规定如何确定数量和价格。根据《公约》,只具备上述三项基本内容即可,合同其他条款及内容,如果双方未在合同中明确,应以双方当事人已建立的习惯做法及采用的惯例予以补充或按《公约》有关规定予以补充。例如,可按《公约》第 31 条规定来确定卖方交付货物地点,按《公约》第 33 条规定来确定卖方交付货物时间。在贸易实践中,要约人提出要约时条款应越详尽越好,便于受要约人迅速作出接受与否的选择,避免受要约人因不明确而反复询问,浪费时间和费用,拖延成交时间。

第四,要约应表明一经对方接受,要约人即受约束。要约人应表示,要约一经受要约人接受,要约人就受要约约束,受要约人不必再征求要约人同意。

此外,在国际贸易实践中,有些贸易公司或厂商经常寄发商品目录、价格单或刊登广告或设置橱窗等,此类行为是否构成要约,各国法律对此规定不同。大陆法系认为要约须向特定人发出的,凡向公众发出的广告不视为要约。英美法系则认为要约可以向任何人发出,如果向公众发出的广告等内容十分明确而具体,也可视为要约,并称为公共要约。《公约》对此进行了折衷,规定"非向一个或一个以上特定的人提出的建议,仅应视为要约邀请",即邀请对方向自己提出要约。但是,如果这种建议符合要约的条件,并明确表示是作为要约发出的,如"本广告构成要约"或注明"广告所列商品将售给最先支付现金或最先开来信用证的人"等,则可构成要约。根据《公约》规定,非向特定人发出订立合同的建议,通常情况下应视为要约邀请;但如果具备要约条件,具备"一经接受即受约束"的意思时,则构成要约。

2. **要约的生效、撤回与撤销**

(1) 要约的生效

要约生效是指要约对要约人有约束力。大多数情况下,要约人是通过电报、电传、传真或信件等书面形式向受要约人发出要约,《公约》、《国际商事合同通则》和我国《合同法》都规定,要约到达受要约人时生效,在到达受要约人之前,要约对要约人不具有约束力。《公约》规定,到达是指送交对方本人或其营业地或通讯地址,如无营业地或通讯地址,则应送交对方惯常居住地。

如果受要约人仅凭以往交易经验或通过其他途径,在要约到达之前就事先了解要约内容,并在收到要约之前作出接受决定,这种接受构成一个新要约。如果新要约的内容与原要约的内容完全吻合,在法律上被称为交叉要约。

(2) 要约的撤回

要约未到达受要约人之前,要约人不受约束。在要约到达受要约人之前,如果要约人反悔,要约人可将要约撤回。要约人要撤回要约,必须向受要约人发出撤回通知,且撤回要约的通知必须先于要约或与要约同时到达受要约人,以阻止要约的生效。任何要约,包括注明"不可撤销"的要约,在到达受要约人之前,要约人都有权撤回。

(3) 要约的撤销

要约的撤销,是指要约人在要约生效后,受要约人发出承诺通知前,将该要约取消,使要约的法律效力归于消灭的意思表示。

要约分为可撤销要约和不可撤销要约,要约原则上可于承诺作出前撤销。《公约》规定,在合同成立之前,要约可以撤销,但属于不可撤销的要约除外。《公约》和我国《合同法》均规定以下三种要约不可撤销:一是要约人确定了承诺期限的;二是要约中以其他方式表明要约是不可撤销的,如要约中注明"不可撤销"、"我们坚持我们的要约直到收到贵方回复"等;三是受要约人有理由相信要约是不可撤销的,并已经为履行合同作了准备工作。

3. **要约的失效**

要约的失效,是指要约丧失其法律效力,要约人和受要约人均不再受其约束。其原因主要有:拒绝要约的通知到达要约人(一般发生在要约向特定人发出的场合,商业广告等向不特定人发出的要约,不因部分受要约人的拒绝而归于消灭);要约人依法撤销要约;承诺期限届满,受要约人未作出承诺;受要约人对要约的内容作出实质性变更;拍卖中,竞买人的要约因出现更高的出价而失效。

2.2.2 承诺

1. 承诺的含义和构成要件

(1) 承诺的含义

承诺,又称接盘,是指受要约人同意要约、接受要约条件的一种意思表示。《公约》第18条规定,受要约人声明或作出其他行为表示同意一项要约,即是接受。

受要约人的承诺方式,既可以直接作出声明表示接受要约,也可以其他行为表示接受要约,如受要约人根据要约中的规定预付货款、装运货物等。《公约》规定,沉默或不行为本身不构成承诺。受要约人拒绝要约,可以通知要约人,也可以不通知要约人,沉默本身并不等于承诺。但是,在某些情况下,如双方当事人事先已经达成"沉默即构成承诺"的协议,或根据当事人以往已经形成的习惯做法,受要约人沉默则有可能构成承诺。

(2) 承诺的构成要件

① 承诺只能由受要约人作出。受要约人以外的人即使知晓要约内容并作出同意的意思表示,也不构成承诺,符合要约条件的,可视为要约。

② 承诺必须向要约人作出。承诺属于有相对人的意思表示,必须向要约人作出才有意义。向要约人的代理人作出承诺,视为向要约人作出。要约人死亡后,要约并非当然失效,在一定条件下,如合同的履行不具有特定人身依附性,受要约人可以向要约人的继承人作出承诺。

③ 承诺的内容应当与要约的内容一致。承诺应当是对要约绝对和无条件的同意。我国《合同法》对承诺的内容采用"修正的镜像规则":受要约人对要约的内容作出实质性变更的,不构成承诺,为新要约。

④ 承诺必须在承诺期间内到达要约人。于承诺期间届满后到达的承诺为"迟到的承诺",除要约人及时通知受要约人该承诺有效的以外,为新要约。受要约人在承诺期限内发出承诺,按照通常情形能够到达要约人,但因其他原因承诺到达要约人时超过承诺期限的,为"承诺的迟延",除要约人及时通知受要约人因承诺超过期限不接受该承诺的以外,该承诺有效。

⑤ 承诺必须表明受要约人决定与要约人订立合同的意思表示。如果受要约人只是表示"愿意考虑"要约人的要约,则不构成承诺。

2. 承诺的生效时间

承诺一生效,合同就成立,双方当事人之间就具有了合同关系,应受到合同约束。

关于承诺生效的时间，应根据承诺的方式不同而有所不同。

(1) 以口头或行为表示承诺的生效时间

如果当事人当面谈判或电话谈判，受要约人口头承诺，承诺当即生效。如果根据当事人的约定，受要约人采取以行为方式承诺，根据《公约》第18条第3款的规定，该行为作出时就生效。之所以如此规定，是基于对以行为作出承诺的受要约人的保护，否则如果要约人撤销要约，将对受要约人造成损失。

(2) 书面承诺的生效时间

受要约人采取书面方式表示承诺的生效时间，英美法系和大陆法系的规定差异很大。英美法系在书面承诺生效问题上采"发信主义"，亦称"投邮生效原则"，即承诺的书面通知一经投邮，就生效，合同即成立。如果承诺的通知在邮递过程中丢失，只要受要约人能够证明确已投邮即可。大陆法系在书面承诺生效问题上采"收信主义"，又称"到达生效原则"，即承诺的书面通知到达要约人才生效，以要约人的签收为准。签收的时间即承诺生效的时间，承诺生效合同也就成立。如果承诺的书面通知在邮递过程中丢失，未能到达，则合同就不能成立。

《公约》采取了大陆法系的"到达生效原则"。《公约》第18条第2款规定：接受发价于表示同意的通知送达发价人时生效。如果表示接受的通知在发价人所规定的时间内或者如果发价中没有规定时间，则在一段合理时间内未能送达发价人，该接受即为无效。

(3) 采用数据电文方式承诺

采用数据电文方式承诺，要约人指定特定系统接收数据电文的，承诺进入该特定系统时生效；要约人未指定特定系统的，承诺自进入要约人的任何系统的首次时间生效。

3. 逾期承诺的效力

逾期承诺，又称迟到的承诺或逾期接受等，是指承诺的通知到达要约人的时间已经超过了要约所规定的有效期。包括迟延发出的逾期承诺和因邮递等耽搁的逾期承诺。

(1) 迟延发出的逾期承诺

我国《合同法》与《公约》均规定：受要约人超过承诺期限发出承诺通知的，除要约人及时通知受要约人该承诺有效的以外，为新的要约。可见，如果受要约人发出承诺的通知已经很晚，在邮递正常情况下不可能按时到达要约人处，在这种情况下，逾期承诺的责任应由受要约人承担，这种逾期承诺应视为无效承诺。但是，如果要约人收到逾期承诺以后，仍愿意与受要约人成交，比如市场价格开始下跌，卖方不计较逾期问题，并立即通知对方该逾期承诺有效时，在这种情况下，该逾期承诺就应由无效而变为有效。

(2) 因邮递等耽搁的逾期承诺

受要约人在承诺期限内发出承诺，按照通常情形该承诺能够及时到达要约人，但因邮递及其他原因承诺到达要约人时超过了承诺期限的，除要约人及时通知受要约人因承诺超过期限不接受该承诺的以外，该承诺有效。

4. 对要约内容作变更答复的效力

《公约》第 19 条把对要约的变更分为实质性的变更和非实质性的变更，并对其效力都作了规定。

（1）对要约作实质性变更的答复及效力

根据《公约》第 19 条第 3 款的规定，如果受要约人在对要约的答复中，对要约的下列内容进行了变更，则视为对要约作了实质性变更：货物的价格、付款、货物质量和数量、交货地点和时间、赔偿责任范围或解决争端等。此类答复是一个无效的承诺，构成反要约，原要约失效。

（2）对要约作了非实质性变更的答复及效力

根据《公约》的规定，如果受要约人对要约的变更在实质上并没有改变要约的条件，是除第 19 条第 3 款规定事项之外的其他方面的变更，则构成对要约的非实质性变更。对要约作了非实质性变更的答复的效力，应根据要约人的不同态度予以确定。如果要约人没有对这种非实质性变更提出反对意见，则受要约人的这种非实质性变更的答复仍然构成承诺。反之，受要约人非实质性变更的答复为无效的承诺，构成反要约。如果受要约人对非实质性变更提出反对意见，但这种反对意见未及时地提出，构成了"过分迟延"或"不适当的迟延"，则反对意见无效，受要约人对要约非实质性变更的答复仍然构成承诺。

5. 承诺的撤回

承诺的撤回，是指承诺人阻止承诺发生法律效力的行为。《公约》明确规定：承诺可以撤回，但撤回承诺的通知应在承诺通知原应生效之前送达要约人，或者与承诺通知同时送达要约人。如果承诺通知一经到达，承诺就生效，合同也就成立，受要约人就不能再将承诺撤销。承诺只可撤回，不可撤销。

2.2.3 国际货物买卖合同的成立及其形式

1. 合同的成立及生效

《公约》第 22 条规定，合同于承诺生效时成立。合同的成立与合同的生效是两个不同的概念，合同的生效是具有了法律上的效力。根据《公约》的规定，合同成立时就生效，对双方当事人就具有约束力。我国《合同法》第 44 条也规定：依法成立的合同，自成立时生效；法律、行政法规规定应当办理批准、登记等手续生效的，依照其规定。

2. 国际货物买卖合同的形式

根据《公约》第 11 条和第 12 条规定，国际货物买卖合同，包括对买卖合同的变更或终止、要约和承诺及当事人的其他意思表示，都无须以书面订立或书面证明，在形式上也不受其他条件的限制。《公约》允许其缔约方在加入或核准《公约》时对《公约》的第 11 条及有关规定作出保留。

在我国外贸实践中，常有签订确认书的情形。所谓确认书，是指为证明通过书信、电报和电传达成的协议，根据一方当事人的要求而签订的一种简单的书面合同。确认书的内容一般比较简单，通过签订确认书的交易常常是成交金额较小、批次较多的日用工业品、土特产品等。在此情况下，合同在签订确认书时成立。

随着全球电子商务的迅速发展，国际货物买卖合同产生了新的形式——电子合同。国际贸易电子化给跨国交易当事人带来了方便和快捷，也对现有合同法律制度提出了挑战。

2.3 国际货物买卖合同条款

买卖合同条款，也称买卖合同的内容，其一般由约首、正文与约尾三部分组成。约首包括合同的名称、编号、缔约日期、缔约地点、缔约双方的名称、地址及合同序言等。正文是合同的主体部分，包括各项交易条件及有关条款。约尾是合同的结束部分，包括合同的份数、附件、使用文字及其效力、合同生效日期及双方的签字等。

2.3.1 货物品名条款和品质条款

1. 货物的名称和品质条款

在实践中，有的合同把名称条款和品质条款分别加以规定，有的则合并在一起即品名条款，把货物的名称和货物品种、型号、等级、规格规定在一起，使货物名称更加具体、明确。货物名称应尽可能地使用国际上通用的正式名称，避免发生误会；对于一些新产品的定名或外国产品的译名，应力争准确无误，并符合国际贸易惯例。

货物的品质，也称质量，是指货物的内在质量和外观形态的综合。货物的内在质量，通常是指气味、成分、性能及组织结构等内在因素，比如金属的物理性能、抗拉强度、抗弯强度等。货物的外观形态，通常是指颜色、光泽、透明度、款式、花色及造型等外在因素。合同中关于货物品质的规定，是卖方将来交货时货物品质的依据，也是商检部门、法院及仲裁机构进行检验或解决纠纷的主要依据。

2. 货物品质的表示方法

货物品质的表示方法通常有两种，其一是以实物表示货物的品质，其二是用文字等说明货物的品质。

（1）用实物来表示货物的品质

用实物表示货物品质，通常适用于买卖那些不易用文字说明品质的货物，尤其是买卖那些在外观造型上有特殊要求的产品，或者在色、香、味上有特殊要求的产品。以实物表示货物的品质，通常用在看货买卖和凭样品买卖中。看货买卖，是指根据现有货物的实际品质进行的买卖，通常由买方或其代理人到卖方的营业地看货，对现货的实际品质表示满意后，在卖方的营业地成交。凭样品买卖，是指买卖双方约定用样品的品质表示所成交货物的品质，作为卖方交货品质的依据，卖方实际交付的货物应与样品品质相符。目前我国出口的工艺品、服装等轻工产品贸易中常常采取凭样品成交。国际上常常用样品表示货物某一方面的品质，如在纺织品交易中为了表示颜色，采用"色样"；为了表示造型，采用"款式样"等。

（2）用文字等说明货物的品质

用文字等说明货物的品质，是指以文字、图表、照片等资料说明货物品质，主要有以下几种：凭规格的买卖；凭等级的买卖；凭标准的买卖；凭良好平均品质的买卖；凭说明书的买卖；凭商标或牌号的买卖；凭产地的买卖。

2.3.2 数量条款

货物数量条款是国际货物买卖合同中不可缺少的条款，按照《公约》规定，卖方交货数量必须与合同一致，否则将构成违约，买方有权采取要求损害赔偿等补救措施。数量条款通常应规定交货数量、计量单位和计量方法等有关的内容。

卖方应该按照合同数量交货。对于一些大宗产品，如农产品、矿产品等，由于成交数量大而计量不易准确，卖方实际交货重量很难与合同数量完全相符，为了便于履行合同，双方应在合同中规定一个数量的机动增减幅度，允许交货数量在此范围内机动，这种条款为数量的机动幅度条款。国际贸易中的货物数量的机动幅度，有如下处理办法。

（1）合同中明确规定数量的机动幅度

在大宗货物的交易中，很多情况下，买卖合同中都规定了允许卖方多装或少装货物，但以不超过成交数量的百分之几为限，这种条款称为"溢短装条款"。例如，"300吨，卖方可溢或短装3％"，"300吨，2％伸缩"等。

（2）未规定数量机动幅度，但有"大约"等伸缩性文字

买卖合同中没有规定溢短装条款，但在合同规定的成交数量上加上"大约"、"约"、"近似"、"左右"等伸缩性文字。国际上对这些伸缩性词语的解释分歧很大，有的解释是2％，有的解释是10％等，极易产生纠纷。根据国际商会《跟单信用证统一惯例》（简称"UCP600"）的规定，这种伸缩性文字应解释为不超过10％的增减幅度。

（3）未规定数量机动幅度，也未有"大约"等伸缩性文字

如果买卖合同未规定卖方交货的溢短装条款，在成交数量上也无伸缩性文字，在此情况下，卖方理应交付与合同数量一致的货物，但在大宗货物情况下，卖方很难交付与

合同数量完全相符的货物。基于这种情况，UCP600 规定，在信用证支付方式下，在支付金额不超过信用证金额的条件下，仍然允许卖方交货数量有 5%的增减幅度。但是，信用证明确规定所列货物数量不得增减的除外。

2.3.3 包装条款

包装商品是安全运输、装卸、搬运货物的需要，是商品进入流通领域和消费领域的需要。包装条款应包括如下主要内容。

1. 包装种类

从包装方式上，可以把包装分为散装、裸装和包装三种方式。散装是指对货物不需要任何包装，直接将散装的货物交付运输并交付给买方，如煤炭、粮食等。裸装货物是指将货物简单地加以捆扎、绑扎、加固，常常用于品质稳定、自身能够抵抗外界影响并且本身自然成件的货物，如钢材、车辆等。包装货物是指按照一定的技术方法，用一定的包装材料将货物包裹起来。包装方法可以全部包装，也可以局部包装，但多为全部包装。

从包装作用上，可以将包装分为运输包装和销售包装两种。运输包装也被称外包装和大包装。运输包装可以分为单件运输包装和集合运输包装两种，前者是指把在运输过程中的货物作为一个计件单位的包装，如箱装、桶装、袋装等；后者被称为成组化运输包装，如集装袋、集装箱等。销售包装也称内包装和小包装，是指直接接触产品，并随着产品进入零售市场与广大的消费者见面的包装，其目的在于美化产品、宣传产品及推销产品，便于消费者识别、采购及使用产品。

2. 包装标志

为便于运输、装卸、仓储、报关、报验及交接货物，防止错发、错装、错卸、错交，在运输包装上要求印刷一定的标志，以便识别。包装标志主要有以下几种。

(1) 运输标志

习惯上称为"唛头"，通常由一个简单的几何图形和一些字母或数字等组成。联合国欧洲经济委员会简化国际贸易程序工作组，在国际标准化组织和国际货物装卸协调协会的支持下，制定了一套推荐使用的运输标志。该运输标志包括如下内容：收货人或买方名称的英文缩写；参考号，如运单号、订单号或发票号等；目的地；件号。

(2) 指示标志

也称安全标志或注意标志，是针对货物的特性所提出的在货物运输和保管等过程中应注意的问题。通常用简单的醒目的图形或文字来表示，如"此面向上"、"小心轻放"等。

(3) 警告性标志

通常是针对运输中的危险货物，如爆炸品、易燃易爆危险品、有毒物品、腐蚀物品及放射性物品等，按照法律规定，必须在运输包装上清楚地标明各类危险品标志，以示警告，如"有毒物品"、"爆炸物品"及"自燃物品"等。

3. 中性包装与定牌

中性包装，是指在产品包装及产品本身上不标明产品的生产国名和地名，也不标明原有的商标和牌号的包装。其目的在于打破进口国家所实行的各种限制和政治歧视，是扩大出口的一种手段。

定牌，则是指在产品包装上，卖方采取买方指定的商标或牌号的做法。在我国出口业务中，定牌主要有三种做法：一是定牌中性包装，即在产品包装上接受买方指定的商标或牌号，但不注明生产国别的做法；二是接受国外买方指定的商标或牌号，但同时注明"中国制造"字样；三是接受国外买方指定的商标或牌号，且同时注明由买方所在国工厂制造，即定牌定产地。

4. 买卖合同中的包装条款

合同中的包装条款通常应规定包装材料、包装方式、包装费用由何方承担及包装标志等项内容。按照国际惯例，包装费用通常都先由卖方承担，然后计入货物价格中，包装条款对包装费用不再另行作出规定。货物的包装材料通常都由卖方提供，如果买方提供包装材料，合同中的包装条款应规定买方寄送包装材料的方法、时间、费用及延迟责任等问题。运输标志通常由卖方设计。如果买方设计运输标志，包装条款应规定买方提出运输标志的时间；如果买方没有在规定的时间提出运输标志，还应规定卖方是否有权自行设计等问题。

2.3.4 价格条款

1. 作价方法

货物价格的确定，涉及买卖双方当事人的利益，我国目前的作价方法主要采取固定价格、部分固定部分非固定价格和暂定价三种。固定价格是指在合同中明确规定货物的成交价格，在合同有效期内价格固定不变。在固定价格情况下，买卖双方要承担价格涨落的风险。部分固定部分非固定价格是指在合同中明确规定部分货物的价格，而对另一部分货物的价格未予规定，需要根据市场行情变化由买卖双方另行协商确定。暂定价是指在合同中规定初步价格，作为买方申请信用证等依据，等最后价格确定时再多退少补，最后定价也要根据市场价格来确定。

《联合国国际货物买卖合同公约》在要约部分允许合同规定"如何确定数量和价格"的方法，可见，合同中没有采取固定价格并不影响合同成立。

2. 佣金和折扣

佣金，是指代理人或经纪人等所取得的报酬，在国际货物买卖中佣金常常表现为卖方付给销售代理人或买方付给购买代理人的酬金。折扣是指卖方按照原来的价格给买方一定的价格减让,是一种价格上的优惠待遇。在国际贸易中,货物价格有两种表示方法:一种是以净价来表示,如"每公吨净价 400 美元 CIF 上海"等;另一种方法是以含佣价或含折扣价来表示货物的价格,如"每打 100 美元 CFR 伦敦包括佣金 2％"、"每打 100 美元 CFR 伦敦减 1％折扣"等。

3. 计价货币与支付货币

计价货币是双方当事人用于计算价格的货币,而支付货币是双方当事人用来清偿支付的货币。国际贸易中,用来计价的货币可以是卖方国家、买方国家或第三国家的货币,甚至是一种计账单位,如特别提款权(SDR)等。

由于国际货物买卖的交货期较长,在这段时间内浮动汇率下的计价货币很可能有较大幅度的起伏(外汇风险),影响到买卖双方的利益。因此,买卖双方应注意选择计价货币。通常情况下,买卖双方都愿意选择国际上通用、能自由兑换且较稳定的货币计价,如美元、英镑、法郎、马克等。

2.3.5 装运条款

1. 装运港和目的港

装运港是指货物的启运港口,通常由卖方提出,经买方同意后确定。目的港是指货物的最终卸货港口,通常由买方提出,经卖方同意后确定。在通常情况下,装运港和目的港分别为一个,但有时也可能是两个或两个以上。

若在洽谈交易时,不能明确确定具体的哪个港口为装运港或目的港,可以采用选择港口的做法。如买方在订立合同时难以确定最终的卸货港,可采用选择卸货港口的做法,即先提出几个卸货港口供选择,等以后再最终确定具体哪个港口为最终卸货港。

2. 装运时间

装运时间,也称装运期,是指卖方将货物装上船舶等运输工具的时间。装运时间的规定方法通常有以下几种:一是明确规定具体的装运时间,如在合同中规定"2011 年 3 月装运";二是明确规定在收到信用证后若干天装运,如"收到信用证后 45 天内装运";三是笼统地规定装运时间,如"近期装运"、"尽快装运"或"立即装运"等。这种规定,易生争议,一般不宜使用。UCP600 规定,不应使用诸如"迅速"、"立即"、"尽快"之类词语,否则银行不予置理。

3. 分批装运和转船

分批装运是指同一笔成交的货物分若干批装运。由于运输工具的限制或卖方一次备货有困难等,买卖双方在合同中常常规定允许分批装运。若无明确规定,根据 UCP600 规定,应视为允许分批装运。

转船是指在装运港至目的港的海运过程中,将货物由一艘船舶卸下再装上另一艘船舶的运输。比如没有直达目的港的船舶或目的港不在班轮航线上或货物属于联运等,往往需要转船运输。

4. 装运通知

做好船货的连接，需要买卖双方紧密配合，互通有关船货信息，尤其在 FOB 术语下，互相发出船货通知更为重要。通常情况下，卖方应在装运期前的一段时间内，向买方发出货物备妥通知，以便买方及时指派船舶接货。买方指派船舶后，应将船舶的名称、预计到达装运港的时间等通知卖方，以便卖方及时安排装船。货物装上船舶后，卖方应及时向买方发出装运通知，将合同号码、货物名称、件数、重量、发票金额、船舶名称及装船日期等通知买方，以便买方安排海运保险、进口报关和接收货物等。

2.3.6 买卖合同中的其他条款

1. 保险条款

买卖合同的保险条款通常规定由哪一方负责向保险公司办理保险手续、保险费用由哪一方承担及保险的险别和保险的金额等内容。保险条款如何规定与买卖合同所采用的贸易术语直接相关。比如，采用了 FOB 术语和 CFR 术语时，保险应由买方自行负责，买卖合同的货款不包括保险费，合同中的保险条款比较简单，一般只原则性地规定"保险由买方负责"即可。如果采用了 CIF 术语，由卖方负责保险，卖方是为了买方的利益而进行保险的，办理保险是卖方的一个义务，有必要在买卖合同中对保险有关问题作出明确规定。

2. 支付条款

支付条款是买卖合同中的一个重要条款，其内容通常包括支付工具、支付时间、支付地点和支付方式等，如合同中的支付条款规定，"凭买方为付款人的即期汇票付款，付款交单"；或"凭不可撤销、保兑、即期信用证付款"等。

3. 检验条款

为了检验卖方所交货物在名称、品质、规格、数量和包装方面是否与合同规定相符，在国际货物买卖合同中，通常都订有检验条款。通过检验如果发现卖方交付货物与合同不符，买方有权对卖方采取违约补救措施，向卖方提出索赔请求。由于检验与索赔紧密相关，买卖合同中常常把检验和索赔规定在一个条款中，合称为检验索赔条款。检验条款主要应规定检验机构、检验证书、检验的时间和地点、检验的方法、标准和索赔的期限等内容。

根据《公约》规定，买方必须在按情况可行的最短时间内检验货物；如果买卖合同涉及货物的运输，检验可以推迟到货物到达目的港后，在目的港进行；如果货物在运输途中改运或买方须再发运货物，没有合理机会来检验货物，而卖方在订立买卖合同时已知道或理应知道这种改运或再发运的可能性，在这种情况下，检验可以推迟到货物到达新的目的港后，在新的目的港进行。

4. 不可抗力条款

不可抗力是指当事人不能预见、不能避免、不能克服和不能控制的障碍。不可抗力条款，主要规定不可抗力的含义、范围、不可抗力的后果、出具事故证明文件的机构及发生事故后通知对方的期限等。

不可抗力通常包括两种情况：一是由于自然力量引起的，如水灾、风灾、旱灾、大雪及地震等，被称为自然不可抗力；二是由于社会原因引起的，如战争、政府封锁禁运等，被称为社会不可抗力。买卖合同中的不可抗力条款应明确规定不可抗力的范围，不可抗力是否包括上述两种情况，应由当事人在合同中自行商定。

不可抗力条款还应规定遭受不可抗力一方当事人应提供不可抗力的证明及通知对方等义务。《公约》还进一步规定，如果通知在一段合理时间内仍未被对方收到而造成了损失，发生不可抗力的一方应承担赔偿责任。

5. 仲裁条款

仲裁条款又称仲裁协议，是双方当事人愿意将其争议提交第三方进行裁决的意思表示。仲裁是国际贸易中解决争议时最常用的方法，并以双方订有仲裁协议为前提。仲裁条款的主要内容包括：仲裁机构、适用的仲裁程序规则、仲裁地点及裁决效力等。如果买卖合同规定了仲裁条款，任何一方都不得向法院起诉。

6. 法律适用条款

国际货物买卖合同是在营业地分处不同国家的当事人之间订立的，由于各国法律制度不同，就产生了法律冲突与法律适用问题。当事人在合同中明确宣布合同适用何国法律的条款叫做法律适用条款或法律选择条款。

根据当事人意思自治原则，各国都允许当事人通过合同自由选择合同适用的法律。这些法律可以是当事人的国内法，也可以是第三国法律；可以是与合同有联系的，也可以是与合同并无联系的法律；可以是国际公约，也可以是国际商业惯例。但当事人的自由选择必须是善意的、合法的，并不得与公共利益相违背。

2.4 买卖双方的主要义务

买卖双方的义务是国际货物买卖合同的主要内容，《公约》用很大篇幅作了详细规定。但《公约》第6条规定：双方当事人可以不适用本《公约》，可以减损本《公约》的任何规定或改变其效力。可见，《公约》的规定是任意性的。根据契约自由原则，买卖双方可以在合同中约定他们各自的义务，凡是合同中明确约定的，应以合同约定为准。合同未约定或约定不明确的，应援引国际贸易公约、国内立法及国际贸易惯例的规定。

2.4.1 卖方主要义务

1. 交付货物

（1）交付货物的含义

交付货物，是指卖方自愿地转移货物的占有，将货物的占有权从卖方转移出去。有时卖方需要将货物交付给买方，置于买方的实际控制之下，此类交付又称实际交付，如工厂交货（EXW）。有时卖方需要先将货物交付给承运人，置于承运人的实际控制之下，然后再由承运人将货物运交给买方，如装运港船上交货（FOB），货物是通过承运人转交给买方的。在卖方将货物交付承运人的情况下，卖方通常需要向买方提交运输单据，如海运提单，而且按照国际贸易惯例，卖方提交海运提单通常意味着转移了货物所有权，此类交付为象征性交货。

（2）交货时间

《公约》第33条规定了三种交货时间：一种是如果合同规定了交货日期或从合同中可以确定交货日期，卖方应在该日期交货；第二种是如果合同中规定了一段交货期间或从合同中可以确定一段时间，则卖方可以在该段期间内任何一天交货，但情况表明买方有权选定一个具体日期的除外；第三种是其他情况下，卖方应在订立合同后一段合理时间内交货。

（3）交货地点

《公约》在第31条规定，如果买卖合同对交货地点未作出规定，卖方应按下面三种情况确定交货地点。

① 如果买卖合同涉及货物运输，卖方应该把货物交给第一承运人，由第一承运人将货物运交给买方。如果货物运输需要两个以上承运人，卖方把货物交给第一承运人，即视为已经履行交货义务。

② 如果买卖合同不涉及货物运输，对于特定货物、从某批特定存货中提取的货物（如从指定的仓库中提取10万吨大米），卖方应在双方当事人订立合同时已知道的货物所在地交货；对于尚待制造或生产的货物，卖方交货地点应是双方当事人在订立合同时已知道的将来制造或生产地。

③ 其他情况下，卖方应在买卖合同订立时的卖方营业地把货物交给买方处置。如果卖方已把货物交给仓库或承运人，则卖方将有关单据如仓库提货单等交给买方，即视为已将货物交给买方处置。

在国际货物买卖合同中，买卖双方如在合同中选择某种贸易术语，应视为双方当事人已经在合同中约定了贸易术语所规定的地点，卖方的交货地点应以贸易术语所规定的地点为准。

(4) 卖方在涉及运输时的其他义务

《公约》第32条还规定，如果买卖合同涉及货物运输，卖方还必须履行下面的义务。

将货物特定化，即以某种行为明确指定该货物作为履行该合同的标的。货物特定化的方法有：在货物的外包装上标明买方的名称或地址；在提单等装运单据上注明有关合同，如载明买方为收货人或载明货物运到目的地时所通知的买方等；向买方发出一份列明货物的发货通知。按照《公约》及很多国家的法律规定，卖方将货物特定化是货物所有权及风险转移的前提条件，货物被特定化之前货物的所有权和风险不转移于买方。

如果卖方有义务安排货物运输，则必须订立运输合同，以通常运输条件，用适当运输工具，将货物运到目的地。

如果卖方没有义务对货物运输办理保险，在买方提出要求时，卖方应向买方提供现有的一切必要资料，以供买方投保货物运输保险，使得买方能够办理保险。

2. 提交与货物有关的单据

根据《公约》第34条，如果卖方有义务提交与货物有关的单据，则卖方必须按照合同规定的时间、地点和方式提交，提交与货物有关的单据是卖方的一项主要义务。在国际货物买卖实践中，卖方需要提交的单据通常包括三个方面：货物单据、运输单据和保险单据。货物单据通常有商业发票、领事发票、装箱单、重量单、原产地证书及品质检验证书等；运输单据通常有海运提单、铁路运单、航空运单、邮包收据及多式联运单据等；保险单据通常有保险单、保险凭证等。

(1) 卖方交单时间

卖方应当按照合同规定的时间、地点和方式提交单据。通常情况下，卖方提交运输单据是买方支付货款的对流条件，即买卖双方同时履行各自义务。根据UCP600的规定，卖方交单应在两个有效时间内交单：第一，在信用证规定的到期日之前提交单据；第二，在信用证所规定的装运日期后必须交单的特定期限内交单，如果信用证没有规定装运日期后必须交单的特定期限，则卖方必须在装运日期后的21天内交单。

(2) 卖方提交单据必须符合信用证规定

在信用证付款方式下，通常是卖方先将单据交给银行，然后由银行转交给买方，即银行要求买方付款赎单。卖方向银行提交的单据必须在表面上严格符合信用证规定，而且单据和单据之间应一致，即单证相符、单单相符。目前世界各国银行在凭单付款时，都实行"严格相符原则"，只有卖方所提交的单据在表面上严格符合信用证要求，银行才予以付款。如果卖方提交的单据表面不符合信用证的要求，卖方必须予以改正，否则银行有权拒绝付款。

3. 转移货物所有权

《公约》第30条对货物所有权转移作了原则性规定：卖方必须按照合同和本《公约》规定，交付货物，移交一切与货物有关的单据并转移货物所有权。至于货物所有权转移时间、地点和方式等，《公约》未作出进一步规定。虽然《公约》未对货物所有权转移作详细规定，但转移货物所有权却是卖方的重要义务。关于货物所有权转移问题，将在本章第六节予以介绍。

4. 卖方的担保义务

（1）卖方对货物品质的担保

《公约》第35条规定：卖方交付的货物，必须与合同所规定的数量、质量和规格相符，并须按照合同所规定的方式装箱或包装。可见，卖方对货物品质担保并不仅仅担保货物品质，还包括货物数量、规格及包装方面符合规定。

如果合同没有规定具体标准，公约规定如下标准补充：合同订立时，卖方不知道买方购买该货物的任何特定用途，则交货应适用于同一规格货物的通常用途；买方在订立合同时，明示或默示通知卖方其购买货物的特定用途，则交货应适用于该特定用途；凭卖方样品或样式成交情况下，卖方交货应与样品或样式相同；货物包装应按照同类货物通用方式装箱或包装，没有通用方式时卖方应按照能够保全和保护货物方式装箱或包装。

如果买方订立合同时已知或应知货物不符合规定，仍愿意与卖方订立合同的，则卖方对所交货物不承担品质担保责任。

根据《公约》第36条的规定，通常情况下，卖方应保证所交货物在风险转移时符合合同或《公约》规定，对风险转移时货物的任何不符承担责任。可见，只要风险转移时货物是相符的，即使风险转移后因其他原因货物又不符的，如发生腐烂、变质及生锈等，卖方也不承担责任。

有些货物在风险转移时的不符在当时并未显露，而是在风险转移之后才逐渐显露出来，这也视为卖方违反其品质担保义务，应当承担货物不符的责任。

为了确定卖方交货是否与合同或《公约》相符，《公约》赋予买方检验权，并对检验货物时间作了规定。《公约》第38条第1款规定，买方必须在按情况实际可行的最短时间内检验货物或由他人检验货物。买方是否在"按情况实际可行的最短时间"内检验货物，应根据具体情况确定。货物不同，对检验需要的时间和条件也不同，一般农副产品需要的检验时间较短，高科技产品、技术设备需要的检验时间较长。《公约》第38条第2款规定：如果合同涉及货物的运输，检验可以推迟到货物到达目的地后进行。《公约》第38条第3款进一步规定：如果货物在运输途中改运或卖方须再发运货物，以致买方没有合理机会对货物进行检验，而且卖方在订立合同时已经知道或理应知道这种改运或再发运的可能性的，买方对货物的检验可以推迟到货物到达新的目的地后再进行。

买方对货物不符合同的情形，要通知卖方。《公约》第39条规定：第一，买方必须在发现或理应发现不符情况后的一段合理时间内通知卖方，说明货物不符性质，否则买方将丧失声称货物不符的权利；第二，任何情况下，如果买方没有在从实际收到货物之日起两年内将货物不符情况通知卖方，就丧失声称货物不符权利。这一规定是对第1款

"合理时间"的限制,即合理时间不应超过"从实际收到货物之日起两年"。但是,"从实际收到货物之日起两年"的时限与合同规定的保证期限不一致的除外。

(2) 卖方对货物权利担保

卖方对货物权利担保,是指卖方应保证对所出售货物享有合法权利,没有侵犯任何第三人的任何权利,并且任何第三人都不会就该项货物向买方提出请求,从而使买方不受任何第三人的干扰而拥有所购买的货物。

① 卖方对货物物权方面的担保。即卖方要向买方保证其出售货物不侵犯第三人的所有权、抵押权及留置权等物权方面的权利,否则卖方就违反了物权方面的权利担保的义务,需要向买方承担责任。《公约》第41条规定,卖方交付的货物,必须是第三人不能提出任何权利或要求的货物,但如果买方知道该货物存在第三人权利或要求、仍同意接收货物的情况除外。

应注意的是,《公约》的规定仅限于买卖双方之间的权利和义务,不涉及货物所有权所产生的影响。如果卖方把不属于自己所有或未经合法授权的货物出售给买方,而买方因不知情而接受了货物,拥有货物所有权的第三人向买方提出权利和请求时,该善意的买方是否能够得到法律上的保护及第三人能否将自己的货物追回等法律问题,则非《公约》所能解决,只能按照合同所适用的国内法予以处理。

② 卖方对货物知识产权方面的权利担保。即卖方要向买方保证其出售货物不侵犯第三人工业产权及其他知识产权方面的权利,第三人不会因工业产权及其他知识产权而向买方提出请求。《公约》第42条第1款规定,卖方交付的货物,必须是第三人不能根据工业产权及其他知识产权提出任何权利和请求的货物。

知识产权的地域性和时间性特点使得侵权非常复杂,涉及卖方国家以外的其他国家的法律。根据地域性特点,卖方可能是既没有侵犯卖方国家法律所保护的第三人的知识产权,也没有侵犯买方国家法律所保护的第三人知识产权,但因买方转售货物而侵犯了其他国家法律所保护的知识产权。按照其他国家法律,卖方出售货物构成对第三人的侵权。即卖方出售同一种货物,根据甲国法律虽不构成侵权行为,但根据乙国法律就有可能构成侵权行为,而卖方又常常是不可能知道其货物最终会被转售到哪国,会侵犯哪国法律所保护的知识产权。因此,卖方要保证不侵犯任何第三人的权利,就需要熟悉各国法律,这显然不可能。所以,《公约》规定卖方承担知识产权的有限担保。

根据《公约》第42条第1款,卖方只在下列情况下才对买方承担担保责任:合同订立时双方当事人能够预知货物将在某国被转售或被使用,则第三人只有根据该转售国或使用国法律向买方提出请求时,卖方才对买方承担担保责任;买卖合同订立时双方当事人不能预知货物将被转售或被使用的国家,则第三人只有根据买方营业地所在国法律向买方提出请求时,卖方才对买方承担担保责任;第三人工业产权及其他知识产权应是买卖合同订立时卖方已经知道或不可能不知道的权利,即买卖合同订立时第三人的权利就已经受到转售国或使用国或买方营业地所在国的法律保护。

《公约》第42条第2款规定了卖方不承担担保责任的情形：买方订立合同时已经知道或不可能不知道第三人对货物享有知识产权，仍愿意与卖方订立合同；如果第三人提出的权利请求是卖方按照买方提供的技术图纸、图案或其他规格制造产品而引起，卖方不承担责任；第三人向买方提出权利请求后，买方应在合理时间内通知卖方以便卖方及时应诉抗辩。买方未在合理时间内通知卖方，则丧失要求卖方承担责任的权利。

2.4.2 买方主要义务

1. 支付货款

《公约》第53条规定，买方应根据合同和《公约》的规定履行支付价金的义务。支付价金的义务包括根据合同或任何法律和规章规定的步骤和手续，在约定的时间和地点支付货款。

（1）履行必要付款手续

按照一般的国际贸易实践，履行必要付款手续包括买方向银行申请信用证或银行付款保险、向政府主管部门申请进口许可证及所需外汇等。这些手续是买方付款的前提和保证，根据《公约》，完成这些步骤和手续都是买方的义务。

（2）付款时间

如果合同没有规定付款时间，《公约》第58条作了如下三项规定以补充合同。一是卖方交货或交单时付款。但卖方可以要求买方先付款，以买方支付货款作为其交货或交单的条件，如果买方不付款，卖方可以不交货或者不交单。二是卖方交单前付款。涉及货物运输时，卖方通常需要先发运货物，然后再在合同规定的时间和地点向买方提交代表货物所有权的单据。在这种情况下，卖方可以要求买方先付款而卖方后交单，并将此作为卖方发运货物的条件。三是检验货物后付款。买方在支付货款之前，有权对货物进行检验，买方无机会检验货物，则无义务支付货款。《公约》把买方付款义务与检验货物权利结合起来，原则上，买方应在有机会检验货物之后，才有付款的义务，即先检验后付款。买方在检验货物之前付款，并不意味着买方丧失了对货物的检验权，货到目的地后，经检验发现货物与合同规定不符，买方仍有权要求卖方赔偿损失或采取其他补救措施。

（3）付款地点

依照《公约》的规定买方应在约定的付款地点付款。当合同中对付款地点未作规定时，买方应在下列地点付款：卖方营业地；在凭移交货物或凭单据付款时，则为提交货物或单据的地点。

2. 接收货物

《公约》第60条规定，接收货物是买方的一项义务。买方接收货物的义务具体包括两项内容。

(1) 采取一切理应采取的措施以使卖方能够交付货物

这主要是要求买方与卖方合作，采取卖方交货所需要的理应采取的措施。例如，买方需要及时申请进口许可，办理进口报关，指定交货地点，派人到现场接收；在FOB条件下，买方需要负责指派运输工具，在合同规定的时间内到达装运港，并通知卖方所指派船舶的名称及预计到港日期，以便卖方履行其交货义务。

(2) 接收货物

接收货物，也就是接管、提取货物，买方有义务在卖方交货时及时接管、提取货物。应注意的是，买方接收货物和接受货物含义不同。买方收到货物并不一定就意味着接受货物，接收货物是实现对货物占有权的转移，而接受货物则是实现对货物所有权的转移。如果买方仅仅收到货物，经检验发现货物严重不符，买方有权拒绝接受货物，将已经接收的货物退还。

2.5 违约及其补救措施

2.5.1 违约的形态

违约，是指合同当事人因不履行合同义务或者履行合同义务不适当的行为。违约形态，是指根据违约行为违反义务的性质和特点而对违约行为所作的划分。

1. 根本违约和非根本违约

《公约》根据违约后果及违约当事人主观上是否预见违约后果，把违约划分为根本违约和非根本违约。所谓根本违约，是指"一方当事人违反合同的结果，如使另一方当事人蒙受损害，以至于实际上剥夺了他根据合同规定有权期待得到的东西，即为根本违约，除非违反合同一方并不预知而且一个同等资格、通情达理的人处于相同情况中也没有理由预知会发生这种结果。"据此，根本违约须具备两个条件：第一，违约后果严重，造成另一方当事人严重损失；第二，违约当事人对违约后果能够预见或理应预见。能够预见或理应预见应以第三人能否预见为依据。该第三人在专业知识上应与违约当事人"同等资格"、在商业道德上应"通情达理"，并处于违约当事人"相同情况"下。

对根本违约，受损方可解除合同，并要求损害赔偿；对非根本违约，受损方只能要求损害赔偿，而不能要求解除合同。

2. 实际违约和预期违约

根据违约事实是否发生，违约分为实际违约和预期违约两种。

(1) 实际违约

即债务履行期届至后，债务人无正当理由，未全面而适当履行合同义务的，为实际违约。一旦债务履行期届至，债务人未履行债务或者履行债务不适当，无须经债权人催告，即构成违约，此即所谓的"期限代人催告"。实际违约包括以下三种情况。

① 拒绝履行。又称不履行，指履行期限到来之后，债务人无正当理由拒绝履行债务的行为。

② 迟延履行。包括：迟延给付，又称债务人迟延，指债务人在履行期限到来后，能够履行债务而未按期履行；迟延受领，指债权人应当对债务人的履行及时受领而未受领。

③ 不完全履行。即债务人虽有履行行为，但在履行数量、质量、方式、地点等方面存在瑕疵。不完全履行包括瑕疵履行和加害履行。

（2）预期违约

即在合同规定履行期限前，某些情况已经显示当事人在合同规定期限内将不能履行他的主要合同义务。预期违约包括以下两种。

① 明示毁约。是指在履行期届至前，债务人无正当理由明确肯定地表示其将不履行合同义务的违约形态。

② 默示毁约。是指在履行期届至前，债务人以其行为和实际状态表明将不履行或者不能履行债务，且债务人拒绝为履行债务提供相应担保的违约形态。

2.5.2　买卖双方均可采取的补救措施

1. 实际履行

实际履行，又称继续履行，是指债务人违反合同义务时，应当依照另一方的请求继续履行其承担的合同义务的责任。《公约》第45条规定"买方可以要求卖方履行义务"，第47条规定"买方可以规定一段合理时限的额外时间，让卖方履行其义务"，第62条规定"卖方可以要求买方支付货款、收取货物或履行他的其他义务"。要求实际履行的一方当事人不能采取与实际履行相抵触的其他补救措施。比如，一方当事人不能既要求对方实际履行，又宣告解除合同。但实际履行可与损害赔偿责任并用。

《公约》规定："如果按照本公约的规定，一方当事人有权要求另一方当事人履行某一义务，法院没有义务作出判决，要求具体履行这一义务"，一方当事人向法院提起实际履行之诉时，受理诉讼法院可根据本国法律作出支持或不支持的判决，如果法院所在地法律不允许法院作出实际履行判决，则法院则无义务作出要求违约方实际履行的判决，即法院是否作出实际履行的判决依赖于该国国内法的规定。

2. 给予违约方一段合理的额外履约期限

额外履约期限，也称履约宽限期，是指一方当事人不按照合同或公约规定时间履行义务，另一方当事人可以规定一段合理的额外时间，让违约方在这段时间内继续履行义务。额外履约期限是受损方在合同或《公约》规定的履约时间之外又给予的一段履行合同时间。《公约》第 47 条规定"买方可以规定一段合理的额外履约期限让卖方履行其义务",《公约》第 63 条规定"卖方可以规定一段合理的额外履约期限让买方履行其义务"。

延迟履行的违约方在额外履约期限内,有两种选择,也产生两种不同的法律后果:如果在额外履约期限内履行了义务,受损方只能要求损害赔偿,而不能要求解除合同;如果在额外履约期限内仍不履约或声称将不履约,受损方既有权解除合同,也有权要求损害赔偿。

给予违约方额外履约期限,应受到如下限制:受损方在额外履约期限内不得采取相抵触的其他补救措施,如受损方不能既给予额外履约期限,又解除合同;额外履约期限必须合理、明确而具体;受损方应通知给予违约方的额外履约期限。

在违约方延迟履行义务的情况下,受损方是否给予违约方额外履约期限,应根据违约方的违约情况决定。如果违约方延迟履行构成根本违约,受损方可宣告解除合同。如果未构成根本违约,受损方无权解除合同,只能给予额外履约期限;只有违约方在额外履约期限仍不履约或声称将不履约的情况下,受损方才有权解除合同。

3. 解除合同

解除合同,是指在合同订立后,尚未履行或尚未全部履行之前,由于一方当事人根本违约等违约情形,另一方当事人为了弥补或减少损失而提前终止合同效力,从而使合同中权利和义务归于消灭的一种法律制度。解除合同就是解除合同的效力,使得合同效力归于无效。按照《公约》,一方当事人根本违约、受损方要解除合同时,只要受损方向违约方宣告合同无效,合同即被解除了法律效力。

(1) 受损方有权解除合同的情况

根据《公约》第 49 条、第 64 条、第 72 条和第 73 条,受损方解除合同的情形包括:违约方违约行为已构成根本违约;违约方违约行为虽未构成根本违约,但在合理额外履约期限内仍不履约或声称仍将不履约的;预期违约方的预期违约已构成预期根本违约;分批交货情况下,一方当事人不履行对任何一批货物的义务,对该批货物将会构成根本违约,另一方当事人有权宣告合同对该批货物无效;如果一方当事人不履行对任何一批货物的义务,使另一方当事人有充分理由断定对今后各批货物将会发生根本违约,该另一方当事人可以在一段合理时间内宣告合同今后无效;如果各批货物是互相依存的,不能单独用于双方当事人在订立合同时所设想的目的,则买方在宣告合同对任何一批货物的交付为无效时,可以同时宣告合同对已经交付的或今后交付的各批货物均为无效。

(2) 受损方有权解除合同的时间

如果买方已经支付了货款,卖方即丧失解除合同的权利。但是,在下列情况下,卖方仍有权解除合同:如果买方延迟履行义务,卖方在知道买方履行义务之前有权解除合同,在知道买方履行义务之后卖方无权解除合同;对于买方延迟履行以外的其他违约,卖方在知道或理应知道买方这种违约情况后的合理时间内有权解除合同；如果买方在额外履约期限内仍不履行的，卖方在额外履约期限届满后的合理时间内有权解除合同；如果买方声称在额外履约期限内仍将不履行的，卖方在收到声称通知后的合理时间内有权解除合同。

如果卖方已经交付货物，买方即丧失了解除合同的权利，但在下列情况下，买方仍有权解除合同。

① 如果卖方延迟交货，买方在知道卖方交货后的一段合理时间内有权解除合同，如果买方在知道卖方交货后的合理时间内未解除合同的，则丧失解除合同的权利。

② 卖方延迟交货以外的其他违约，买方在知道或理应知道这种违约情况后的一段合理时间内有权解除合同。

③ 如果卖方不履行义务，在买方所给予的合理额外履约期限后仍不履行，买方在额外履约期限届满后的合理时间内有权解除合同。

④ 如果卖方声称在买方所给予的额外履约期限内仍将不履约的，买方在收到声称通知后的合理时间内有权解除合同。

⑤ 如果卖方交货与合同不符，卖方要求对货物在一定的额外时间内进行补救，额外补救时间后卖方没有对货物进行补救或补救后货物仍不符的，买方在额外补救时间届满后的合理时间内有权解除合同。

⑥ 如果卖方交货与合同不符，卖方要求对货物在一定的额外时间内进行补救，买方拒绝卖方这一要求的，买方必须在拒绝后的合理时间内有权解除合同。

买方解除合同，还应受到能否将已经收到货物按照原状退还的限制。但在下列情况下，尽管不能按照原状退还货物，买方仍有权解除合同：买方不可能退还货物或不可能按照货物的原状退还货物，并不是由于买方的行为或不行为所造成的；货物的原状被破坏是由于检验货物所造成的；货物在买方正常营业中已经被售出或者货物在正常使用过程中已经被消费或被改变。

（3）解除合同的法律后果

根据《公约》第81~84条的规定，合同解除的效果有：买卖双方在合同中的主要义务被解除，卖方交货责任及买方付款义务均被解除；违约方的违约责任和受损方要求损害赔偿的权利并没有被解除；买卖合同中解决争端条款的效力并没有被解除；买卖双方各自在合同被解除后仍应承担一定责任，如对货物的保全责任及支付保全货物的费用等；如果合同已经履行或部分履行，买方有退还已收货物的责任，卖方有退还已收货款的责任。

4. 损害赔偿

无论卖方违约或买方违约，只要给对方造成了损失，对方都有权要求给予损害赔偿。损害赔偿可以单独行使，也可以与其他措施共同行使。

(1) 违约方对损害的赔偿范围

① 损害赔偿额应与实际损失额相等。《公约》第 74 条规定，一方当事人违反合同应负的损害赔偿额，应与另一方当事人因他违反合同而遭受的包括利润在内的损失额相等。违约方赔偿范围应是受损方因其违约而受到的实际损失，包括直接损失和间接损失。直接损失是指受损方因违约方的违约行为直接受到的损失及有关费用的支出，间接损失是指受损方失去的根据合同本应得到的经济利益。

② 损害赔偿额应以违约方能够预见的损失为限。《公约》第 74 条规定，损害赔偿不得超过违反合同一方在订立合同时，依照他当时已知道或理应知道的事实和情况，对违反合同预料到或理应预料到的可能损失。违约方赔偿损失的范围应在其订立合同时就能够预料到或应该能够预料到的损失范围之内，对于不能预料到的损失不承担赔偿责任。

③ 受损方扩大的损失不予赔偿。《公约》第 77 条规定，声称一方违反合同，必须按情况采取合理措施，减轻由于违约方违反合同而引起的损失，包括利润方面的损失。如果受损方没有尽责任防止损失扩大，减轻自己的损失，则对于这种受损方扩大的损失，受损方无权要求赔偿。

(2) 损害赔偿数额的计算

① 受损方不解除合同时的损害赔偿数额的计算。如果违约方的违约是非根本违约，或者违约方虽是根本违约，但受损方不要求解除合同而要求损害赔偿的情况下，损害赔偿数额的计算比较简单。《公约》第 74 条和第 77 条规定，在约定损害赔偿数额时应根据如下三条规定，即赔偿额应与损失额相等、赔偿额应以违约方能够预料的损失为限及受损方扩大的损失不予赔偿等。

② 受损方解除合同时的损害赔偿数额的计算。对于受损方采取替代交易情况下的损害赔偿数额。《公约》第 75 条规定，如果合同被解除，而在解除后一段合理时间内，买方已以合理方式购买替代货物或者卖方已以合理方式把货物转卖，则要求损害赔偿的一方可以取得合同价格和替代交易价格之间的差价及按照第 74 条规定可以取得的任何其他损害赔偿。受损方的替代交易应是合理的替代交易，对于不合理替代交易，不能按照差价予以赔偿。受损方未采取替代交易情况下的损害赔偿数额，应按照《公约》第 76 条规定的两种情况确定赔偿数额。第一，按照合同价格与合同解除时的时价之间的差价为标准，再加上其他损失予以赔偿。这种情况适用于卖方解除合同并要求损害赔偿和买方先解除合同、后接收货物并要求损害赔偿。如果买方先接收货物而后解除合同，则应适用下面的第二条规定。第二，如果买方在接收货物之后再解除合同，此时损害赔偿数额应按照合同价格与接收货物时的时价之间的差价为标准，再加上其他的一些损失。

5. 中止履行合同

中止履行合同，是指在一方当事人预期违约的情况下，另一方当事人暂时停止履行合同义务的行为。中止履行合同是买卖合同效力的暂时停止，至于合同以后的效力如何取决于预期违约方是否能够履约或能否提供担保。如果一方当事人的预期违约已经构成了根本预期违约，则另一方当事人可以直接解除合同，而不必中止履行合同。

(1) 中止履行合同的限制

根据《公约》第71条，中止履行合同应受到下列条件限制：中止方只有在对方预期违约情况下才能采取中止履行合同；中止方在合同规定的履行期限届满之前，只能中止履行合同，不能采取其他的积极的补救措施；中止方中止履行合同必须立即通知预期违约方；如果预期违约方提供了充分的履约担保，则中止方必须结束中止行为，继续履行合同。

(2) 中止履行合同措施的行使

① 中止履行的通知义务。一方当事人预期违约，中止方要中止履行合同义务，应通知预期违约方。

② 卖方的停运权。即如果卖方在发运货物之后才发现买方预期违约，卖方有权通知承运人不将货物交给买方，即阻止将货物交给买方；即使买方已经持有了有权获得货物的单据，如提单，卖方也有权阻止承运人将货物交给已经拥有提单的买方。

(3) 中止履行合同的法律后果

如果预期违约方提供了充分的履约担保，中止方应立即结束中止，继续履行合同。至于如何计算中止方的继续履约期限，《公约》及国内法都未规定。如果预期违约方未能提供充分的履约担保，在合同规定的履约期限届满以后，中止方有权解除合同，并请求损害赔偿。

2.5.3 买方单独采取的补救措施

1. 买方要求卖方交付替代货物

如果卖方交付货物与合同不符，且已经构成根本违约，买方可要求卖方交付替代货物，交付替代货物实际上是实际履行措施的一种。《公约》第46条第1款规定，如果货物不符合合同规定，买方只有在此种不符情形构成根本违反合同时才可以要求交付替代货物。

买方要求卖方提出交付替代货物，不得再提出与交付替代货物相抵触的其他措施，如解除合同等。按照《公约》第82条，买方还应能够按照收到货物原状将货物退还给卖方，否则买方就丧失了要求卖方交付替代货物的权利。卖方即使交付了相符的替代货物，因原来交付不符货物给买方造成的损失，买方有权要求赔偿。

2. 买方要求卖方对不符货物进行修补

如果卖方交付货物与合同不符，但没有构成根本违约或构成根本违约但买方不解除合同，买方可以要求卖方通过修理对不符合同之处做出补救。买方要求卖方修补不符货物，实际上也是实际履行措施的一种，在大多数情况下，通过修理货物对违约进行补救是既经济方便又行之有效的办法。卖方可亲自修理或派人修理不符货物，买方也可以自行修理或就近请第三人修理不符货物，由卖方承担修理费用。

3. 买方要求卖方降低货物价格

如果卖方交付货物不符，而买方仍然愿意接受该不符货物或者买方因为某种原因不能退还该不符货物，买方可以要求卖方降低货物价格。买方要求降低货物价格的要求，不受货款是否已付的限制。根据《公约》的规定，买方要求降低价格后应支付的货款，应按照实际交付的不符货物在交货时的价格与应交付的相符货物在交货时的价格之间的比例计算。

2.5.4 违约下的特殊处理

1. 因不可抗力而违约的免责

免责，根据《公约》第79条，是指不履行合同的一方当事人对他因不履行合同给对方造成的损失免除赔偿的责任。即受损失的一方当事人不能要求不履行合同的一方赔偿损失，但是受损失的一方当事人有权采取其他补救措施，诸如解除合同、给予额外履约期限及降低价格等。

（1）不履行合同的当事人享受免责的条件

不履行合同的一方当事人对其不履行合同的免责，须具备如下条件：不履行合同是由于某种非他所能控制的障碍所造成的；不履行合同的一方当事人在订立合同时没有预见也没有理由预见会发生这种障碍；不履行合同的一方当事人对这种障碍及后果不能避免或不能克服。

（2）免责的法律后果、有效期及通知义务

根据《公约》规定，免责只是免除了损害赔偿责任，并不免除不履行或不能继续履行合同的全部责任。即当一方当事人具备免责条件时，受损方只是不能要求赔偿其损失，但可以采取其他补救措施。如合同还能够继续履行，受损方要求免责方继续履行合同，免责方应继续履行，买卖合同继续有效。

《公约》第79条第3款规定"免责只对障碍存在期间有效"，一旦障碍排除，合同没有被解除，被免责的一方当事人必须继续履行合同义务，如果仍然不履行合同造成了对方损失，则应予以赔偿，障碍消除后造成的损失不能免责。

要求免责的一方当事人，在障碍出现以后，必须将障碍的情况及对履行合同能力的影响通知对方当事人，如果该通知在一段合理的时间内未被对方收到，对方因未收到通知而产生损失，这种损失应予以赔偿。可见，免责方的通知采取到达生效原则，发出通知一方承担了通知不被收到的风险。

(3) 一方当事人的行为造成另一方当事人不履行

《公约》第 80 条规定："一方当事人因其行为或不行为而使得另一方当事人不履行义务时，不得声称该另一方当事人不履行义务"。例如，卖方因不可抗力不能交货，给买方发出了通知，买方收到通知后也停止了付款行为，买方不付款是因为卖方不能交货而引起的。在此情况下，卖方就不能声称买方不履行合同，当然也不能要求买方承担不付款责任。

2. 保全货物责任

保全货物，是指在一方当事人违约时，持有货物或者控制货物处置权的另一方当事人，有义务及时采取措施，保护所持有的或者所控制的货物，以减少货物损失。

(1) 卖方保全货物的情况

卖方保全货物的情况，通常是在买方不收取货物且卖方仍持有货物或控制货物，如买方延迟收取货物，或者合同规定支付货款与交付货物同时进行，因买方不能支付货款，卖方也就没有交出货物，货物仍在卖方控制之下，卖方就有保全货物的责任。卖方应根据具体情况，采取适当措施，以保全所持有或控制的货物，但保全货物的费用及保全期间的风险应由买方承担。

保全货物本是卖方的责任，但货物被保全之后，在买方未支付有关保全货物费用之前，卖方有权保留货物。在此情况下，保留货物又成为卖方的权利，在理论上应属于留置权。

(2) 买方保全货物的情况

买方在下面两种情况下应保全货物：第一，卖方延迟交货已经构成根本违约，买方决定解除合同，但货物又抵达了目的港，处于买方控制之下，在此情况下买方应采取保全货物的措施，代替卖方把货物接收下来，妥善安置。但是，如果卖方或其代理人等也在目的港，买方则无保全货物的责任，或者如果卖方或其代理人不在目的港，只能依靠买方接管货物。第二，如果买方已经收到了货物，但发现卖方所交的货物与合同严重不符，买方决定解除合同，将货物退回，在此情况下，买方有责任保全货物。买方有权保留货物直至卖方将保全货物的费用付清为止。

(3) 保全货物的方法

《公约》第 87 条和第 88 条规定了保全货物的方法，根据该《公约》的规定，保全货物的方法主要有两种：把货物按照当地通常的条件和方式寄放在第三人的仓库，由违约方承担仓库费用，但该项仓库费用必须合理；将货物出售。

根据《公约》规定，在如下三种情况下保全货物当事人可将货物出售：如果货物是易腐烂变质的货物，容易迅速变坏，保全货物的当事人必须采取合理措施，把货物出售；如果当地仓库费用太高以致不合理时，则保全货物的一方当事人可把货物出售；货物存放在第三人仓库后，如果卖方一直不收回货物，或买方一直不收取货物或者不支付货款，或者卖方/买方一直不承担保全货物的费用，则保全货物的一方有权将货物出售。

2.6 货物所有权及风险的转移

2.6.1 货物所有权转移

货物所有权是指货物所有人对货物的占有、使用、收益和处分的权利。货物买卖实际上是货物所有权的买卖，实现货物所有权的转移。货物所有权的转移，是指卖方把货物的所有权转移给买方拥有的法律行为。

1. 货物所有权转移的时间和条件

（1）货物所有权转移的时间

货物所有权转移的时间，对买卖双方关系至关重要。各国社会、政治及经济制度不同，导致法律规定各异。《公约》在制定时对此难以统一，于是回避了这一问题，将所有权的转移留给各国法律处理。各国法律对货物所有权转移有如下规定。

合同当事人有权约定货物所有权转移的时间。各国法律都允许合同双方当事人约定货物所有权转移的时间。比如，合同可以规定货物所有权于货物达到目的地时转移，或者货物所有权在买方付款时转移。英国《货物买卖法》第17条规定，特定物买卖中，货物所有权自当事人双方意图转移时转移。我国《合同法》第133条也允许当事人对货物所有权转移作出约定。

如果买卖双方当事人在合同中没有约定货物所有权的转移时间，则货物所有权应按照法律规定的时间转移。法律规定的时间主要有：买卖合同成立的时间是货物所有权转移的时间，如《法国民法典》第1583条规定，双方当事人就标的物及其价款达成协议，买卖合同即已成立，标的物的所有权依法由卖方转移给买方；卖方交货的时间是货物所有权转移的时间，如《美国统一商法典》第2401条规定，除双方当事人另有约定外，在卖方实际全部履行交货的时间和地点，货物所有权转移给买方；卖方交付物权凭证的时间就是货物所有权转移的时间。

（2）货物所有权转移的条件

《公约》及各国国内法都明确规定货物特定化是货物所有权转移的前提条件。未特定化的货物，其所有权及风险均不转移。但货物特定化后，不一定所有权就转移。所谓特定化，就是指以某一种行为确定该货物作为履行该合同的标的，即把货物确定在合同之下的法律行为。把货物特定化，在不同的国家法律中有不同的名称，如根据英国《货物买卖法》的规定，在把处于可交付状态的货物无条件地划拨于合同项下之前，货物的所有权不转移，特定化是指把货物无条件地划拨于合同项下。而美国的《统一商法典》则规定，把货物确定在合同项下，是货物所有权转移的前提，特定化是指把货物确定在合同项下。

2. 主要国家国内法对货物所有权的有关规定

(1) 英国《货物买卖法》的有关规定

根据英国《货物买卖法》的规定，货物所有权的转移与货物运输风险的转移紧密相连，货物所有权的转移直接决定了货物运输风险的转移，认为货物的运输风险是随着货物的所有权转移而转移的，这就是"物主承担风险"的原则。该法将货物分为特定物和非特定物两种情况。在特定物的买卖中，包括已经被特定化了的货物买卖中，货物的所有权应在买卖双方当事人约定转移时转移，货物所有权的转移完全取决于双方当事人的意愿。如果双方当事人在合同中未约定，则法院应根据合同的条款、双方当事人的行为等因素来确定双方当事人的意愿，以确定货物所有权转移的时间。所谓非特定物，根据英国《货物买卖法》，是指仅凭说明进行交易的货物。在非特定物的买卖中，在将货物特定化之前，其所有权不转移于买方。

在特定物和非特定物的买卖中，在卖方所要求的条件未得到满足之前，比如买方付款之前，卖方可以通过保留对货物的处分权，使得货物的所有权不发生转移。

(2) 美国《统一商法典》的有关规定

美国的《统一商法典》把货物所有权与风险分开，不再以所有权转移的时间作为风险转移的时间。美国《统一商法典》第2401条规定，除合同双方当事人另有特别约定外，货物的所有权应于卖方完成其交货义务时转移，而不管卖方是否通过保留货物所有权的凭证来保留其对货物的权利。根据该规定，卖方保留货物所有权的凭证，一般只能起到担保权益的作用，即以此作为买方付款的担保，但这并不影响货物所有权的转移。

(3) 《法国民法典》的有关规定

《法国民法典》原则上是以买卖合同的订立作为货物所有权的转移时间，该法第1583条规定，当事人就标的物及其价款达成协议时，即使标的物尚未交付，价款尚未支付，标的物的所有权也转移给买方。

(4) 《德国民法典》的有关规定

《德国民法典》认为，货物所有权的转移是属于物权法律的范畴，买卖合同属于债权法律的范畴，不能转移货物的所有权。根据该法，动产所有权的转移应以交付标的物为必要条件，不动产所有权的转移应以向主管机关登记为条件。

(5) 我国《合同法》的有关规定

我国《合同法》第133条规定，标的物的所有权自标的物交付时起转移，但法律另有规定或者当事人另有约定的除外。第134条规定，当事人可以在买卖合同中约定买受人未履行支付价款或者其他义务的，标的物的所有权属于出卖人。第135条规定，出卖人应当履行向买受人交付标的物或者交付提取标的物的单证，并转移标的物所有权的义务。

3. 《公约》对货物所有权转移的规定

《公约》第 4 条规定，本公约不管辖国际货物买卖合同所出售货物对所有权的影响问题。《公约》对货物所有权转移采取了回避的态度，把此问题留给了合同所适用的国内法解决。

4. 国际贸易惯例的规定

在国际货物贸易中，影响较大的国际贸易惯例有《国际贸易术语解释通则》、《1932 年华沙—牛津规则》及《跟单信用证统一惯例》等，其中国际法协会的《1932 年华沙—牛津规则》对货物的所有权专门作了规定。该规则的第 5 条规定，在成本、保险费加运费（CIF）术语下，货物所有权的转移时间是卖方移交装运单据即提单的时间。此外，《国际销售示范合同》规定双方当事人同意保留所有权时，付清货款之前所有权不转移。

2.6.2 货物买卖合同风险转移

1. 风险转移的含义

风险转移，是指货物风险由卖方承担转为由买方承担。《公约》在第 67 条规定，"在货物上加标记，或以装运单据，或向买方发出通知，或以其他方式清楚地注明有关合同以前，风险不转移"。即货物在被注明有关合同之前，风险不转移，"注明有关合同"，实际上就是把货物特定化。

如果风险从由卖方承担转移到由买方承担以后，货物因风险发生了灭失和损害，在买卖双方之间，买方应照常向卖方支付货款。如果货物的灭失和损害不是由于风险造成的，而是由于卖方的行为或不行为造成的，则另当别论，与风险无关。如果货物的风险没有转移，货物因风险发生了灭失和损害，卖方应照常向买方承担交货的义务，而且还可能要承担不能交货的违约责任。

2. 风险转移时间及原则

（1）风险转移时间

风险转移的关键是风险转移的具体时间。买卖双方当事人可在合同中明确规定风险转移的时间，也可以通过选择贸易术语确定风险转移的时间。如果买卖双方在合同中没有规定风险转移的时间，也没有通过贸易术语来确定风险转移的时间，则应根据《公约》或国内法的规定来确定。

（2）风险转移的原则

① 物主承担风险的原则。即谁是货物的所有人，谁就承担货物的风险。该原则把货物的所有权与货物的风险联系在一起。如英国《货物买卖法》第 20 条，除双方当事人另有约定以外，卖方应负责承担货物的风险直至货物所有权转移给买方为止。

② 风险交付转移的原则。即交付货物的时间为风险转移的时间。该原则把货物的

所有权转移与货物风险转移分离开。美国、德国、奥地利及我国等采用该原则。《公约》也采用该原则，以交付货物时间决定风险转移时间，并且特别规定，卖方有权保留控制货物处置权的单据，这并不影响风险的转移。

3. 《公约》对风险转移时间的规定

（1）涉及运输的交货

如果买卖合同涉及货物运输，《公约》把卖方交货分为两种情况：卖方有义务在特定地点交货，卖方无义务在特定地点交货。

《公约》第 67 条规定，如果买卖合同涉及货物的运输，且卖方有义务在某一特定地点把货物交给承运人，在货物于该地点交给承运人时，风险转移到买方身上。如果卖方无义务在特定地点交付货物，自货物交给第一承运人时起风险就转移。《公约》规定，卖方保留控制货物处置权的单据，只是作为买方履行付款义务的一种权益担保，并不影响风险的转移。

（2）在途货物的交货

对于在运输途中出售的货物，《公约》规定，原则上从订立合同时起，风险转移到买方承担。假如卖方通过向买方转移运输单据作为交货依据时，则从货物交付给签发载有运输合同的承运人时起，风险由买方承担。为了保护买方的利益，《公约》给出售在途货物的卖方施加了一项义务，即如果卖方在订立合同时已知道或理应知道货物已经损坏或遗失，如不将这一事实告知买方，则上述风险转移的原则不予适用。

（3）其他情况下风险转移

其他情况，是指除涉及货物运输及运输途中出售货物以外的情况，主要有两种情况：在卖方营业地交货，此时风险从买方接收货物时转移给买方或在货物交买方处置但遭无理拒受时起转移给买方；在卖方营业地以外地点交货，当交货时间已到，而买方知道货物已在该地点交他处置时，风险才开始转移给买方。

4. 违约对风险转移的影响

（1）买方违约对风险转移的影响

买方违约通常是在接收货物和支付货款两个方面的违约，对风险转移有影响的主要是接收货物方面的违约。如果买方迟延接收货物，将导致风险比规定的时间提前转移，风险在买方违约时转移。比如，按照《公约》第 69 条，在买方有义务在卖方营业地接收货物的情况下，如果买方按照合同规定时间提取货物，风险应在买方实际提取货物时转移；但如果买方没有在合同规定时间内提取货物，而是在合同规定时间届满后才提取货物，则风险将在买方违约成立时转移，违约成立的时间显然早于买方实际提取货物的时间，即风险将提前转移。《2010 国际贸易术语解释通则》也有类似规定，比如，在装运港船上交货 FOB 术语下，通常情况下，风险在货物装上船后转移。但如果买方未及时指派船舶，致使货物未在合同所规定的交货时间内装船，则风险将在买方未及时派船构成违约时转移。

(2) 卖方违约对风险转移的影响

① 卖方交货不符,不构成根本违约。按照《公约》的规定,如果卖方交货不符但没有达到根本违约的程度,买方不能解除合同,买方只能接受货物并向卖方要求赔偿损失。这样,买方就不能将货物退还,风险应按照规定正常转移给买方。

② 卖方交货不符,已构成根本违约。如果卖方交货不符,已构成根本违约,买方有权解除合同,并要求赔偿损失。根据《公约》第70条的规定,如果卖方已经根本违约,则《公约》关于风险转移时间的规定,应"不损害买方因此根本违约而采取的各种补救措施",即风险是否转移应根据买方补救措施来决定,"跟着补救措施走",而不是妨碍买方补救措施。若买方解除合同,将货物退回,运输途中因风险所造成的货物损失也应一起转回给卖方承担,即本来已经正常转移给买方承担的风险,因卖方根本违约随着货物的退回也转回由卖方承担。若买方不解除合同并接受货物,在此情况下风险转移给买方承担。

练 习 题

一、单项选择题

1. 根据《联合国国际货物销售合同公约》的有关规定,判定合同是否为国际货物买卖合同的标准是(   )。

    A. 当事人具有不同的国籍
    B. 合同在不同的国家签订
    C. 当事人的营业地位于不同的国家
    D. 标的物作跨越国境的运输

2. 法国甲公司给中国乙公司发出要约:"供应160台拖拉机,100匹马力,每台CIF大连4000美元,合同订立后三个月装船,不可撤销信用证付款,请电复"。乙公司发出承诺:"接受你方要约,在订立合同后立即装船"。对此,甲公司没有回音。关于本题,下列选项哪个是正确的?(   )

    A. 乙公司的复电构成有效承诺
    B. 甲公司应依约立即装船
    C. 甲公司应于合同订立后三个月装船
    D. 该合同并未成立

3. 按照《联合国国际货物销售合同公约》,下列关于卖方品质担保义务的论述,错误的是(   )。

    A. 若合同中对货物品质规格作出规定,卖方的交货须与此规定相符
    B. 若在订立合同时买方曾明示或默示地通知卖方其所购货物的特定用途,则无

论在何种情况下卖方的交货都必须与该特定用途相符
C. 货物的质量应与卖方向买方提供的货物样品或式样相同，除非当事人另有约定
D. 交付的货物适用于同一规格货物通常使用的目的

4. 如果卖方不按照合同规定的时间交货，本身已经构成根本违反合同，则买方（　　）。
A. 必须给卖方一段合理的期限履行合同
B. 可以不给卖方一段合理的期限即可解除合同
C. 只能采用请求损害赔偿的方法来补救
D. 由于卖方已经根本违反合同，买方宣告合同无效的声明不以向卖方发出通知为生效条件

5. 《国际贸易术语解释通则》是国际货物买卖中经常使用的国际惯例，它对买卖双方产生约束力的依据是（　　）。
A. 依据冲突规范指引适用
B. 经缔约双方当事人各自国家选择适用
C. 双方当事人在合同中选择适用
D. 双方当事人在合同中未排除适用

二、多项选择题

1. 以下合同中，被《联合国国际货物买卖合同公约》排除适用的是（　　）。
A. 中国公司甲与美国公司乙就买卖甲在中国境内的B股股票的合同
B. 中国公司甲与法国公司乙就甲在法国境内向乙提供劳务而签订的服务合同
C. 中国公司甲与英国公司乙签订的跨国电力销售合同
D. 中国某船舶制造厂与德国某航运公司签订的船舶销售合同

2. 根据《联合国国际货物销售合同公约》的规定，下列关于逾期承诺的效力的表述，哪些是正确的？（　　）
A. 如要约人毫不迟延地向受要约人表示接受逾期承诺，则逾期承诺仍然有效
B. 由于邮递延误造成的逾期承诺，只要要约人毫不迟延地表示接受，则该逾期承诺仍然有效
C. 由于邮递延误造成的逾期承诺具有承诺的效力，除非要约人毫不迟延地通知受要约人其认为要约已失效
D. 非因邮递原因造成的逾期承诺应当为有效承诺，除非要约人毫不迟延地表示其认为要约已失效

3. 营业地在中国的甲公司向营业地在法国的乙公司出口一批货物。乙公司本拟向西班牙转卖该批货物，但却转售到意大利，且未通知甲公司。意大利丙公司指控该批货物侵犯其专利权。关于甲公司的权利担保责任，根据《联合国国际货物销售合同公约》的规定，下列哪些选项是正确的？（　　）

A. 甲公司应承担依意大利法提出的知识产权主张产生的赔偿责任
B. 甲公司应承担依法国法提出的知识产权主张产生的赔偿责任
C. 甲公司应担保在全球范围内该批货物不侵犯他人的知识产权
D. 甲公司的知识产权担保义务不适用于该批货物依乙公司提供的技术图样生产的情形

4.《国际贸易术语解释规则》在2010年进行了修订，以下关于其说法正确的有（ ）。
   A.《国际贸易术语解释规则》在2010年修订后，原来的2000年解释文本即作废不能再使用
   B.《国际贸易术语解释规则》2010不仅适用于国际销售合同，也适用于国内销售合同
   C. 从数量上，《国际贸易术语解释规则》2010将贸易术语由原来的13种改变为11种
   D. 修订后的《国际贸易术语解释规则》2010取消了"船舷"的概念

5. 以下术语，哪些是《国际贸易术语解释规则》2010从2000年的文本中删去的？（ ）
   A. DAF (Delivered at Frontier) 边境交货
   B. DES (Delivered Ex Ship) 目的港船上交货
   C. DEQ (Delivered Ex Quay) 目的港码头交货
   D. DDU (Delivered Duty Unpaid) 未完税交货

三、思考题

1. 简述承诺的有效条件。
2. 国际货物买卖合同中卖方和买方的主要义务各有哪些？
3. 国际货物买卖合同中违约救济措施有哪些？
4. 风险转移时间所遵循的基本原则有哪些？
5. 简述贸易术语的含义。

四、案例分析题

1. 中国甲公司（买方）与法国乙公司（卖方）2010年4月达成协议，以CIF上海价格向乙公司购买电厂精密仪器配件，合同付款条件规定，"买方应在配件制造过程中，按进度预支货款。"买方十分关心配件的质量，如卖方不能按时、按质供应配件，将给买方带来严重损失。合同签订不久，据可靠消息透露，卖方供应的电厂精密仪器配件质量不稳定。2010年7月11日，买方立即通知卖方："据传供货质量不稳定，我方将中止向卖方履行一切义务。"卖方接到上述通知后，于2010年7月19日向买方提出书面保证："如果我方不履行义务，将由我方的担保银行偿还买方按合同规定所作的一切支付。"但买方在收到上述书面保证后，仍然中止履行合同。为此，双方发生争议，经协

商不能解决，卖方遂根据合同中的仲裁条款提起仲裁。本案该如何处理？为什么？

2. 中国某进出口公司 A 收到新加坡某公司 B 如下来电："确认售与你方大米 100 吨，每吨 CIF 天津 300 美元，2010 年 10 月交货。"A 公司的复电如下："确认你方来电，我方购买你方大米 100 吨，条件依你方电报规定，请提供适合海运的包装"。后来该商品的国际市场价格上涨，B 公司拒绝向 A 公司交货而将货物出售给他方，双方产生争议。请回答以下问题：

(1) A 公司与 B 公司之间是否已经成立有效的合同？为什么？

(2) 针对 B 公司拒绝交货的行为，A 公司可以采取哪些救济措施？

(3) 如果 A 公司的复电为"确认你方来电，我方购买你方大米 100 吨，2010 年 9 月交货"则 A 公司与 B 公司之间的合同有无成立？为什么？

第 3 章 国际货物买卖的运输与保险法律制度

【学习目的与要求】

国际货物买卖中货物须经过长途运输,并且途中极易出现各种风险,因而运输同时一般伴随保险。通过本章的学习,要求了解国际货物运输的概念、国际货物多式联运的发展及其法律问题,掌握海上运输的提单制度;同时了解国际货物运输保险合同的概念与内容,掌握国际运输保险的主要险别。

3.1 国际货物买卖的运输制度

3.1.1 国际货物运输法概述

国际货物运输是指承运人受托采用一种或多种运输方式,将托运人托运的货物从一国境内的某一地点运至另一国境内某一地点的运输。

国际货物运输具有以下特点。

① 国际货物运输的运输对象是货物,属于有形动产。

② 判断合同具有国际性的唯一标准是货物的启运地和目的地是否位于不同国家,而不考虑当事人的国籍或营业地。

③ 订立运输合同的当事人是托运人和承运人，合同的证明形式一般是由承运人单方面拟定签发的货运单证。

④ 调整国际货物运输合同的实体法既包括有关国际条约，也包括相关国家的国内立法，但受统一实体法条约的影响，各国用来调整国际货物运输合同的国内立法逐渐趋于一致。

国际货物运输方式具有多样性，每种运输方式各有其特点和适用范围。国际海上运输的每次载运量最大，其次是铁路运输，航空运输的运量则较少。然而国际航空运输的运输速度最快，其次是铁路运输，海上运输的运速相对较慢。国际海上运输易受气候和自然条件影响，风险较大，但成本低；国际航空运输的行业管理制度严格，货物受损率低，但成本相对较高；国际铁路运输可以经年进行正常运输，连续性强，但仅适用于以铁路相连接的内陆国家。国际多式联运则综合了各种运输方式的特点，可以扬长避短组成直达连贯运输，但其适用法律较复杂。

3.1.2 国际海上货物运输规则

国际海上货物运输是指承运人收取运费，使用船舶负责将托运人托运的货物经由海路从一国的港口运至另一国的港口。海上货物运输历史悠久，因而关于海上运输的法律制度相对成熟，在国际货物运输中占有相当重要的地位和作用。调整海上货物运输的法律包含国内法和国际公约。随着海上货物运输业的发展，许多国家都专门制定了有关海上（或水上）货物运输的法律，如美国 1893 年的《哈特法》、英国 1924 年的《海上货物运输法》、中国的《中华人民共和国海商法》（简称《海商法》）等。国际上调整提单运输的公约有三个：《海牙规则》、《维斯比规则》、《汉堡规则》。现结合有关法律制度系统地介绍国际海上货物运输规则。

1. 运输方式

国际海上货物运输是指承运人收取运费，使用船舶负责将托运人托运的货物经由海路从一国的港口运至另一国的港口。海上货物运输方式具体包括班轮运输和租船运输。

（1）班轮运输

又称定期运输，班轮运输合同签订后，承运人接收货物，据以签发提单，此后无论是托运人还是收货人或提单持有人，他们与承运人之间的权利，均以提单为准，所以班轮运输又称提单运输。但是，承运人签发的提单不能任意扩大托运人的责任或限制自己的义务，而要受国内海商法和有关国际公约的约束。实践中，提单往往是由船公司预先制定好的，托运人只要按要求填写签字，并由船长签署，运输合同即告成立，而无需托运人与承运人另订运输合同。当然，提单只是运输合同的证明而非运输合同本身。除了提单，海运单作为国际件杂货运输合同的表现形式，应用也日趋广泛。

班轮运输的主要特点可归纳为：具有"四固定"的特点，即固定航线、固定港口、固定船期和相对固定的费率，有利于一般杂货和小额贸易货物的直达或转船运输；货物由承运人负责配载装卸，运价内已包含装卸费用，不计算滞期费和速遣费；证明班轮运输合同的运输单据包括提单和海运单两种；班轮运输合同适用的法律为海上货物运输的国内法和国际公约，属于强行性合同法。

(2) 租船运输

租船合同与班轮运输合同有很大的不同，其主要特点包括：不具有"四固定"的特点，通常由承租人根据其商业需要到租船市场上寻租船舶以安排货运，有利于成交量大、货种单一、交货集中的大宗货物运输；船舶运价由承租人与出租人协商确定，而不是由出租人单方面规定，因而运价水平低于班轮运价；租船合同不需要用运输单据来证明；租船合同条款通常由承租人和出租人以某种示范合同为基础自由商订，不适用有关提单的国内法和国际公约，其适用法律属于任意性合同法。

2. 提单与海运单

(1) 提单

提单（Bill of Lading，B/L）是指用以证明海上货物运输合同和货物已经由承运人接收或装船，以及承运人保证据以交付货物的单证。提单是海上货物运输中应用最广泛的单证，其法律作用包括下列三个方面：运输合同证明作用、货物收据作用、物权凭证作用。

提单一般可以分为以下类别：按照货物是否已经装船，提单分为已装船提单和收货待运提单（又称备运提单）；按照收货人的记载方式，提单分为记名提单、不记名提单、指示提单；按照对货物表面状况是否加列不良批注，提单分为清洁提单、不清洁提单；按照运输货物方式的差别，提单分为直达提单、转船提单、多式联运提单。

提单并无统一的格式，可由轮船公司自行制定。目前在远洋运输中所使用的提单，都是由各航运公司按照自己的提单格式事先印刷好的。提单通常是一页纸，有正反两面。在提单的正面，主要载明以下内容：船名和船舶的国籍；承运人名称；装货地和目的地或者运输航线；托运人名称；收货人名称；货物的名称、标志、包装、件数、重量或体积；运费和应当给承运人的其他费用；提单签发的日期、地点、和份数；承运人或其代理人或船长的签字。在上述九项内容中，第1~6项由托运人填写。托运人应向承运人保证他所填报的情况正确，如因托运人填写不清楚或不正确，以致引起灭失或损害，托运人应赔偿承运人的损失。如果承运人怀疑所收到的货物与提单上所填报的情况不符，应在提单上添加批注。第7~9的内容一般由承运人填写。提单通常是一式三份，但也可以根据托运人的需要适当增加或减少分数。承运人凭其中一份提单交付货物后，其余一律作废。

提单背面印有详细的运输条款，主要规定承运人与托运人的权利和义务。

承运人总是试图在提单中加入减免其对所运货物的责任的条款，但如果提单规定适用 1924 年《海牙规则》,承运人就不能在提单条款中排除其按《海牙规则》所应承担的基本义务,即使承运人在提单中加入了这样的免责条款,按照《海牙规则》的规定,这类免责条款也是无效的。

(2) 海运单

海运单(Sea Waybills,S/W),有"班轮运单"和"运输收据"等多种名称,是指用以证明海上货物运输合同和货物已经由承运人接收或装船,以及承运人保证据以将货物交给指定的收货人的一种不可流通转让的单证。

海运单与提单的共同点是:两者的格式和内容大体相近;都具有证明海上货物运输合同的作用和货物收据作用;托运人可以凭借其办理结汇手续。海运单与提单的区别主要包括两个方面:提单是物权凭证,海运单则不具有物权凭证的作用;提单可以代表运输途中的货物流通转让,但海运单则不具有流通转让性。

(3) 电子提单

随着电子计算机和通信技术的发展,电子数据交换的使用日益广泛,电子提单的产生就是这一技术在海运领域中的具体运用。电子提单,是通过电子数据交换系统传递的有关海上货物运输合同的数据,也即为无纸单证,是按照统一规则组合而成的电子数据。电子提单按密码进行流转,能够有效地防止航运单证欺诈。1990 年国际商会的《国际贸易术语解释通则》即承认当事人以电子提单代替纸提单的约定有效。

1990 年 6 月通过的《国际海事委员会电子提单规则》将电子提单简化为一组数据由承运人的计算机保存,在承运人确认了托运人的订舱电讯及托运人向承运人提交了货物之后,承运人即将电子提单连同一个密码传递给托运人,使其成为对货物拥有控制权和转让权的唯一当事人。

3. 航次租船合同

(1) 租船合同的种类及其性质

租船合同包括下列三种:航次租船合同、定期租船合同、光船租船合同。上述三种租船合同,只有航次租船合同属于货物运输合同,定期租船合同和光船租船合同不属于货物运输合同,而应是租赁合同。

(2) 航次租船合同的内容

航次租船合同的主要内容包括:出租人和承租人的名称;船名和船籍;载货重量、容积和货名;装货港和目的港;受载期限;装货、卸货期限及其计算办法;超过装货、卸货期限后的滞期费和提前完成装货、卸货的速遣费;运费;其他有关事项。国际间的航次租船合同在订立时,大多采用波罗的海与白海会议制定的统一租船合同格式,其代号是"金康"(Gencon)。

(3) 航次租船合同项下提单的法律适用

航次租船合同作为一项货物运输合同,是船舶出租人与承租人之间的合同。如果出租人对按该合同运输的货物签发了提单,就出租人与承租人的关系而言,提单仅是货物收据和提货凭证,已丧失了作为运输合同证明的作用,若提单与航次租船合同的规定抵触,应以航次租船合同为准。

4. 国际海上货物运输公约

国际海上货物运输的主要公约包括三个:《海牙规则》、《维斯比规则》、《汉堡规则》。中国没有加入这三个公约,但中国的《海商法》在一定程度上借鉴了这三个公约的规则。

《海牙规则》的全称是《统一提单的若干法律规则的国际公约》,于 1931 年生效,目前有 80 多个缔约国。《海牙规则》共有 16 个条款,其主要内容是规定了承运人的最低责任。

《维斯比规则》的全称是《修改统一提单的若干法律规则的国际公约的议定书》,因在维斯比完成修改的准备工作而得名。该规则共包含 17 个条款,自 1977 年生效,目前有 20 多个缔约国。

《汉堡规则》的全称是《1978 年联合国海上货物运输公约》,其目的是为了取代已有的《海牙规则》,重新调整承运人与托运人的责任和义务。《汉堡规则》自 1992 年生效,目前已有 20 多个缔约国,但以内陆国家居多,海运大国均未加入。《汉堡规则》共有 34 个条款,对《海牙规则》作了全面修改,基本指导思想是公平地分配承运人与货主之间在国际海上货物运输过程中的风险责任。

国际海上货物运输公约的内容主要体现为确立公约适用范围、承运人的基本责任、期限及范围、承运人的免责、索赔和诉讼。

(1) 公约的适用范围。

《海牙规则》适用于在任何缔约国内所签发的一切提单,《维斯比规则》将其适用范围扩大到两个国家港口之间的有关货物运输的提单,只要装货港位于一个缔约国或者提单约定适用《海牙规则》。《汉堡规则》适用于在两个不同国家之间的所有海上运输契约,只要提单或其他运输单据是在一个缔约国内签发或者约定适用该公约,或者装货港、卸货港、备选的实际卸货港之一位于一个缔约国之内。

(2) 承运人的基本责任

以《海牙规则》为例,承运人的基本责任包括:在将货物收归其照管或装船后,应托运人的要求签发提单;承运人须在开航前和开航时恪尽职责,使船舶适于航行,适当地配备船员、装备和供应船舶,使货舱、冷藏舱和该船其他装载货物的部分能适宜和安全地收受、运输和保存货物;承运人应当适当和谨慎地装载、搬运、积载、运输、保管、照料和卸载所运货物。

(3) 承运人的责任期限

《海牙规则》采用"钩到钩"原则,规定自货物装上船时起至卸下船时止为承运人对货物责任的期间。《汉堡规则》采用"接到交"原则,规定自承运人接管货物时起至将货物交付时止为承运人对货物责任的期间。

表 3-1 《海牙规则》、《维斯比规则》、《汉堡规则》对承运人责任的规定一览表

《海牙规则》	承运人的适航责任（船舶适航、船员配备、货仓装货能力）
	承运人的管货责任（装货、搬移、配载、运送、保管、卸货）
	承运人的过失免责
	无过失免责条款（火灾、不可抗力、意外事故、货物本身缺陷等）
《维斯比规则》	提高了承运人的责任限制（单位 666.67 特别提款权或每公斤 2 特别提款权计）
	延长了诉讼时效（一年期满之后，只要是在受诉讼法院的法律准许期间之内，便可向第三方提起索赔诉讼）
	船方的雇佣人员的法律地位（与船方一样享有免责和限制的规定）
《汉堡规则》	完全过失责任制
	承运人的责任期间（由收到交）
	承运人责任限制（单位 835 特别提款权或每公斤 2.5 特别提款权）
	保函的效力（仅在承运人和托运人之间有效）

(4) 承运人的责任限额

关于承运人对货物灭失或损坏的赔偿责任，《海牙规则》规定以每件或每单位不超过 100 英镑或与其等值的其他货币为限。《维斯比规则》规定以每件或每单位不超过 10 000 金法郎，或以毛重公斤不超过 30 金法郎为限。《汉堡规则》规定以每件或每单位不超过 835 特别提款权，或以毛重每公斤不超过 2.5 特别提款权为限。

(5) 承运人的免责事项及其责任基础

《海牙规则》所规定的承运人免责事项包括 17 项内容，《海牙规则》规定了承运人的航行与管船过失免责，因而其赔偿责任基础实行不完全过失责任原则。《汉堡规则》改行"推定过失责任原则"，规定承运人应对在其责任期间内因货物灭失或损坏或延迟交付造成的损失负赔偿责任，除非承运人证明他本人或其受雇人、代理人为避免该事故发生及其后果已采取了一切所能合理要求的措施。

主要免责事项包括以下内容。

① 船长、船员、引水员或承运人所雇用的其他人员在驾驶或管理船舶上的行为有疏忽或过失。这是所有免责事项中最为重要的一项，也是免除承运人的雇员全部疏忽责任的唯一条款。为了鼓励航运业的发展，美国的立法当局对船东的利益作出了适当的让步。当然要享受权利必要先履行义务，如果造成意外的原因是由于未尽基本义务，那么承运人就不能享受免责。

"驾驶上的过失"，是指船舶开航后，船长、船员在驾驶船舶中所发生的判断上或操纵的错误。例如，船舶在航行中，由于船长在驾驶操作上的疏忽，发生触礁、搁浅或碰撞等责任事故，致使船上货物受损，承运人可以免责；所谓"船舶管理上的过失"，是指船长、船员管理船舶方面缺乏应有的注意，如未适时关闭进水阀门、使用抽水泵不当

等，如因此而使货物受损，承运人亦可以免除责任。

需要指出的是，该项免责条款适用的对象是承运人的雇员，包括船长、船员、引水员或承运人的其他受雇人，而不包括承运人本身。此外，该项免责条款适用的范围是上述对象的过失行为，不包括主观上存在故意的行为。

实践中，管船过失与管货过失很难区分，因为两者相互联系，但是它们的性质不同，管船过失可以免责，而管货过失不能免责。如果某项行为主要是针对船舶本身而作的，虽然它对货物也产生了间接影响，但这项行为仍属管理船舶的行为，承运人可以免责。反之，如果某项行为主要是针对货物作出的，虽然也与船舶有间接关系，但仍属于管理货物的行为，也就意味着，如果存在疏忽或过失而使货物受损，承运人则不能免责。

例如，一艘船舶在寒冷天气里燃油舱内燃油结成了块，船员对燃油舱进行加热，使燃油能流动，但没有及时停止加热，使装在燃油舱上的石蜡货物因融化而受损，船员的这一过失属于管理船舶者的过失。又如，某轮在航行中遇到大风浪，需要往压载舱打压载水，以提高船舶的稳定性，但船员误将海水打入货舱，使货物受到湿损，这一过失也属于管理船舶的过失。再如，某船运输水泥，航运途中，船员为了查看舱内货物打开舱盖，但出舱时忘记关上，后因甲板上浪，海水进入货舱使货物受损，这一过失属于管理货物的过失。

② 火灾，但是由于承运人本人的过失造成的除外。船舶引起火灾的原因是多方面的，它包括由于船长、船员或装卸人员的疏忽而引起的火灾、由于货物的自然特性而蔓延起来的火灾或由于其他原因所造成的火灾。承运人对于这类火灾所引起的货物损失，以及因扑灭火灾而造成的货物损失，可以免除责任。但是，如果火灾是由于承运人本人的实际过失或参与所引起的，承运人不能免责。当承运人是公司时，承运人本人包括法人代表、公司中负责具体工作的管理部门或管理人员。此外，如果火灾是由于船舶不适航所引起的，承运人也不能免责，除非他能证明他已尽到谨慎处理的责任使船舶适航。

例如，船员不小心烟火引起的火灾，免责；而承运人明知轮机人员经常在机舱内违章明火作业而未加阻止引起的火灾，不能免责；承运人为骗保险金指使船员纵火烧毁船舶，不能免责。

③ 天灾，海难。这一免责条款应理解为不能合理预见，超出了一艘适航船舶所能抵御范围的海上风险。海难危险是承运人在航行前无法预料，在危险发生后无法避免和无法抵御的，而且也不是因为船舶不适航或承运人的管货过失所造成的。

天灾与海难很难区分，两者的唯一区别是天灾不涉及人为因素，纯属自然灾害，如海上风暴、严重冰冻等。

④ 战争或者武装冲突。

⑤ 政府或者主管部门的行为、检疫限制或者司法扣押。政府或者主管部门的行为是指一国政府或有关部门所采取的禁止装货或卸货、禁运、封港、扣押、没收充公等行

为；如两国关系恶化，一国政府下令扣押在该国港口的另一国商船。

司法扣押，如船舶未支付有关费用，港务监督机关禁止船舶离港，但不包括因债权债务纠纷，法院采取保全或强制执行行为。

例如，一艘轮船自泰国装运香蕉至日本，因泰国刚发生过霍乱，日本政府下令对来自泰国的船舶一律进行熏蒸，经过8天的熏蒸，该船香蕉全部变质，承运人可以援引检疫限制免责。

⑥ 罢工、停工或者劳动受到限制。如果船舶装载着易腐烂的货物并未抵达已知正在罢工的目的港，并且有理由相信在短期内不会结束罢工，船东有责任为谨慎妥善照料货物而合理地将货物改卸在临近而买货方又方便提货的港口，不能任由货物随船舶驶入原港口延滞变坏。

⑦ 在海上救助或者企图救助人命或者财产。

⑧ 托运人或者货物所有人或者他们的代理人的行为。

⑨ 货物的自然特性或者固有缺陷。

⑩ 货物包装不良或者标志欠缺、不清。

包装良好是托运人的义务之一。它是指包装方式、强度或状态能够承受装卸和运送中发生或可能发生的正常风险。承运人在装船时如果发现货物包装存在缺陷，应当如实在提单上批注，否则承运人不能要求免责。

货物标志清楚、适当也是托运人应承担的义务之一。如果货物标志不清或不当，引起货物错交、错卸、倒置、破碎、霉变、受潮等，承运人可援引此项免责。

除上述免责情形外，对于经谨慎处理仍未发现的船舶潜在缺陷，以及非由于承运人或者承运人的受雇人、代理人的过失造成的其他原因，承运人一般也可以免除责任。

(6) 索赔与诉讼

除非货主和承运人已对货物进行联合检查或检验，否则他应向承运人送交书面通知，表明货物灭失或损坏的一般情况。这种书面通知的送交时间，《海牙规则》规定，如果货物发生灭失或损坏，有提货权的人在提货时应就此向承运人发出书面通知，倘若货物的灭失不显著，可在3天之内提出书面异议，否则这种提货便成为承运人已按提单规定交货的证据。《汉堡规则》把提货人向承运人发出货损通知的期限从3天延长到15天。需要说明的是，即使收货人没有按期把货损情况通知承运人，他也不会因此丧失索赔的权利，但需承担举证责任。《中华人民共和国海商法》把收货人向承运人发出货损通知时间定为从交货次日起的7日内，如果是运送集装箱货物，则为15日；但这仅适用于货物灭失或损坏的情况非显而易见的情形。

《海牙规则》规定："除非从货物交付之日或应交付之日起一年内提出诉讼，承运人和船舶在任何情况下都应被免除对于灭失或损害所负的一切责任。"《汉堡规则》规定的诉讼时效为2年。《中华人民共和国海商法》第257条规定：请求赔偿的时效期间为1年，自承运人交付或应当交付货物之日起计算；在时效期间内或者时效期间届满后，被认定为负有责任的人向第三人提起追偿请求的，时效期间为 90 日，自追偿请求人解决原赔偿请求之日起或者收到受理其本人提起诉讼的法院的起诉状副本之日起计算；有关航次租船合同的请求权，时效期间为 2 年，自知道或应当知道权利被侵害之日起计算。

6. 无单放货的法律制度

(1) 无单放货的概念

在运输中提单代表货物所有权，当船抵达目的港时，承运人应凭借事先约定的正本提单交付货物。如果承运人不按上述规则交货，即属无单交货。

(2) 无单放货的法律性质

目前，海商法实践中关于无单放货性质的认定大体上为违约或侵权责任两种形式。最高人民法院于 2009 年发布了《关于审理无正本提单交付货物案件适用法律若干问题的规定》。依据该规定，承运人因无正本提单放货给正本提单持有人造成损失的，正本提单持有人可以要求承运人承担违约责任或者承担侵权责任；提货人因无正本提单提货或者其他责任人因无正本提单放货给正本提单持有人造成损失的，无正本提单提货人或者其他责任人应当承担侵权责任，正本提单持有人可以主张承运人承担连带赔偿责任。

(3) 无单放货赔偿责任的免除

有下列情况之一的，承运人不承担无正本提单放货的赔偿责任：承运人有充分证据证明正本提单持有人认可无正本提单放货；提单载明的卸货港所在地法律强制性规定到港的货物必须交付给当地海关或港口当局；目的港无人提货，承运人按照托运人的指示交付货物。

(4) 无单放货之诉的举证责任和时效期间

正本提单持有人以承运人无正本提单放货为由提起诉讼，应当提交正本提单，并提供初步证据，证明凭正本提单在卸货港无法提取货物的事实或者承运人凭无正本提单放货的事实。

违约之诉的时效期间，根据我国《海商法》的规定为一年，从承运人应当交付货物之日起计算。侵权之诉的时效期间，根据我国《民法通则》的规定为两年，从正本提单持有人知道或者应当知道货物被提取或者权利被侵害之日起计算。

3.1.3 国际航空货物运输规则

有关航空货物运输方面的法律主要是关于统一航空运输规则的条约，目前形成两大公约体制：华沙公约体制和蒙特利尔公约体制。

1. 两大公约体制概述

华沙公约体制包含以下内容。

(1) 1929 年《华沙公约》

该公约的全称是《统一国际航空运输某些规则的公约》，共 5 章 41 条，适用于航空承运人以飞机运送旅客、行李或货物的国际运输，自1933年生效至今，已有130多个缔约国，是华沙公约体制中最基本的公约。我国于1959年正式加入该公约。

(2) 1955年《海牙议定书》

该议定书的全称是《修改1929年10月12日在华沙签订的统一国际航空运输某些规则的公约的议定书》，共3章27条，涉及对《华沙公约》18个重要条款的修改，自1963年生效至今，已有90多个缔约国。我国于1975年正式成为该议定书缔约国。

(3) 1961年《瓜达拉哈拉公约》

该公约的全称是《统一非缔约承运人所办国际航空运输某些规则的补充华沙公约的公约》，共18条，旨在将实际承运人（即非缔约承运人）所办国际航空运输适用于《华沙公约》。

国际民航组织1999年在加拿大蒙特利尔通过了《统一国际航空运输的某些规则的公约》（简称《1999蒙特利尔公约》），从而使规范国际航空运输的法律制度走向统一、完整。该公约共7章57条，内容包括总则、旅客、行李和货物运输的有关凭证和当事人的义务、承运人的责任和损害赔偿范围、联合运输、非缔约承运人履行的航空运输、其他规定和最后条款。该公约已于2003年生效，其缔约国已达到63个。我国于2005年7月正式加入该公约。

2. 国际航空货物运输公约的主要内容

(1) 航空货运单证

按照《华沙公约》的规定，承运人应当签发航空货运单。在没有相反的证据时，航空货运单是运输合同和承运条件的证明，是承运人收到承运货物而向托运人签发的货物收据，托运人或收货人可以凭它在目的地收取货物。

(2) 航空承运人责任制度

① 航空承运人的责任范围及其责任期限。按照《华沙公约》和《1999蒙特利尔公约》，对于航空运输期间因货物毁灭、遗失或者损坏而产生的损失，承运人应当承担责任。按照《华沙公约》，航空运输期间是指航空承运人对承运货物负责的期间。《1999蒙特利尔公约》进一步规定，承运人未经托运人同意，以其他运输方式代替当事人各方在合同中约定采用航空运输方式的全部或者部分运输的，此项以其他方式履行的运输视为在航空运输期间。按照《华沙公约》和《1999蒙特利尔公约》，对于货物在航空运输中因延误引起的损失，承运人也应当承担责任。

例如，一个世界性的服装博览会，服装由于航空运输的缘故而未赶上博览会，造成收货人拒收，从而造成损失；鲜活商品保鲜期已经过了，无法销售等情况，这种损失有些虽然不涉及货物本身，但只要对托运人造成了损害，承运人就应当负责。

这里的承运人包括填开航空货运单的航空承运人及承运货物或提供与航空运输有关的任何其他服务的所有航空承运人，也包括代理人、受雇人或任意航空承运人的代表。

② 航空承运人的免责及其归责原则。按照《华沙公约》，承运人享有下列三项免责：承运人如果证明他和他的代理人为了避免损失的发生，已经采取一切必要的措施或不可能采取这种措施时，就不负责任；如果承运人证明损失的发生是由于驾驶上、飞机操作上或领航上的过失，而在其他一切方面他和他的代理人已经采取一切必要的措施以避免损失时，就不负责任；如果承运人证明损失的发生是由于受害人的过失所引起或促成，法院可以按照它的法律规定，免除或减轻承运人的责任。《海牙议定书》对《华沙公约》修改时，删除了上列第二项的"过失免责"。《1999蒙特利尔公约》第19条对旅客、行李或者货物在航空运输中因延误引起的损失的归责仍然实行过错推定责任原则，但在第17条和第18条对于因旅客死亡或者身体伤害而产生的损失、对于因托运行李毁灭、遗失或损坏而产生的损失和对于因货物毁灭、遗失或者损坏而产生的损失则全面适用严格责任原则。

③ 航空承运人的责任限额。按照《华沙公约》的规定，承运人对货物毁灭、遗失、损坏或延迟交货而引起损失的赔偿数额，以每公斤250金法郎为限，除非托运人在交运时曾特别声明货物运到后的价值，并支付了必要的附加费。《1999蒙特利尔公约》第21条对旅客死亡或者伤害的赔偿实行"双梯度责任制度"，第22条第1、2款分别规定了旅客在航空运输中因延误引起的损失的赔偿限额和在行李运输中造成毁灭、遗失、损坏或者延误的赔偿限额。《华沙公约》规定的责任限额是固定不变的，这无法反映国民生活水平的发展变化和通货膨胀的影响。《1999蒙特利尔公约》在全面提高承运人赔偿限额的基础上，在第22条引入了责任限额的更新机制，规定对责任限额每5年进行一次复审，并根据复审的结果对限额进行修订。

(3) 托运人和收货人的权利与义务

① 托运人办理托运手续时的义务。按照《华沙公约》，托运人办理托运手续时，对承运人负有两项义务：一是对于航空货运单上以自己名义所填关于货物的各项说明和声明的正确性负责；二是提供各种必需的资料，以便在货物交付收货人以前完成海关、税务或公安手续，并且应该将必需的有关单证附在航空货运单后面。《1999蒙特利尔公约》在此基础上，还要求托运人对于以自己的名义提供给承运人载入货物收据或者载入其他方法所保存记录的关于货物的各项说明和陈述的正确性负责。

② 托运人处置货物的权利。按照《华沙公约》和《1999蒙特利尔公约》，托运人在履行运输合同所规定的一切义务的条件下，有权对货物进行处置。

③ 收货人收取货物的权利与义务。按照《华沙公约》和《1999蒙特利尔公约》，收货人于货物到达目的地点，并在缴付应付款项和履行运输条件后，有权要求承运人向其交付货物。

(4) 索赔与诉讼

① 索赔异议的提出。按照《华沙公约》的规定，如果有损坏情况，收货人应在发现损坏后立即向承运人提出异议，最迟应在货物收到后7天内提出，如果是延迟交货，

收货人最迟应在货物收到后 14 天内提出。《海牙议定书》和《1999 蒙特利尔公约》将前一异议期延长为 14 天，将后一异议期延长为 21 天。

② 诉讼管辖与诉讼程序。按照《华沙公约》，有关赔偿的诉讼，原告可以按照自己的意愿，在一个缔约国的领土内选择下列法院提起诉讼：承运人住所地法院；承运人总管理处所在地法院；签订合同的机构所在地法院；目的地法院。《1999 蒙特利尔公约》在《华沙公约》规定的四种管辖权的基础上，对于因旅客死亡或者伤害而产生的损失的诉讼规定了"第 5 种管辖权"。

③ 仲裁。华沙公约体制中没有规定仲裁制度。《1999 蒙特利尔公约》规定，货物运输合同的当事人通过约定，可以将有关本公约中的承运人责任所发生的任何争议通过仲裁解决。

④ 诉讼时效期间。按照《华沙公约》和《1999 蒙特利尔公约》，国际航空货物运输的诉讼从飞机到达或应该到达之日起，或从运输终止之日起，应该在 2 年内提出，否则就丧失追诉权。诉讼期间的计算方法根据受理法院的法律决定。

3.1.4 国际铁路货物运输规则

1. 国际铁路货物运输的概念和特点

国际铁路货物运输具有下列特点。

① 货物的发运站、到达站、中转站或过境站，部分在国外。

② 承运人不是一个国家的铁路，而是两个或两个以上国家的铁路。

③ 货物在出入或通过有关国家的国境时，涉及在位于该国边境地区的国境站办理铁路间的交接或转运事宜。

④ 在铁路轨距不同的各国铁路之间，货物在国境站须由接受方及时准备适当车辆，以便在换装、更换轮对或使用变距轮对后继续运送。

⑤ 货物在出入或通过各国国境时，涉及国境检验和海关监管方面的法律规章，以及不同货币的运费计算和支付。

2. 国际铁路货物运输的国际公约

（1）《国际货约》

该公约的全称是《国际铁路货物运输公约》，于 1961 年由欧洲各国在瑞士首都伯尔尼签订，其成员国除欧洲国家外，还包括部分亚洲、非洲国家。

（2）《国际货协》

该公约的全称是《国际铁路货物联运协定》，于 1951 年在波兰首都华沙签订，后经多次修订。该公约在华沙设立了铁路合作组织，其成员国是当时欧洲和亚洲的一些社会主义国家，我国于 1953 年正式加入该公约。

3. 《国际货协》的主要内容

国际铁路货物运输合同是参加货物运送的各国铁路与发货人、收货人之间的合同，由发货人与发送站订立。发货人在托运货物的同时，应按规定的格式对每批货物填写运单和运单副本并在其上签字，向发送站提出托运申请。

(1) 国际铁路承运人责任制度

① 铁路的基本责任和责任期限。铁路的责任范围包括：对于货物运到逾期及因货物全部或部分灭失或毁损所发生的损失负责；对于发货人在运单内所记载并添附的文件由于铁路过失而遗失的后果负责；对于因铁路的过失而未能执行运输合同变更申请书的后果负责。铁路对货物负责的期限从承运货物时起，至到货站交付货物时止，如向非参加国际货协铁路的国家办理货物转发送时，则负责到按另一种国际协定的运单办完运送手续时止。

② 铁路的免责。铁路对货物发生全部或部分灭失、减量或毁损的免责原因共有10项，归纳起来包括两个方面：一是应由铁路提出证明的原因；二是发货人或收货人未证明是由于其他原因时。铁路对货物未能按期运到的免责情况有两种：一是发生雪（沙）害、水灾、崩陷和其他自然灾害，按照有关国家铁路中央机关的指示，期限在15天以内；二是发生其他致使行车中断或限制的情况，以有关国家政府规定的时间为准。

③ 铁路的责任限额。铁路对其责任范围内赔偿损失的款项，在任何情况下，均不得超过货物全部灭失时的款项。

(2) 发货人和收货人的权利与义务

办理托运手续时的义务：对其在运单上所记载和声明的事项的正确性负责；将货物在运送全程中为履行海关和其他规章所需要的添附文件附在运单上并对其正确性负责，必要时还须附有证明书和明细书。

支付运送费用的义务：发货人和收货人有支付运送费用的义务。为了保证核收包括运送费用在内的运输合同项下的一切费用，铁路有权留置货物。

变更运输合同的权利：发货人和收货人享有运输合同变更权。发货人和收货人可以各自变更一次运输合同。

收取货物的权利和义务：货物到达货站，收货人应付清运送费用并领取货物。收货人只有在货物因毁损或腐坏而使质量发生变化，以致全部或部分不能按原用途使用时，才可以拒绝领取货物。

(3) 索赔与诉讼

① 索赔。发货人和收货人有权根据运输合同提出赔偿请求。赔偿请求应附有相应根据并注明款额，以书面方式由发货人向发送站、收货人向到货站提出。

② 诉讼。凡有权向铁路提出赔偿请求的人，即有权根据运输合同提起诉讼。提出赔偿请求是进行诉讼的前提条件。

3.1.5 国际货物多式联运规则

1. 国际货物多式联运的概念和特点

国际货物多式联运具有以下特点：必须是国际间的货物运输；采用的运输方式不是单一运输方式，而是至少两种运输方式的联合运输；就多种运输方式的联合运输，多式联运经营人与货主签订一份运输合同，并使用一份全程多式联运单据予以证明；多式联运经营人作为总承运人应对全程运输负总的责任；就全程运费制定统一费率，并以包干形式一次向货主收取。

2. 国际货物多式联运的国际规则

（1）《联合运输单证统一规则》

国际商会于 1973 年制定了《联合运输单证统一规则》。该规则经 1975 年修订，共包含 19 项规则。作为国际惯例，该规则的适用以签发联合运输单证并经当事人选择为前提。

（2）《联合国国际货物多式联运公约》

联合国于 1980 年通过了旨在公平分配发达国家和发展中国家利益的《联合国国际货物多式联运公约》。该公约强制适用于启运地和到达地均位于缔约国境内的所有多式联运合同，内容包括序言、8 个部分 40 条和 1 个附件，需 30 个国家批准或加入 1 年后才能生效。

（3）《1991 年联合国贸易和发展会议/国际商会多式联运单证规则》

为了确保《联合国国际货物方式联运公约》生效前国际货物多式联运能有效地进行，联合国贸发会会同国际商会制定了《1991 年联合国贸易和发展会议/国际商会多式联运单证规则》（简称《多式联运单证规则》）。《多式联运单证规则》在《联合运输单证统一规则》的基础上，吸收了《联合国国际货物多式联运公约》的主要内容，但其规定更为清楚简明，并去除了该公约中诸多杂项条款，因而更容易被当事人接受和适用。

3. 国际多式联运经营人的责任制度

目前关于多式联运经营人的责任制度主要有以下几种。

① 网状责任制。又称"区段责任制"，是指货物的灭失或损坏发生于多式联运的某一区段，多式联运经营人的赔偿责任和责任限额适用调整该区段的国内法或国际条约。

② 经修正的网状责任制。首先尊重网状责任制，规定如果确知货物是在某个运输区段发生了灭失或损坏（又称"定域化货损"），多式联运经营人的赔偿责任和责任限额适用调整该区段的国内法或国际条约；如果无法确知货物是在某个运输区段发生了灭失或损坏（又称"非定域化货损"），则制定一个统一标准来确定多式联运经营人的归责原则和责任限额。

统一责任制是指不论货物的灭失或损坏发生在哪一运输区段，多式联运经营人均按一个统一的归责原则,并适用统一的限额承担赔偿责任。

经修正的统一责任制是指虽然对多式联运经营人的归责原则和责任限额适用统一标准,但保留了适用于某种运输方式的较为特殊的责任限额的规定。

4. 《联合国国际货物多式联运公约》的主要内容

(1) 多式联运合同双方当事人的法律地位

多式联运合同由多式联运经营人与发货人订立。多式联运经营人是指其本人或通过其代表订立多式联运合同的任何人,他本人就是合同当事人;发货人是指其本人或以其名义或其代表同多式联运经营人订立多式联运合同的任何人,或指其本人或以其名义或其代表按照多式联运合同将货物实际交给多式联运经营人的任何人。

(2) 多式联运单据

多式联运单据是指证明多式联运合同及证明多式联运经营人接管货物并负责按照合同条款交付货物的单据。

(3) 多式联运经营人的赔偿责任

① 责任期间与赔偿责任基础。多式联运经营人对于货物的责任期间,自其接管货物之时起到交付货物时为止,其赔偿责任基础实行推定过失或疏忽原则。

② 赔偿责任限制。多式联运经营人对于货物灭失或损坏造成损失所负的赔偿责任,按其每包或其他货运单位计不得超过 920 特别提款权,或按毛重每公斤计不得超过 2.75 特别提款权,以较高者为准;如果根据合同在多式联运中不包括海上或内河运输,则该赔偿责任按毛重每公斤不得超过 8.33 特别提款权。

(4) 索赔与诉讼

① 提出索赔通知的期限。收货人向多式联运经营人提出书面索赔通知的期限是:对于货物灭失或损坏,不迟于在货物交给他的次一个工作日提出;如果货物灭失或损坏不明显,不迟于在货物交给他之后的连续 6 日内提出。对于延迟交付造成的损失,不迟于在货物交给他之后的连续 60 日内提出。

② 诉讼时效与司法管辖。有关国际多式联运的任何诉讼,其时效期间为两年,《多式联运单证规则》第 10 条规定的时效期间为 9 个月。原告可以在下列地点之一选择有管辖权的法院提起诉讼:被告主营业所在地或其经常居所地;订立多式联运合同的地点;多式联运经营人接管货物的地点或交付货物的地点;多式联运合同中为此目的所指定的,并在多式联运单据中载明的任何其他地点。

3.1.6 国际货运代理法律制度

1. 国际货运代理的概念及其分类

国际货运代理服务是指各类与运输相关的服务,拼装、积载、搬运、包装或分拨及相关的辅助和咨询服务,包括但不限于海关和财政业务、官方的货物申报、货物投保、取得有关货物单证或相关费用收支等。

按照国际货运代理涉及的运输方式,可以将其划分为国际海运代理、国际航空运输代理、国际航空快捷代理、国际铁路运输代理、国际铁路联运代理、国际公路运输代理和国际多式联运代理等。按照国际货运代理服务的客户不同,可以将其划分为货主(包括进口货物的收货人和出口货物的发货人)的货运代理和其他委托方的货运代理。

2. 国际货运代理的服务范围

其服务范围一般有:作为报关代理,为进口货物办理清关事宜;为出口货物办理清关、订舱等事务;为进出口货物提供转运与中转服务;为进出口货物提供仓储服务等。

货运代理还可以为客户提供下列运输辅助服务:为客户的利益考虑,安排货物运输保险;协助客户准备必要的进出口文件;根据收取款项时交付货物的约定,代替客户收取相关费用并提供相关服务;针对与运输和分拨相关的事务,向客户提供建议等。

3. 国际货运代理的法律地位

(1) 国际货运代理作为代理人的法律地位

国际货运代理作为代理人从事国际货运代理业务,是指国际货运代理接受进出口货物收货人、发货人和其他委托方或其代理人的委托,以委托人名义或者以自己的名义办理有关业务、提供增值服务,收取代理费、佣金或其他增值服务报酬的行为。

(2) 国际货运代理作为独立经营人的法律地位

国际货运代理作为独立经营人从事国际货运代理业务,是指国际货运代理接受进出口货物收货人、发货人和其他委托方或其代理人的委托,承办货物运输,签发运输单证、履行运输合同、提供增值服务并收取运费及服务报酬的行为。货运代理作为独立经营人有两种情形:一是货运代理作为承运人,如货运代理作为无船承运人或多式联运经营人;二是货运代理作为提供其他服务的独立经营人。

(3) 确定国际货运代理法律地位的标准

在当今国际货运代理实践中,由于国际货运代理可以拥有代理人和独立经营人两种身份,在签订国际货运代理协议时,基于收取运费和其他服务费用,货运代理乐于承认他们是独立经营人而不是代理人。但是,一旦货物发生了灭失或损坏需要承担责任时,多数货运代理宁愿否认自己的独立经营人地位。

4. 国际货运代理的法律规则

为了协调各国货运代理法律,国际统一私法协会1967年起草了《国际货运代理公约》(草案)。国际货运代理协会联合会,简称FIATA,是世界国际货运代理的行业组织,制定了《FIATA国际货运代理业示范法》和有关单据、凭证格式,供会员采用。在实践中,各国国际货运代理协会参照FIATA规则制定的标准交易条件和有关单据在调整货运代理与客户关系方面发挥了重要作用。

3.2 国际货物运输保险法

在国际贸易中,货物经过长途运输,不可避免地会受到自然灾害、意外事故或外来因素的影响导致货物受损,保险是一种转嫁风险、减少损失的好办法。国际贸易保险有的由买方投保,有的由卖方投保,主要根据所选择的贸易术语的不同而异。无论是由哪一方办理投保,一般都涉及根据买卖合同或惯常的做法,选择投保合适的险别,确定保险金额和缴纳保险费,并办理投保手续和领取合适的保险单证。

3.2.1 国际货物运输保险合同

1. 国际货物运输保险合同的概念

国际货物运输保险合同是指以进行国际运输的货物为保险标的而在保险人和被保险人之间达成的合同。在国际货物运输保险合同中,作为货主的被保险人按一定金额向保险人投保一定险别并缴纳保险费,保险人对被保险货物遭遇承保责任范围内的风险而受到的损失负赔偿责任。国际货物运输保险合同突出的法律性质是一种补偿性质的射幸合同。如果标的物损坏或者灭失,保险人只会给予经济补偿,而不负责使标的恢复原状;且保险人的补偿以保险金额为限,如果被保险人的损失小于保险金额,则保险人的补偿以被保险人的损失额为限。

保险单是国际货物运输保险合同的主要证明形式。国际货物运输的保险单通常不是定期保单,而是航程保单,即保险人对被保险货物在特定航程中的风险予以承保。按照保险单是否载有保险价值,可以将其划分为定值保单和不定值保单。对于多批次交付运输的货物,被保险人无须就每批货物逐笔投保,可以请求保险人出具流动保单或预约保单。

国际上并不存在专门适用于国际货物运输保险合同的国际条约。影响国际货物运输保险的规则主要包括两个方面:一是记载于保险单背面的保险条款;二是对于保险合同和保险条款没有规定的事项,根据国际私法规则适用有关国家的国内保险法。

2. 国际货物运输保险合同的订立与原则

保险合同的订立须经投保与承保两个步骤,即要约与承诺两个过程。投保人向保险人提出的投保申请属于要约,保险人如果愿意承保并在其上签名就构成承诺。

被保险人或其代理人的投保申请一经保险人签署,保险合同即告成立。按照各国保险法的规定,经保险人签署的投保申请虽已包括保险合同的内容,但它不具有证明合同文件的法律效力,不能对其强制执行。保险人在保险合同成立之时或以后,应当及时向被保险人签发书面保险单证,并在其中载明当事人双方约定的合同内容,作为合同有效成立的证据。

在国际货物运输保险合同的订立过程中必须遵循以下原则。

① 最大诚信原则。最大诚信原则主要是要求被保险人或其代理人在订约前或订约时将其知道的或者在通常业务中应当知道的有关重要情况如实告知保险人,以便由其决定是否承保并决定保险费率。

② 保险利益原则。保险利益又称"可保利益",是指被保险人依法对保险标的所拥有的利害关系。凡对保险标的享有所有权、担保物权或承担风险、责任的人,以及因保险标的安全或准时到达有可得利益者,均可被认定为对保险标的具有保险利益。

3.2.2 海上货物保险法

国际货物运输保险中,历史最悠久、业务量最大、影响最深远的是海上货物运输保险。但在国际货物运输保险领域里没有普遍的国际条约为依据,处理保险纠纷的依据主要是保险合同的具体条款及其约定的国内法,现结合我国《海商法》、《保险法》、《合同法》的有关规定,以及英国著名的伦敦协会货物保险条款介绍海上货物保险合同。

1. 海上货物保险合同的订立

由于海上货物保险合同是保险人与被保险人之间权利义务的凭证,因此一般应由保险人与被保险人双方直接签订。但是,在英美等国家的保险实务中,被保险人同保险人并不直接接触,而是委托保险经纪人代其向保险人投保。

在英美等国家,一般的投保手续是:由被保险人提出投保申请,并在经纪人提供的表格上填明保险标的物、投保的险别及其他有关内容后交给经纪人。经纪人通常被授权在一定的保险费率范围内投保,并把投保内容写在一张"承保条"上,交给保险人或保险公司。如果保险人愿意承保,即在承保条上签名,并注明其承保的金额。一项保险业务,可以由一个或几个保险人承保,直至整个风险保足为止。保险人在承保单上签名,保险合同即告成立,至于日后是否出具保险单并不重要。最后,被保险人将保险费交给经纪人,由经纪人交给保险人,并由保险人从保险费中取出部分金额付给经纪人作为佣金。

我国目前尚未实行保险经纪人制度,海上保险的投保手续比较简单,主要有以下两种不同做法:一种是如果收货人直接投保,应填制投保单一式两份,列明货物名称、保险金额、运输路线、运输工具、投保险别等事项,其中一份由保险公司签章后交还给被保险人作为承保的凭证,另一份则留在保险公司凭以出具保险单;第二种是如果是由外贸进出口公司投保的出口货物运输保险,由于业务量大,为节省手续,一般不填制投保单,而是利用有关出口单据的副本,如出口货物明细单、货物出运分析单等来代替投保单。

海上保险合同的承保风险具有或然性，已经发生或不能发生的危险不能成为保险危险，因此海上货物保险合同应当在保险事故未发生前订立，如果保险事故已经发生，就不能投保。在国际贸易中，卖方或买方投保海上货物运输保险的时间，通常是在货物装运以前或装运之时。但是由于买卖双方分处两国，货主对货物在运输过程中发生的情况无法完全掌握，有时可能出现货物虽已遭受损失或灭失，但货主因不知情而仍向保险公司投保的情况。针对这种现象，保险单上通常都载有"不论灭失与否"（Lost or Not Lost）条款，即不论保险标的物在投保时是否已经损坏或灭失，保险人仍须按合同承担赔偿责任。但这并不是说，被保险人就可以明知标的物已经灭失之后再去投保，仍能订立有效的保险合同。如果被保险人在投保时已经知道标的物发生损失，则保险合同无效。

2. 海上货物保险合同的转让与解除

（1）海上货物保险合同的转让

海上货物保险合同的转让，通常是因保险标的转让或出售而引起。

被保险人依据货物运输保险合同所享有的权利，通常都可以采用在保险单上背书的方式转让给受让人，这是国际贸易的习惯做法，也是各国法律所允许的。

（2）海上货物保险合同的解除

海上货物保险合同的解除，是指海上货物保险合同的一方或双方当事人行使解除权，解除保险合同。除合同另有约定外，保险责任开始后，被保险人和保险人均不得解除保险合同。海上货物保险合同的解除主要包括协议解除和法定解除两种。

协议解除即合同当事人双方协商同意解除海上保险合同的情况。协议解除通常是由双方当事人在合同中订明，在保险合同有效期间，如遇到某些特定情况，保险合同即可解除。在协议解除保险合同时，保险人应按日计算未到期的保险费，并退还给被保险人，在航程保险中，保险责任一经开始，除非保险合同另有规定被保险人不得要求退还保险费。

法定解除即指在法律规定的原因出现时，海上保险合同的一方当事人可依法行使解除权的情况。法定解除一般有以下两种情况：因被保险人违反告知义务而解除保险合同，当投保人或被保险人隐瞒重要事实或对重要事实告知不实或有遗漏时，保险人有权解除保险合同；因违背保证条款而解除合同。

3. 海上货物保险合同的主要内容

海上货物保险合同通常应包括以下几个方面：

① 保险人名称。

② 被保险人名称。

③ 保险标的。保险标的是被保险人所要转嫁危险和取得保险保障的对象。一般认为，海上保险合同的保险标的主要包括货物、运费两项。

④ 保险价值。指被保险财产的实际价值，也是发生保险事故时所遭受的最大损失。

⑤ 保险金额。是被保险人的实际投保金额，也是保险人对保险标的的最高赔偿限额。

⑥ 保险责任和除外责任。保险责任是指海上保险合同载明的危险发生造成保险标的损失时，保险人所承担的赔偿责任。合同的保险责任范围包括自然灾害和意外事故两大类。所谓自然灾害，是指由于自然力量所造成的灾害，如暴风雨、雷电、地震、海啸、洪水等自然现象；而意外事故则是指偶然的、不可预见的原因所引起的事故，如船舶搁浅、触礁、沉没、碰撞、爆炸等类似的事故。但是，经双方当事人特别约定或者按照商业惯例，海上保险合同的保险责任范围还可包括与海上航行有关的发生于内河或者陆上的事故。

除外责任，是指依照法律或海上保险合同的规定，保险人不负赔偿责任的范围。一般包括下列原因所造成的损失和费用：被保险人（包括船东及其代表和船长）的故意行为或过失；被保险船舶的自然磨损与不适航；属于发货人的责任；保险责任开始前被保险货物已存在的品质不良和数量短差；被保险货物的自然损耗、本质缺陷、特性及市价跌落、运输延迟。

⑦ 保险期间。又称保险期限，是保险合同的有效期限，也叫保险责任的起讫期限。

4. 海上货物保险合同当事人的义务与责任

（1）被保险人的义务

① 投保人的交保险费义务与投保人如实告知义务。如果投保人没有如实告知重要情况，保险人有权解除保险合同，如果该情况对保险事故的发生有影响，保险人不负赔偿责任。

② 严格遵守保证的义务。

③ 通知义务。通知义务要求投保人在保险标的增加危险时及时通知保险人，以及出险时应及时通知。被保险人不能及时提交保险人出险通知，并由此造成保险人无法确定真实损失情况的，保险人可以拒绝赔偿被保险人。保险赔偿支付前，被保险人应提供有关资料，证明保险事故性质和损失程度并向保险人提出索赔。所谓资料，是指损失清单和损失原因的证明。

④ 出险后的施救义务。

（2）保险人的权利与责任

鉴于保险合同的特点，法律确认保障了保险人的下述特殊权利，这是需要买卖双方注意的。

① 对被保险人解除合同的限制。我国《海商法》规定，货物运输保险责任开始后，被保险人不得要求解除合同。

② 赔偿责任限制。保险人的赔偿不超过合同约定的保险金额，即使货物的损失超过保险金额。保险金额是当事人双方在合同中约定的最高赔偿限额。当保险金额低于保险价值，即不足额保险时，保险人对部分损失的赔偿，只应承担保险金额与保险价值的

比例部分。其次，法律规定了免责赔偿的情形，如我国《海商法》规定，对被保险人故意造成的损失不赔偿。

③ 代位求偿权。我国《海商法》赋予保险人的代位求偿权，并规定："被保险人应向保险人提供必要的文件和其所需要知道的情况，并尽力协助保险人向第三人追偿。"保险人行使代位请求赔偿的权利，不影响被保险人就未取得赔偿的部分向第三者请求赔偿的权利。

代位求偿权实质上是一种损害赔偿权的转移。海上保险合同是以补偿被保险人就保险标的所受的实际损失为目的，故赔偿金额不得超过保险标的在保险事故发生时的实际价值。即使是在善意的复保险情形下，被保险人也不得获超额赔偿。如果保险事故的发生可归责于第三人，保险人于给付赔偿金后，可代位行使被保险人对第三人的求偿权。

我国《海商法》就代位求偿过程中可能出现的几种情况作了如下规定：如果被保险人主动放弃了对第三人的一些权利，从而造成保险人在一些权利上无法代位求偿，保险人可以相应扣减保险赔偿；如果保险人在办理代位求偿时发现第三人已经赔付给被保险人部分损失，则保险人可以从应支付的赔偿额中相应扣减被保险人已经从第三人取得的赔偿；如果保险人在取得代位求偿权后向第三人索赔时，获得了高于保险人赔付给被保险人的保险赔偿的赔偿时，超过部分应当退还给被保险人。

④ 保险人承担损失赔偿责任的范围。保险标的物所遭受的实际损失。其中不包括航行迟延、交货迟延或行市变化；货物的自然损耗、本身缺陷和自然特性；包装不当。

施救费用。是指被保险人为防止或减少根据保险合同可以得到赔偿的损失而支付的必要的合理费用。包括为了确定保险责任范围内的损失所支付的受损标的的检验、估价、出售等合理费用及为执行保险人的特别施救指示而支付的费用。保险人应该在保险标的的损失赔偿之外另行支付施救费用，这是一项法定的赔偿义务，即使没有约定。

保险人赔偿保险事故造成的保险标的的损失，以保险金额为限，而且保险金额不得超过保险价值，超过部分是无效的。确切说，保险人的赔偿限度是保险价值而非保险金额。但在具体的保险合同中存在被保险人未足额投保的情况，保险人的实际赔偿责任限于实际保险金额与其保险价值之比在赔偿限度中所占的比例部分。

5. 保险期间

(1) "仓至仓"条款

保险人的责任从被保险人货物运离保险单所载明的起运地的仓库或储存处所开始运输时生效，在正常运输过程中持续，即在从上述起运地直接由通常的方式和路线运抵保险单所载明的目的地过程中不间断，包括海上、陆上、内河和驳船运输在内，包括通常的迟延、存仓和转运，直至发生下述 4 种情况之一时终止：到达保险单所载明目的地收货人的最后仓库或储存处所；到达被保险人用作分配或分送货物或非正常运输过程中存储的其他储存处所；在最后卸货港全部卸离海船后满 60 天；在最后卸货港全部卸离海船后，开始转运至保险单所载明的目的地时。

(2)"延伸"条款或又叫"扩展责任"条款

被保险人无法控制的非正常运输发生时,被保险人有义务及时通知保险人,并在必要时加付保险费,保险才继续有效。但伦敦协会货物保险条款则不需及时通知及加付保费,保险仍然有效。

(3)"运输合同终止"条款

被保险人无法控制的情况下,被保险货物在运抵保险单所载明的目的地之前,运输合同在其他港口或地点终止的,或者由于其他原因航程在运输条款规定的责任截止期之前终止的,如果被保险人及时将获知的情况告诉了保险人,且在必要时按保险人的要求同意加付保险费,保险合同可以继续有效,直至下述情况之一发生时终止:在全部卸离海船的卸载港届满60天;货物在上述卸载港出售并交付给新的货主。但如果被保险货物在上述60天期限内转运到原目的地或其他目的地或其他目的地,则保险责任的终止仍按上述"仓至仓"条款的规定。

6. 保险标的的损失与赔偿

(1)保险标的的损失

保险标的的损失,是指保险货物等在海上运输中,由于自然灾害或意外事故所造成的损失。通常与海上航行有关的发生于内河或者陆上的事故所造成的损失也被包括在内。依据不同的标准,海上保险标的的损失可作不同的分类。这里依据损失程度,将其分为全损和部分损失两种。

全损是海上保险的专门术语,包括实际全损和推定全损。

实际全损是指保险标的物全部毁灭,或标的物受损以致失去原有的用途,或被保险人已无可挽回地丧失了保险标的物,或船舶失踪,经过一段合理时间之后仍无音讯等情况。例如,货物被火烧成灰烬,茶叶经海水浸泡后已完全失去商业价值等,都属于实际全损。我国《海商法》第245条规定:"保险标的发生保险事故后灭失,或者受到严重损坏完全失去原有形体、效用,或者不能再归被保险人所拥有的,为实际全损。"该法第248条还规定:"船舶在合理时间内未从被获知最后消息的地点抵达目的地,除合同另有约定外,满两个月后仍没有获知其消息的,为船舶失踪,船舶失踪视为实际全损"。

推定全损是指保险标的物在遭受保险事故之后,虽未达到实际全损,但是其完全灭失将是不可避免的,或者修复该标的物或者运送货物到达目的地所耗费用,估计或超过其实际价值或保险价值的情况。我国《海商法》第246条对货物的推定全损有专门规定:货物保险的推定全损是指货物发生保险事故后,认为实际全损已经不可避免,或者避免发生实际全损所需支付的费用与继续将货物运抵目的地的费用之和超过保险价值的情况。

部分损失是指保险标的所遭受的损失没有达到全损程度的一种损失,可分为单独海损和共同海损两种。共同海损是指在同一航程中,船舶和货物遇到共同危险,为了维护船方和货方的共同安全而有意地、合理地采取措施所直接造成的特殊牺牲或特殊费用,共同海损最终由获得利益的各方分摊。单独海损是相对共同海损而言的,保险标的单独遭遇的风险损失,由受损方承担,保险人是否赔偿取决于保险范围。

在货物运输保险中,当保险货物遭受部分损失时,一般应先确定损失价值,然后用保险金额乘以损失率,就可以得出保险人应该赔偿的金额。

(2) 委付

委付,是指被保险人在保险标的发生推定全损时将标的物的所有权转让给保险人,并要求保险人支付全部保险金额的行为。因此,它是海上保险的一种特有制度。我国《海商法》第249条规定保险标的发生推定全损时,被保险人要求保险人按照全部损失赔偿的,应当向保险人委付保险标的。

委付通常应具备下列条件:委付必须以推定全损为前提;委付必须经保险人同意;委付不能有附加条件。

委付成立后,保险标的物所有权自委付原因出现之时起开始转移,保险人对因标的物而产生的权利和义务必须同时接受。

(3) 保险赔偿的支付

保险事故发生后,被保险人有权向保险人请求保险赔偿,但必须提供必要的文件,供保险人审查是否是保险人的责任及保险赔偿的金额。保险赔偿请求的时效为2年,自保险事故发生之日起计算。

保护时效的法律事实包括保险人同意赔付,被保险人有效地提起诉讼、仲裁或申请财产保全;仅仅是被保险人的索赔行为,按我国《海商法》的规定不能申请保护时效。

保险人理赔一般经过接受出险通知、查勘、检验或委托检验、核实案情、理算赔偿金额和支付赔偿6个阶段。

3.2.3 国际货物运输保险条款

1. 中国人民保险公司海运货物基本险条款

(1) 险别

中国保险条款规定的海运货物运输保险的基本险别又称"主险",是可以向保险人单独投保的险别,包括平安险、水渍险和一切险三种。

① 平安险(Free from Particular Average, FPA)。英文含义是"单独海损不赔"。保险人在平安险中的赔偿责任范围最小,只承担由于海损事故和自然灾害造成的全部损失和特定意外事故。

② 水渍险(With Average, WA)。英文原意是"单独海损责任在内"。保险人在水渍险中的赔偿责任范围包括:上列平安险中的全部责任;货物因自然灾害所造成的部分

损失。

③一切险（All Risks）。又称"综合险"，是保险人赔偿责任范围最广泛的基本险。承保的责任范围除包括平安险和水渍险的全部责任外，还负责被保险货物在运输中由于外来原因所致的全部或部分损失。保险人在一切险中的赔偿责任范围包括：上列水渍险中的全部责任；货物在运输途中因一般外来风险所致的全部或部分损失，但不包括因特殊外来风险所致的货物损失。

（2）保险人的除外责任

包括：被保险人的故意或过失行为造成的损失；属于发货人责任（如包装不当）所引起的损失；在保险责任开始前，因货物已经存在的品质不良或数量短差所造成的损失；因货物的自然损耗、本身的缺陷和自然特性所引起的损失；因航行迟延、交货迟延或者行市变化所引起的损失；未加保战争险或罢工险，但发生在其责任范围或属其除外责任的损失。

（3）保险人的责任期限

保险人的责任期限是指保险人承担保险责任的起讫时限，又称"保险有效期"。保险人承保海运货物基本险的责任期限，国际上通常都按"仓至仓"条款处理。

（4）被保险人的义务

当被保险货物运抵保险单所载明的目的港（地）以后被保险人应及时提货，当发现被保险货物遭受任何损失，应立即向保险单上所载明的检验、理赔代理人申请检验，如发现被保险货物整件短少或有明显残损痕迹应立即向承运人、受托人或有关当局（海关、港务当局等）索取货损货差证明。如果货损货差是由于承运人、受托人或其他有关方面的责任所造成，应以书面方式向他们提出索赔，必要时还须取得延长时效的认证。

对遭受承保责任内危险的货物，被保险人和保险人都可迅速采取合理的抢救措施，防止或减少货物的损失，被保险人采取此项措施，不应视为放弃委付的表示，保险人采取此项措施，也不得视为接受委付的表示。如遇航程变更或发现保险单所载明的货物、船名或航程有遗漏或错误时，被保险人应在获悉后立即通知保险人并在必要时加缴保险费，该保险才继续有效。

在向保险人索赔时，必须提供下列单证：保险单正本、提单、发票、装箱单、磅码单、货损货差证明、检验报告及索赔清单。如涉及第三者责任，还须提供向责任方追偿的有关函电及其他必要单证或文件。

在获悉有关运输契约中"船舶互撞责任"条款的实际责任后，应及时通知保险人。

（5）索赔的时效期限

保险索赔时效，从被保险货物在最后卸载港全部卸离海轮后起算，最多不超过两年。

2. 中国人民保险公司海运货物附加险条款

① 一般附加险（General Additional Risk）。是在平安险和水渍险的基础上加保的险别。中国人民保险公司承保的一般附加险按照承保范围的不同，划分为下列 11 种：淡水雨淋险、偷窃提货不着险、短量险、混杂沾污险、渗漏险、碰损破碎险、串味险、受潮受热险、钩损险、包装破裂险、锈损险。

② 特别附加险（Special Additional Risk）。特别附加险主要包括战争险和罢工险，此外还有交货不到险、拒收险、进口关税险、舱面货物险和黄曲霉素险等。附加险不能向保险人单独投保。只有在投保某一基本险的基础上，才可以加保一种或数种一般附加险和（或）特别附加险。

3. 伦敦保险协会海运货物保险条款

在国际货运保险市场上，虽然不同保险协会或保险公司都制定了自己的保险条款，但以伦敦保险协会制定的"伦敦协会货物条款"（Institute Cargo Clauses，简称 ICC）影响最大。

《英国伦敦协会海运货物保险条款》，一般简称为《伦敦协会货物条款》。由于国际贸易事业的发展，运输方式的改变，原条款已经不适合于形势发展的需要，故于 1982 年 1 月 1 日修改为《伦敦协会货物条款（A）》、《伦敦协会货物条款（B）》和《伦敦协会货物条款（C）》，一般统称它们为《伦敦协会货物保险条款》。新条款改变了原旧条款的一切险、水渍险和平安险的名称，以（A）、（B）、（C）条款分别代替之。

(A)、(B)、(C) 条款，每一条款均分 8 项，即承保范围（Risks Covered），内分 3 条；除外责任（Exclusions），内分 4 条；保险期限（Duration）；赔偿（Claims），内分 4 条；保险利益（Benefit of Insurance），内分 3 条；减少损失（Minimizing Losses），内分 2 条，防止延迟（Avoidance of Delay）；法律实施（Law and Practice）。共 8 项 19 条。

(1) 承保范围

保险人在 ICC（A）中承保的危险包括：因列明的各项除外责任以外的一切危险所造成的保险标的灭失或损害；为了避免因除外责任以外的任何原因所造成的损失或与之有关的损失而产生的共同海损和救助费用，但其理算或确定应按运输合同和有关法律办理；按照运输合同中双方过失碰撞条款应由被保险人承担责任的损失部分。

保险人在 ICC（B）中承保的危险包括因除外责任以外的下列风险和原因所致保险标的的灭失或损害：火灾或爆炸；船舶或驳船遭受搁浅、触礁或倾覆；陆上运输工具的倾覆或出轨；船舶、驳船或运输工具同除水以外的任何外界物体碰撞或接触；在避难港卸货；地震、火山爆发或雷电；共同海损牺牲；抛货；浪击落海；海水、湖水或河水进入船舶、驳船、运输工具、集装箱、大型海运箱或储存处所；货物在船舶或驳船装卸时落海或摔落造成的任何整件全损。

保险人在 ICC（C）承保的危险比上述 ICC（A）和 ICC（B）要小得多，它只承保重大意外事故，而不承保自然灾害及非重大意外事故。具体承保内容为：火灾、爆炸；船舶或驳船触礁、搁浅或倾覆；陆上运输工具倾覆或出轨；船舶、驳船或运输工具同除水以外的任何外界物体碰撞；在避难港卸货；共同海损牺牲；抛货。

（2）除外责任

保险人在 ICC（A）、ICC（B）和 ICC（C）中的除外责任条款包括：一般除外责任；不适航和不适货除外责任；战争除外责任；罢工除外责任。另外，恶意损害险属于 ICC（A）的承保范围，但在 ICC（B）和 ICC（C）中则属于除外责任。

4. 国际陆运和空运货物保险条款

（1）国际陆运基本险（主要指火车和汽车的货物运输险）

陆运险（Overland Transportation Risks），即陆运货物在运输途中由于暴风、雷电、洪水、地震等自然灾害，或运输工具遭受碰撞、出轨、翻车、崖崩、隧道坍塌、失火、爆炸，或需驳运卸货，其驳运工具搁浅、触礁、碰撞、沉没等意外事故造成全部或部分损失。

陆运一切险（Overland Transportation All Risks），除包括上述陆运险责任外，还包括货物在途中由于外来原因所致的全部或部分损失。

（2）国际航空运输基本险

主要包括在空运途中因自然灾害、意外事故或外来原因造成的货物损失。航空运输险（Air Transportation Risks）和航空运输一切险（Air Transportation All Risks），这两种险别相似于海洋运输货物的"水渍险"责任范围，只是运输方式不同。

（3）特殊附加险

陆上运输货物战争险（Overland Transportation Cargo War Risks）、航空运输货物战争险（Air Transportation Cargo War Risks），与上述海洋运输货物战争险相比，两者也只是不同运输方式的货物，其责任范围基本一致。同样也是特殊附加险，只是海运战争险增加"海盗行为所致的损失"，而陆上和航空运输货物战争险没有这一条。

中国人民保险公司制定的货物运输罢工险条款通用于海运、陆运和空运货物保险，但对战争险则分别制定了适用于不同运输方式的战争险条款。在国际陆运和空运货物保险中，被保险人如果要求加保其他附加险，均可参照海运货物保险处理。

5. 邮包保险（Parcel Post Insurance）

（1）邮包险（Parcel Post Risks）

通过邮包邮寄，不管是海运、陆运或空运方式都包括在本条款之内。货物在运输过程中因自然灾害和意外事故造成货物损失。

（2）邮包一切险（Parcel Post All Risks）

本险别除包括邮包险所属范围的责任以外，还包括由于外来原因所造成的损失。

表 3-1 是中国人民保险公司承保险种一览表。

表 3-1　中国人民保险公司承保险种一览表

保险种类	保险责任	保险险别
海洋运输货物险	承保海洋运输的货物，保险责任以海上运输工具为主要考虑	① 海洋运输货物保险。承保海运途中因自然灾害或意外事故造成货物的损失。这种保险险别分为平安险（F.P.A.）水渍险（W.P.A.）和一切险（All Risks）三种，它们是海运险中主要的三种。 ② 海洋运输货物战争险属于特殊附加险，承保海上发生战争等行为造成的货物损失。 ③ 海洋运输冷藏货物保险，属于海洋运输专门保险。承保海运冷藏货物因灾害事故造成的货物损坏，分为水渍险和一切险两种。 ④ 海洋运输散装桐油险，承保不论任何原因造成的短少、渗漏、沾污和变质等损失。
陆上运输货物险	承保陆上货物运输，保险责任以火车、汽车来考虑	① 陆上运输货物保险，承保陆运途中因自然灾害或意外事故造成货物的损失，分陆运险、陆运一切险，这是陆运险中主要的两种。 ② 陆上运输冷藏货物险，属于陆上运输中的专门保险，承担冷藏货物因自然灾害或意外事故造成的货物损失。
航空运输货物险	承保航空运输的货物，保险责任以飞机为主要考虑	① 航空运输货物保险，承保航空运输中因自然灾害或意外事故造成的货物损失，分为航空运输险和航空运输一切险。这是航空运输险中主要的两种。 ② 航空运输货物战争险，属附加险，承保空运途中发生战争等行为所造成的损失。
邮包险	承保通过邮局递运的货物，因邮包的邮运用海、陆、空三种运输方式，因此保险责任的考虑兼顾了海、陆、空三种运输工具	① 邮包保险。这是邮包险中最主要的一种。承保邮递途中因自然灾害或意外事故造成货物的损失，不论邮包采用何种运输工具，保险公司对海、陆、空的邮包都负责，三种联运亦负责，分邮包险和邮包一切险。 ② 邮包战争险属附加险，承保邮运途中发生战争等行为造成的货物损失。

注：
- 自然灾害，是指由于自然力量造成的自然灾害，如恶劣等候（暴风雨）、雷电、海啸、地震、洪水等。
- 意外事故，是指由于意外原因造成的事故，如船舶搁浅、触礁、沉没、互撞、与流冰或其他物体相撞及失火和爆炸等。
- 外来风险，是指由于外来原因所引起的如偷窃、碰损、破碎、钩损、短少、短量、雨漏、生锈、受潮、发霉、串味、沾污等。此外，还有一些由于特殊外来原因造成的风险，如战争、罢工、交货不到等。

练 习 题

一、单项选择题

1. 提单是指可以用于证明海上货物运输合同或货物已由承运人接管或装船，以及承运人保证据以交付货物的单证。根据提单是否有批注，可以分为（　　）。
   A. 记名提单、不记名提单和指示提单

B. 清洁提单和不清洁提单

C. 倒签提单和预借提单

D. 直达提单、转船提单和联运提单

2. 在某航运公司签发的提单中，收货人一项填写的是"美国可口可乐公司华盛顿分公司"，则该提单可以采用以下哪种方式转让（　　）。

　　A. 背书转让　　　　　　　B. 按普通债权转移方式转让

　　C. 根本不能转让　　　　　D. 交付转让

3. "天伦"号货轮从香港至日本的航行中因遇雷雨天气，使船上部分货物失火燃烧，大火蔓延到机舱。船长为灭火，命令船员向舱中灌水，由于船舶主机受损，不能继续航行。船长雇拖轮将"天伦"号拖到避难港。下列选项哪个不应列入共同海损？（　　）

　　A. 失火烧毁的货物

　　B. 为灭火而湿损的货物

　　C. 为将"天伦"号拖至避难港而发生的拖航费用

　　D. 在避难港发生的港口费

4. 平安险是中国人民保险公司海洋货物运输保险的主要险别之一，下列哪项损失不能包括在平安险的责任范围之内？（　　）

　　A. 被保险货物在运输途中由于自然灾害造成的全部损失

　　B. 被保险货物在运输途中由于自然灾害所造成的部分损失

　　C. 共同海损的分摊

　　D. 海上遇难的救助费用

5. 2010年4月3日，我国A进出口公司与英国B公司签订了一份纺织面料出口合同，合同金额为100万美元，约定的价格条件为CIF利物浦。B公司依约于2010年4月15日开出以A公司为受益人、金额100万美元的不可撤销信用证。A公司接到信用证后，随即与中国C运输公司签订了海上货物运输合同，并向D保险公司投保了海运一切险，而C公司亦依约定时间在天津港装船，将货物运往利物浦。航行途中，因遭遇风暴，船长命令将A公司交运的部分纺织面料投入海中，到岸交货时，B公司仅仅收到价值60万美元的纺织面料。那么，对于B公司遭受的损失（　　）。

　　A. 应由A公司向C公司要求赔偿

　　B. 应由B公司向C公司要求赔偿

　　C. 应由A公司向D公司要求赔偿

　　D. 应由B公司向D公司要求赔偿

二、多项选择题

1. 提单是指用于证明海上运输合同和由承运人接管或装载货物，以及承运人保证据以支付货物的单证,是班轮运输中的重要法律文件。有关提单的下列表述,正确的有（　　）。

A. 提单只是运输合同的证明而非运输合同本身
B. 提单在托运人手中时只是承运人接收货物的初步证据,如果承运人有确实证据证明其收到的货物与提单上的记载不符,承运人可以向托运人提出异议。但对于提单受让人来说,提单就成了终结性证据
C. 银行一般只接受已装船提单,即由船长或承运人的代理人在货物装上指定的船舶后签发的提单
D. 提单中注明的装船日期早于实际装船日期的称为预借提单

2. 中国某公司向欧洲出口啤酒花一批,价格条件是每公吨 CIF 安特卫普××欧元。货物由中国人民保险公司承保,由"罗尔西"轮承运,船方在收货后签发了清洁提单。货到目的港后发现啤酒花变质,颜色变成深棕色。经在目的港进行的联合检验,发现货物外包装完整,无受潮受损迹象。经分析认为该批货物是在尚未充分干燥或温度过高的情况下进行的包装,以至于在运输中发酵造成变质。据此,下列表述何者为正确?（　　）

A. 收货人应向承运人索赔,因为其签发了清洁提单
B. 收货人应向发货人索赔,因为该批货物在装船前就有品质问题
C. 承运人对变质可以不承担责任,因为承运人对于货物的固有缺陷可以免责
D. 承运人对变质应承担责任,因为承运人在运输中有谨慎管理货物的义务

3. 依《海牙规则》的规定,下列哪些货损承运人可以免责?（　　）

A. 船舶在开航前和开航时不具有适航性引起的货损
B. 船长和船员在驾驶或管理船舶中的疏忽引起的货损
C. 未谨慎积载引起的货损
D. 包装不当引起的货损

4. 下列关于委付和代位求偿权关系的提法哪些是正确的?（　　）

A. 委付适用于推定全损,而代位求偿应适用于全损或部分损失
B. 委付转让的是保险标的所有权及其他相关的权利义务,而代位是向第三者追偿的权利
C. 委付是保险人取得保险标的的所有权后向被保险人支付保险赔款,而代位是以保险人向被保险人支付赔偿为前提
D. 委付仅适用于海上货物运输保险,而代位适用于所有类型的货物运输保险

5. 某国远洋货轮"亚历山大号"满载货物从 S 港起航,途中遇飓风,货轮触礁货物损失惨重。货主向其投保的保险公司发出委付通知。在此情况下,该保险公司可以选择的处理方法是什么?（　　）

A. 必须接受委付

B. 拒绝接受委付
C. 先接受委付，然后撤回
D. 接受委付，不得撤回

三、思考题

1. 试述提单的主要特征。
2. 简述海上运输中承运人的责任。
3. 简述多式联运的法律制度。
4. 简述海上运输保险的主要险别。
5. 简述海上运输保险合同的主要内容。

四、案例分析题

1. 我国诺华公司与新加坡金鼎公司于 2010 年 10 月 20 日签订购买 52500 吨饲料的 CFR 合同，诺华公司开出信用证，装船期限为 2011 年 1 月 1 日至 1 月 10 日，由于金鼎公司租来运货的"亨利号"在开往某外国港口运货途中遇到飓风，结果装货至 2011 年 1 月 20 日才完成。承运人在取得金鼎公司出具的保函的情况下，签发了与信用证条款一致的提单。"亨利号"途经某海峡时起火，造成部分饲料烧毁。船长在命令救火过程中又造成部分饮料湿毁。由于船在装货港口的迟延，使该船到达目的地时赶上了饲料价格下跌，诺华公司在出售余下的饲料时价格不得不大幅度下降，给诺华公司造成很大的损失。

请根据上述事例，回答以下问题：

(1) 途中烧毁的饲料损失属什么损失，应由谁承担？为什么？
(2) 途中湿毁的饲料损失属什么损失，应由谁承担？为什么？
(3) 诺华公司可否向承运人追偿由于饲料价格下跌造成的损失？为什么？
(4) 承运人可否向托运人金鼎公司追偿责任？为什么？

2. 2011 年 4 月，中国北海粮油公司与巴基斯坦某公司签订了向中国进口 12000 吨（240000 包）白糖的合同，价格条件为 CFR，每吨单价为 437 美元。由中方向中国人民保险公司北海分公司投保了水渍险。该批货物由巴拿马籍某轮承运。在巴基斯坦某港装货的过程中，船长先后向托运人发出书面声明和抗议，指出货物堆放于码头无任何遮盖物并发生了雨水的污染，宣布货物为不清洁。而托运人为了结汇则出具了保函，以要求承运人签发清洁提单。船长在接受了保函的情况下签发了清洁提单。货轮于 5 月 23 日抵达北海港，经北海外轮理货公司理货，发现了 578 包有雨水污染，并确认货物有短少 608 包。对于本案，请回答下列问题：

(1) 收货人是否应向承运人索赔，因为其签发了清洁提单？
(2) 承运人是否可以依保函要求收货人向托运人索赔？
(3) 收货人是否应向保险人索赔，因为该批货物已经投保了水渍险。

第4章

国际货物贸易支付的法律制度

【学习目的与要求】
支付是国际贸易中相当重要的一个环节,选择适当的支付工具和支付方式才能使双方在支付中的风险降到最低。通过本章的学习,应充分了解国际贸易支付工具的种类与特点,掌握四种不同支付方式的运作,能够熟练运用信用证的基本原则。

4.1 国际贸易支付的工具

4.1.1 国际贸易支付工具的概述

在国际贸易支付中,当事人应该事先约定支付的工具和方式。无论选择何种工具与方式,都应确定支付的金额、币种、计算方法及汇率的折算等问题。目前,作为支付工具的主要有货币、票据及电子资金划拨。

(1) 货币

货币在国际贸易中时常作为计价、结算和支付的手段,但是跨国交易如果使用货币直接支付,势必会涉及大量现金的运送,从而带来极大的风险。而且大量现金的使用对于当事人而言，会加大资金周转的难度。所以，现代国际贸易的结算直接以货币作为支付工具的情形非常少见，一般在尾款结算或者金额不大的情形下才会采用此种支付工具。另外，由于各国货币在外汇市场上的汇率是经常变动的，为防止债权人因汇率变动而引起损失，采用货币支付时多会在合同中订立相应的货币保值条款。

(2) 票据

票据是指出票人依法开立的，承诺由本人或委托他人无条件支付票面金额的转让流通的有价证券。

与货币相比较，票据具有要式性、文义性和无因性等特点。要式性是指票据行为是一种严格的书面行为，应当依据《中华人民共和国票据法》（简称《票据法》）的规定，在票据上记载法定事项，票据行为人必须在票据上签章，其票据行为才能产生法律效力。票据行为的要式性有利于票据的安全流通。而文义性则是指票据行为的内容均依票据上所载的文义而定。票据文义直接决定票据的权利和票据义务的范围和最高限度。无因性是票据最显著的特点，是指票据行为只要具备法定形式要件，便产生法律效力，即使其基础关系（又称实质关系）因有缺陷而无效，票据行为的效力仍不受影响。例如甲签发汇票给乙，签发票据的原因是甲购买了乙的商品。之后，甲发现乙提供的商品有质量问题，但这并不能免除甲对乙的票据责任，至于甲、乙间的商品质量纠纷只能另行解决。正因为具有这些特点，票据可以不断的自由流通，从而成为国际贸易支付中广受欢迎的支付工具。

(3) 电子资金划拨

随着计算机在金融领域的应用，银行在一定程度上已能将现钞、票据等实物表示的资金，转变成由计算机储存的数据表示的资金，将现金、票据流动转变成计算机网络中的数据流动。这种以数据形式存储在计算机中并能通过网络使用的资金被称为"电子货币"。该电子货币赖以生存的银行计算机网络系统，即为电子资金划拨系统。

目前，国际上对于电子资金划拨，尚未形成一个统一的定义。根据美国1978年《电子资金划拨法》，电子资金划拨是指不以支票、期票或类似票据而以电子终端、电话、电传、计算机、磁盘等命令指示或委托金融机构向某个账户付款或者从某个账户提款、零售商品的电子销售安排、银行的自动提款交易、银行客户通过银行电子设施进行的直接存款和提款等行为。

根据所涉系统及业务的不同，电子资金划拨可分为：小额电子资金划拨和大额电子资金划拨。前者是指通过自动柜员机（ATM）和销售终端设备（POS）等系统进行的，主要用于处理零售业务；后者是指通过美国联邦电子划拨系统（FED WIRE）与清算银行间支付系统（CHIPS）等进行的，主要为货币、黄金、外汇、商品市场的经纪商与交易商及商业银行处理批发业务。在国际支付中主要涉及大额电子资金划拨。但电子资金划拨是一种较为新颖的支付工具，其法律制度并不成熟，还处于不断发展之中。

4.1.2 国际票据

基于支付工具自身的特点，目前国际贸易支付中使用最多的仍是票据。一般认为票据包括汇票、本票和支票，其中汇票是使用最多的一种。

（1）汇票

汇票是出票人签发的，委托付款人在见票时或者在指定日期无条件支付确定的金额给收款人或者持票人的票据。汇票具有要式性。我国《票据法》规定汇票记载事项分为：绝对应记载事项，若未记载其中一项则汇票无效；相对应记载事项，若未记载，并不导致汇票无效，但以法定补充规则为准；任意记载事项，当事人可依约定记载。该记载对汇票当事人不产生票据法上的权利义务，但可以依据其他法律产生相应的权利义务。

（2）本票

本票是出票人签发的，承诺自己在见票时无条件支付确定的金额给收款人或者持票人的票据。

（3）支票

支票是出票人签发的，委托办理支票存款业务的银行或者其他金融机构在见票时无条件支付确定的金额给收款人或者持票人的票据。

联合国《国际汇票和国际本票公约》规定，国际汇票是指在出票地点、出票人签名旁所示地点、受票人姓名旁所示地点、受款人姓名旁所示地点、付款地点中，至少有两处地点分处不同国家。我国《票据法》第 94 条规定，涉外票据是指出票、背书、承兑、保证、付款等行为中，既有发生在中华人民共和国境内又有发生在中华人民共和国境外的票据。

4.1.3 票据的国际统一立法

各国票据制度的不统一，不仅妨碍了票据的使用和流通，而且还影响了国际贸易的扩大及发展。鉴于此，各国开始着手统一票据法的工作。

1. 日内瓦票据法公约体系

1930 年和 1931 年，国际联盟在日内瓦主持召开了有 30 多个国家参加的统一票据法会议，通过了 6 个规范票据交易的国际公约，它们是：《统一汇票和本票法公约》、《统一支票法公约》、《解决汇票、本票法律冲突公约》、《解决支票法律冲突公约》、《汇票、本票印花税公约》和《支票印花税公约》，这些公约统称为日内瓦票据法公约。

在上述 6 个公约中，《统一汇票和本票法公约》在国际贸易中具有相当重要的作用，目前已有 20 多个国家参加了该公约。此外，一些国家在实践中也采用该公约的原则。

我国尚未参加其中的任何一个公约,但在对外贸易结算时,也适当参照公约的有关规定,处理票据使用及流通问题。《统一汇票和本票法公约》对汇票的必须记载事项作了如下规定:汇票须注明"汇票"字样;汇票是支付的命令,不是请求,它必须无条件地支付,不能以某一特定事项的发生作为付款的前提条件;付款人姓名和地址;出票人签字;出票日期和地点;付款地点;付款期限;收款人姓名或名称;即期汇票属于见票即付,从出票到付款间隔时间短,手续简便。远期汇票从出票到付款有一段时间间隔,通常要经过出票、背书、提示、承兑和付款、汇票的拒付与追索等过程。《统一汇票和本票法公约》对本票必须记载事项作了如下规定:票据上必须有"本票"字样;无条件支付一定金额的承诺;写明到期日;写明付款地;收款人姓名或名称;出票日期和地点;出票人签名。

2. 联合国《国际汇票和国际本票公约》

为了促进各国票据法的协调和统一,联合国国际贸易法委员会从1971年起着手起草《联合国国际汇票和国际本票公约》,公约于1988年获联合国大会通过。它是日内瓦公约体系与英美法体系相互协调、折衷的产物,旨在消除日内瓦体系与英美法体系之间的分歧,使之能被不同法律体系的国家接受。因此,公约是在参照并吸取两大法系的内容和特点的基础上制定出来的,具有既兼采又区别于两大法系的特点。该公约应于10个国家送交批准或加入文件后一年生效,目前公约尚未生效。

国际贸易法委员会在拟订上述公约的同时,也草拟了《国际支票公约》,但后来终止了修订工作。中国没有参加日内瓦公约体系,但是中国参加了《国际汇票和国际本票公约》的拟订。

4.2　国际贸易支付的方式

国际贸易支付的方式主要包括汇付、托收、信用证和国际保理。其中汇付、托收和国际保理属于商业信用,而信用证属于银行信用国际贸易的支付方式,使用最多的是银行信用证方式。

4.2.1　汇付

汇付是由国际货物买卖合同的买方委托银行主动将货款支付给卖方的结算方式。在此种支付方式下,信用工具的传递与资金的转移方向是相同的,因此也称为顺汇法。汇付是建立在商业信用的基础上的,即完全建立在双方相互信赖的基础上,对双方均具有一定的商业风险。在国际贸易中付款有预付和到付,如约定预付,则买方要承担卖方不交货、迟交货等风险,如约定到付,则卖方要承担买方拒付货款的风险。

1. 汇付的种类

汇付依使用的信用工具不同可分为电汇、信汇和票汇三种方式。

(1) 电汇(Telegraphic Transfer,简称 T/T)

电汇是指汇出行受汇款人的委托,以电报或电传通知汇入行向收款人解付汇款的汇付方式。为了防止意外,汇出行拍发的电报或电传都带有密押,汇入行收到电报或电传后须核对密押相符后,再用电汇通知书通知收款人取款。收款人取款时应填写收款收据并签章交汇入行。电汇是速度最快的一种汇付方式,但电汇汇费较高。

(2) 信汇(Mail Transfer,简称 M/T)

信汇是指汇出行受汇款人的委托,用邮寄信汇委托书授权汇入行向收款人解付汇款的汇付方式。在信汇的情况下,汇款人需填写汇款申请书,取得信汇回执,汇出行依汇款人的委托向汇入行邮寄信汇委托书,汇入行收到信汇委托书后,通知收款人取款。信汇委托书是汇出行委托汇入行付款的信用凭证,信汇委托书通常是通过航空邮寄,信汇的汇费比电汇便宜,汇款速度也比电汇慢。

(3) 票汇(Demand Draft,简称 D/D)

票汇是指汇出行受汇款人的委托,开立以汇入行为付款人的银行即期汇票,由汇款人自行寄交收款人凭以向汇入行提取汇款的汇付方式。票汇的程序是由汇款人填写票汇申请书并向汇出行交款付费取得银行即期汇票后,由汇款人将汇票寄收款人,汇出行同时向汇入行发出汇票通知书,收款人收到汇票后向汇入行提示汇票请求付款。票汇是用邮寄银行即期汇票方式付款,因此不必加注密押,只须由汇出行有权签字的人签字证实即可。票汇是由汇款人自行邮寄,所以时间比电汇长,汇费则比电汇和信汇都低。

2. 汇付的当事人及各方关系

汇付有四个当事人,它们是:汇款人或付款人,一般是买方;收款人或受益人,一般是卖方;汇出行,受买方委托汇出货款的银行,通常与买方同地;汇入行或解付行,受汇出行委托将汇款解付给卖方的银行,通常与卖方同地。

在信汇和电汇两种情况下,汇付使用的凭证是支付授权书或支付指示。汇款人与汇出行是委托代理关系,汇出行和汇入行是委托代理关系。汇出行或汇入行与收款人没有直接的法律关系,收款人是上述代理关系的第三人。在票汇的情况下,汇付使用的是汇票。汇款人与汇出行是委托代理关系,汇出行、汇入行与收款人是票据关系,分别是出票人、付款人和收款人。

3. 汇付的性质

汇付是国际结算的当事人通过两地银行了结双方债权债务关系的一种方式,两地银行既不保证买方向卖方付款,也不保证自己首先付款,因此在汇付中没有银行信用的介入。

4.2.2 托收

1. 托收的概念

托收（Collection）是指卖方开出以买方为付款人的汇票，委托当地银行，通过买方当地银行向买方收取货款的支付方式。在托收方式下，信用工具的传递与资金的转移方向相反，因此托收是一种逆汇法。在托收付款下，付款人是否付款是依其商业信用，银行并不承担责任。银行所起的作用仅是一种代理收款作用。银行对付款人是否付款不承担责任，因而托收对卖方来说意味着一种风险。

目前，对托收进行规范的国际商务惯例主要是国际商会在1958年制定的《托收统一规则》，后来又在1967年和1978年进行了修订。现行版本是1995年修订、1996年1月1日生效的版本，是国际商会第522号出版物，因而简称URC522，共7部分26条。该规则属于国际惯例，只有经过当事人采用才有约束力，它已在各国银行业包括中国银行和贸易当事人中得到广泛应用。

2. 托收的当事人及当事人之间的关系

托收方式通常有四个当事人，即委托人、付款人、托收行和代收行。委托人是指委托银行办理托收业务的客户，如出票人和收款人，通常是卖方。托收行是指接受委托人的委托，办理托收业务的银行，通常与卖方同地。代收行是指除托收行之外，参与办理托收指示的任何银行，常为托收行的分行或代理行，根据其代理的具体业务不同又分为付款行和提示行。付款人是指根据托收指示书，银行向其作出提示的人，一般就是应付款或应承兑的买方。

委托人与托收行之间是委托关系，委托人是委托银行办理托收的人，通常是国际货物买卖合同中的卖方。接受委托人委托处理托收的银行叫托收行，通常在卖方所在地。委托人在委托银行代为托收时，须填写一份托收委托书，规定托收的指示及双方的责任，该委托书即成为双方的代理合同。在此代理关系中，托收行按委托人的托收指示托收，托收指示规范委托行与托收行之间的法律关系。

托收行与代收行之间是业务代理关系，或属于同一银行的分支机构。其之间的代理合同由托收指示书、委托书及由双方签订的业务协议等组成。依URC522的规定，银行必须依托收指示书中的规定和依本规则行事，如由于某种原因，某一银行不能执行其所收到的托收指示书的规定时，必须立即通知发出托收指示书的一方。如代理人违反了该项原则，应赔偿由此给委托人造成的损失。

委托人与付款人之间是货物买卖合同关系，也是债权人与债务人关系。委托人为卖方，付款人一般为买方。如果托收中使用汇票，通常委托人是出票人，付款人是受票人。

委托人与代收行之间不存在直接的合同关系，尽管托收行是委托人的代理人，代收行又是托收行的代理人，但依代理法的一般原则，在委托人与代收行之间并没有合同关系。

代收行与付款人之间没有法律上的直接关系，付款人是否付款依据其对托收票据的付款责任。付款人是依托收指示向其提示的人，通常是买卖合同中的买方。

3. 托收的种类

在托收方式下，依汇票是否附有单据可分为光票托收和跟单托收。

光票托收是指委托人开立不附货运单据的汇票，仅凭汇票委托银行向付款人收款的托收方式。光票托收的汇票依付款时间的不同，又可分为即期和远期两种。对于即期汇票，代收行应立即向付款人提示并要求付款。对于远期汇票，代收行则先要向付款人提示汇票要求承兑。光票托收的风险较大，因此一般只用于样品费、佣金、货款尾数等的结算。

跟单托收是指委托人开立附商业单据的汇票，凭跟单汇票委托银行向付款人收款的托收方式或不使用汇票的商业单据托收方式。跟单托收又可分为付款交单和承兑交单。付款交单（简称 D/P）是指代收行在买方付清货款后才将货运单据交给买方的付款方式。承兑交单（简称 D/A）是指在开立远期汇票的情况下，代收行在接到跟单汇票后，要求买方对汇票承兑，在买方承兑后即将货运单据交付买方的托收方式。承兑交单的风险大于付款交单。

4. 托收的业务程序

在货物销售合同中双方应规定采用哪种托收方式。委托人按合同规定装完货物后，向托收行发出托收指示，开出跟单汇票，连同商业单据交托收行。托收行将汇票及商业单据寄交代收行。代收行收到汇票及商业单据后，向付款人提示汇票。即期汇票，付款人付清货款，代收行交给商业单据；付款交单的远期汇票，付款人承兑汇票，代收行保留汇票及商业单据，待汇票到期时，付款人付清票款，代收行交给商业单据。代收行电告或邮告托收行，货款已收妥入账。托收行将货款交给委托人，银行收取手续费。

5. 托收的性质

根据 URC 522 的规定，委托人与托收行的关系及托收行和代收行的关系都是委托代理关系。托收行和代收行的职责只是按照委托人的指示办事，及时向付款人提示汇票，将收到的货款及时转交委托人；或在汇票遭拒付时，及时通知委托人，由委托人出面向付款人追偿。因此，从信用性质看，托收属于商业信用，全凭买方信誉，银行不给予卖方任何付款保证。所以托收方式对卖方风险较大，但对买方有利，对促进出口有一定作用。

4.2.3 信用证

1. 信用证的概念

信用证是银行依开证申请人的请求，开给受益人的一种保证银行在满足信用证要求的条件下承担付款责任的书面凭证。在信用证付款方式下，开证银行以自身的信誉为卖方提供付款的保证，因此信用证付款方式是一种银行信用。信用证结算的款项一般不是现款的转移，而通常是账面的划拨。因此，开证行实际贷出的是信用而非资金，其特点是在符合信用证规定的条件下，由开证行承担第一付款人的义务，这是信用证不同于托收的重要特点。

适用于信用证的国际惯例是国际商会在1930年制定的《跟单信用证统一惯例》(Uniform Customs and Practice for Documentary Credits，简称UCP)，该惯例曾进行过多次的修改，其中1993年修订的UCP 500号实施了十多年，已为世界上几乎所有国家和地区的银行接受，成为重要的国际贸易惯例之一。在2006年召开的国际商会巴黎年会上再次对UCP进行修改，通过了UCP 600号，UCP 600共39条，于2007年7月1日实施。

UCP 600性质上属于国际商业惯例，其调整范围和效力不能取代国内法的强制性规定。UCP 600并没有包括与信用证有关的一切事项，如信用证效力、信用证欺诈等。我国最高人民法院2005年《关于审理信用证纠纷案件若干问题的规定》，就与信用证纠纷相关的问题作出了规定。

2. 信用证的内容

① 信用证的种类、号码、开证日期和有效期限。

② 信用证的当事人，包括开证申请人、受益人、开证银行、通知行、指定行等。

③ 信用证的金额，包括信用证应支付的最高金额，信用证支付货物的币种等内容。

④ 单据条款，主要规定单据的种类及份数，主要包括提单、保险单和商业发票，但有时也要求卖方提交其他单据，如商品检验证明书、原产地证书等。

⑤ 汇票条款，该条款适用于使用汇票的信用证，主要规定汇票的金额、种类、份数及付款人的名称。

⑥ 装运条款，主要规定启运地、目的地、装运期限及是否允许分批装运等内容。关于装运期限，如装运单据表明受益人的实际装运日期迟于信用证允许的最后装运期限，则银行将拒绝接受单据。

⑦ 信用证的有效期限，即银行承诺付款的期限。此外，还可以依每笔交易的不同需要在信用证中进行特殊的规定。

3. 信用证的种类

信用证依其性质、形式、付款期限及用途的不同可进行不同的分类。

(1) 可撤销的信用证和不可撤销的信用证

可撤销的信用证是指信用证在有效期内，开证行不必事先通知受益人，即可随时修改或取消的信用证。但如果在收到开证行撤销通知之前，该信用证已经按照信用证条款付款、承兑、议付或作出了延期付款的承诺，开证行应对该银行偿付。可撤销的信用证必须在信用证上明确注明。依UCP 500的规定，信用证上没有注明的，视为是不可撤销的信用证。由于可撤销信用证对受益人缺乏保障，很少使用，因此 UCP 600 将该条删除，在第 2 条关于信用证的定义中规定信用证是不可撤销的，改变了 UCP 500 "如果信用证没有注明其是否可撤销则被视为不可撤销"的规定。不可撤销的信用证是指在信用证有效期内，不经开证行、保兑行和受益人同意就不得修改或撤销的信用证。不可撤销的信用证对受益人收款比较有保障，是在国际贸易中使用最为广泛的一种信用证。

（2）保兑信用证和不保兑信用证

保兑信用证是指开证行开出的信用证又经另一家银行保证兑付的信用证。保兑行对信用证进行保兑后，其承担的责任就相当于本身开证，不论开证行发生什么变化，保兑行都不得片面撤销其保兑。不保兑的信用证是指未经另一银行加以保证兑付的信用证。

（3）即期信用证和承兑信用证

即期信用证是指受益人提示有关单据时开证行或议付行审核合格后即付款的信用证，可使用即期汇票，也可不用汇票。承兑信用证是指受益人仅可开立远期汇票，开证行或议付行审核单据合格后对汇票予以承兑，在付款到期日支付货款的信用证。

（4）可转让的信用证和不可转让的信用证

可转让的信用证是指受益人可将信用证的部分或全部权利转让给第三人的信用证。在通过中间商进行贸易时，常提出开立可转让信用证的要求，以便将信用证的权利转让给实际供货人。可转让的信用证必须在信用证上注明"可转让"（Transferable）字样。不可转让的信用证是指受益人不能将信用证的权利转让给他人的信用证。在国际贸易中，卖方为了保障收取货款的安全，以及在对第三方的资信不了解的情况下，一般不接受可转让信用证。

（5）跟单信用证和光票信用证

跟单信用证是指凭跟单汇票或只凭单据付款的信用证。单据是指代表货物所有权或证明货物已经发运的单据。信用证有时规定卖方可不必开立汇票，银行可只凭单据付款。光票信用证是指凭不附单据的汇票付款的信用证。此类信用证主要用于贸易从属费或非贸易结算。

此外，还包括背对背信用证、对开信用证、循环信用证、备用信用证等。

4. 信用证的当事人及当事人之间的关系

信用证的当事人会因具体交易情况的不同而有所增减，但一般来说信用证的流转会涉及下列主要当事人。

① 开证申请人（Applicant）。即申请银行开立信用证的人，通常是买方。开证申请人开出信用证后，享有改证及验单、退单的权利及凭单付款的义务。

② 开证行（Issuing Bank）。开证行意指应申请人要求或代表其自身开立信用证的银行。

③ 通知行（Advising Bank）。通知行是受开证行委托将信用证通知受益人的银行，通常与受益人同地。

④ 受益人（Beneficiary）。受益人是享有信用证规定的金额或利益的人，通常是卖方。

⑤ 议付行（Negotiation Bank）。是被授权买入或贴现受益人交来的跟单汇票的银行，可以是通知行，也可以是指定的其他银行。

⑥ 保兑行（Confirming Bank）。保兑行意指应开证行的授权或请求对信用证加具保兑（confirm）的银行。

⑦ 付款行或承兑行（Paying or Accepting Bank）。即根据信用证的指定对受益人付款或承兑的银行，可以是开证行、通知行、保兑行。

⑧ 偿付行或结算行（Reimbursement or Settlement Bank）。是信用证指定的代理开证行向付款行或议付行偿付款项的银行。

就其运作原理来说，信用证支付方式下，位于申请人所在国的开证行借助位于受益人所在国的其他银行向受益人付款。受益人或者直接向其所在地的指定行交单并接受付款，或者通过其所在地的银行向开证行交单并接受付款。无论哪种情况，开证行都是最终付款责任人。如果其他银行依据信用证向受益人付款，则开证行需要向这些银行偿付已付款项。由于其他银行所起的作用不同，由此引起的相关当事人的法律关系也不同。

开证申请人与受益人之间是买卖合同关系。开证申请人即为国际贸易合同的买方，受益人即为卖方，双方订立的合同中约定以信用证方式支付货款，则买方应依合同的规定开立信用证，卖方则应依合同发货并提供约定的单据。开证行是对受益人承担付款义务的银行。开证行自开立信用证之时起即不可撤销地承担承付责任。开证行偿付指定行的责任，独立于开证行对受益人的责任。开证行一般是申请人所在地的银行或其开户行。开证行与申请人之间的关系受开证申请书的调整，开证行与受益人的关系受信用证调整。

开证行与开证申请人之间是以开证申请书及其他文件确定的委托合同关系。在此合同关系中，开证行的主要义务是依开证申请书开立信用证并谨慎地审核一切单据，确定单据在表面上符合信用证。开证申请人则应缴纳开证押金或提供其他保证，缴纳开证费用并付款赎单。

开证行与受益人之间的关系受信用证的调整，在开立不可撤销的信用证的情况下，当信用证送达受益人时，在开证行与受益人之间即形成了对双方有约束力的独立合同。受益人是信用证中指定的接受信用证并有权享用信用证利益的人，一般是买卖合同中的卖方。在可转让信用证的情况下，除直接卖方外，还包括货物的实际供应商（第二受益人）。

通知行与开证行之间是委托代理关系，通知行接受开证行的委托，代理开证行将信用证通知受益人，并由开证行支付佣金给通知行。

通知行与受益人之间不存在合同关系。通知行通知受益人是因其对开证行负有义务，不是因为通知行与受益人之间有合同关系而对受益人负有此项义务。

5. 信用证的流转程序

以信用证方式付款时，一般须经过下列基本步骤。

（1）国际货物买卖合同的双方在买卖合同中明确规定采用信用证方式付款。

（2）申请开证，买方向其所在地的银行提出开证申请，并缴纳一定的开证押金或提供其他保证，要求银行向卖方开出信用证。

（3）通知受益人，开证行依申请书的内容开立信用证并寄交卖方所在地银行。

（4）交单结汇，卖方对信用证审核无误后，即发运货物并取得信用证所要求的装运单据，再依信用证的规定凭单据向其所在地的指定银行结汇。

（5）索偿，指定行付款后将汇票和货运单据寄开证行要求索偿，开证行核对单据无误后偿付议付行。

（6）付款赎单，开证行通知买方付款赎单。

6. 信用证交易的一般原则

（1）信用证独立原则

信用证是基于基础合同而产生的，但是一旦其产生即与基础合同独立运作，不受基础合同运作的干扰。

依 UCP 600 第 4 条第 1 款的规定，信用证在性质上与可能作为其依据的销售合同或其他合同是相互独立的，即使信用证中含有对此类合同的任何援引，银行也与该合同完全无关，并不受其约束。因此，银行关于承付、议付或履行信用证项下其他义务的承诺，不受申请人基于其与开证行或与受益人之间的关系而产生的索偿或抗辩的影响。受益人在任何情况下，不得利用银行之间或申请人与开证行之间的合同关系。该条第 2 款进一步规定，开证行应劝阻申请人试图将基础合同、形式发票等文件作为信用证组成部分的做法。

银行独立于买方进行付款，以银行信用代替买方的商业信用，是信用证产生的目的，是跟单信用证的根本原则和特征。信用证独立原则，保障信用证交易（支付）的独立性，不允许银行以卖方与买方之间对有关基础合同履行的争议，作为不付款、减少付款或延期付款的理由，也不允许买方以其与卖方之间的合同履行方面的争议为理由，限制银行向受益人付款。英国判例法曾指出，信用证如同汇票和现金，不允许以其他原因减损其效力。

在信用证条款与买卖合同条款的关系上，一般来说，信用证应按照合同中的规定开立，如果信用证条款与合同条款不符，在卖方没有提出异议的情况下，卖方应按信用证条款履行合同；或者要求买方、开证行修改信用证，直至符合买卖合同的规定为止。

在受益人交单不合格被拒付或者受益人没有在有效期内按时交单时，开证行根据信用证的付款责任解除，信用证关系消灭。但买方按照合同时卖方承担的付款责任并没有消失，这也是信用证独立于基础交易关系的另一体现。

(2) 单证严格一致原则

也即抽象交易原则，UCP600 第 5 条规定：在信用证业务中，银行处理的是单据，而不是单据可能涉及的货物、服务或履约行为。依据规定，银行应在 5 个银行工作日内审单完毕。银行在处理单据时主要遵循单证相符、单单相符的原则，即对相符交单予以承付。

所谓相符交单，是指与信用证条款、UCP600 的相关适用条款及国际标准银行实务一致的交单。按指定行事的指定银行、保兑行及开证行须审核交单，并仅基于单据本身确定其是否表面上构成相符交单。在受益人交付的单据与信用证规定一致（单证一致）、单据与单据之间一致（单单一致）时，银行须根据信用证兑用的类型履行相应的义务。当按照指定行事的指定银行、保兑行或开证行确定交单不符时，可以拒绝承付或议付。这种相符性一般强调表面的严格一致。

严格一致主要强调的是形式要求而非实质或法律效果要求。根据 UCP600 的规定，当开证行确定交单不符时，可以自行决定联系申请人放弃不符点。这意味着，申请人可以在某种程度上放弃这种要求，在单证不符时，授权开证行对外付款。一旦申请人放弃单证相符的要求或授权付款，申请人即丧失了以单据不符为由拒绝向开证行偿付的权利。但是，根据法律关系独立原则，在单证不符时，即使申请人放弃对单证一致的要求，从严格意义上说，开证行仍然有权对受益人拒付。

对于表面相符，UCP600 第 14 条规定了单据审核标准，国际标准银行实务做法（ISBP）进一步细化了这一要求。根据最高人民法院《关于审理信用证纠纷案件若干问题的规定》，开证行在作出付款、承兑或者履行信用证项下其他义务的承诺后，只要单据与信用证条款、单据与单据之间在表面上相符，开证行应当履行在信用证规定的期限内付款的义务。人民法院在审理信用证纠纷案件中涉及单证审查的，应当根据当事人约定适用的相关国际惯例或者其他规定进行；当事人没有约定的，应当按照国际商会《跟单信用证统一惯例》及国际商会确定的相关标准，认定单据与信用证条款、单据与单据之间是否在表面上相符。信用证项下单据与信用证条款之间、单据与交易之间表面上不完全一致，但并不导致相互之间产生歧义的，不应认定为不符点。

根据最高人民法院的上述规定，开证行有独立审查单据的权利和义务，有权自行作出单据与信用证条款、单据与单据之间是否在表面上相符的决定，并自行决定接受或者拒绝接受单据与信用证条款、单据与单据之间的不符点。开证行发现信用证项下不存在不符点，可以自行决定是否联系开证申请人接受不符点。开证申请人决定是否接受不符点，并不影响开证行最终决定是否接受不符点。开证行和开证申请人另有约定的除外。

7. 信用证欺诈及例外原则

基于信用证交易只看单不管货，在客观上非常容易使欺诈者行骗成功，特别是近年来国际贸易中此类案件频繁发生，使进出口双方的利益受到极大的损害。

(1) 信用证欺诈的种类

信用证使用中欺诈的表现形式各异，主要有以下几种。

① 开立假信用证。有些进口商使用非法手段制造假信用证，或窃取其他银行已印好的空白格式信用证，或无密押电开信用证，或使用假印鉴开出信用证，签字和印鉴无从校对，或开证银行名称、地址不详等。如出口商没有发现信用证是假造而交货，将导致钱货两空。

② "软条款"信用证。信用证中的"软条款"是指信用证中规定一些限制性条款，或信用证的条款不清，责任不明，使信用证的不可撤销性大大降低，因而对受益人非常不利。这种"软条款"信用证可使开证申请人控制整笔交易，而受益人处于受制他人的被动地位。软条款与善意的因进出口细节尚待最后确定的未生效条款不同，是买方故意设下的圈套，这种条款使信用证受益人处于受制于人的地位，信用证项下开证银行的付款承诺是毫不确定、很不可靠的。买方在信用证中加列一些使信用证实际无法生效，卖方无法执行的"软条款"，目的是买方骗得履约金、佣金或质保金之后，不通知装船、不签发检验证书，使卖方公司拿不到装船通知和检验证书，不能发货及向开证行交单索汇。信用证中常见的"软条款"有：信用证中载有暂不生效条款，如信用证中注明"本证暂不生效，待进口许可证签发通知后生效"或注明"等货物经开证人确认后再通知信用证方能生效"；限制性付款条款，如信用证规定，"信用证项下的付款要在货物清关后才支付"，"开证行须在货物经检验合格后方可支付"，"在货物到达时没有接到海关禁止进口通知，开证行才付款"等；加列各种限制，信用证中对受益人的交货和提交的各种单据加列各种限制，如"出口货须经开证申请人派员检验，合格后出具检验认可的证书"，"货物样品先寄开证申请人认可"等；对装运的限制，信用证中对受益人的交货装运加以各种限制，如"货物装运日期、装运港、目的港须待开证人同意，由开证行以修改书的形式另行通知"，信用证规定禁止转船，但实际上装运港至目的港无直达船只等。对于买方开来的信用证，如卖方通过审证发现有"软条款"，应立即以最快的通信方式与买方协商，要求改证，对信用证的"软条款"不予接受。

③ 伪造单据。伪造单据是指单据（如海运提单）不是由合法的签发人签发，而是由诈骗人或委托他人伪造；或在合法签发人签发单据后进行篡改，改变单据中的有关内容，使之单证相符，骗取货款。

④ 以保函换取与信用证相符的提单。以保函换取与信用证相符的提单主要有倒签提单、预借提单及以保函换取清洁提单的情况。倒签提单是指货物装船的日期晚于信用证规定的装船日期，但仍按信用证规定的日期签署装船日期的提单。预借提单和倒签提单的不同之处在于，被预借的提单是在货物实际装船完毕前签发的，并将当天的日期记载于提单签发日期栏内。倒签提单、预借提单均属于欺诈行为。

凭保函签发清洁提单时，隐瞒了船载货物本不清洁的事实真相，将不清洁的货物伪称清洁货物记载在提单上，将本应签发的不清洁提单伪称清洁提单签发，以骗取银行对结汇单据的信任，并骗取善意收货人对单据和货物的信任，非法剥夺了收货人本应享有的拒收货物、拒绝承兑赎单的合法权利，目的在于使本因违约而不能结汇的托运人得以通过非法手段顺利结汇，以逃避本应承担的违约责任。

当然在某些特殊情况下，在没有欺诈意图的情况下，有时由于客观条件所限，承托双方就货物的数量、重量或包装等问题存在认识上的分歧，又无法对所装运的货物的实际数量进行再核实，此时凭保函签发清洁提单是商业习惯允许的变通做法，这不仅是出于使托运人得以顺利结汇的需要，而且也是为了使货运程序得以顺利进行，司法实践中已有案例承认了此种善意保函的效力。此时，承运人仍应对货损货差向收货人承担责任，但有权依有效的保函向托运人追偿。《汉堡规则》即在一定范围内承认了善意保函的效力。

(2) 信用证欺诈例外原则

在信用证支付方式中，严格执行信用证独立于买卖合同的原则有着重要的意义，但在国际贸易中卖方以单据欺诈手段骗取货款的案件不断发生，如果固守这一原则，势必纵容这些诈骗分子。因为货款一旦被骗取，买方就处于极为不利的地位，追回货款的希望很小。鉴于此，为了打击国际贸易中出现的欺诈行为，不少国家的法律、判例对欺诈行为提出了相应的处理原则，即在承认信用证独立于买卖合同原则的同时，也应当承认有例外情况。如果在银行对卖方提供的单据付款或承兑以前，发现或获得确凿证据证明卖方确有欺诈行为，买方可请求法院向银行颁发禁止令，禁止银行付款。信用证欺诈例外原则首先是在美国法院的判例中提出来的。美国的《统一商法典》也有对信用证欺诈及补救办法的成文法规定。此外，英国、加拿大、新加坡、法国等国的法院判例也表明承认信用证欺诈例外原则。

从法律渊源上说，欺诈例外规则是国内强制法对国际惯例的一种限制或替代。总的原则是保证信用证交易的独立性，同时对受益人的欺诈进行惩处，其实质是确立了信用证与基础交易的关联性。但作为一般原则的例外，其在实践中的解释和适用被控制得非常严格。

信用证欺诈例外的核心问题是银行拒付的条件和程序是什么。一般认为只有受益人（卖方）亲自参与的欺诈才可使银行免除付款义务，受益人（卖方）不知的第三人欺诈，如承运人伪造提单，不能使受益人失去受偿的权利；同时银行在拒绝付款前必须有证据证明受益人欺诈，单纯的怀疑或没有得到证明的申请人的单方主张，是不够的。英国有判例将信用证独立视为商业交易的生命线。1995年修订的《美国统一商法典》第5篇信用证第5～109条规定了处理信用证欺诈的规则。另一方面，银行拒绝履行信用证项下的义务应遵循什么样的程序要件，是否银行自己可以决定拒付。

我国最高人民法院2005年《关于审理信用证纠纷案件若干问题的规定》（以下简称《规定》）中确认了信用证欺诈例外这一规则。开证申请人、开证行或者其他利害关系人发现有信用证欺诈情形并认为将会给其造成难以弥补的损害时，可以向有管辖权的人民法院申请中止支付信用证项下的款项。该司法解释的具体内容分述如下。

(1) 法律适用

《规定》第1至4条涉及法律适用问题。依第2条的规定，法院审理信用证纠纷案件时，在法律适用上，当事人有约定的，从约定，没有约定的，适用国际商会《跟单信用证统一惯例》或其他相关国际惯例。第1条规定了何为信用证纠纷，"信用证纠纷"案件是指在信用证开立、通知、修改、撤销、保兑、议付、偿付等环节产生的纠纷。也有人称其为"信用证关系"纠纷，此类纠纷主要涉及信用证流转中的问题。

第3条针对涉及信用证而产生的一些债的纠纷的法律适用进行了规定。依第3条的规定，开证申请人与开证行之间因申请开立信用证而产生的欠款纠纷、委托人和受托人之间因委托开立信用证产生的纠纷、担保人为申请开立信用证或者委托开立信用证提供担保而产生的纠纷及信用证项下融资产生的纠纷，适用本《规定》。依本条，该规定主要适用于欠款、委托、担保、融资等各种涉及信用证的债的关系的纠纷。

第4条针对涉及信用证的债的关系，一般情况下是适用中国法还是适用外国法的问题，规定有关开立信用证的欠款纠纷、委托开立信用证的纠纷、担保纠纷、融资纠纷应适用中国法，涉外合同当事人另有规定的除外。本条适用的内容似乎与第3条的内容基本相同，这里有一个一般法与特别法的关系，中国法为一般法，而本规定是特别法，因此有关事项凡本规定有涉及的，应当优先适用，没有规定的，适用中国法。

(2) 信用证的独立性和单证审查标准

《规定》第5条是对信用证的独立性原则的规定，同时"信用证欺诈例外原则"在此条中一并得到体现；《规定》第6条第1款明确了信用证项下单证审查的"严格相符"标准，而非"实质相符"标准，但在措辞上并未采用"严格相符"的表述，而是援用了《跟单信用证统一惯例》中"表面上相符"的表述；"表面上相符"标准并非"镜像"标准，而是允许单单之间、单证之间细微的、不会引起理解上歧义的"不完全一致"。这一标准是在充分考虑我国的实践，并参考国际标准和借鉴其他国家司法实践经验的基础上确立起来的。《规定》第7条是对"不符点的接受"的规定，体现了接受不符点是开证行的权利的精神，符合国际惯例的规定。

(3) 信用证欺诈的构成

《规定》第8条列举了应当认定存在信用证欺诈的情形：第一，受益人伪造单据或者提交记载内容虚假的单据；第二，受益人恶意不交付货物或者交付的货物无价值；第三，受益人和开证申请人或者其他第三方串通提交假单据，而没有真实的基础交易；第四，其他进行信用证欺诈的情形。其中第四项是一个概括性、兜底式的规定，主要考虑到信用证欺诈在实践中的复杂性、多样性，前三项可能难以列举穷尽。

(4) 止付信用证项下款项的条件和程序

《规定》第9条是关于止付信用证项下款项的条件，即开证申请人、开证行或其他利害关系人发现有上述第8条的情形，并认为将会给其造成难以弥补的损害时，可向有管辖权的法院申请中止支付信用证项下的款项。

第 10 条则规定了排除"信用证欺诈例外"的例外情形，规定即使存在信用证欺诈，但由于开证行或者其指定人、授权人已经对外付款或者基于票据上的法律关系将来必须对外付款，这种情形下就不能再遵循"信用证欺诈例外"的原则，不能再通过司法手段干预信用证项下的付款行为。这些例外情形包括：开证行的指定人、授权人已按照开证行的指令善意地进行了付款；开证行或者其指定人、授权人已对信用证项下票据善意地作出了承兑；保兑行善意地履行了付款义务；议付行善意地进行了议付。

第 11 条规定的条件则是为了提高适用"信用证欺诈例外"的门槛，以防止司法的不当干预阻碍信用证制度在我国的发展。这些条件是：受理申请的人民法院对该信用证纠纷案件享有管辖权；申请人提供的证据材料证明存在本规定第 8 条的情形；如不采取中止支付信用证项下款项的措施，将会使申请人的合法权益受到难以弥补的损害；申请人提供了可靠、充分的担保；不存在本规定第 10 条的情形。

《规定》第 12 条和第 13 条则是对人民法院裁定中止支付信用证项下款项具体程序上的规定。《规定》第 14 条是对人民法院实体审理存在信用证欺诈的信用证纠纷案件时有关程序上的规定，包括基础交易纠纷与信用证纠纷一并审理、第三人等。《规定》第 15 条要求只有经过实体审理，才可以在符合条件的情况下"判决终止支付信用证项下的款项"。

（5）关于信用证项下保证责任的承担

《规定》只涉及了信用证项下担保的两个方面问题：一是《规定》第 16 条规定的开证行或者开证申请人接受不符点未征得保证人同意，保证人不能以此免除保证责任，这样规定主要是基于根据《跟单信用证统一惯例》的规定，是否接受不符点是开证行的权利，其他任何人都不享有此项权利的考虑；二是《规定》第 17 条明确开证申请人与开证行对信用证进行修改的情况下未征得原保证人的同意，保证人只在原保证合同约定的或者法律规定的期间和范围内承担保证责任。

4.2.4 国际保理

1. 国际保理的概念

国际保理又称为承购应收账款，也称为保付代理，是指在以商业信用出口货物时（如以 D/A 作为付款方式），出口商交货后把应收账款的发票和装运单据转让给保理商，即可取得应收取的大部分货款，日后一旦发生进口商不付或逾期付款，则由保理商承担付款责任，在保理业务中，保理商承担第一付款责任。国际保理是发展较快的贸易支付方式。近几年来，国际保理业务迅速增长。

在国际统一私法协会 1988 年通过的《国际保付代理公约》中规定：保理是指卖方或供应商或出口商与保理商之间存在的一种契约关系。根据该契约，卖方将其现在或将来的基于其与买方订立的货物销售、服务合同所产生的应收账款转让给保理商,由保理商为其提供下列服务中的至少两项:贸易融资、销售分账户管理、应收账款的催收、信用风险控制与坏账担保。

2. 国际保理的有关国际规则

中国在国际保理业务上基本采用《国际保理公约》、《国际保理通则》。

《国际保理通则》是国际保理联合会(FCI)制定的保理业务的惯例,经当事人采用有效。通则经国际保理联合会(FCI)多次修订,现行通则为1990年修订本,共11章26条。

国际统一私法协会从1974年开始起草《国际保付代理公约》,1988年5月,55个国家的代表在渥太华召开的外交会议正式通过,1995年5月1日正式生效。公约共4章23条。

3. 国际保理的当事人及当事人之间的关系

国际保理的当事人包括:出口商,即卖方或被保理人;出口保理公司,一般与出口商同地,主要负责向出口商融通资金;进口商,即付款人或债务人或买方;进口保理公司,一般与进口商同地,主要负责承担进口商的信用风险、账务管理和向进口商追收账款。

在国际双保理的情况下,会形成出口商与进口商、出口商与出口保理商、出口保理商与进口保理商、进口商与进口保理商之间的四层关系。

① 在出口商与进口商之间是货物买卖合同关系。

② 在出口商与出口保理商之间是根据出口保理协议建立的一种合同关系。出口保理协议是国际保理交易中的主合同。依据该协议,出口商应将出口保理商协议范围内的所有合格应收账款转让给出口保理商,使出口保理商对这些应收账款获得真实有效而且完整的权利,以便从实质上保证应收账款是有效的和具有相应价值的并且不存在也不会产生任何障碍。

③ 出口保理商与进口保理商之间是相互保理合同关系。进出口保理商之间应签订相互保理协议,双方的关系具有债权转让人与受让人之间的法律关系,即出口保理商将从供应商手中购买的应收账款再转让给进口保理商即再保理而形成法律关系。

④ 进口商与进口保理商之间是一种事实上的债权债务关系。从法律意义上说,进口商与进口保理商之间没有合同上的法律关系,但由于进口保理商最终收购了出口商对进口商的应收账款,只要出口商与进口商之间的买卖合同或其他类似契约未明确规定该合同或契约项下所产生的应收账款禁止转让,保理商就可以合法有效地获得应收账款,而无需事先得到进口商的同意,与进口商之间事实上形成债权债务关系。

4. 国际保理的程序

① 买卖双方签订贸易合同,其中规定采用延期商业信用(如承兑交单,Documents Against Acceptance,D/A;记账贸易,Open Account,O/A)的保理方式收付货款。

② 卖方与出口保理人签订保理合同。

③ 出口保理人将卖方的一般经营状况告之买方,并与进口保理人签订应收账款的再转让合同。

④ 卖方发运货物,向买方提交注明"转让条款"的发票和装运等单据正本;同时向出口保理人提交有关单据的副本和应收账款所有权的通知书,出口保理人即根据保理合同,一般向卖方支付发票金额80%的货款。出口保理人将有关副本转让给进口保理人。

⑤ 进口保理人据此进行账款的管理,定期向买方催收货款。

练 习 题

一、单项选择题

1. 目前,在国际贸易中最广泛使用的支付方式是( )。
   A. 现金支付　　　　　　　　B. 汇付
   C. 托收　　　　　　　　　　D. 信用证付款

2. 以下各项不属于信用证基本当事人的是( )。
   A. 开证申请人　　　　　　　B. 开证行
   C. 保兑行　　　　　　　　　D. 信用证受益人

3. 2010年10月,法国某公司(卖方)与中国某公司(买方)在上海订立了买卖200台计算机的合同,每台CIF上海1000美元,以不可撤销的信用证支付,2010年12月在马赛港交货。2010年11月15日,中国银行上海分行(开证行)根据买方指示向卖方开出了金额为20万美元的不可撤销的信用证,委托马赛的一家法国银行通知并议付此信用证。2010年12月20日,卖方将200台计算机装船并获得信用证要求的已装船清洁提单、一切险的保险单、商业发票等单据后,即到该法国议付行议付。经审查,单证相符,银行即将20万美元支付给卖方。与此同时,载货船离开马赛港10天后,由于在航行途中遇上特大暴雨和暗礁,承运人驾驶船舶出现失误,导致货船及货物全部沉入大海。此时开证行已收到了议付行寄来的全套单据,买方也已得知所购货物全部灭失的消息。中国银行上海分行拟拒绝偿付议付行已议付的20万美元的货款,理由是其客户不能得到所期待的货物。根据国际贸易惯例,如买方已得知所购货物全部灭失的消息,在支付上正确的做法是( )。
   A. 即使法国的议付行审查单证相符,也不应付款
   B. 中国银行上海分行如果审查单证相符,也应付款
   C. 买方得知所购货物灭失,可不付款给开证行

D. 买方得知所购货物灭失，应及时通知开证行，开证行可以拒付
4. 下列哪一项不是出口保理商提供的服务？（　　）
   A. 对销售货物质量进行监督　　B. 应收账款的催收
   C. 坏账担保　　　　　　　　　D. 贸易融资
5. 建立在银行信用基础之上的国际贸易支付方式是下列哪个选项？（　　）
   A. 国际代理　　　　　　　　　B. 托收
   C. 信用证　　　　　　　　　　D. 汇付

二、多项选择题

1. 关于作为一种新型贸易结算方式的国际保理的下列说法中，正确的有（　　）。
   A. 它又名承购应收账款
   B. 经常在承兑变单方式（D/A）中采用
   C. 进口保理商对出口方承担第一位的责任
   D. 根据保理商对预付款是否享有追索权，可以分为单保理和双保理
2. 在国际贸易支付中，托收支付方式是指以一般商业信用为基础的，收款人以自己开出的汇票为凭证委托第三者（银行）代为收款的行为。托收分为（　　）。
   A. 光票托收　　　　　　　　　B. 跟单托收
   C. 付款交单托收　　　　　　　D. 承兑交单托收
3. 下列关于信用证的表述正确的是（　　）。
   A. 开立信用证的基础是买卖合同，因此如果买卖合同无效，申请人即可宣告所开立的信用证无效，从而阻止受益人议付
   B. 虽然信用证交易建立在买卖合同的基础上，但信用证交易的标的物是单据而不是货物
   C. 信用证交易中，银行是第一付款人，但是银行的付款义务以申请人付款赎单为前提，如银行付款之前申请人破产的，银行有权拒绝付款
   D. 信用证交易与托收的最大区别在于信用证中银行提供信用，而托收则属于商业信用，卖方利益的实现完全依赖于买方信用的程度
4. 在信用证交易中，下列哪些情况属于银行免责？（　　）
   A. 对受益人付款后，开证申请人有证据表明受益人提供的提单表面符合信用证要求，实际是倒签提单
   B. 开证申请人通知银行货物已经沉没之后，银行仍然对受益人承兑并付款
   C. 提单在银行业务往来传递中丢失
   D. 在信用证要求受益人提供全套提单的情况下，对仅提供正本提单的受益人承兑并付款
5. 载有"软条款"的信用证是对受益人危害极大的信用证，下列哪些规定应被视为信用证的"软条款"？（　　）

A. 本信用证付款以货物经开证申请人或其授权人检验合格并签发检验证书为条件
B. 本信用证的生效以开证行的另行通知为条件
C. 受益人在议付时应提交的单据包括出口地商检机构的检验证书
D. 受益人在议付时应提交开证申请人或其授权代表签署的货运收据，该签名应与开证行所保留的签名样本相符

三、思考题

1. 简述国际贸易支付工具有哪些。
2. 简述票据的种类与特点。
3. 简述信用证的一般原则。
4. 比较四种不同的支付方式。
5. 简述托收的流程与特点。

四、案例分析题

1.2010年12月，中国内地某出口公司A与香港某公司B成交一批商品，价值300万美元，卖断此批商品，然后再由B转口去西非。合同中包装条款订明：Packing：all in plywood case of 10kg net and 2 cases to one bundle and jointed. B如期通过中国银行香港分行于2010年2月6日开出A—01—E—01006号不可撤销信用证。A在审证时发现信用证上的包装条款为：Packing：all in plywood case of 10kg net and 2 cases to one bundle。A为了安全收汇，按信用证上规定的包装要求交货。但在货物出运后的第八天，B致电称所有货物由于"not jointed"而不能接受。由于所购货物是转口西非的，B虽努力与西非方面协商，西非方面始终不接受此类不符合包装要求的货物，故B指示银行拒付。

问：(1) A按信用证上的要求交货是否妥当？为什么？如不妥应采取何种做法？
(2) B指示银行拒付，银行是否会遵照"指示"？为什么？

2. 2010年10月，法国某公司与中国某公司在上海订立了买卖200台机器设备的合同，每台CIF上海1000美元，以不可撤销信用证支付，2010年12月在马赛港交货。2010年11月15日，中国银行上海分行（开证行）依买方的指示，向卖方开出了金额为20万美元的不可撤销信用证，委托马赛的一家法国银行通知，并议付此证。2010年12月20日，卖方将200台设备装船，并获得信用证下要求的提单、保险单、发票等单据后，即刻向议付行议付，经审查，单证相符，银行即将20万美元支付给买方。与此同时，载货船离开马赛港，10天后，由于在航行途中遇上特大暴雨和暗礁，货船及货物全部沉入海中，此时，开证行已收到了议付行寄来的全套单据，买方也已经得知所购货物全部灭失的消息，中国银行上海分行拟拒绝偿付议付行已议付的20万美元的货款，理由是买方得不到所期待的货物。

(1) 这批货物的风险何时起由卖方转移给买方？开证行能否由于这批货物的全部灭失而免除其付款义务？为什么？
(2) 买方的损失如何得到补偿？

第 5 章

国际技术贸易法律制度

【学习目的与要求】

技术主要包括知识产权和专有技术,它们正成为国际技术贸易的重要客体,但知识产权的地域性和时间性、专有技术的秘密性,使国际技术贸易具有不同于传统货物贸易的特殊之处。通过本章的学习,了解技术的概念和分类,掌握国际许可协议的制度,熟悉知识产权保护的国际公约,特别是 WTO 中 TRIPS 的规则。

5.1 国际技术贸易法概述

5.1.1 技术的概念

1. 技术的含义

国际技术贸易中的"技术",目前得到国际社会公认的是世界知识产权组织(WIPO)1977 年出版的《发展中国家许可证贸易指南》中的定义:技术是指制造某种产品、实施某种工艺或提供某种服务的系统知识,不论这种知识是否体现为一项发明、外观设计、实用新型或者植物新品种,也不论是否反映在技术情报或技能技巧之中,或是反映在专家为设计、安装、建立、维持一个工厂或管理一个工商企业而提供的服务或协助之中。而 1978 年联合国拟定的《国际技术转让行动守则(草案)》中则规定:技术转让中的"技术"是指产品生产、工艺适用或服务提供的系统知识。

因此,国际技术贸易中的"技术"应从广义上理解,不应狭窄地理解为专利技术或专有技术。

2. 技术的分类

(1) 专利

专利是指国家专利行政部门授予发明人或申请人及其权利继受人在一定期间内生产经营其发明创造并禁止他人生产经营其发明创造的独占权,它包括发明、实用新型和外观设计三种类型。作为专利的发明创造必须经专利主管机关依照法定程序审查确定,未经审批,任何一项发明创造都不能称为专利。专利权具有专有性、地域性、时间性等特点。

专有性亦称独占性,是指专利权人对其发明创造所享有的独占性的制造、使用、销售和进口的权利,任何单位和个人未经专利权人许可不得进行以生产经营为目的的制造、使用、销售和进口专利产品,否则构成侵犯专利权。

专利权同时具有明确的地域性,一般而言除签订国际公约或双边互惠协定外,依一国专利法授予的专利权,仅在该国法律管辖的范围内有效,对他国没有任何约束力,他国对其专利权也不承担保护义务。

虽然专利权受法律保护,但这一保护有相应的期限,即专利权人对其发明创造所拥有的专利权只在法律规定的时间内有效,期限届满后,他人可无偿使用该项技术。专利的保护期限,各国法律规定长短不一。《中华人民共和国专利法》第42条规定,发明专利的保护期为20年,实用新型和外观设计的保护期为10年,从申请之日起算。

(2) 专有技术

专有技术是指对生产经营活动具有一定价值,未向社会公开其内容的技术知识、工艺流程、数据、方法及社会实践经验等。它具有自身独特的性质,在国际技术贸易中占有十分重要的地位。

与专利比较,秘密性是其根本特点,只要未为公众所知就一直受到有关法律的保护。另外,它还具有知识性、实用性、可转让性等特点。但由于不是一种工业产权技术,目前国际上还没有统一的国际立法,主要依赖各国国内法的保护。但在国内法中并不是依据知识产权法律进行保护,通常是由《合同法》、《中华人民共和国侵权行为法》、《中华人民共和国反不正当竞争法》来规范。

(3) 商标权

商标权是商标专用权的简称,是指商标主管机关依法授予商标所有人对其注册商标受国家法律保护的专有权。商标注册人依法支配其注册商标并禁止他人侵害的权利,包括商标注册人对其注册商标的商标专用权、商标续展权、商标转让权、商标许可权。

《中华人民共和国商标法》第29条规定,两个或两个以上的商标注册申请人,在同一种商品或类似商品上，以相同或者近似的商标申请注册的，初步审定并公告申请在先的商标；同一天申请的，初步审定并公告使用在先的商标，驳回其他人的申请，不予公告。

(4) 版权

版权即著作权，是指文学、艺术、科学作品的作者对其作品享有的权利，通常包括财产权和人身权两大类。

著作人身权是指著作权人基于作品的创作而依法享有的以人格利益为内容的权利。它与作者人身不可分离，一般是不能转让、继承的，也不能被非法剥夺或成为强制执行中的执行标的。包括：发表权，即决定作品是否公之于众的权利；署名权，即表明作者身份，在作品上署名的权利；修改权，即修改或者授权他人修改作品的权利；保护作品完整权，即保护作品的内容、观点等不受歪曲、篡改的权利。著作财产权是指著作权人依法享有的控制作品的使用并获得财产利益的权利，包括使用权（包括复制权、表演权、播放权、发行权、改编权、摄制权、注释权、信息网络传播权等）、许可使用权、转让权和获得报酬权。

广义的著作权还包括邻接权。作品传播者对其传播作品过程中所作出的创造性劳动成果所享有的权利称为邻接权，包括出版者的权利、表演者的权利、录像制品制作者的权利、广播电台组织者的权利。

5.1.2 国际技术贸易的概念

1. 技术贸易的含义

技术贸易通常又称为技术转让，包括有偿的转让和无偿的转让。有偿的技术转让，又称商业性技术转让，是按一般的商业交易条件和方式有偿地转让技术；无偿的技术转让，又称非商业性技术转让，是指通过政府援助、技术情报交流、学术交流和技术考察等形式进行的技术转让。技术贸易一般应是指有偿的技术转让。

在我国对外贸易实务中，习惯性地将技术转让称为技术贸易，而在国家的规范性法律文件中，技术转让通常又称作技术进出口。根据《中华人民共和国技术进出口管理条例》第2条第2款的规定，技术进出口包括专利权转让、专利申请权转让、专利实施许可、技术秘密转让、技术服务和其他方式的技术转移。

需要注意的是，与货物贸易不同，技术贸易通常并非是技术所有权的买卖，而通常是指技术使用权的转让。

2. 国际技术贸易的含义

国际技术贸易，是指具有国际性的技术贸易。对于国际性的理解，目前存在着一定的争议。国际上比较一致的看法是跨国国境的技术贸易属国际技术贸易，所以将是否"跨越国境"作为判断一项技术贸易是否属于国际技术贸易的标准，是各国普遍接受的。

所谓跨越国境，是指技术交易之标的作跨越国境的移动，而不是看技术贸易的当事人的国籍是否为不同国家。即使双方为不同国家的当事人，但只要其营业地位于同一国家境内，技术并没有作跨越国境的移动，仍不构成国际技术贸易。

我国《技术进出口管理条例》也将是否跨越国境作为认定国际技术贸易的标准，该条例第 2 条第 1 款规定：技术进出口，是指从中华人民共和国境外向中华人民共和国境内或者从中华人民共和国境内向中华人民共和国境外，通过贸易、投资或者经济技术合作的方式转移技术的行为。

5.1.3 国际技术贸易法概述

1. 国际技术贸易法的概念

国际技术贸易法是指调整跨国技术贸易关系的法律规范的总称。其调整的跨国技术贸易关系是一种广义的法律关系，既包括横向的平等主体之间的交易关系，也包括纵向的各国政府和国际社会对技术交易活动进行干预和管制的管理关系。

跨国技术贸易关系涉及广泛的国内经济政策和国际经济贸易关系，内容复杂多样，政策性强，需要运用有效的法律手段加以调整和规范，以建立和维护一个公平、有序的国际技术贸易秩序。因此，各国和国际社会在加强国际技术贸易促进和推动工作的同时，都十分重视国际技术贸易的法律调整。在国际技术贸易实践中，由于技术的秘密性和垄断性，当事人双方实际上是处于不平等的贸易地位，技术的许可方处于优势地位，也往往会滥用其优势地位。与此同时，技术贸易广泛涉及国家利益，甚至国家安全。因此，各国都十分重视国际技术贸易的干预和管制，国际技术贸易法也主要体现为各国政府对国际技术贸易的干预和管制，以及国际社会对此所采取的协调措施。[①]

2. 国际技术贸易法的法律框架

国际技术贸易法包括国内立法和国际立法两个层面的形式。国内立法主要表现为技术进出口的法律法规，在英美法系国家还包括有关技术进出口贸易的法院判例。国际立法主要表现为涉及技术贸易的国际条约、国际惯例及国际组织的内部决议。

（1）国际技术贸易的国内立法

国家对国际技术贸易的法律调整主要体现为对技术进出口的干预与管制。由于各国科学技术发展阶段和水平的不同，各国对国际技术贸易进行法律调整的原则和侧重点也有所不同。对于发展中国家来讲，由于其科学技术发展水平低于发达国家，在国际技术贸易中往往作为技术进口方，所以其对国际技术贸易的法律调整主要表现为对技术引进（技术输入、技术进口）的干预与管制。而发达国家科学技术发展阶段和水平均较高，

---

① 陈安. 国际经济法学. 北京：大学出版社，2004：241.

在国际技术贸易中往往作为技术出口方,其对国际技术贸易的法律调整则主要表现为技术出口(技术输出)的干预与管制。

从各国对技术进出口的法律调整实践来看,对技术引进的干预和管制主要体现为对技术引进项目的管理与审批,以及对技术转让合同的管理,而对技术出口的干预和管制主要体现为对技术出口实行类别管理和国别管理,禁止或限制某些技术的出口或者向某些国家或地区出口。从法律渊源上来说,除了国际技术贸易的专门法规外,各国还通过工业产权法、反垄断法、反不正当竞争法对国际技术贸易加以管理和控制。此外,合同法、外商投资法、外汇管理法、银行法、税法等都直接或间接涉及国际技术贸易的相关内容,也应属于国际技术贸易法的国内法渊源。

在我国,关于技术进出口的法律主要包括:2002年1月1日施行的《中华人民共和国技术进出口管理条例》;2007年由商务部公布的《中国禁止进口限制进口技术目录》;2008年由商务部、科技部公布的《中国禁止出口限制出口技术目录》;2004年7月1日起施行的修订后的《中华人民共和国对外贸易法》。此外,我国颁布的《专利法》、《商标法》、《反不正当竞争法》、《反垄断法》、《民法通则》、《合同法》、《计算机软件保护条例》等法律法规对技术转让也有相应规定。

(2)国际立法

在国际立法方面,有关国际技术贸易的国际惯例和国际组织决议的作用较为有限,国际技术贸易的国际立法主要体现在国际条约方面。在这些条约中,既有世界性条约和区域性条约,也有双边条约,既有调整国际技术贸易的专门性条约,也有包含国际技术贸易规则的综合性条约。目前,世界上并不存在一个全面的、专门调整国际技术贸易的世界性条约,关于国际技术贸易的专门性条约仅有几个区域性的协定。但是,国际上缔约了众多关于知识产权保护的国际公约,其中涉及知识产权和技术贸易的问题,因而可以作为国际技术贸易法的法律渊源。此外,两国间签订的有关技术转让或合作的双边协定,也是调整国际技术贸易的重要法律形式。

从20世纪70年代初开始,联合国贸发会开始着手进行国际技术贸易方面的立法,并于1978年拟定了《国际技术转让行动守则(草案)》提交联合国讨论。由于发展中国家和发达国家在一些重要问题的严重分歧,使该草案至今未获通过。但作为国际技术贸易领域内唯一的全球性的专门规则,其涉及的一些内容和规则对各国的国内立法及进一步进行双边或多边国际立法提供了较好的借鉴和基础。此外,联合国通过的《关于控制限制性贸易做法的多边协议的公平原则与规则》、联合国跨国公司委员会拟定的《跨国公司行动守则(草案)》、经合组织拟定的《关于国际投资和跨国企业的宣言》等均包括有国际技术贸易准则和规则的内容,可以作为国际技术贸易法的法律渊源。

5.2 国际许可协议

5.2.1 国际许可协议的概念与特征

国际许可协议是一种国际技术贸易的合同形式，指的是不同国家或地区的当事人所签订的，一方当事人准许另一方当事人使用其所有或持有的工业产权或专有技术，而由另一方当事人支付使用费的合同。这种合同是双务有偿合同，合同的标的是技术的使用权，并同时具有技术的时间性和地域性等特点。其中，许可他人使用其所有或持有的工业产权或专有技术的一方称为许可方、出让方、输出方、售证人或供方，获得许可使用他人的工业产权或专有技术的一方称为被许可方、受让方、输入方、受证人或受方。在国际技术贸易中，以国际许可协议为表现形式的贸易方式称为国际许可贸易。

一般而言，国际许可协议具有以下特征。

(1) 跨国性

跨国性是国际许可协议的首要特征，是指许可协议的主体分处不同国家。他们可以是自然人，也可以是法人，但法人是常见主体。

(2) 时间性

国际许可协议的时间性，直接涉及当事人的经济利益和合同项下的权利和义务。所以，在国际许可协议中，一般均规定明确的有效期限。因为国际许可协议标的本身存在着时间性的特点，超过这一期限，有些标的就会进入公有领域，失去作为许可协议标的的价值和意义。而且国际实践中，许可协议的期限与许可协议的价格成正比，期限越长，受让方支付的使用费就越高。因而各国法律一般对许可协议的有效期有明确的规定。

(3) 地域性

国际许可协议只能在合同规定的国家或地区发生法律效力，超出这一范围则不发生法律效力。地域性主要是由以下三个因素所决定的：一是作为国际许可协议标的的工业产权具有严格的地域性，专有技术虽不具备这一特征，但各国均对其进出口实行严格的管理，干预其进出口的国别流向；二是国际许可协议是工业产权或专有技术使用权的授予，授予地域的大小不仅直接关系到双方的权利和义务，还与出让方的专有权能否得到实现相关；三是许可证协议的地域与许可协议的价格成正比，地域越广，受让方支付的使用费就越高。

(4) 有偿性

在国际许可协议中，出让方的权利是收取使用费，同时承担转让使用权的义务，受让方的权利是取得合同标的的使用权，同时承担支付使用费的义务。这种权利与义务的对应性，体现了国际许可协议的有偿性特征。政府与政府之间或企业与企业之间出于某种特定目的，将知识产权等无形财产的使用权无偿让渡所签订的协议，不属于国际许可协议的范围。

（5）复杂性

国际许可协议的内容复杂，很多属于混合性协议，或以一种标的为主兼有其他标的的转让，或和机器设备的买卖、工程承包、合资经营、补偿贸易、合作生产、咨询服务等方式结合在一起。

5.2.2 国际许可协议的分类

按照不同的标准，国际许可协议有不同的分类。在国际许可贸易实践中，主要有按合同标的分类和按授权范围分类两种。

1. 按合同标的分类

（1）专利许可协议

即专利技术使用权的授权许可，是指出让方将自己所有或持有的专利技术使用权出让给受让方，由受让方支持使用费的合同。在此合同中，出让方将其所有或持有的专利编号及专利说明书告知受让方，并授予受让方使用这种专利技术制造、使用和销售产品的权利；受让方向出让方支付专利技术使用费后即可在约定的时间和地域范围内使用该专利技术制造、使用和销售专利产品。

（2）商标许可协议

即商标使用权的授权许可，是指商标专用权的所有人（商标许可方）将其注册商标许可给他人（商标被许可方）使用而达成的书面授权协议。在此协议中，许可方向被许可方提供其注册商标的详细情况，允许其在指定的商品上及约定的时间和地区范围内使用其注册商标；被许可方可按约定在自己的商品上使用该注册商标，并保证商品的质量。

（3）专有技术许可协议

即以转让专有技术使用权为目的的授权许可，是指出让方将其所有或持有的专有技术的使用权转让给受让方，受让方支付约定使用费的合同。在此合同中，出让方应提供技术资料、技术指导及人员培训，以保证受让方能掌握该项技术；受让方除支付使用费外，还应对该专有技术承担保密责任。

（4）著作权许可协议

又称版权许可协议，是指出让方（著作权人）与受让方签订协议，将其作品中的财产权的一项或几项内容许可他人使用，由受让方支付使用费的合同。著作权包括人身权和财产权，人身权与作者的人身不可分离，不可转让，所以作者授权许可的只限于其财产权中的一项或几项内容，包括复制权、表演权、播放权、展览权、发行权、摄影权、翻译权、注释权、改编权等。

(5) 计算机软件许可协议

即计算机软件的使用权许可。所谓计算机软件的使用权，是指通过复制、展示、发行、修改、翻译、注释等方式使用计算机软件的权利。在此协议中，出让方向受让方提供计算机软件登记证明文件或软件资料，授权其在约定的时间和地域范围内使用该软件；受让方支付使用费，并在授权范围内使用该计算机软件。

(6) 混合许可协议

即同时转让专利、商标、专有技术、著作权或计算机软件等标的中的两种或两种以上内容的使用权协议。最为常见的是专利和专有技术混合许可协议。在实践中，专利申请人通常将技术中的某些关键部分隐藏起来，使其成为秘密性的专有技术，这使得单纯的专利许可难以让受让方实现受让专利的目标。因此，在国际许可贸易实践中，出让方和受让方在签订专利许可协议的同时，往往会在专利许可协议中订立专有技术转让条款。

2. 按授权范围分类

(1) 独占许可协议

独占许可协议，是指在协议规定的时间和地域范围内，受让方对受让的技术享有独占的使用权，出让方不得再将该技术许可任何第三方使用，出让方自己也不能在该时间和地域范围使用该技术。

(2) 排他许可协议

排他许可协议，是指在协议规定的时间和地域范围内，受让方对受让的技术享有使用权，出让方不得再将该技术许可任何第三方使用，但其自己仍可在该时间和地域范围内使用该技术。

(3) 普通许可协议

普通许可协议，又称非独占许可协议，是指在协议规定的时间和地域范围内，不仅出让方和受让方同时享有技术的使用权，而且出让方还可以将该技术授权给任何第三方使用。在国际许可贸易实践中，如许可合同中没有特别指明何种性质的许可，视为普通许可。

(4) 分售许可协议

分售许可协议，又称分许可协议，是指受让方从出让方取得技术使用权后，除自己使用外，还有权在协议规定的时间和地域范围内许可任何第三方使用该技术。受让方与第三方签订的许可协议称为"从属许可协议"或"再转让许可协议"，与原许可协议是两个独立的合同，第三方与原出让方并无直接的合同关系。

(5) 交叉许可协议

交叉许可协议，又称相互许可协议、交换许可协议，是指出让方和受让方在协议中约定,将各自所有或持有的技术相互交换,供对方使用。在交叉许可协议中,双方当事人互为出让方和受让方,如果技术价值相当,互不支付使用费,如果技术价值不对等,由一方向另一方支付一定的补偿费用。交叉许可协议既可是独占许可,也可以是排他许可,还可以是普通许可。

5.2.3　国际许可协议的基本内容

国际许可协议的内容,指的是出让方和受让方就双方的权利和义务所达成的合同条款,它是双方履行合同及解决合同争议的依据。一般而言,国际许可协议包括约首、正文和约尾三部分组成,约首包括合同的名称、编号、缔约时间和地点、缔约双方的名称及住址、合同序言等内容,正文部分是双方权利和义务的规定,是整个协议的关键和核心部分,约尾是合同的结束部分,包括合同的份数、附件、使用文字及其效力、合同生效日期、签字等内容。在实践中,国际许可协议的内容因其标的、性质和种类的不同而不同。但整体上来说,一项国际许可协议至少应具备以下必备的基本内容。

(1) 鉴于条款与定义条款

鉴于条款主要用来说明双方当事人签订该许可协议的目的和愿望,受让方引进技术的目标及出让方出让该技术的合法性等问题。定义条款则主要是对合同中一些关键性的、容易产生歧义的语句所作的解释,以避免合同履行中因不同理解而产生争议。这些条款的实质都是进一步明确当事人的目的和意图,如果发生争议,即可作为判定当事人的真实意图和解释具体条款的依据。

(2) 授权条款

授权条款,又称为项目条款、标的条款,载明出让方许可受让方使用的技术内容及其获取途径,授权的种类、性质、有效期限及地域范围等。此条款直接载明了当事人的权利和义务,是双方履行合同的基本依据。由于涉及内容多,技术性也较强,是合同争议和纠纷的根源之所在,所以在签订协议时应尽可能明确、具体,以免不必要的争议。

(3) 价格和支付条款

本条款即使用费条款,用以规定被许可技术的价格及其支付方式。在国际许可协议中,计价的方法通常有:一是统包价格,也称固定价格、总付价格,即在合同中一次算清一个明确的使用费数额,并在合同中固定下来,可由受让人一次性付清或分若干期分清;二是提成价格,又称滑动价格,即在合同中规定,在项目建成投产后,按合同产品的产量、净销售额或利润提取一定比例的费用作为使用费;三是入门费加提成费,也称固定价格与滑动价格相结合,即在合同生效后立即支付固定价格部分(入门费),在项目投产一定期限内支付提成费。支付方式包括使用的币种、结算单据及银行、汇款方式及时间等内容,在具体付款时间上,有交付后付款、按项目进度付款、分期付款(里程碑支付)三种方式。

(4) 技术资料交付及检验条款

本条款主要规定出让方向受让方转让技术资料的质量、数量、时间、地点、方式，验收的时间、地点、方法、标准，交付的技术与约定不符时的处理方法。技术资料是表达、体现和说明技术内容的基本文件，技术能否实现顺利转让、受让方能否实现引进技术的目的，取决于技术资料的交付及其完整度。而验收条款则明确规定了受让方考核验收出让方所提供的技术资料是否符合合同约定的技术保证。

(5) 技术指导与服务条款

在技术转让中，受让方单纯依靠技术资料无法实现技术引进目的，还需要出让方派技术人员提供必要的技术指导和技术服务，协助培训技术人员以掌握技术。所以，在许可协议中应规定技术指导和技术服务的内容、任务、时间、方式、人员的派遣、验收的标准、出让方派遣的技术人员的待遇和工作条件等。

(6) 技术改进的归属条款

在国际许可协议有效期内，受让方一般都会根据自己的生产经营需要对引进的技术进行研究，从而产生技术的改进和提高。对技术的改进和提高的归属问题及使用问题，应事先在合同中予以明确，一般而言，技术改进成果应规定属于改进一方所有，如果互换改进技术，应按照互惠或对等原则，采用交叉许可的方法确定改进技术的使用问题。

(7) 保证与索赔条款

保证条款是技术出让方对其出让的技术所作的权利保证和技术保证。权利保证要求出让方对其所提供的技术享有合法、有效的处分权；技术保证则要求出让方既要保证其提供的技术或文件资料的完整、准确、有效，能够达到合同规定的技术目标，技术文件交付的时间符合受让方工程计划的进度要求，又要保证合同产品的性能，还要保证提供必要的技术指导和服务。如果出让方提供的技术或者技术交付不符合上述要求，由此给受让方造成损失的，受让方有要求赔偿的权利。

(8) 保密条款

保密条款主要适用于专有技术许可协议或者涉及专有技术的其他许可协议。在国际许可协议中，保密义务是双方的，一方面受让方对出让方提供的尚未进入公有领域的秘密部分负有保密的义务，另一方面，技术的出让方对技术受让方提供的合同工厂的厂址、水文地质资料、生产能力及产品种类等信息，同样要承担保密的义务。所以，在协议中应明确双方保密的范围、措施和期限及违约泄密的处理办法等内容。

(9) 违约救济条款

国际许可协议生效以后，双方当事人应当按照协议的规定履行义务，如果一方当事人不履行或者不完全履行合同义务，应承担相应的违约责任，而受损害一方也应有权采取相应的救济措施。因此，在国际许可协议中，应明确规定当事人违约的具体情形、损失的计算方法及受损害一方的可采取的补救措施。

(10) 不可抗力条款

不可抗力，是指合同签订以后，发生了不可归责于任何一方的不能预见、不能避免并不能克服之客观情况，致使一方当事人不能履行或者不能按期履行合同。在此情况下，遭受不可抗力的一方当事人可以免除不履行或迟延履行合同的责任，而另一方当事人无权要求其履行合同或赔偿损失。不可抗力条款是国际贸易中的通例，各国的国内立法和相关国际条约均有明确规定。不可抗力条款主要包括不可抗力事故的范围、发生不可抗力时当事人应采取的措施及不可抗力的法律后果等内容。

(11) 争议解决与法律适用条款

在国际许可协议履行的过程中，因主客观因素的影响，当事人之间难免会产生纠纷和争议。解决争议的方法主要有协商、调解、仲裁和诉讼四种。至于具体采用哪种方法，由双方当事人自行商定并于合同中载明。与此同时，国际许可贸易是一种跨越国界的技术贸易，在合同履行过程中究竟适用哪国法律来解释合同条款和解决争议，是一个关乎当事人利益的重大问题。根据意思自治原则，双方当事人可以自由选择合同应适用的法律，并于协议中载明。但当事人的选择必须是善意和合法的，并不得违背公共利益。

(12) 合同的生效、有效期、续展及终止条款

与货物贸易相比，各国对国际技术贸易实行较为严格的管制，对国际技术贸易合同实行审批制度。在国际许可贸易中，国际许可协议须经政府主管部门批准后方能生效，如果双方都需要审批，以最后一方批准的日期为生效日期。国际许可协议应当规定一个有效期限，长短可由当事人协商确定，但一般不超过 10 年，而且当事人可以根据具体情况确定在期限届满时是否延长有效期。此外，国际许可协议还应对合同的终止的情况及终止后的处理办法作出规定。

5.2.4 国际许可协议中的限制性商业条款

1. 限制性商业条款的概念

(1) 限制性商业条款的含义

限制性商业条款，又称为限制性商业惯例、限制性商业做法、限制性贸易做法，是现今国际经济贸易与合作中经常出现的一种合同条款，目前在国际社会中还缺乏一个公认的定义。发达国家一般认为，凡是构成或导致市场垄断、妨碍自由竞争的条款都是限制性商业条款；而发展中国家则认为，限制性商业条款除了上述情形外，还应包括并不直接导致垄断或削弱竞争，但显然不利于技术接受方经济和技术发展的条款。

根据 1980 年 12 月联合国大会通过的《关于控制限制性商业惯例的多边协议的公平原则和规则》的规定：限制性商业惯例，是指通过滥用或谋取滥用市场力量的支配地

位，限制进入市场或以其他方式不适当地限制竞争，对国际贸易特别是发展中国家的国际贸易及其经济发展造成或可能造成不利影响，或者是通过企业之间的正式或非正式的、书面的或非书面的协议及其他安排造成了不利影响的一切行动或行为。虽然这一规定不具有法律约束力，但作为世界上第一个控制限制性商业惯例的国际性文件，为各国制定本国有关立法提供了参考标准。国际社会普遍认为其属于非法行为而应予禁止，许多国家通过国内立法或双边或多边国际公约形式，对某些限制性商业条款予以管制。但是由于国际社会对限制性商业条款的定义和范围存在不同认识，对如何解决这一问题也未达成一致的看法。

(2) 限制性商业条款的特点

① 仅限于国际技术转让领域。这种限制性商业条款并不包括一般的货物贸易中的限制性行为，技术贸易是一种具有无形性和专有性特点的标的的转让，所体现出来的限制行为表现形式非常复杂，难以识别，因而也难以控制。

② 主要是技术供方施加给技术受方的限制。在技术贸易中，供方处于绝对优势的地位，因而一般来说技术贸易的限制性行为主要是供方施加给技术的受方的一些限制性措施。

③ 必须是不合理的。正因为技术供方具有优势，而且这种独占性的优势受法律保护，在技术贸易之中如果供方不利用自身优势施加限制是不可能的。因而只要是合理的限制，并不会被视之为限制性商业行为，只有那些超出了技术权利保护范围的、滥用权利而给予受方的限制才属此列。

④ 此类限制应是法律明文禁止。不合理的限制性行为并不都是限制性商业条款，只有被法律明文禁止的不合理限制才是限制性商业条款，需要接受法律的规范。

当然，在此基础之上，限制性商业条款必须是能够直接影响市场正常竞争，从而给国际贸易带来不利影响。

2. 国际许可协议中限制性商业条款的国际管制

与国际有形货物买卖不同的是，国际技术贸易中的限制性商业条款伴随着工业产权、专有技术、计算机软件等使用权的转让而出现，表现更为复杂，更为隐蔽，形式也更加多样化。1978 年联合国拟定的《国际技术转让行动守则（草案）》第四章明确列举了 14 种予以禁止的限制性商业条款。[①]

① 单方面回授予条款，即片面要求受让方无补偿或互惠地将改进技术转让给或回授给出让方或出让方指定的任何其他企业。

② 不质疑条款，即要求受让方不能对转让中包含的专利及其他形式的发明保护的

---

① 在草案拟定过程中，各国代表共提出 20 种限制性商业做做法，后只对其中的 14 种达成一致意见，同意列入守则加以管制。未列入的 6 种为：限制生产条款、限制使用质量控制方法条款、限制商标使用条款、限制经营自主权条款、合同期限制条款、限制使用范围条款。

有效性或者对出让方声明或取得的其他这类转让标的有效性提出异议。

③ 独家交易条款，即限制受让方就有关相似或竞争性技术或产品签订销售、代理或制造协议或者取得竞争技术的自由。

④ 限制研究条款，即限制受让方从事旨在吸收和修改转让技术以使其适于当地条件的研究和发展工作或者制定实施与新产品、新工艺或新设备有关的研究和开发方案。

⑤ 限制人员使用条款，即要求受让方使用出让方指定的人员或者限制使用受让方国家的人员。

⑥ 限定价格条款，即强迫受让方在技术转让所及的相应市场内就使用出让方技术制造的产品或提供的服务遵守价格规则。

⑦ 限制更改条款，即阻止受让方修改进口技术以适应当地条件或对之进行革新，或者当受让方基于自己的责任并且在没有使用技术出让方的名字、商标、服务标记或商名情况下进行修改时，强迫受让方采用其不愿采用或不必要的设计或规格变动。

⑧ 专营权与独家代理条款，即要求受让方授予出让方或其指定的任何人对技术产品享有专卖权或独家代理权。

⑨ 搭售条款，即迫使受让方接受其不愿接受的额外技术、将来发明及改进、货物或服务，或者不当地限制技术、货物或服务的来源，以此作为购买出让方要求提供的技术的条件。

⑩ 出口限制条款，即出让方限制受让方使用受让技术所制造产品的出口地区、数量或者出口价格。

⑪ 共享专利与交叉许可条款，即以技术出让方之间的共享专利或交叉许可协议或其他国际技术转让交流协议中对地域、数量、价格、客户或市场的限制，不当地减少受让方接近新的技术进步的机会，或者导致滥用某一行业或市场的支配力量。

⑫ 宣传限制条款，即不合理地限制受让方进行广告宣传。

⑬ 工业产权失效后承担义务条款，即在工业产权已失效、被撤销或有效期届满的情况下仍然要求受让方支付使用费或承担其他义务。

⑭ 协议期满后的限制条款，即限制受让方在技术转让合同有效期届满后使用受让的技术。

3. 我国对技术转让中限制性商业条款的管制

在我国，2002年开始施行的《中华人民共和国技术进出口管理条例》对限制性商业条款作出了明确的规定。根据《技术进出口管理条例》第29条的规定，技术进口合同中，不得含有下列限制性条款：要求受让人接受并非技术进口必不可少的附带条件，包括购买非必需的技术、原材料、产品、设备或者服务；要求受让人为专利权有效期限届满或者专利权被宣布无效的技术支付使用费或者承担相关义务；限制受让人改进让与人提供的技术或者限制受让人使用所改进的技术；限制受让人从其他来源获得与让与人提供的技术类似的技术或者与其竞争的技术；不合理地限制受让人购买原材料、零部件、产品或者设备的渠道或者来源;不合理地限制受让人产品的生产数量、品种或者销售价格;不合理地限制受让人利用进口的技术生产产品的出口渠道。

与已经失效的《中华人民共和国技术引进合同管理条例》相比,《技术进出口管理条例》取消了两项限制性商业条款的规定:一是双方交换改进技术的条件不对待;二是禁止受让方在合同期满后继续使用引进技术。

2008年8月1日正式实施的《中华人民共和国反垄断法》在肯定知识产权具有合法垄断性的前提下,对技术转让中的限制性条款作了原则性规定。依照该法第13条的规定,禁止具有竞争关系的经营者达成垄断协议。所谓垄断协议,是指排除或限制竞争的协议、决定或其他协同行为。具体包括:固定或变更商品价格;限制商品的生产数量或销售数量;分割销售市场或原材料采购市场;限制购买新技术、新设备或限制开发新技术、新产品;联合抵制交易;国务院反垄断执法机构认定的其他垄断协议。

5.3 知识产权的国际保护

随着科学技术的进步和国际贸易的发展,知识产权与国际贸易的关系日益密切,尤其在国际技术贸易领域,知识产权更是直接成为了贸易标的。知识产权的发展极大地丰富了国际技术贸易的内容和形式,但同时也为如何更有效地保护知识产权提出了新的问题和挑战。

5.3.1 知识产权及其国际保护概述

1. 知识产权的概念与特征

(1) 知识产权的概念

汉语"知识产权"是英语 Intellectual Property 或 Intellectual Property Rights 的意译。虽然这种表达在国内学界尚存异议,但它作为一个约定俗成的概念,已为国内相关法律、法规等规范性文件及学界所接受。知识产权是自然人、法人或其他组织基于自己的智力活动创造的成果和经营管理活动中的标记、信誉而依法享有的权利。

根据1967年签订的《建立世界知识产权组织公约》的有关规定,知识产权的范围包括:关于文学、艺术和科学作品的权利(著作权);关于表演艺术家的演出、录音制品和广播节目的权利(邻接权);关于人类在一切领域的发明的权利(发明专利权及科技奖励意义上的发明权);关于科学发现的权利(发现权);关于工业品外观设计的权利(外观设计专利权或外观设计权);关于商标、服务标志、厂商名称和标志的权利(商标权、商号权);关于制止不正当竞争的权利,以及一切在工业、科学、文学或艺术领域由于智力活动产生的其他权利。

知识产权权利类型有诸多划分方法，比较有代表性的是台湾地区学者以法律之"规范目的"为标准的划分方法。该方法将知识产权区分为三大类：一是与保护"文化创作"有关的权利，包括著作权及其邻接权、工业品外观设计等；二是与保护"技术创新"有关的权利，包括发明、实用新型等；三是与保障"正当交易秩序"有关的权利，包括商标、服务标示、商号名称、产地标记、反不正当竞争等。[①]

(2) 知识产权的特征

① 客体的无体性。知识产权的客体是智力成果或工商业标记，其实质是一种信息，是一种无形体的财富。知识产权客体的无体性，是其与其他有形财产所有权最根本的区别。基于此，知识产权的客体与载体（其形式多样）相分离。相应地，知识产权人向他人许可或转让权利时也无须提供具体的有体载体。在一定的时空条件下，同一知识产权客体可以被多个主体共用，不受时间、空间和数量的限制，能在任何地方重复使用而不像有体物那样降低其质量。

② 法定性。知识产权的法定性是指知识产权的种类、内容、获得要件、限制乃至救济制度等，须由法律明文确定，除立法者在法律中特别授权外，任何人不得根据自己的意愿在法律之外创设知识产权。

③ 专有性。知识产权的专有性主要体现在两个方面：一是知识产权为权利人所独占，权利人垄断这种专有权并受到严格保护，没有法律规定或未经权利人许可，任何人不得使用权利人的知识产品；二是对同一项知识产品，不允许有两个或两个以上的主体同时对同一属性的知识产品享有权利（著作权除外）。

④ 地域性。知识产权作为专有权在空间上的效力并非无限，而要受地域限制，其效力仅限于本国境内。按照一国法律获得承认和保护的知识产权，只能在该国发生法律效力。同时，不同国家、地区可彼此独立地在同一时间，基于各自立法对同一智力成果设定不同内容或不同类别的知识产权。随着经济的全球化和知识产权制度的国际化，知识产权发生域外效力已经成为可能，但知识产权的地域性特征并未消灭。

⑤ 时间性。有体财产权以有体物存在为前提，有体物一旦灭失，其所有人的权利也随之丧失。而作为知识产权客体的信息则具有非损耗性和永续性。为了鼓励知识产权信息的广泛传播与交流，促进科技、经济、文化发展和社会进步，法律规定了知识产权的存续期限，期限届满，权利归于消灭，其客体就会成为整个社会的共同财富，为全人类所共同使用。

2. 知识产权国际保护的概况

随着科学技术的发展，科技成果越来越成为经济发展和社会进步的主要推动力。为

---

① 参见谢铭洋. 智慧财产权之基础理论. 翰芦图书出版有限公司，2001：16—19。

了鼓励和刺激人们从事发明创造,公开发明创造成果,从而推动整个社会的知识传播和科技进步,世界各国均通过专门立法对知识产权给予充分的保护。但是,基于知识产权的地域性特征,在一国取得的知识产权只在该国境内受到法律保护,其他国家或地区没有予以同样保护的义务。知识产权若要在其他国家或地区获得法律保护,必须依有关国家或地区的法律提出申请,得到批准后方能获得保护。由于各国知识产权法律制度差异较大,使得知识产权的域外保护异常复杂。为此,自19世纪开始,各国开始寻求通过双边或多边条约的形式对知识产权予以国际保护,并逐步在世界范围内形成了以世界知识产权组织为中心、以知识产权国际公约为基础的知识产权国际保护体系。

目前,多数国家间的知识产权保护主要是通过参加知识产权国际公约来实现。截至目前,已通过的世界性的知识产权国际公约有30多个,包括:《保护工业产权巴黎公约》(1883年)、《伯尔尼保护文学艺术作品公约》(1886年)、《制止商品来源的虚假或欺骗标志马德里协定》(1891年)、《商标国际注册马德里协定》(1981年)及《商标国际注册马德里协定有关议定书》(1989年)、《工业品设计国际保存海牙协议》(1925年)、《世界版权公约》(1952年)、《商标注册用商品和服务国际分类尼斯协定》(1957年)、《原产地名称保护和国际注册里斯本协定》(1958年)、《保护植物新品种国际公约》(1961年)、《保护表演者、录音制品制作者和广播组织国际公约》(1961年)、《保护录音制品制作者禁止未经许可复制其录音制品公约》(1961年)、《建立世界知识产权组织公约》(1967年)、《建立工业品外观设计国际分类的洛迦诺协定》(1968年)、《专利合作条约》(1970年)及其实施细则、《国际专利分类斯特拉斯堡协定》(1971年)、《关于播放由人造卫星传播载有节目的信号的布鲁塞尔公约》(1973年)、《建立商标图形要素国际分类维也纳协定》(1973年)、《商标注册条约》(1973年)、《国际承认用于专利程序的微生物保存布达佩斯条约》(1977年)、《保护奥林匹克会徽内罗毕条约》(1981年)、《商标法条约》及其实施细则(1994年)、《与贸易有关的知识产权协议》(1994年)、《世界知识产权组织版权条约》(1996年)、《世界知识产权组织表演和录音制品条约》(1996年)。此外,在世界知识产权组织主持下,部分国家在1999年和2000年还分别签署了《工业品外观设计国际注册海牙协议日内瓦法案》、《专利法条约》及《专利法条约实施细则》。我国于20世纪80年代开始参加有关的知识产权公约,并与国内知识产权法律相辅相成,形成了我国知识产权较为完整的法律体系。本节只介绍主要的知识产权保护公约。

5.3.2 《保护工业产权巴黎公约》

《保护工业产权巴黎公约》(以下简称《巴黎公约》)于1883年3月20日在巴黎通过。该公约至今已经过数次修订,从而形成了布鲁塞尔文本(1900年)、华盛顿文本(1911年)、海牙文本(1925年)、伦敦文本(1934年)、里斯本文本(1958年)和斯德哥尔摩文本（1967年）。由于大多数国家采用斯德哥尔摩文本，所以若无特别说明，《巴黎公约》则是指斯德哥尔摩文本。我国于1985年3月加入该公约，并于加入时声明对公约的28条（即将有关争议提交国际法院解决）予以保留。

1. 《巴黎公约》的基本原则

（1）国民待遇原则

《巴黎公约》中国民待遇原则包括对巴黎联盟①成员国国民的国民待遇和非联盟成员国国民的国民待遇。

对于巴黎联盟任何成员国国民而言，在保护工业产权方面，应该在联盟其他成员国国内享有该国国内法律现在或今后给予该国本国国民的各种利益及巴黎公约所特别规定的权利；在权利受到侵犯时，应给予同样的法律救济。当然，他们也要遵守该国本国国民应遵守的条件和手续，而且不得要求联盟成员国国民在请求保护其产权的国家中设有住所或营业所才能享有工业产权的权利。

对于非巴黎联盟成员国的国民，在该联盟一个成员国的领土内有住所或有真实、有效的工商营业所的，都应享有与联盟成员国国民同样的待遇。

（2）优先权原则

根据《巴黎公约》，已在联盟一个成员国内正式提出申请专利、实用新型、工业品外观设计或商标注册的人，或其权利合法继承人，在规定的期限内享有在联盟其他成员国内提出申请的优先权。优先权原则只适用发明专利、实用新型、外观设计和商标。发明专利和实用新型的优先权申请期限是12个月，外观设计和商标的优先权申请期限是6个月。

（3）工业产权保护独立原则

工业产权保护独立原则是指巴黎联盟各成员国根据本国法律所提供的工业产权保护相互独立。

对于专利权保护而言，同一发明在巴黎联盟不同成员国取得的专利权具有独立性。即巴黎联盟成员国的国民向其所属国所申请的专利，与其在该联盟其他成员国或非该联盟成员国为同一发明所取得的专利是相互独立的。且此处的独立性应作广义理解，对于那些在优先权期限内申请的各项专利，就其无效和剥夺其权利的理由及其正常有效期而言，都是相互独立的。

对于商标保护而言，同一商标在巴黎联盟不同成员国所受的保护是相互独立的。其主要表现在：申请和注册商标的条件，由该联盟成员国的国内法决定；该联盟某一成员国的国民在联盟任何其他成员国提出商标注册申请时，该被申请准予注册的成员国不能以未在其所属国申请、注册或续展为理由而加以拒绝或使其注册失效；在该联盟一个成员国内正式注册的商标与在该联盟其他成员国（包括申请人所属国）注册的商标是相互

---

① 依《巴黎公约》第1条规定："凡适用本公约的国家组成联盟，以保护工业产权"，即为巴黎联盟。

独立的。

2.《巴黎公约》的基本内容

(1) 工业产权的范围

《巴黎公约》第1条明确界定了工业产权的范围，即工业产权的保护对象是专利、实用新型、工业外观设计、商标、服务商标、商号、货源标记或原产地名称及制止不正当竞争。《巴黎公约》对工业产权作出了最广义的理解，指出工业产权不仅适用于工商业本身，而且也应同样适用于农业、采掘工业及一切制成品或天然产品，如酒类、谷物、烟叶、水果、牲畜、矿产品、矿泉水、啤酒、花卉和面粉等。

(2) 专利权保护

① 权利内容。署名权，是指发明人在专利申请文件和专利文件中表明自己发明人身份的权利。对于署名权，《巴黎公约》在其第4条中明确规定：发明人有在专利中被记载为发明人的权利。

《巴黎公约》关于专利权人的进口权主要反映在两个方面：一是专利权人有权将在巴黎联盟任何成员国内制造的物品进口到对该物品授予专利的国家；二是一种产品进口到对该产品的制造方法给予专利保护的巴黎联盟成员国时，专利权人对该进口产品应享有进口国法律对在该国依照专利方法制造的产品所给予的一切权利。

② 权利限制。《巴黎公约》授权联盟各成员国可以采取立法措施规定授予强制许可，以防止专利权的滥用。临时过境是指临时通过联盟成员国国境的联盟其他成员国的运输工具为其自身需要而使用在该临时通过国享有专利权的器械或附件的，无需得到该国专利权人的许可，这种使用不被视为侵犯专利权的行为。根据《巴黎公约》，这种临时过境情形包括：当本联盟其他成员国的船只暂时或偶然地进入联盟任一成员国的领水时，该船的船身、机器、船具、索具及其他附件上所用的器械构成发明人的主题时，只要使用这些器械是专为该船的需要；当本联盟其他成员国的飞机或车辆暂时或偶然进入联盟任一成员国时，该飞机或车辆的构造、操作或其附件上所用器械构成专利权人的发明主题时。

(3) 商标保护

商标的申请和注册条件由巴黎公约各成员国的本国法律予以规定。联盟成员国可以拒绝予以商标注册的情形如下：

① 未经主管机关许可，将巴黎联盟成员国的国徽、国旗和其他的国家徽记、各成员国用以表明监督和保证的官方符号和检验印章、巴黎联盟一个或一个以上成员国参加的政府间国际组织的徽章、旗帜、其他徽记、缩写和名称，以及从徽章学的观点来看的任何仿制用作商标或商标的组成部分。

② 已在其所属国注册，但在其要求保护的成员国，商标具有侵犯第三人既得权利的性质的。

③ 已在其所属国注册，但商标缺乏显著特征，或者完全是由商业中用以表示

商品的种类、质量、数量、用途、价值、原产地及生产时间的符号或标记所组成，或者在要求给予保护的国家的现代语言中或在善意和公认的商务实践中已成为通用名称或符号。

④ 已在其所属国注册，但商标违反道德或公共秩序，尤其是具有欺骗公众的性质的。

商标权无效是指商标不具备注册条件但取得注册，依法定程序撤销该注册商标使商标权归于消灭的制度。[①] 根据《巴黎公约》的规定，商标权无效的情形包括：第一，违反了商标构成的禁用要素，如包含了成员国的国徽、官方检验印章和政府间组织徽记；已在其所属国注册，但商标中包含商品的通用名称等。第二，已在其所属国注册，但在其要求保护的成员国中已有在先权利存在。第三，未经商标所有人授权而以代理人或代表人名义注册，该所有人可以要求取消注册。

《巴黎公约》规定给予驰名商标以特殊保护。当商标注册国或使用国主管机关认为一项商标在该国已成为驰名商标，属于有权享有巴黎公约利益的人所有，而另一商标构成对此驰名商标的复制、仿造或翻译，并用于相同或类似商品上，易于造成混淆时；或者商标的主要部分构成对驰名商标的复制或仿造，容易造成混淆的，巴黎联盟各成员国应依职权（如本国法律允许）或根据有关当事人的请求，拒绝或取消该另一商标的注册，并禁止其使用。

（4）商标权的内容

① 转让权。如果巴黎联盟某一成员国国内法律规定商标转让只有连同该商标所属厂商或牌号同时转让才有效时，只须将该厂商或牌号在该国的部分连同带有被转让商标的商品在该国制造或销售的独占权一起转让给受让人，就足以承认其转让为有效。但是，如果在某一商标转让后，受让人使用该商标将在事实上，特别是在使用该商标之商品的原产地、性质或主要品质方面使公众产生误解时，该成员国并不负有承认该转让有效的义务。

② 禁用权。《巴黎公约》尽管并没有明文规定禁用权，但是从公约第 9 条中可以看出巴黎联盟成员国的商标权人享有这一项权利，即商标权人有权禁止他人未经许可在商品上标有其商标或厂商名称。

5.3.3 《专利合作条约》

由于各国的工业产权保护具有独立性，若发明人试图使发明在几个国家都获得专利保护，则必须向其要求保护的每个国家提出申请。由于各国的技术发展水平不同，从而导致发明的新颖性、创造性等的判断基准和标准不同。在某一国能获得专利的发明，在

[①] 吴汉东.知识产权法.北京：中国政法大学出版社，2002：263。

其他国家可能并未达到相应的高度。为了使发明在不同国家获得保护的手续变得简化和经济，使公众能够快速和便利地获得有关所有发明的技术资料，国际社会于 1970 年 6 月 9 日在华盛顿签订了《专利合作条约》（PCT）。我国于 1993 年 8 月加入该条约，并专门颁布了《关于中国实施〈专利合作条约〉的规定》。

1. 国际申请

依据《专利合作条约》，在任何缔约国提出的发明申请都可以提出国际申请，国际申请应包括一份申请书、一份说明书、权项、附图（如果需要）和一份摘要。当然，国际申请应使用一种规定的语言、符合规定的形式要求、符合发明的单一性的规定要求及按照规定交付费用。

申请人提出的国际申请可以包括一项优先权声明，即申述其曾在《巴黎公约》的任一成员内提出过一份或多份申请，或因申请过一份或多份具有成员保护效力的专利而具有优先权。

申请人应向规定的受理局[①]提出国际申请。受理局应以收到国际申请的日期作为国际申请的提交日期。但是，如果受理局发现收到的国际申请不符合《专利合作条约》的相应要求，则应按规定促请申请人提供必要的更正，若申请人遵循了前述促请，则应以受理局收到必要更正的日期作为国际申请提出的日期。对于受理局和任何国家专利局而言，除非申请人要求或授权，否则不得允许第三人在《专利合作条约》所规定的日期前接触该国际申请。

2. 国际检索

任何国际申请都应经过国际检索，其目的在于发现是否存在在先技术。国际检索应在权项的基础上进行，并适当考虑说明书和附图（如果有附图）。

（1）检索程序

国际检索应由大会委任的国际检索单位进行。国际检索单位的检索程序应受《专利合作条约》及其附属规则的管辖，并受国际局与国际检索单位签订的从属于该条约及其附属规则的协议的管辖。

如果国际检索单位对符合《专利合作条约》及其附属规则相关规定的某项国际申请决定不作检索，或者因某项申请的说明书、权项或附图不符合规定要求以致无法进行有意义的检索的，那么该国际检索单位应作出相应声明并通知申请人和国际局将不制定国际检索报告。如果前述两种情形仅涉及某些权项，国际检索单位应在国际检索报告中指明这些权项，而对其他权项，仍应按规定制定国际检索报告。

（2）国际检索报告

国际检索单位应在规定的期限内按规定的形式撰写国际检索报告，并尽快转交申请人和国际局。国际局应按附属规则的要求翻译或在其负责下翻译国际检索报告和国际检

---

① 依据《专利合作条约》的规定，一个国家在加入条约的同时，这个国家的专利局自动成为受理局。

索单位关于不做检索或无法进行检索、不制定国际检索报告的宣布。申请人在收到国际检索报告后，有权在规定的时间内向国际局提出一次对国际申请中的权项作出修改的修改意见。

3. 国际公布

除申请人要求提前公布其申请及《专利合作条约》规定的例外情形之外，国际局应在自该申请的优先权日算起满 18 个月后迅速公布该国际申请。这种国际公布在指定国的效力，除例外情形外，应该和该指定国的国内法对于未经审查的国家申请在国内强制公布所规定的效力一样。

4. 国际初步审查

国际初步审查依当事人的要求而进行，该审查的目的在于知晓申请专利的发明是否满足新颖性、创造性和实用性。不过，国际初步审查仅仅提供初步的无约束力的意见。

按照《专利合作条约》的规定，由管理局或大会按照有关的国际初步审查单位与国际局之间的适用协议，确定主管初步审查的国际初步审查单位。国际初步审查单位的审查程序，应受到《专利合作条约》及其附属规则、国际局和该审查当局签订的协议的管辖。

国际初步审查当局应在规定的时间内按规定的形式完成国际初步审查报告（以下简称审查报告）。由于国际初步审查的结果没有约束力，仅供各国参考，所以国际初步审查当局在该审查报告中不应声明申请专利的发明按照任一国内法是否或者似乎有专利性或无专利性。

对于国际局或国际初步审查单位而言，在国际初步审查报告完成后，除经申请人请求或授权外，不得准许任何个人或单位（选定局例外）在任何时候援引第 30 条第（4）款及其限制条款接触国际初步审查的档案材料，[①] 也不得对国际初步审查报告的发布或不发布，以及要求或选定的撤回或不撤回提供情报（例外情形除外）。

5. 国内审查

经过国际申请、国际检索、国际公布阶段后，前述国际申请即进入国内审查程序，指定局对转入本国国内审查程序的国际申请按照《专利合作条约》及实施细则和其本国的法律法规予以处理。

5.3.4 《商标国际注册马德里协定》

为了解决商标的国际注册问题，国际社会于 1891 年 4 月 14 日在西班牙的马德里签

---

① 根据《专利合作条约》第 30 条第（4）款，"接触"一词包含第三方可以取得认识的任何手段，包括个别通知和普遍公布。但条件是在国际公布之前，国家专利局不得普遍公布国际申请或其译本，或者如果在从优先权日期算起的 20 个月期满前还没有在国际上公布，那么在这 20 个月期满前，国家专利局也不得普遍公布国际申请。

订了《商标国际注册马德里协定》(以下简称《马德里协定》)。后来,《马德里协定》分别于布鲁塞尔、华盛顿、海牙、伦敦、尼斯、斯德哥尔摩历经了六次修订。我国于1989年10月4日成为该协定的成员。

1. 国际注册申请

商标国际注册申请人的资格限制包括以下两方面:一是申请人为任何《马德里协定》成员方的国民;如果非成员方的国民在该协定的某一成员方的领土内有住所或有真实、有效的工商企业,也可以将其与成员方国民同等对待。二是该申请人已经就某一用于商品或服务项目的标记在其所属国取得注册。此处的所属国是指申请人置有真实有效的工商业营业所的成员方;如果没有这种营业所,则是指申请人有住所的成员方;如果没有这种住所,但申请人为某一成员方的国民,就以该成员方为其所属国。注册申请人通过原属国的注册当局向国际局提出商标注册申请。

2. 国际注册的效力

一般地,根据《马德里协定》第1条,商标一经国际注册便在所有其他成员方获得保护。但是,对于这种普遍效力也存在限制,因为该协定授权各成员可以在任何时候书面通知总干事,只有在商标所有人明确要求时,商标的国际注册的效力才延伸至该国。而且,某一商标注册或根据协定所做的延伸保护的请求经国际局通知各国注册当局后,各成员经本国法律授权的注册当局有权声明在其领土上不能给予这种商标以保护。

商标的国际注册具有一定的独立性,但仍在一定程度上受到原属国的影响,主要表现如下。

① 自国际注册的日期开始满5年时,这种注册即与在原属国原先注册的国家商标无关系,但如果自国际注册的日期开始5年之内,在原属国原先注册的国家商标已全部或部分不再享受法律保护时,那么国际注册所得到的保护,不论其是否已经转让,也全部或部分不再产生权利。

② 当5年期限届满前因引起诉讼而致停止法律保护时,本规定亦同样适用。

③ 如自动撤销或依据职权被撤销,原属国的注册当局应要求撤销在国际局的商标,国际局应予以撤销。当引起法律诉讼时,上述注册当局应依据职权或经原告请求,将诉讼已经开始的申诉文件或其他证明文件的抄件及法院的最终判决寄给国际局,国际局应在国际注册簿上予以登记。

在国际局进行的商标注册的有效期为20年,并可按规定续展。

3. 协定的法律效力

《马德里协定》无限期有效。对于已经将其批准书和加入书交存的头五个国家,该议定书自第五个文件交存后3个月起开始生效。对于其他任何国家,该议定书在总干事将该国的批准书或加入书发出通知之日后3个月起开始生效,但在批准书或加入书中规定有一个较迟的日期的,对该国则自其规定的日期开始生效。

5.3.5 《保护文学艺术作品伯尔尼公约》

《保护文学艺术作品伯尔尼公约》（以下简称《伯尔尼公约》）于1886年9月9日由10个国家发起，在瑞士首都伯尔尼签订。《伯尔尼公约》历经两次增补、五次修订，从而形成了五个修订文本。但是《伯尔尼公约》的最后修订本即1971年巴黎文本并非目前唯一有效的文本，1928年罗马文本、1948年布鲁塞尔文本和1967年斯德哥尔摩文本仍旧有效。由于绝大多数国家批准的是1971年巴黎文本，所以除特别说明之外，《伯尔尼公约》仅指1971年巴黎文本。我国于1992年加入该公约，批准的也是公约的1971年巴黎文本。

1. 《伯尔尼公约》的基本原则

（1）国民待遇原则

国民待遇原则是国际法上的一项基本原则。在《伯尔尼公约》中，国民待遇原则是指该公约所保护的作品的作者享有公约各成员依其国内法为本国国民提供的版权保护及公约特别提供的保护。能够享受这一原则的包括两种情况：任何成员国民的文学艺术作品；任何在某一成员境内首次出版的文学艺术作品，而不问其作者是否是成员的国民。

（2）自动保护原则

自动保护原则是指享受和行使根据国民待遇原则获得的权利不需履行任何手续，也不管作品起源国是否存在有关保护的规定。

（3）版权独立原则

版权独立原则是指作者享有和行使根据国民待遇原则享受的权利不受作品起源国是否提供保护的影响，除《伯尔尼公约》条款外，保护的范围及向作者提供的保护及其权利的补救方法完全由被要求给予保护的国家的法律予以规定。根据该原则，同盟各成员独立实施各自的国内版权法，不受他国影响和干扰。

（4）最低限度保护原则

最低限度保护原则包含两方面的含义：一方面，《伯尔尼公约》规定了一系列版权保护的最低标准，同盟成员本国版权法所提供的版权保护不能低于公约的最低保护标准；另一方面，公约的相关规定并不妨碍同盟成员本国法律可能提供更广泛的保护，同盟各成员政府之间也有权签订特别协议，以给予作者比公约所规定的更多的权利，或者包括不违反本公约其他条款的特别协议的权利。

2. 《伯尔尼公约》的主要内容

（1）公约所保护的作品

《伯尔尼公约》所保护的作品是指文学艺术作品。根据《伯尔尼公约》第2条的规定，文学艺术作品包括科学和文学艺术领域内的一切作品，不论其表现形式或方式如何，诸如书籍、小册子和其他著作；讲课、演讲、讲道和其他同类性质的作品；戏剧或音乐戏剧作品；舞蹈艺术作品和哑剧作品；配词或未配词的乐曲；电影作品和以电影摄制类似的方法表现的作品；图画、油画、建筑、雕塑、雕刻和版画作品；摄影作品和以类似摄影的方法表现的作品；实用艺术作品；与地理、地形、建筑或科学有关的插图、地图、设计图、草图和立体作品。从该条规定可以看出，《伯尔尼公约》用列举的方法明确了其所保护的作品涉及文字作品、口述作品、音乐、戏剧、舞蹈、哑剧作品、电影作品和以类似电影摄影术的方法表现的作品、摄影作品和以类似摄影的方法表现的作品、实用美术作品、设计图、地图等图形作品等。

除了前面所列作品的原作之外，下列作品也属公约所保护的作品：翻译作品、改编作品、改编乐曲及某件文字或艺术作品的其他改动也应受到与原作同等的保护；文字或艺术作品的汇编，诸如百科全书和选集，其中如果对材料的选择和编排而构成智力创作的，应得到相应的、但不损害汇编内每一作品的版权的保护。

（2）权利内容

① 精神权利。根据《伯尔尼公约》，作者就其作品而享有的精神权利不受作者经济权利的影响，甚至在经济权利转让之后，作者仍保有主张对其作品的著作者身份的权利，并享有反对对作品进行任何歪曲或割裂或有损于作者声誉的其他损害的权利。另外，根据公约，公民还享有署名权。可见，《伯尔尼公约》所规定的作者所享有的精神权利包括署名权、保护作品完整权等。但是，如果某成员在批准或加入本公约时其国内法并不保护死亡作者对于其作品的精神权利的，该成员有权在其国内法中规定某些精神权利在作者死后无效。

② 经济权利。《伯尔尼公约》所规定的作者享有的经济权利主要包括复制权、表演权、广播权、改编权、翻译权、改编权、摄制权、汇编权和朗诵权等权利。

（3）版权的保护期限

公约所规定的版权保护期限为作者有生之年加上死后 50 年，但是这一规定并不限制同盟成员国国内法提供更长的保护期限。同时，如果某同盟成员国批准的是本公约的 1928 年罗马文本，并且在 1971 年巴黎文本签署时其国内法提供的保护期限短于作者有生之年加上死后 50 年这一期限，该成员在批准 1971 年巴黎文本时可保留这种期限。在计算文学艺术作品的保护期限时，要注意以下几点。

① 对于电影作品的保护期限，各成员可以规定保护期限自作品在作者同意下公映后 50 年届满，如该作品自摄制完成后 50 年内未公映，那么自该作品摄制完成开始计算，摄制完成后 50 年届满。

② 对于不具名和具笔名的作品，公约所给予的保护期限是该作品合法向公众发表之日起 50 年。但是如果作者采用的笔名不致引起对其身份的任何怀疑或不具名作品或具笔名作品的作者在该作品合法向公众发表之日起 50 年内披露其身份，则适用作者终生及其死后 50 年的保护期限。此外，如果有充分理由假定其作者已死去 50 年，那么同盟成员国无义务保护这些不具名或具笔名的作品。

(4) 权利的限制

① 合理使用。《伯尔尼公约》中对于合理使用的规定主要见于第 10 条第 1 款。该款规定，从一部合法向公众发表的作品中摘出引文，包括以报刊摘要形式摘引报纸期刊的文章，只要符合善良习惯，并在为达到正当目的所需要的范围内，就属合法；本同盟成员国法律及成员国之间现有或将要签订的特别协议可以规定，为教学解说的目的，允许合法地通过出版物、无线电广播或录音录像使用文学艺术作品，只要是在为达到目的的正当需要范围内使用，并符合正当习惯。

② 法定许可使用。《伯尔尼公约》授权同盟成员在其本国法中规定允许通过报刊、广播或对公众有线传播，复制发表在报纸、期刊上的关于经济、政治或宗教的时事性文章，或具有同样性质的已经广播的作品，不过应该明确注明出处，而且权利人明确声明不得使用的除外；各成员也可在其国内法中规定在符合法律规定的条件时，广播电台、电视台等主体可以用摄影或电影手段，或通过广播或对公众有线传播报道时事新闻时，在事件过程中看到或听到的文学艺术作品在为报道目的正当需要范围内予以复制和公之于众。

③ 强制许可使用。《伯尔尼公约》中所规定的强制许可使用制度主要体现在有关发展中国家的特别条款，即附件中。附件中规定的强制许可使用主要包括以下两个方面。

一是翻译强制许可。根据附件第 2 条的规定，当一部作品自其初次出版起 3 年或有关国家本国法规定的更长期限届满时尚未以该国通行文字由翻译权所有者或在其授权下出版译本时，该国任何国民都有权得到用该国通行文字翻译该作品并以印刷形式或其他任何类似的复制形式出版该译文的许可证。

二是复制强制许可。根据附件第 3 条的规定，为了满足广大公众或大、中、小学教学的需要，如果从某一作品特定版本首次出版之日开始计算，公约所规定的期限期满时；或从该作品特定版本首次出版之日开始计算，该国本国法律规定的更长的期限期满时，如果该版的作品复制品还没有由复制权所有者或在其授权下在该国以合理价格出售，①那么该国任何国民都可得到许可证，以此种价格或更低价格复制和出版该版本以满足大、中、小学教学的需要。如果在适用期限期满后，该经授权的版本在有关国家已脱销六个月而无法以合理价格供应广大公众或教学之用，也可对复制及出版前述已发行的版本发给许可证。

5.3.6 《世界版权公约》

在联合国教科文组织的组织下，各国于 1952 年在日内瓦召开了政府间代表会议，会议上通过了《世界版权公约》，该公约于 1955 年 9 月 16 日生效，1971 年在巴黎对该

---

① 公约对作品复制品的出售价格作了限定，要求要与同类作品在该国通行的价格相似。

公约进行了修订。我国于 1992 年决定加入 1971 年修订的巴黎文本,该公约于 1992 年 10 月 30 日对我国生效。

1. 《世界版权公约》的基本原则

(1) 国民待遇原则

《世界版权公约》同样将国民待遇原则作为一项基本原则。根据公约所规定的国民待遇原则,任何成员国民出版的作品及在该国首先出版的作品,在其他成员方,均享有同该国给予本国国民对于在本国首先出版的作品所享有的同等保护,也享有《世界版权公约》特别给予的保护;任何成员国民未出版的作品,在其他成员中享有同该国给予本国国民对于未出版的作品的同等保护及世界版权公约特别给予的保护。从这些规定可以看出,各成员对其他成员国民应给予与本国国民相同的保护。

(2) 版权独立原则

《世界版权公约》中的版权独立原则主要体现在获得版权保护的条件、保护期限等方面。

① 版权保护的条件。根据《世界版权公约》的规定,如果依据某一成员的本国法律规定,要获得版权保护需要履行特定手续,如缴送样本、注册登记、刊载启事、办理证书、偿付费用或在该国内制作出版等。如果作品在该国领土以外首次出版而其作者又不是该国国民,该作品在该成员获得版权保护的条件是:这些作品是作者或版权所有者授权出版的,并且自出版之日起,在所有各册的版权栏内标有"©"符号,并注明了版权所有人的姓名、出版年份等。但是,公约的上述规定并不妨碍各成员在本国法律中规定本国首次出版或其国民在任何地方出版的作品获得版权保护的条件,也不妨碍各成员在本国法律中规定要求版权司法保护的权利人必须在起诉时履行程序性要求。

② 版权保护期限。根据该公约,某作品的版权保护期限,应该由各成员的法律来规定。当然,各成员国内法在规定本国版权保护期限时,尽管有一定的自由度,但也不应低于公约的最低保护限度。

(3) 最低限度保护原则

最低限度保护原则要求各成员对公约所保护的各项作品提供不低于公约所给予的保护。例如,该公约规定,对于受公约保护的作品,其保护期限不得少于作者有生之年及其死后的 25 年。

2. 《世界版权公约》的主要内容

(1) 公约所保护的作品

《世界版权公约》所保护的文学、科学、艺术作品包括文字、音乐、戏剧、电影作品、绘画、雕刻、雕塑等作品,且涵盖了作品的原著形式及从原著演绎而来的任何形式。与《伯尔尼公约》相比,两大公约关于作品的范围的规定没有很大差别。

（2）权利内容

公约对于版权的内容着墨不多，规定的较为概括，主要强调保证作者经济利益的各种基本权利，包括作者享有的复制权、表演权、广播权及翻译权等专有权利。

（3）保护期限

受公约保护的作品，其保护期限比《伯尔尼公约》短，即不得短于作者有生之年及其死后的25年。但是，如果某些缔约国对摄影作品或作为艺术品保护的实用美术作品给予保护时，保护期限就不得少于10年。

（4）权利的限制

公约中关于权利限制的主要内容集中在对于作品翻译权的限制上，各国可以根据本国法律对作品的翻译权进行限制。对于翻译权的限制，公约给予了详尽规定。

① 如果某作品首次出版7年之后，其翻译权所有人自己未出版也未授权他人将该作品以某缔约国的通用语言翻译出版，那么该缔约国的任何人都可以向主管当局申请并获得非专有许可证，将该著作以通用语言翻译出版。

② 申请者应按有关缔约国的例行规定，证明他曾要求翻译出版该作品，但遭翻译权所有人拒绝；或者他曾一再努力但无法找到版权所有人。如果该作品的通用语言译本都已经绝版，也可以根据同样条件颁发许可证。

③ 如果翻译权所有人无法找到，那么许可证申请人应将申请书递交作品的出版者；如果确定了翻译权所有人的国籍，就应该将申请书递交翻译权所有人所属国的外交或领事代表，或呈交该国政府指定的机构。递交申请书不满两个月时，不得颁发许可证。

④ 颁发许可证的缔约国的法律应作出相应规定，以保证翻译权所有人得到合理而且符合国际标准的报酬，保证这种报酬的支付与转递，保证准确地翻译该作品。

⑤ 在出版的各册译本上都应刊印原作品的名称及作者姓名。只有在申请许可证的缔约国内出版译作时，该许可证才有效。

⑥ 如果作者已停止发行某作品的各种版本，就不得再颁发该作品的翻译许可证。

3. 对于发展中国家的规定

公约还专门考虑了发展中国家的特殊情形，作出了一些针对发展中国家的特殊规定。例如，对于缔约国中非发展中国家的国民而言，要获得某作品的非专有许可证，应该在该作品首次出版7年之后，其翻译权所有人自己未出版也未授权他人将该作品以某缔约国的通用语言翻译出版时，才可向主管当局申请并获得非专有许可证，将该作品以通用语言翻译出版。但是对于缔约国中发展中国家的国民而言，就可以在该著作首次出版3年或3年以上的期限后向主管当局申请并获得非专有许可证，并且某一作品译成的文字如果在一个或几个发达国家内并非通用，而这些发达国家又是本公约或仅是1952年文本的缔约国，那么在作品首次出版1年以后就可向主管当局申请并获得非专有许可证。

5.3.7 《保护表演者、录音制品制作者和广播组织公约》

《保护表演者、录音制品制作者和广播组织公约》又称《罗马公约》或《邻接权公约》（以下简称《罗马公约》），1961年缔结于罗马。我国尚未加入该公约。

1. 国民待遇原则

《罗马公约》所确认的国民待遇是指要求缔约方给予在该缔约方境内表演、广播或首次录制的节目的表演者、在该国境内首次录制或首次发行的录音制品的制作者和其广播节目从设在该国领土上的发射台发射的、总部设在该国境内的广播组织以本国国民同等的待遇。

《罗马公约》详细规定了各缔约方给予表演者、录音制品制作者和广播组织以国民待遇的具体条件。

① 根据该公约，缔约各方应当给予表演者以国民待遇的条件是表演是在另一缔约方国内进行的；或表演已被录制在受公约保护的录音制品上；或表演未被录制成录音制品，但在受公约保护的广播节目中进行了播放。

② 缔约各国应当给予录音制品制作者以国民待遇的条件是录音制品制作者是另一个缔约方的国民（国民标准）；或首次录音是在另一个缔约方制作的（录制标准）；或录音制品是在另一个缔约方首次发行的（发行标准）。如果某种录音制品是在某一非缔约国首次发行，但在首次发行后30内也在某一缔约国发行（同时发行），那么该录音制品应当认为是在该缔约方首次发行。

③ 缔约方应当给予广播组织以国民待遇的条件是该广播组织的总部设在另一缔约国；或广播节目是由设在另一缔约方的发射台播放的。任何缔约方通过向联合国秘书长递交通知书的办法，可以声明它只保护其总部设在另一个缔约方并从设在同一缔约方的发射台播放的广播组织制作的广播节目。

2. 《罗马公约》的主要内容

（1）保护的条件

《罗马公约》并不自动给予表演者、录音制品制作者和广播组织以相应保护。根据公约规定，如果某缔约方国内法规定对于某录音制品而言，其制作者或表演者需履行相应手续才能获得保护，那么只要已经发行的录音制品的所有用于销售的复制品上或其包装物上载有包括符号"©"和首次发行年份的标记，并且标记的方式足以使人注意到对保护的要求，就应当认为符合手续；如果复制品或其包装物上没有注明制作者或制作者的许可证持有者（载明姓名、商标或其他适当的标志），那么标记还应当包括制作权利所有者的姓名。此外，如果复制品或其包装物上没有注明主要表演者，则标记还应当包括在制作这些录音的国家内拥有此种表演者权利的人的姓名。可见，《罗马公约》采纳的是有限制的非自动保护原则。

(2) 权利内容

① 表演者的权利。表演者是指演员、歌唱家、音乐家、舞蹈家和表演、歌唱、演说、朗诵、演奏或以别的方式表演文学或艺术作品的其他人员。其权利包括：许可或禁止他人广播和向公众传播他们的表演；许可或禁止他人录制他们未曾录制过的表演；许可或禁止他人对其表演的录音或录像进行复制。

② 录音制品制作者的权利。根据《罗马公约》，录音制品制作者是指首次将表演的声音或其他声音录制下来的自然人或法人。而录音制品是指任何对表演的声音和其他声音的专门录音。录音制品制作者的权利主要包括有权许可或禁止他人直接或间接复制其录音制品。

③ 广播组织的权利。根据《罗马公约》，广播组织所享有的权利包括：许可或禁止他人转播他们的广播节目；许可或禁止他人录制他们的广播节目；许可或禁止他人制作他们的广播节目的录音或录像；许可或禁止他人向公众传播电视节目，如果这类传播行为是在收门票的公共场所进行的。

(3) 保护期限

《罗马公约》给予的保护期限为至少 20 年，其中对录音制品和录制在录音制品上的节目，保护期限从录制年份的年底开始计算；对未被录制成录音制品的节目，保护期限从表演年份的年底开始计算；对广播节目，保护期限则从开始广播的年份的年底开始计算。

(4) 权利限制

《罗马公约》对表演者、录音制品制作者和广播组织所享有的权利的限制规定主要表现在：授权各缔约国可以在国内法律与规章中对《罗马公约》规定的保护作出例外规定。各缔约方可以作出例外规定的情形包括：私人使用；在时事报道中少量引用；某广播组织为了自己的广播节目利用自己的设备暂时录制；仅用于教学和科学研究目的。

5.3.8 《与贸易有关的知识产权协议》

《与贸易有关的知识产权协议》（又称 TRIPS 协议）是世界贸易组织管辖的一项多边贸易协议，于 1995 年 1 月 1 日开始生效。协议由序言和 7 个部分组成，共 73 条。

1. TRIPS 协议的产生

在 TRIPS 协议出现之前，国际社会已经形成一系列的国际知识产权保护的公约，但是都存在着一些问题。例如，这些知识产权公约主要是强调对知识产权的保护本身，而很少直接涉及知识产权贸易行为；而且这些公约大多数执行机制较为欠缺，缺乏对缔约国的约束机制，导致知识产权的国际保护机制并不完善。再加上当时的发达国家对知识产权的保护现状普遍不满，特别是美国，认为不完善的知识产权保护会削弱其知识产权领域的利益，因而在 1986 年乌拉圭回合谈判时，将知识产权作为一个议题引入谈判，最终成功缔结《与贸易有关的知识产权协议》，拓宽了关税与贸易总协定的法律框架。TRIPS协定是迄今世界各国签订的内容最详尽的知识产权国际公约，由于它与贸易及贸易制裁措施紧密相关，使得它的重要性超过了以往任何一个知识产权国际公约。

但根据 TRIPS 协议的规定，它并不取代此前所出现的知识产权公约。

2. TRIPS 协议的一般规定和基本原则

（1）一般规定

① 知识产权的范围。TRIPS 协议在其第一部分第 1 条中规定："对于本协议，'知识产权'术语，是指第二部分第 1 至第 7 节中所包括的所有类别的知识产权。"包括版权与有关权、商标权、地理标志权、工业品外观设计权、专利权、集成电路布图设计（拓扑图）权、对于未披露过的信息的权利。

② 知识产权保护的目标。TRIPS 协议明确了知识产权的保护与权利行使的目标，即在于促进技术的革新、技术的转让与技术的传播，以有利于社会及经济福利的方式去促进技术知识的生产者与使用者互利，并促进权利与义务的平衡。

③ 与其他公约的关系。TRIPS 协议规定：对于该协议的第 2、3、4 部分的内容，各成员应遵循巴黎公约 1967 年文本第 1 条至第 12 条及第 19 条的规定；对于该协议第 1～4 部分的所有规定，均不得有损于成员之间依照巴黎公约、伯尔尼公约、罗马公约及集成电路知识产权条约已经承担的相应义务。

（2）基本原则

① 国民待遇原则。根据 TRIPS 协议的规定，其成员均应将该协议提供的待遇赋予其他成员的国民。除巴黎公约 1967 年文本、伯尔尼公约 1971 年文本、罗马公约及集成电路知识产权条约已规定的例外，各成员在知识产权保护上，对其他成员的国民应提供不低于本国国民的待遇。

TRIPS 协议中的"国民"应理解为合乎巴黎公约 1967 年文本、伯尔尼公约 1971 年文本、罗马公约及集成电路知识产权条约所规定的标准，从而可享有保护的自然人或法人。①

② 最惠国待遇原则。即要求在知识产权的保护上，某一成员提供给某一其他国家国民的任何利益、优惠、特权或豁免，都应该同样无条件地提供给任何其他成员的国民。

TRIPS 协议的某一成员提供给其他国家国民的下列利益、优惠、特权或豁免属于例外情形，可不适用最惠国待遇原则：由一般性司法协助及法律实施的国际协定引申出且并非专为保护知识产权的；伯尔尼公约 1971 年文本或罗马公约所允许的不按国民待遇而按互惠原则提供的；TRIPS 协议中未加规定的表演者权、录音制品制作者权和广播组织权，以及"世界贸易组织"成立之前已经生效的知识产权保护国际协议中产生的，且已将该协议通知"与贸易有关的知识产权理事会"，并对其他成员之国民不构成

---

① TRIPS 协议第一部分第 1 条。

随意的或不公平的歧视。

③ 最低保护原则。最低保护原则是指 TRIPS 协议的各成员均应使该协议的规定生效，同时成员可以在其国内法中作出宽于该协议的规定，只要这些规定不违反 TRIPS 协议。当然，TRIPS 协议并不强行要求各成员作出这样的规定。

3. 知识产权保护的内容

（1）著作权与有关权利

TRIPS 协议第二部分第一节对版权及相关权利的保护作出了规定，具体内容如下。

① 与《伯尔尼公约》的关系。根据协定的规定，全体成员均应遵守《伯尔尼公约》及公约附录之规定。对版权保护应延及表达，而不延及思想、工艺、操作方法或数学概念之类。

② 对计算机程序与数据的汇编的保护。无论以源代码或以目标代码表达的计算机程序，均应作为《伯尔尼公约》所指的文字作品给予保护。数据或其他材料的汇编，无论采用机器可读形式还是其他形式，只要其内容的选择或安排构成智力创作，即应予以保护。

③ 对计算机程序和电影作品出租权提供保护。至少对于计算机程序及电影作品，成员应授权其作者或作者之合法继承人许可或禁止将其享有版权的作品原件或复制件向公众进行商业性出租。对于电影作品，成员可不承担授予出租权之义务，除非有关的出租已导致对作品的广泛复制，其复制程度又严重损害了成员授予作者或作者之合法继承人的复制专有权。对于计算机程序，如果有关程序本身并非出租的主要标的，则不适用本条义务。

④ 保护期限。除摄影作品或实用艺术作品外，对作品的保护期不得少于经许可而出版之年年终起 50 年，如果作品自完成起 50 年内未被许可出版，则保护期应不少于作品完成之年年终起 50 年。对表演者、录音制品制作者及广播组织提供保护，表演者及录音制品制作者享有的保护期至少应当自有关的固定或表演发生之年年终延续到第 50 年年终，对广播组织保护期则应自有关广播被播出之年年终起至少 20 年。

（2）商标的保护

TRIPS 协议第二部分第二节是对商标的保护规定，共 7 条（第 15～21 条），内容如下。

① 商标及其注册条件。根据 TRIPS 协议的规定，任何能够将一企业的商品或服务与其他企业的商品或服务区分开的标记或标记组合，尤其是文字（包括人名）、字母、数字、图形要素、色彩的组合及上述内容的任何组合，均应能够构成商标。即使有的标记本来不能区分有关商品或服务，成员亦可依据其经过使用而获得的识别性，确认其可否注册。成员可要求把"标记应是视觉可感知"作为注册条件。成员可将"使用"作为可注册的依据，但不得将商标的实际使用作为提交注册申请的条件。商品或服务的性质，在任何情况下均不应成为该商标获得注册的障碍。商标获注册之前或即在注册之

后，成员应予以公告，并应提供请求撤销该注册的合理机会。

② 商标权的内容。TRIPS 协议中对商标权内容的规定主要表现为三方面：第一，注册商标权人所享有的禁止权，即注册商标所有人有权防止他人未经许可在相同或类似商品或服务中使用与注册商标相同或近似标记。当然，这一专有权不得损害已有的在先权，也不得影响各成员依使用而确认权利效力的可能。第二，将巴黎公约 1967 年文本中第 6 条关于驰名商标的规定扩展适用于服务，并且进一步指明了确认驰名商标的标准，即有关公众对该商标的知晓程度，包括在该成员地域内因宣传该商标而使公众知晓的程度。第三，扩大了驰名商标所有人的禁止权扩展至与注册商标所标示的商品或服务不类似的商品或服务。

③ 保护期限。TRIPS 协议规定，商标首次注册后的保护期不少于 7 年，期限届满之后，可无限次地续展注册，而每次续展的保护期同样不少于 7 年。

④ 权利限制。TRIPS 协议授权各成员可以对商标权作出一定的权利限制规定，不过这种权利限制规定也要顾及商标所有人及第三人的合法权益。

⑤ 许可和转让。TRIPS 协议授权各成员可确定商标的许可与转让条件，但是在这些条件中不得规定强制许可制度。注册商标所有人在转让其商标时，可选择是否将商标连同其所属的经营一起转让。

(3) 地理标志的保护

TRIPS 协议第二部分第三节共用 3 条（第 22~24 条）对地理标志的保护作出了规定。根据协定的规定，地理标志是指下列标志：其标示出某商品来源于某成员地域内或来源于该地域中的某地区或某地方，该商品的特定质量、信誉或其他特征，主要与该地理来源相关联。成员应采取法律保护手段，以制止采用任何方式在商品的称谓或表达上明示或暗示有关商品来源于并非其真正来源地，并足以使公众对该商品来源误认的行为。此外，协定还对葡萄酒与白酒地理标志的补充保护作出了明确规定。

(4) 工业品外观设计的保护

TRIPS 协议第二部分第四节共用 2 条（第 25~26 条）对工业品外观设计的保护作出了规定。协议要求，各成员应对独立创作的、具有新颖性或原创性的工业品外观设计提供保护，保证其对保护纺织品外观设计的要求，特别是对成本、检验或公布的要求，不至于不合理地损害求得保护的机会。受保护的工业品外观设计所有人，应有权制止第三方未经许可而为商业目的制造、销售或进口带有或体现有受保护设计的复制品或实质性复制品之物品。工业品外观设计所有人可享有的保护期应不少于 10 年。

(5) 专利的保护

TRIPS 协议第二部分第五节对专利的保护作出了规定，共 8 条（第 27~34 条），具体内容如下。

① 获得专利保护的条件。对于一切技术领域中的任何发明而言，要获得专利保护，必须满足两个方面的条件：第一，这些发明必须具备新颖性、创造性和实用性（可付诸

工业实用）；第二，这些发明未被该成员排除出可获专利的发明范围。根据 TRIPS 协议，各成员为保护公共秩序或公德，可以将某些发明排除出可获专利的发明范围，也可以将诊治人类或动物的诊断方法、治疗方法及外科手术方法和除微生物之外的动、植物，以及生产动、植物的主要是生物的方法（生产动、植物的非生物方法及微生物方法除外）排除于可获专利的发明范围。

② 权利内容。对于产品发明专利的权利人而言，其有权制止他人未经许可制造、使用、提供销售、销售或为上述目的进口该产品；对于方法发明专利的权利人而言，其有权制止他人未经许可使用该方法及使用、提供销售、销售或为上述目的进口至少是依照该方法而直接获得的产品。专利所有人还可以许可或转让其专利，也可通过继承的方式转移其专利。

③ 权利限制。根据 TRIPS 协议的规定，各成员都可对前述的专有权进行一定的限制，只要这种限制顾及了第三方的合法利益，也未与专利的正常使用发生不合理的冲突，同时也未不合理地损害专利所有人的利益。协议还专门就专利的强制许可进行了规定，主要列举了实施强制许可时应遵守的要求。

④ 其他。TRIPS 协议关于专利保护的规定还包括要求各成员对撤销专利或宣布专利无效的任何决定应提供给予司法审查的机会；专利权人享有保护的期限应不少于自提交申请之日起的 20 年年终等。

(6) 集成电路布图设计的保护

TRIPS 协议第二部分第六节对用 4 条（第 35～38 条）集成电路布图设计的保护作出了规定。集成电路布图设计（拓扑图）的保护应依照《集成电路知识产权条约》的相关规定进行。不过，TRIPS 协议对侵犯集成电路布图设计（拓扑图）权利人的行为进行了列举，包括为商业目的进口、销售或以其他方式发行受保护的布图设计、含有受保护的布图设计的集成电路及含有前述集成电路的物品（这些物品持续包含非法复制的布图设计）。

对于前述侵权行为而言，也存在例外情形，主要包括两种情形：第一，如果当事人从事或提供任何含有非法复制的布图设计的集成电路或含有这类集成电路的物品时，不知道也没有合理根据应当知道有关物品中含有非法复制的布图设计，则不应认定其行为非法；第二，强制许可，或政府使用的，或为政府而使用的未经权利人授权的情形，也属于无需获得权利人许可的例外情形。

布图设计保护期不得少于从注册申请的提交日起或从该设计于世界任何地方首次付诸商业利用起 10 年；在不要求将注册作为保护条件的成员中，布图设计保护期不得少于从该设计于世界任何地方首次付诸商业利用起 10 年。而且成员均可将保护期规定为布图设计创作完成起 15 年。

(7) 未披露过的信息

TRIPS 协议第二部分第七节对未披露信息的保护作出了规定。根据协定第 39 条规定，未披露信息应符合下列三个条件：一是秘密性，即该信息作为整体或作为其中内容的确切组合，并非通常从事有关该信息工作之领域的人们所普遍了解或容易获得的；二是因其属于秘密而具有商业价值；三是合法控制该信息之人，为保密已经根据有关情况采取了合理措施。对于未披露的信息，自然人及法人均应有可能防止他人未经许可而以违背诚实商业行为的方式披露、获得或使用合法处于其控制下的该信息。当成员方要求以提交未披露过的实验数据或其他数据作为批准采用新化学成分的医药用或农用化工产品上市的条件时，如果该数据的原创活动包含了相当的努力，则该成员方应保护该数据，以防不正当的商业使用。同时，除非出于保护公众的需要或除非已采取措施保证对该数据的保护、防止不正当的商业使用，成员均应保护该数据以防其被泄露。

（8）许可证协议中对限制竞争行为的控制

TRIPS 协议还针对与知识产权有关的许可证贸易活动中存在的妨碍竞争的行为，规定成员可以在其国内立法中对独占性返售条件、强迫性的一揽子许可证等活动进行规制，当然这些规制措施应与 TRIPS 协议的其他规定一致，并顾及该成员的有关法律法规。

4. 知识产权的实施

（1）一般义务

成员应保证本部分所规定的执法程序依照其国内法可以行之有效，以便能够采用有效措施制止任何侵犯本协议所包含的知识产权的行为。知识产权的执法程序应公平合理，就各案的是非作出的判决，最好采取书面形式，并应说明判决的理由。对于行政的终局决定及（在符合国内法对有关案件重要性的司法管辖规定的前提下）至少对案件是非的初审司法判决中的法律问题，诉讼当事人应有机会提交司法当局复审。

（2）民事和行政程序及补救

成员应为权利持有人提供本协定所包括的任何知识产权执法的公平合理的民事司法程序，并实行合理的举证责任原则。一旦发生侵权，司法当局应有权责令当事人停止侵权，责令其向权利人支付足以弥补因侵犯知识产权而给权利持有人造成之损失的损害赔偿费。而且，司法当局有权在不进行任何补偿的情况下，将已经发现的正处于侵权状态的商品排除出商业渠道，排除程度以避免对权利持有人造成任何损害为限或者只要不违背现行宪法的要求，有权责令销毁该商品。

（3）临时措施

司法当局应有权下令采取及时有效的临时措施，以制止侵犯任何知识产权活动的发生或保存被诉为侵权的有关证据。司法当局可要求提出请求的申请人提供其他必要信息，任何可以合法获得的证据，提供足以保护被告和防止申请人滥用权利的诉讼保证金或提供与之相当的担保。

(4) 与边境措施相关的特殊要求

成员均应在符合下文之规定的前提下，采用有关程序，以使有合法理由怀疑假冒商标的商品或盗版商品的进口可能发生的权利持有人，能够向主管的司法或行政当局提交书面申请，要求海关中止放该商品进入自由流通。对其他侵犯知识产权的活动，成员也可以依同样的申请程序，对意图从其地域内出口的侵权商品，由海关当局中止放行。主管当局应有权要求申请人提供足以保护被告和该主管当局并防止申请人滥用权利的保证金或与之相当的担保。对于误扣商品造成的损失，有关当局应有权责令申请人向该商品的进口人、收货人及商品的所有人支付适当补偿。

(5) 刑事程序

全体成员均应提供刑事程序及刑事惩罚，至少对于有意以商业规模假冒商标或对版权盗版的情况是如此。可以采用的救济应包括处以足够起威慑作用的监禁，或处以罚金，或二者并处，以符合适用于相应严重罪行的惩罚标准为限。在适当场合，可采用的救济还应包括扣留、没收或销毁侵权商品及任何主要用于从事上述犯罪活动的原料及工具。成员可规定将刑事程序及刑事惩罚适用于侵犯知识产权的其他情况，尤其是有意侵权并且以商业规模侵权的情况。

5. 争端的防止和解决

各成员所实施的与本协定内容（即知识产权之效力、范围、获得、执法及防止滥用）有关的法律、条例，以及普遍适用的终审司法判决和终局行政裁决，均应以该国文字颁布，以保证其透明度；如果在实践中无颁布的可能，则应以该国文字使公众能够获得，以使各成员政府及权利持有人知悉。一方成员的政府或政府代理机构与任何他方政府或政府代理机构之间生效的与本协议内容有关的各种协议，也应予颁布。同时，通知与贸易有关的知识产权理事会，以便协助该理事会检查本协议的执行情况。

除本协定的特殊规定之外，1994 年关税与贸易总协定文本就解释及适用关税与贸易总协定第 22 条及第 23 条而达成的解决争端的规范和程序的谅解协议，应适用于就本协定而产生的争端的协商与解决。

5.4　国际技术贸易的管理

国际技术贸易不仅关系到贸易双方当事人的经济利益，而且与国家的经济利益、对外政策甚至国家安全密切相关。因此，无论是技术进口国还是技术出口国，都对国际技术贸易实施严格的干预和管制。国际技术贸易的管理包括技术出口国的管理、技术进口国的管理和国际社会的管理三种形式。目前，一套有普遍约束力的国际管理制度尚未形成。本节只介绍国家对国际技术贸易的管理。

5.4.1 技术进口国的管理制度

由于各国科学技术发展阶段和水平的差异,以及先进技术归属分布的不平衡及国际技术贸易中双方地位的差异,决定了各国技术贸易管理的原则和侧重点不尽相同。整体而言,在国际技术贸易实践中,发展中国家是主要的技术进口国。由于在国际技术贸易中的劣势地位,发展中国家对技术引进的干预和管制旨在抵御和防止技术出让方滥用其优势地位,在合同中附加不合理的限制性条款,并确保引进本国社会经济发展所急需的先进技术。

发展中国家对技术引进的管理主要有两种方式:一种是制定管制技术引进工作的专门法规,主要是颁布技术转让条例,如阿根廷、墨西哥等;另一种是将管制技术引进工作的内容作为外国投资法或工业产权法的一部分,如尼日利亚、利比亚等。但在实践中,以制定专门法规的方式为主,因为发展中国家长期处于外国的殖民统治之下,无独立和系统的经济立法,面对迅速发展的国际技术贸易,只能通过制定专门法规对其进行调整。根据各国的立法实践,政府对技术引进的管理,主要包括两方面的内容:一是对技术引进项目的管理与审批,限制或禁止本国不需要的技术的引进;二是对国际技术引进合同的管理,实行合同登记和审批制度。

5.4.2 技术出口国的管理制度

国际技术贸易是一国参加国际经济交往、发展对外贸易的重要形式,各国一般都鼓励本国的技术出口。世界上绝大多数先进和尖端技术掌握在少数发达国家手中,这些国家为了维护其国家安全和重大利益,往往对某些技术的出口实行限制。如发达国家为了保持本国技术在世界上的领先和垄断地位,防止技术出口培植自己的竞争对手发生"飞标效应",往往会对向后进国家出口先进和高端技术加以限制。可见,发达国家对技术出口的管理主要是禁止或限制那些被认为有害于或不利于本国经济与国家安全的先进和高端技术的出口,而并非禁止或限制所有技术的出口。

发达国家对技术出口的管理制度大体一致,都是通过颁布与实施特定的法规,建立相应的机构来实施管理。其管理方式主要有两种:一是对出口技术实行类别管理,制定技术出口清单,禁止或限制某些技术出口;二是对出口技术实行国别管理,禁止或限制技术向某些特定的国家或地区出口。发达国家在技术出口管理制度上的近似性缘于其都曾是巴黎统筹委员会的成员国。1949年11月,美国、英国、法国、意大利等16个发达国家成立了一个政府间的非正式协商组织——巴黎统筹委员会,简称巴统。成立巴统旨在协调各成员对社会主义国家的出口政策及立法,并对向这些国家出口的军事或战略物资及有重大军事意义的技术实行多边控制。其对出口进行管制的主要措施是制定出口清单，包括军用武器清单、原子能清单和国际清单。清单分为禁止、控制和监督三类，不同类别实施不同的出口管制。随着国际形势的变化，巴统已于 1990 年解散，但其管制出口的措施和做法沿袭下来，成为发达国家管理技术出口的主要方式。当然，除了类别和国别管理外，发达国家还利用其他手段，如税收、外汇、海关及进出口许可等多种制度或措施直接或间接干预和影响国际技术贸易活动。

5.4.3 我国技术进出口的管理

改革开放以来，全国人大常委会、国务院及有关部委先后颁布了一系列相关的法律、法规和规章，建立了我国技术进出口管理工作体系。组成这个体系的现行有效法律文件包括：《中华人民共和国对外贸易法》(2004 年)、《中华人民共和国技术进出口管理条例》(2002 年)、《中华人民共和国技术进出口合同登记管理办法》(2009 年)、《中华人民共和国禁止进口限制进口技术管理办法》(2009 年) 等。此外，国务院及相关部委还就核、核两用品及技术、军品及警用装备、生物两用品及相关设备和技术、有关化学品及相关设备和技术等特殊装备和技术的出口管理制定了相应的法规和规章。根据上述法律文件的规定，我国对技术进出口的管理主要是将技术进出口纳入国家经济技术发展统一规划，并根据国家的政策和有关行政法规或部门规章，对技术进口或技术出口项目、技术合同实行政府审批或登记而实现的。

1. 技术进口的管理

和世界上其他国家一样，我国对进口技术也实行分类管理，即将进口技术分为禁止进口技术、限制进口技术和自由进口技术，并实行不同的管理措施。

(1) 禁止进口的技术

根据商务部公布的《中国禁止进口限制进口技术目录》(2007 年) 的规定，属于下列情形之一的，国家禁止进口：进口后将危害我国国家安全或者社会公共道德的技术；进口后将严重影响人的健康或者安全，严重影响动、植物的生命或者健康，或破坏我国生态环境的技术；进口后将对我国社会公共利益造成重大影响的技术；依据国家法律、行政法规规定淘汰的生产工艺技术；依照法律、行政法规的规定，其他需要禁止进口的技术；根据我国所缔结或参加的国际公约、国际协定的规定需要禁止进口的技术。

(2) 限制进口的技术

根据《中国禁止进口限制进口技术目录》的规定，属于下列情形之一的，国家可以限制进口：进口后将对国家安全、社会公共利益或者公共道德造成不利影响的技术；进口后将一定程度上影响人的健康或者安全，影响动、植物的生命或者健康，或者将对我国生态环境产生不利影响的技术；为建立或者加快建立国内特定产业，需要限制进口的技术；为保障国家国际金融地位和国际收支平衡，需要限制进口的技术；依据国家法律、行政法规规定不符合产业政策的技术；依照法律、行政法规的规定，其他需要限制进口的技术；根据我国缔结或者参加的国际公约、协定的规定，其他需要限制进口的技术。国家对属于限制进口的技术，实行许可管理。凡限制进口的技术，进口人应按照规定向国务院对外经济贸易主管部门申请办理技术进口许可，未经许可，不得进口。技术进口合同自技术进口许可颁发之日起生效，进口人凭技术进口许可办理外汇、银行、税收、海关等手续。

(3) 自由进口的技术

不属于禁止进口或者限制进口的技术，则为自由进口的技术。对属于自由进口的技术，实行合同登记管理，进口人应当向国务院对外经济贸易主管部门办理登记，并提交相关文件。需要注意的是，技术进口的登记只是国家对技术进口实施管理的一项措施，而并非技术进口合同的生效条件，技术进口合同自依法成立时生效，但进口人凭技术进口登记证办理外汇、银行、税收、海关等手续。

2. 技术出口的管理

我国在鼓励技术出口的同时，也对部分技术的出口采取禁止或限制措施。出口技术同样分为禁止出口的技术、限制出口的技术和自由出口的技术，并根据技术类别的不同采取不同的管理措施。

(1) 禁止出口的技术

根据商务部和科技部2008年9月16日联合公布的《中国禁止出口限制出口技术目录》的规定，属于下列情形之一的技术，国家禁止出口：为维护国家安全、社会公共利益或者公共道德，需要禁止出口的；为保护人的健康或者安全，保护动物、植物的生命或者健康，保护环境，需要禁止出口的；依据法律、行政法规的规定，其他需要禁止出口的；根据我国缔结或者参加的国际条约、协定的规定，其他需要禁止出口的。属于禁止出口的技术，不得出口。

(2) 限制出口的技术

根据《中国禁止出口限制出口技术目录》的规定，属于下列情形之一的技术，国家限制出口：为维护国家安全、社会公共利益或者公共道德，需要限制出口的；为保护人的健康或者安全，保护动物、植物的生命或者健康，保护环境，需要限制出口的；依据法律、行政法规的规定，其他需要限制出口的；根据我国缔结或者参加的国际条约、协定的规定，其他需要限制出口的。国家对限制进口的技术，同样实行许可管理，未经许可，不得出口。技术出口许可的申请和审批的程序与技术进口许可的申请和审批程序大致相同。技术出口合同自技术出口许可颁发之日起生效，出口人凭技术出口许可办理外汇、银行、税收、海关等手续。

(3) 自由出口的技术

不属于禁止出口或者限制出口的技术，则为自由出口的技术。对属于自由出口的技术，实行合同登记管理，出口人应当向国务院对外经济贸易主管部门办理登记，并提交相关文件。技术出口合同自依法成立时生效，不以登记为合同生效的条件，但出口人需凭技术出口登记证，办理外汇、银行、税收、海关等手续。

(4) 特殊技术的出口管理

为了维护国家安全和社会公共利益，国家对特殊技术的出口采取必要的管制措施。目前，国务院及相关部委已就此公布了一系列行政法规和规章，包括：《中华人民共和国生物两用品及相关设备和技术出口管制条例》(2002年)及《中华人民共和国生物两用品及相关设备和技术出口管制清单》(2006年)、《中华人民共和国核出口管制条例》(1997年)及《核出口管制清单》《2001年》、《中华人民共和国核两用品及相关技术出口管制条例》(2007年)、《中华人民共和国军品出口管理条例》(2002年)及《军品出口管理清单》(2002年)、《有关化学品及相关设备和技术出口管制办法》(2002年)等。依据这些行政法规和规章，国家对核出口、核两用品及相关技术出口、军品及警用装备出口、生物两用品及相关设备和技术出口、有关化学品及相关设备和技术出口等特殊技术出口实行管制。

练 习 题

一、单项选择题

1. 《保护文学艺术作品伯尔尼公约》是著作权领域第一个世界性多边国际条约，也是至今影响最大的著作权公约。下列关于该公约的说法哪一个是不正确的？（   ）
    A. 该公约采用自动保护原则
    B. 该公约不保护演绎作品
    C. 非成员国国民的作品在成员国首次发表可以受到公约的保护
    D. 该公约保护作者的经济权利

2. 下列许可证协议中，受让方所获使用权范围最大的是（   ）。
    A. 独占许可证协议　　　　B. 排他许可证协议
    C. 普通许可证协议　　　　D. 交叉许可证协议

3. 下列选项中，许可证交易的标的物是（   ）。
    A. 专利、商标和专有技术
    B. 专利、商标和专有技术的所有权
    C. 专利、商标和专有技术的使用权
    D. 专利、商标和专有技术的转让权

4. 专有技术的特征是（   ）。
    A. 专有技术不受法律保护
    B. 专有技术的所有人不具有独占权
    C. 专有技术不具有严格的保护期限和保护区域

D. 专有技术的被许可人不具有保密义务

5. 下列关于限制性商业做法的说法，正确的是（   ）。
   A. 限制性商业做法是法律禁止的做法
   B. 限制性商业做法具有限制竞争的效果
   C. 限制性商业做法的产生是为了规避国家的技术管制
   D. 限制性商业做法只对被许可方有影响，不影响其他人的利益

二、多项选择题

1. 假设甲国为《保护文学艺术作品伯尔尼公约》的成员国，乙国为非成员国。依该公约的规定，下列哪些作品可以享有国民待遇？（   ）
   A. 甲国公民在甲国和乙国同时出版的文学作品
   B. 乙国公民首先在甲国出版的文学作品
   C. 在甲国有住所的乙国公民的文学作品
   D. 乙国公民在乙国发表的文学作品

2. 根据WTO《与贸易有关的知识产权协议》（TRIPS），未披露信息要得到保护必须符合下列哪些条件？（   ）
   A. 该信息具有秘密性
   B. 该信息具有商业上的价值
   C. 合法控制信息的人已采取了适当的措施保持信息的秘密性
   D. 该信息应当在控制人所在国政府部门进行登记

3. 下列属于《保护工业产权的巴黎公约》规定的工业产权是（   ）。
   A. 实用新型   B. 服务标记
   C. 原产地名称   D. 商标

4. 为了防止或制止知识产权侵权的发生，政府有关当局可以采取下述哪些措施？（   ）
   A. 阻止可疑货物进入商业渠道
   B. 海关中止对可疑物品的放行
   C. 要求货物的进口商提供保证金
   D. 可以在事先没有通知的情况下采取临时措施

5. 下列国际公约中，我国已加入的有下列哪几项？（   ）
   A. 《保护工业产权的巴黎公约》   B. 《世界版权公约》
   C. 《保护文学艺术作品伯尔尼公约》   D. 《与贸易有关的知识产权协议》

三、思考题

1. 简述国际许可协议的特征与种类。
2. 简述国际技术许可协议中的限制性商业条款及其主要形式。
3. 简述TRIPS协定的主要内容。

4. 我国技术进出口的管理措施有哪些？
5. 简述伯尔尼公约与世界版权公约保护内容与方式的不同之处。

四、案例分析题

1. 著名的美国可口可乐公司成功地运用了技术秘密来保护自己的产品。尽管对于"可口可乐"饮料，几乎全世界都家喻户晓，而可口可乐的产品配方历经数十年，对外界仍是一个谜。可口可乐公司对外许可生产过程中，对其配方采用半成品保护，即不提供生产技术和配方，只提供浓缩的原浆让被许可方配成可口可乐成品。当然配方得以保护的原因还在于可口可乐公司将技术秘密结合了商标专用权保护。其配方永远都是秘密的，即使你能生产一个类似于可口可乐的饮料，甚至你认为比可口可乐更好喝，也不可能是可口可乐，而只能是其他什么。试根据这一案例谈谈你对专有技术的认识。

2. 2007年3月，美国甲公司与中国乙公司签订了排他许可合同，允许乙公司于未来五年内在中国使用其技术生产某种高级芯片，如有争议交由中国国际经济贸易仲裁委员会在北京仲裁解决。2010年4月，因发现中国市场巨大，甲公司在中国投资设厂，使用相同技术生产同类芯片。2011年5月，甲公司因战略调整，将其在华工厂设备卖给丙公司，并允许丙公司使用相同技术生产芯片。

请回答如下问题：

(1) 什么是排他许可合同？

(2) 设该技术为自由进出口技术，如果乙公司未将该技术合同在中国主管部门登记，该合同是否有效？为什么？

(3) 2010年4月甲公司在中国使用相同技术生产同类芯片是否合法？为什么？

(4) 2011年5月甲公司能否再行许可丙公司在中国使用相同技术生产芯片？为什么？

(5) 如果因丙公司使用甲公司许可的技术而给乙公司造成了严重损害，乙公司应向谁请求赔偿？为什么？

第 6 章

国际服务贸易法

> 【学习目的与要求】
>
> 作为一种较为新颖的贸易形式,国际服务贸易在"二战"之后形成并有了迅猛的发展,但其与传统的货物贸易有着明显的区别,因而在法律制度上也具有自身的特殊性。通过本章的学习,应该了解服务贸易的特征,掌握 WTO 中关于服务贸易的国际规则——《服务贸易总协定》,同时了解中国服务贸易的现状与未来的发展前景。

6.1 国际服务贸易的概念与特征

6.1.1 服务与服务业

服务是人类生活中一种不可缺少的社会现象,主要是指人类以提供劳动力的方式满足生产和生活的各种需要的一切经济活动。随着人类生产力和科学技术的发展,已经逐渐形成相对独立于农业、制造业和采矿业的一种新兴行业——服务业。包括了金融、交通运输、邮电通信、咨询教育、娱乐文化等服务部门,并且其在国际经济交往中的地位越来越重要。

然而,服务业得到迅速发展的同时,与服务相关的一些概念却并没有被统一定义。我们认为相对于货物,服务指的是以提供活劳动形式满足他人需要的,并取得报酬的活动。由此可见，服务是一种非常特殊的商品，它的使用价值表现为行为而不是物。与货物贸易相比，服务是一种经济活动，是一种过程。服务的这些基本特性决定了服务与有形货物的区别，也使得服务业与其他产业明显不同，而至今为止关于从事生产服务产品的行业和部门——服务业，一直也没有明确它的范围，各国与各国际经济组织的划分均不相同。

一般来说，基于提供服务的主体的不同，服务可以分为政府服务、公共服务和商业服务。政府服务是中央及地方各级政府部门提供的行政服务和军事部门为实现其职能而提供的服务。公共服务则是由政府专营或特许的公司，为公众利益而提供的服务，如自来水、电力、天然气、公共交通等服务。作为服务贸易的服务则是指普通的商业服务，即一方基于商业目的向另一方提供的服务，可以区分为国内服务贸易和国际服务贸易。

为了更好地规范国际服务贸易行为，世界贸易组织在《服务贸易总协定》中以列举的方式将全世界的服务行业进行了分类，确定总协定的适用范围。依据世界贸易组织的规则，全球服务业共分为12大类：商业服务；通信服务；建筑及相关工程服务；分销服务；教育服务；环境服务；金融服务；健康与社会服务；旅游及与旅行相关的服务；娱乐、文化与体育服务；运输服务；其他服务。在12个大类栏目下进一步细化为160多个子项目。凡是非商业性质的服务均被排除在《服务贸易总协定》之外。

6.1.2 国际服务贸易的概念

随着各国服务业发展速度的加快，服务业在各国国民经济中的重要性越发突出。服务业在国内的繁荣，带动了服务贸易的迅猛发展。国际服务贸易是相对于国内服务贸易而言的，主要指的是国家间服务输入和服务输出的贸易形式。服务可以在国家之间互通有无，在经济全球化的进一步影响下，服务业及服务贸易日趋国际化，国际服务贸易迅速发展成为国际经济交往中不可缺少的组成部分。

关于国际服务贸易，如同服务本身一样，在国际上并无统一的、确切的定义。但是在世界贸易组织乌拉圭回合达成的《服务贸易总协定》中，为了更好地明确总协定的适用范围，从服务提供方式的角度，采取列举的方法，将国际服务贸易定义为以下四种情形。

(1) 跨境提供

跨境提供是指从一成员方境内向任何其他成员方境内提供服务。在这种形式下，服务提供者和消费者分别在各自的国家境内，并不移动过境，一般依托科技技术来达到传递服务的目的。例如，跨国网络服务、信息咨询服务等。

(2) 境外消费

境外消费是指从一成员方境内向其他成员方的服务消费者提供服务。在这种服务提供形式下，服务的消费者跨过国境进入提供者所在的国家或地区接受服务。旅游服务、出国留学是其中的典型代表。

(3) 商业存在

商业存在是指一成员方的服务者在任何其他成员方境内以商业实体的形式提供服务，也即服务提供者在外国建立商业机构为消费者提供服务。这种商业实体或商业存在，实际上就是外商投资企业。其企业形式可以采取独立的法人形式，也可以仅仅是一个分支机构或代表处。服务的提供是以直接投资为基础的，其提供涉及资本和专业人士的跨国流动。如外国公司到中国设立零售超市、银行、保险公司以提供零售服务或者金融服务等，这种方式是四种方式中最为重要的一种，因为其代表了服务业领域贸易和投资的关联性。

(4) 自然人流动

自然人流动是指一成员方的服务提供者在任何其他成员方境内以自然人存在的方式提供服务。这种形式涉及提供者作为自然人的跨国流动。与商业存在不同的是，它不涉及投资行为。例如外国的歌唱家到中国来举办演唱会，这种方式贸易规模较小，时间有限，却是最频繁发生的一项服务方式。

事实上，许多服务贸易部门，都可能同时具有以上几种提供方式。

6.1.3 国际服务贸易的特征

当服务跨越国界形成国际服务贸易时，其活动便具有不同于国内服务贸易的特点。同时，由于服务具有明显不同于货物的特征，服务贸易也明显地区别于货物贸易。与国际货物贸易相比，国际服务贸易的特点主要有以下几个方面。

(1) 国际服务贸易需要以直接联系的方式进行

货物的国际贸易涉及货物从一国到另一国的物理流动，货物可以储存、运输并通过出口商批发、零售，最后到消费，无论是生产消费的时间还是地点都是可以分割的。而国际服务贸易则不同，它的交易更多地依赖于要素的移动和服务机构的设置。服务贸易的标的物具有无形性、无法储存性和同时性等特点，因而服务提供者需要和消费者直接联系才能完成服务。这种直接联系的实现除了依靠人员、资金的流动之外，更重要的是依靠直接的服务业国际投资。而国际服务贸易中产生的一系列问题也是有形货物贸易中不可能出现的，这些问题主要有：服务提供者在进口国的"开业权"问题，涉及劳动力转移、移民政策、投资限制等敏感话题。

(2) 对国际服务贸易的监管方式与货物贸易不同

对货物贸易的监管主要是通过对物的管理来间接规范人的行为，针对的是具体的物，因为货物是有形的物体。例如货物管制中采取的一般数量限制、配额限制、关税限制，管制的都是货物本身。而对服务贸易的管制则主要是通过直接规范人的行为来实现的，因为无形的服务不利于有形的监管，只有通过服务提供者才能更好地规范国际服务贸易行为。对服务贸易的管理一般无法通过海关来监管，而是通过一般的国内法律和规章来实现监管的。

(3) 监管国际服务贸易的国内立法与货物贸易也不相同

由于对服务贸易的监管主要是通过对服务提供者的监管来实现的，而服务贸易主要依赖于服务机构的设立，与此相关的法律在国内法层次上就主要体现在一国的外资法律制度方面，这在中国尤其突出。中国的外资法律中的 2002《指导外商投资方向的规定》、2007《外商投资产业指导目录》对鼓励、允许、禁止外资进入的领域都有细致的规定，服务业是其中一个十分重要的部分。中国现存的很多有关外来投资的管理条例都是关于服务业领域的：《中华人民共和国外资保险管理条例》、《外商投资电信企业管理规定》、《外国律师事务所驻华代表机构管理条例》、《中华人民共和国外资金融机构管理条例》等。外国服务提供者进入中国市场均需要遵守此类法律的规定，要对服务贸易进行国际立法的协调就需要对各国国内的外资法提出要求。

6.2 《服务贸易总协定》

6.2.1 乌拉圭回合关于服务贸易的谈判

1. 乌拉圭回合服务谈判的历史背景

长期以来，国际贸易法主要调整的是有形的货物贸易行为，而在国际贸易中地位日趋上升的无形的服务贸易却一直没有被纳入国际贸易法律体系之中。由于服务业发展带来的服务贸易市场的激烈竞争，服务贸易方面的保护主义也日益盛行，各种服务贸易壁垒应运而生，极大地阻碍了国际服务贸易的进一步发展。进入 20 世纪 80 年代以来，各国开始了通过谈判制定双边或多边条约的努力，以规范各国在国际服务贸易方面的权利与义务，消除各种服务贸易壁垒，从而达到促进国际服务贸易和世界经济发展的目的。乌拉圭回合中关贸总协定在第八轮谈判中启动议题，并达成了第一个有关服务贸易的协议。服务贸易总协定的达成是国际服务贸易发展的客观需要，也是经济全球化的必然产物。

2. 乌拉圭回合关于服务贸易的谈判过程

服务贸易的谈判过程经历了以下三个阶段。

1986 年 10 月到 1988 年 11 月，重点在关于服务贸易的定义、范围、与服务贸易有关的国际规则或协议等问题。由于国际社会中本身对服务业和服务贸易缺乏统一的定义，因此，这一阶段各国的分歧较大。1988 年 12 月到 1990 年 6 月是中期评审阶段，重点在透明度、逐步自由化、国民待遇最惠国待遇、市场准入等原则在服务部门的运用方面。1990年7月到12月，谈判各方基本达成共识，但对于各国在开放与不开放服务部门的列举方式上出现了是"肯定列表"还是"否定列表"之争。

最终在1991年底形成了《服务贸易总协定（草案）》，规定了最惠国待遇、透明度、发展中国家的参与、国民待遇、市场准入、争端解决等重要条款，基本上确立了其结构。之后，各国又展开了关于开放服务贸易市场具体承诺的双边谈判阶段，经过各国继续磋商与谈判，这个草案又进行了适度的修改。1994年4月15日，大约111个国家和地区在摩洛哥的马拉喀什正式签署了《服务贸易总协定》(General Agreement on Trade in Services，GATS)，多年的谈判终于取得了成果。

GATS的最终达成将服务贸易内容正式纳入世界贸易组织框架之中，对主要的成员在开展国际服务贸易方面必须遵守的基本规则作出了规定，经过具体的出价要价，各国还拿出了自己在服务贸易总协定下的具体承诺表，形成迄今为止第一套有关国际服务贸易的具有法律效力的多边规则，从而弥补了对国际服务贸易整体活动缺少规范规则的缺陷。GATS的达成同时标志着当代国际贸易体制的日臻完善，世界贸易组织的管理范围从传统的货物贸易延伸至服务贸易领域，管理范围有了明显的飞跃。GATS所确立的原则和规定，为国际服务贸易的发展创立了可供共同遵循的国际准则，成为促进国际服务贸易发展的重要手段，同时有力推进了国际贸易的迅猛发展和全球经济一体化的历史进程。

6.2.2 《服务贸易总协定》的主要内容

GATS是一个框架性的法律文件，主要由协定的序言、正文及作为该协定组成部分的附录三大部分组成。序言中主要介绍了服务贸易总协定的基本宗旨——促进国际服务贸易的自由化发展，正文则由6个部分构成，目前主要存在8个重要的独立附录。在GATS最后还附上世界贸易组织各成员关于市场准入及国民待遇承诺表。为了更好地实现GATS规则，世界贸易组织专门成立了服务贸易理事会。

1. 序言

GATS在序言部分表明其宗旨：在透明度和逐步自由化的前提下，建立一个有关服务贸易原则和规定的多边框架。考虑到各国服务法律发展的不平衡及发展中国家和最不发达国家的经济状况和发展，在互利及权利义务总体平衡的基础上，开展多边谈判，以促进所有贸易伙伴的经济增长和发展。

2. 正文

在GATS正文的第一个部分，首先用描述性的语言列举了总协定下提供服务贸易的四种方式，以明确GATS的适用范围。对于成员的具体义务，GATS制定了一般义务和具体承诺两种不同的规则。

1) 适用范围

以四种服务提供方式将服务贸易进行定义,明确本协定适用于各成员方影响服务贸易的措施。确定"服务"包括任何部门的任何服务,但在行使政府职权时提供的服务除外。"行使政府职权时提供的服务"是指既不依据商业基础提供,也不与一个或多个服务提供者竞争的任何服务。而"成员的措施"则是指中央、地区或地方政府和主管机关所采取的措施,以及由中央、地区或地方政府和主管机关授权行使权力的非政府机构所采取的措施。

在履行本协定项下的义务和承诺时,每一成员应采取其所能采取的合理措施,以保证其领土内的地区、地方政府和主管机关及非政府机构遵守这些义务和承诺。

2) 一般义务和纪律

一般义务与纪律,是与具体承诺相对应的,规定在 GATS 正文的第二个部分。这一部分的规则适用于所有成员的所有服务业部门和所有的服务提供方式,属于普遍性义务,不需要成员明示承诺,除非有例外规定或豁免授权,各成员均应该予以遵守。一般义务与纪律主要涉及最惠国待遇、透明度、发展中国家的参与、国内规章、例外情形等。

(1) 最惠国待遇

根据 GATS 第 2 条的规定:"各成员方应立即和无条件地给予任何成员方的服务和服务提供者以不低于其给予任何其他国家相同的服务和服务提供者的待遇。"

这种最惠国待遇可以与各成员方的具体承诺表紧密联系,操作起来更加具有可行性。尤其是通过市场准入的这些具体承诺可使成员方提供的最惠国待遇的问题具体化和有形化,避免使其成为一个空壳。当然成员方未做承诺的部门仍游离在最惠国待遇之外,给了成员方一个很大的自由空间。

GATS 本身对于最惠国待遇还设置了一些例外规定,主要是 GATS "关于免除第 2 条义务的附件"的规定,"各成员方可在服务贸易总协定生效时,列出其拟采取的与最惠国待遇义务不符的措施,且基本上未设定任何实质性限制"。即原始成员方可在协定生效之前一次性提出自己的豁免清单;协定生效之后的任何豁免都必须由 3/4 以上的 WTO 成员同意。综合 GATS 运行情况来看,许多成员利用这一规定提交了豁免清单,这将使无条件最惠国待遇的效力受到减损。

除此之外,成员方提供给邻国的优惠、经济一体化安排及政府采购服务等情形可以成为遵守最惠国待遇的例外。可见,在世界贸易组织内部各成员方之间,无条件的最惠国待遇仍需进一步的努力。

(2) 透明度

GATS 第 3 条规定:"除非在紧急情况下,各成员方应迅速并最迟于其生效时,公布所有普遍适用的有关或影响本协定实施的措施。一成员方为其签字方的涉及或影响服务贸易的国际协定也应予以公布。"

同时，GATS 还要求，成员方应立即或至少每年一次向服务贸易理事会报告其显著影响在该协定下具体承诺的新的法律、法规或行政规定及其修改，并且要在协定生效后的两年内建立一个或多个"咨询站"。当然，成员方并没有义务提供一些机密资料。

除了第 3 条的原则性规定，总协定在后面的条款中也有一些具体规定。例如，第 9 条要求成员方应提供与限制贸易惯例的有关资料，第 15 条要求提供所有与服务贸易有关的补贴的资料。

（3）发展中国家的更多参与

GATS 对发展中国家在服务贸易发展水平上与发达国家的差异予以了承认，要求各成员方共同努力以提高发展中国家参加世界贸易的能力。为此，第 4 条作了以下特别规定。

要求发达国家采取一定措施来促进发展中国家更多地参与世界贸易。例如，在获得商业技术方面提高发展中国家的能力，改善发展中国家对分销渠道和信息网络的利用，对发展中国家有出口利益的部门及提供方式方面实现市场准入的自由化。

要求发达国家及可能程度上的其他成员方，在世界贸易组织生效两年内设立联系点以便发展中成员获取有关的服务贸易信息。

尤其强调最不发达成员在前两种措施下的优先权。

而且，GATS 第四部分"逐渐自由化"中给予了发展中成员一定的优惠，允许给予他们适当的灵活性，开放较少的部门，放宽较少类型的交易等。

（4）国内规章

为了防止国内法律和规章妨碍服务贸易自由化目标的实现，GATS 为成员方的国内规章规定了一般纪律。一方面，尊重各成员方行使制定各种新法规以符合其国内政策目标的权利，另一方面要求成员方承担相应的义务，主要是成员方在作出具体承诺的部门确保以合理、客观和公正的方式实施所有普遍的影响服务贸易的措施。同时，着重对司法仲裁程序、申请许可和资格认证程序三方面作了详细规定。

（5）其他

在第二个部分除了对以上四个方面作了一般义务规定之外，还对经济一体化、承认垄断和专营服务提供者、商业惯例、紧急保障措施、收支平衡、政府采购与补贴、一般例外和安全例外等作出了细致规定。

3）具体承诺

这部分并非承诺本身，而是关于在作出某一项具体承诺时所应遵守的相关原则的规定。正文的第三部分是关于具体承诺的规定，也即是通过具体承诺表来承担特定的相应义务，主要是关于市场准入、国民待遇的具体承诺，另外还有相关的附加承诺。与一般义务不同的是，成员方仅在自己承诺的服务业领域和服务提供方式下遵守该种规定。这种方式能够照顾到不同成员方的不同发展水平，因而能被成员方接受。

（1）市场准入

对于市场准入的确切含义,至今并没有被广泛接受。一般来说,服务贸易领域的市场准入是指一国允许其他国家的服务和服务提供者参与本国服务市场的问题,即一国通过实施各种法律和规章制度对本国服务市场对外开放程度的宏观掌握和控制。

依据 GATS 第 16 条第 1 款,就通过服务贸易总协定第 1 条所界定的四种服务提供方式的市场准入方面,每一成员方给予其他成员方的服务提供者的待遇应不低于其根据具体承诺所同意和规定的期限、限制和条件。由于整个第三部分是依具体承诺而定,表明服务贸易总协定的成员方并不承担开放服务市场的一般义务,其是否允许外国服务者以某种方式进入某个特定部门完全取决于其在具体承诺表中所作的具体承诺。

在第 2 款中规定成员方若已就某一特定服务部门作出了市场准入的具体承诺,则除了其在承诺表中另有列明外,在这一特定服务部门一般是不能维持或采取下列 6 种限制措施:限制服务提供者数量;限制服务交易或资产的总金额;限制服务交易的总数额或以数量单位表示的服务提供的总产出量;限制某服务部门或提供者为提供特定服务而需雇用自然人总数;限定外国服务提供者必须经过特定法人实体或合营企业才可提供服务;限制外国资本参与的最高股份比例或累计投资额。

这 6 种措施包括了多方面对服务贸易的壁垒,前 4 种措施概括来讲都是关于数量方面的限制,另外两种措施则直接涉及了服务业国际投资的市场准入和经营运作。

(2) 国民待遇

第 17 条第 1 款将其定义为"在列入承诺的部门中,在符合所列条件和资格的前提下,每个成员方在所有影响服务贸易的措施方面,给予任何其他成员方的服务和服务提供者的待遇不得低于其给予本国相同服务和服务提供者的待遇",规定的是一种有限制性的国民待遇。即成员方依其义务计划表所列的部门、条件和资格给予国民待遇,而不是将国民待遇普遍适用于所有服务和服务提供者。但一旦成员方作出承诺,国民待遇具体义务就随之产生。

根据第 17 条后两款的规定,国民待遇和同一待遇的概念是不同的。规定国民待遇的主要目的在于确保外国的服务提供者免受进口国法律规章和管理等方面所施加的歧视性措施的影响,并不是要求与其适用于国内机构的待遇在形式上完全一样,只要求其不至于损害外国服务提供者的竞争条件,追求的是一种实质上的平等待遇。

除了市场准入和国民待遇,第 18 条还规定了一些附加承诺,是对有关承认、标准或许可措施所作的承诺。

对于上述两项规定,各成员方经过谈判后采用肯定列举的方式,即在承诺表内为开放的服务部门或分部门,适用市场准入和国民待遇,没有列举的则为不开放部门,不需适用,还可以对列举在表内的部门或分部门,再列举所承担的具体义务和限制的条件,这就是"具体承诺细目表"。具体承诺表上的内容将随着成员方谈判的深入而逐渐扩大,每个成员根据自己的承诺表承担的义务可能有所不同,但一旦承诺某项义务,则应遵守共同规则。

4) 其他规定

正文中的另外三个部分主要涉及逐步自由化、机制条款和最后条款。

逐步自由化是关于具体承诺的延伸,第四部分着重规定了具体承诺的修改规则,包括具体承诺的谈判、具体承诺作为协定的附件、各成员方在作出承诺的部门中应明确的问题,如承诺的期限、限制条件等。其中"成员方应在世界贸易组织协定生效之日起的五年内开始进行连续回合的谈判,并在以后定期举行"的规定,对于在以后的谈判中将部门谈判和回合谈判相结合、逐渐扩大自由化的范围、提高各成员方的承诺水平十分重要。

有关异议争端的解决在第五部分机制条款中有了规定,可以提交WTO的争端解决机构,同时也对服务贸易理事会、技术合作及与其他国际组织的关系作了规定。

第六部分的最后条款就协定中的一些词的含义、范围进行了适当的界定。

3. 附件

到目前为止,在GATS框架下共有8个主要附件。

(1) GATS《关于第2条豁免的附件》

即关于服务贸易总协定第2条最惠国待遇豁免的附件。本附件规定了成员在GATS生效时豁免其在第2条第1款下义务的条件,而《WTO协定》生效之日后提出的任何新的豁免应根据该协定第9条第3款处理。①

关于第2条的豁免必须在该豁免规定的日期终止。原则上,这种豁免不应超过10年。在豁免期终止时,成员应通知服务贸易理事会以使该不一致的措施符合本协定第2条第1款。同时要求对于成员方的豁免清单,如若豁免期限超出5年,服务贸易理事会应进行审议。服务贸易理事会在审议中应审查产生该豁免的条件是否仍然存在,并确定任何进一步审议的日期。

(2) 自然人流动的附件

在服务提供方面,适用于影响作为一成员服务提供者的自然人的措施及影响一成员服务提供者雇用的一成员的自然人的措施。该附件所处理的主要是关于自然人在一国临时停留权利的谈判,这种临时停留是由于提供服务的需要。附件特别指出,它不适用于寻求永久就业的人,也不适用于各国就获得公民权、永久居留权或永久就业权所规定的条件。

(3) 空运服务的附件

该附件主要澄清空运服务中不属于GATS管辖范围的内容。国际空运服务的绝大

---

① 《WTO协定》第9条第3款:在特殊情况下,部长级会议可决定豁免本协定或任何多边贸易协定要求一成员承担的义务,但是任何此类决定应由成员的四分之三的多数作出,除非本款另有规定。

部分内容,由成员方根据《芝加哥公约》[①]谈判所达成的双边安排所管辖。因此,《关于空运服务的附件》规定,有关航空交通权的双边协定不属于 GATS 管辖范围。目前,在空运服务部门,《服务贸易总协定》仅适用于飞机的维修和保养、空运服务的销售和营销(不包括空运服务的定价及其条件)及计算机预订系统三项服务。

《关于空运服务的附件》还规定,只有涉及成员方在上述三项服务中所具体承担的义务,且在所有双边或其他多边协定规定的程序已经用尽后,才能利用世贸组织的争端解决程序。服务贸易理事会应至少每五年对航空服务部门的发展和《关于空运服务的附件》的运行情况审议一次,这为 GATS 的管辖范围向该部门扩展留下了余地。

(4)两个金融服务的附件

由于金融机构的稳定与经济增长和发展紧密相关,在乌拉圭回合就服务贸易问题进行谈判时,谈判各方普遍认为金融服务这一重要部门需要特别对待,应对银行、保险公司及其他资金和金融信息的提供者进行严密监管。金融服务的客户也需要得到保护,以提防那些或缺乏足够资金支持或管理混乱或不诚实的服务提供者。

《关于金融服务的附件》主要是为满足上述这些需要而制定的。该附件规定,中央银行及其他执行货币或汇率政策的政府机构的活动,视为"行使政府权力时提供的服务",不属于《服务贸易总协定》的管辖范畴。作为法定社会保障或公共退休金计划组成部分的服务活动,以及其他由公共实体代表政府或利用政府资金进行的服务活动,也不对外国服务提供者开放。本国非政府的金融服务提供者亦不允许参与这些活动。

该附件的核心条款是通常所说的"谨慎例外":尽管有 GATS 的规定,成员方仍然可以采取谨慎措施来保护投资者、存款人、投保人等的利益,保证其金融体系的完整和稳定,但不能用来逃避在 GATS 下应承担的义务。它是 GATS 规则的又一个例外,目的在于确保政府能够保护其金融体系和客户。同时还规定,一成员可通过双边协议承认或自主承认其他成员所采取的谨慎措施,这意味着该成员可给予其他成员的金融服务提供者优先待遇。在自主承认情况下,一成员也应给予其他成员机会,来证明该成员的谨慎措施同样有效。此外,该附件中将金融服务分为保险及其相关服务、银行及其他金融服务两大类,16 种具体形式,并作了比较详细的描述。

而《关于金融服务的第二附件》则规定,在达成更广泛的金融服务承诺前,各成员仍可将一些与最惠国待遇原则不相符的措施列入最惠国待遇例外清单,并且还可自由改变已列入减让表的金融服务承诺。《关于金融服务的附件》长期有效,《关于金融服务的第二附件》则具有过渡性质。

(5)海运服务的附件

---

① 即 1944 年 12 月 7 日通过的《国际民用航空公约》,因其在美国城市芝加哥签订,故又称其为《芝加哥公约》。公约主要是有关国际民用航空在政治、经济、技术等方面问题的内容。根据芝加哥公约的规定,1947 年 4 月 1 日,成立了国际民航组织。

《关于海运服务谈判的附件》是一个暂时性的简短附件，目的是使海运服务谈判在乌拉圭回合结束后得以继续进行。海运谈判原定于1996年6月结束，但参加方最后未能就一揽子承诺达成协议，这一谈判将随2000年新一轮服务贸易谈判的开始而恢复。一些国家现有的减让表中已经包括了部分关于海运服务的承诺，特别是在三个主要领域，即港口的进入和使用权、海运附属服务及远洋运输服务。

（6）电信和基础电信附件

电信服务有双重作用：一方面它是经济活动中独立的一个部门，另一方面它又是支持其他经济活动的基本手段（如电子转账）。《关于电信服务的附件》规定，政府应该保证外国服务提供者可以不受歧视地接入公共电信网。根据该附件，上述权利适用于电话、电报、电传和数据传输等公共电信服务，但不适用于广播和电视节目的传输服务。成员方应公布有关接入、使用公共网络和服务的条件。该附件允许发展中成员为加强其电信能力，对电信网络及服务的接入和使用采取一些限制措施，但这些限制措施应在减让表中详细列明。该附件还鼓励和支持发展中成员之间在电信网络方面开展技术合作。乌拉圭回合结束后，关于电信服务具体承诺的谈判又重新恢复，并最终于1997年2月达成了新的一揽子自由化协议。

在基础电信领域，各国在乌拉圭回合中没有作出任何承诺，其原因主要是政府垄断部门的私有化在许多国家都是一个十分棘手的问题，而增值电信服务通常由私营部门经营，所以包括在了许多国家最初的服务贸易减让表中。为了使开放基础电信的谈判在乌拉圭回合后得以进行，成员方达成了《关于基础电信谈判的附件》。该附件允许成员方在有关基础电信的谈判结束前，提出其在基础电信领域的最惠国待遇例外。基础电信谈判于1997年2月结束，各国新的承诺于1998年1月开始生效。

《关于电信服务的附件》是长期有效的，《关于基础电信谈判的附件》则具有过渡性质。

6.2.3　WTO成立之后关于服务贸易谈判的新进程

为了推行GATS中制定的目标和取得"更高的自由化水平"，GATS第19条就发动新一轮服务贸易谈判作了规定[①]。根据该规定，世界贸易组织（WTO）自1995年成立之后，于2000年1月正式发起了新一轮服务贸易谈判。2001年11月，在卡塔尔举行的多哈部长级会议上，WTO发起了名为"发展回合"的新一轮贸易谈判，服务贸易谈判被纳入一揽子谈判的议题之内。服务贸易谈判主要分为两条线，一是规则的谈判，主要目的是为了进一步完善GATS有关法律规定，谈判的重点是国内法

---

① GATS第19条第一款：为推行本协定的目标，各成员应不迟于《WTO协定》生效之日起5年内开始并在此后定期进行连续回合的谈判，以期逐步实现更高的自由化水平。

规、建立紧急保障措施机制（ESM）、服务的补贴和政府采购等；另一条线是市场准入的谈判。

服务贸易谈判总体上处于进展之中，但由于服务贸易的复杂性及发达国家和发展中国家存在着利益冲突等原因，服务贸易的规则谈判进展缓慢，具体承诺的谈判参加方也很有限，成员方提交的出价单内容质量并不高。其谈判虽然面对较大的波折，但也取得了一些成果。

1. 《多哈工作议程》

经过较长时间的艰苦谈判，世界贸易组织的成员方最终在2004年8月1日以总理事会的形式就多哈谈判议题达成了一份框架性的协议——《多哈工作议程》，其中的附件C部分《服务贸易理事会特别委员会的建议》对服务贸易谈判提出了新的要求。

① 敦促还未提交服务贸易出价的成员方迅速提交出价表。

② 要求成员方提高出价表的质量，以提供更加充分的市场准入机会，尤其是发展中国家具有一定出口优势的领域，同时提出对于最不发达国家应给予充分关注。

③ 各成员应该集中精力完成关于服务贸易国内法规、保障措施及政府采购等的谈判。

④ 为了更好地提高发展中国家在国际服务贸易中的参与机会，主张应提供必要的技术援助。

2. 香港《部长级宣言》

2005年12月13日至12月18日，世界贸易组织在香港举行了第六次部长级会议，会议结束时发布了本次会议的《部长级宣言》，其中正文的第25～27段和附件C涉及服务贸易的内容。宣言中强调继续深入《多哈工作议程》中关于服务贸易的谈判工作，要求成员方应提高谈判的针对性，并取消或削减大量的最惠国待遇的豁免清单的内容，且给出了最后提交出价单的期限。

香港部长级会议之后，由于成员方未能就该轮谈判的焦点问题——农产品贸易领域取得预期的突破，世界贸易组织总理事会批准全面中止多哈回合谈判的建议，新一轮服务贸易的谈判也暂时停顿。

6.3 中国的服务贸易法

6.3.1 中国服务贸易的现状

中国服务业自改革开放之后有了迅速发展，无论是经济总量还是增长速度都有了前所未有的飞跃，但与发达国家相比，仍存在很大的差距。我国的服务贸易出口水平较低，整体出口规模与中国的经济实体相比较落后，与传统的货物贸易相比也明显处于劣势。

根据中国服务贸易网的统计（表6-1），从20世纪80年代以来，中国的出口总额和占世界比重均在增加，但在服务贸易领域仍然基本处于贸易逆差的局面。而根据后续统计，2009年以后贸易逆差的局面正在扩大。

表6-1 中国历年服务贸易进出口情况一览表

年份	中国出口额/亿美元	中国出口占世界比重/%	世界出口额/亿美元	中国进口额/亿美元	中国进口占世界比重/%	世界进口额/亿美元	中国进出口额/亿美元	中国进出口占世界比重/%	世界进出口额/亿美元
1982	25	0.7	3 646	19	0.5	4 028	44	0.6	7 674
1983	25	0.7	3 543	18	0.5	3 829	43	0.6	7 372
1984	28	0.8	3 656	26	0.7	3 963	54	0.7	7 619
1985	29	0.8	3 816	23	0.6	4 011	52	0.7	7 827
1986	36	0.8	4 478	20	0.4	4 580	56	0.6	9 058
1987	42	0.8	5 314	23	0.4	5 439	65	0.6	10 753
1988	47	0.8	6 003	33	0.5	6 257	80	0.7	12 260
1989	45	0.7	6 566	36	0.5	6 855	81	0.6	13 421
1990	57	0.7	7 805	41	0.5	8 206	98	0.6	16 011
1991	69	0.8	8 244	39	0.5	8 510	108	0.6	16 754
1992	91	1.0	9 238	92	1.0	9 471	183	1.0	18 709
1993	110	1.2	9 413	116	1.2	9 596	226	1.2	19 009
1994	164	1.6	10 332	158	1.5	10 438	322	1.6	20 770
1995	184	1.6	11 849	246	2.0	12 015	430	1.8	23 864
1996	206	1.6	12 710	224	1.8	12 697	430	1.7	25 407
1997	245	1.9	13 203	277	2.1	13 056	522	2.0	26 259
1998	239	1.8	13 503	265	2.0	13 350	504	1.9	26 853
1999	262	1.9	14 056	310	2.2	13 883	572	2.0	27 939
2000	301	2.0	14 922	359	2.4	14 796	660	2.2	29 718
2001	329	2.2	14 945	390	2.6	14 941	719	2.4	29 886
2002	394	2.5	16 014	461	2.9	15 793	855	2.7	31 807
2003	464	2.5	18 340	549	3.0	18 023	1013	2.8	36 363
2004	621	2.8	21 795	716	3.4	21 328	1337	3.1	43 123
2005	739	3.1	24 147	832	3.5	23 613	1571	3.3	47 760
2006	914	3.4	27 108	1 003	3.8	26 196	1 917	3.6	53 304
2007	1 216	3.7	32 572	1 293	4.2	30 591	2 509	4.0	63 163
2008	1 465	3.9	37 313	1 580	4.6	34 690	3 045	4.2	72 003

中国国际服务贸易长期逆差主要是因为中国服务贸易企业规模普遍较小，技术水平不高，管理相对落后。2008年，中国作为国际服务贸易发展基础的第三产业增加值占GDP的比重为40%，不但低于发达国家70%的水平，也低于发展中国家50%的平均水平。[①] 国内传统服务行业仍处于低水平、低附加值的发展阶段，拓展国际市场和应对外来竞争的能力较弱。近年来，新兴知识密集型服务贸易企业发展较快，但在国际市场上的竞争力仍然不强。我国的贸易优势集中在旅游、运输、劳务输出等领域，而金融、保险、计算机、娱乐等具有较高附加值的服务行业，中国一直处于弱势局面。也即是中国服务业仍然多集中于劳动力密集的行业，高新技术领域比较优势不明显，因而在出口贸易中缺乏比较优势。

6.3.2 中国入世时关于服务贸易的承诺

我国在加入WTO之前，已经像其他成员一样，根据国内服务贸易市场的整体发展情况，按照GATS第16、17、18条的规定作出了相应的承诺，并将《服务贸易具体承诺减让表》作为入世议定书的附件予以公布。中国的承诺是按照《国际服务贸易分类表》所列的11个部门及其顺序作出的（GATS中的第十二类是其他服务，中国没有涉及），但中国只承诺了9个大类：第一类商业服务，第二类通信服务，第三类建筑及相关工程服务，第四类销售服务，第五类教育服务，第六类环境服务，第七类金融服务，第九类旅游及相关服务，第十一类运输服务。对第八类健康与社会服务、第十类娱乐文化体育服务，我国尚未承诺。我国在承诺书中强调，中国现有关于外资企业的法律适用于服务领域的外商投资企业，特定行业还将出台专门的法律予以规范。

服务贸易主要分为跨境提供、境外消费、商业存在和自然人流动4种形式。我国对个别的专业服务（如医疗服务、法律服务和教育翻译服务领域）允许具备一定资格的自然人进入市场。对于商业存在这种方式，根据我国现行法律，外国服务机构进入服务贸易市场通常以中外合资经营、中外合作经营、外商独资企业、设立代表机构、外国公司分支机构及特定项目合同方式进入。

我国有关法律对外国服务提供者在中国设立代表机构方面规定得相当宽松，任何外国企业希望设立代表机构，都可以通过申请而获得允许。但是一些代表机构只能进行协商和联络等有限的活动，不得直接从事营利活动。与此同时，在特定服务领域中，我国对外商独资企业的方式保留了较多限制。

---

① 数据来源于中国服务贸易网，服务贸易通讯第八期，2010年。

6.3.3　中国服务贸易立法的现状与发展

在加入世界贸易组织之前，中国服务贸易领域的立法相对落后，并无统一的基本法。当时我国调整服务贸易的基本法律是《对外贸易法》，但仅在其中的一章规范了服务贸易，而且只有五条，至多是国际服务贸易的法律原则，不足以构成完整意义的基本法律，而且在服务业的具体行业也存在着不少立法空白。入世之后，我国根据GATS的规定及中国的具体承诺表进行了一定程度的修改与完善。

我国于2004年将《对外贸易法》进行了一次较大的修订，虽然没有制定出完整意义的服务贸易基本法，却在《对外贸易法》中以专章的形式对国际服务贸易进行了规范，相关规则进一步明确化。与此同时我国修改和完善了服务业具体领域的相关立法，如《海商法》、《中华人民共和国商业银行法》、《保险法》、《中华人民共和国民用航空法》等。由于许多国际服务贸易是以到购买者境内设立商业机构的方式进行的，涉及服务业领域的投资行为，因此我国也修改了《中外合资经营企业法》、《中外合作经营企业法》和《外商独资经营企业法》等，并在2007年修订了《外商投资产业指导目录》。根据我国产业发展需要和对外服务贸易的法律承诺，将鼓励类、限制类和禁止类三大领域的外商投资项目进行了调整，规范和引导外商在我国现代服务业的投资。比如，我国在银行服务业方面作出了较大幅度的开放和减让承诺。与此相适应的，我国2002年1月起实施的新《中华人民共和国外资金融机构管理条例》，对外资金融机构的设立条件、设立程序和业务范围作出了具体规定。2006年12月颁布的《中华人民共和国外资银行管理条例》，进一步履行了我国入世时对外资银行实行国民待遇的承诺。

当然，中国法律的修改和完善履行了入世的承诺，反映了WTO的具体要求，但是目前中国服务业领域的立法仍然需要进一步发展。凡在我国境内提供服务的外国自然人或组织，都必须接受我国相关法律法规的约束，尤其是其具体服务关系须受专项法规的调整。但在我国开放的众多服务部门里，仅有少数部门制定出台了专门法规，主要集中在法律、电信、金融、保险和海运等服务市场领域，但是仍然存在较多的立法空白，需要进一步完善。

在国际社会中，中国已经与东盟、智利、巴基斯坦、新西兰、秘鲁等国家和地区签订了包含服务贸易领域的自由贸易协定，并与挪威等服务贸易发达的国家就建立自贸区问题进行了磋商。此外，中国内地与港澳地区在服务贸易领域的合作不断扩展和深化，在法律、公用事业、电信、视听、银行、证券、旅游等领域，采取了具有较大开放力度的措施。随着服务业对外开放水平的进一步提高，中国服务贸易的国际竞争力逐步增强，已经具备了加快发展服务贸易的条件。

练 习 题

一、单项选择题

1. 根据《服务贸易总协定》对服务贸易范围的界定，哪一种提供服务的方式与投资有关？（   ）
   A. 跨境交付   B. 境外消费   C. 商业存在   D. 自然人流动

2. "市场准入"和"国民待遇"是WTO《服务贸易总协定》中最重要的条款。根据该协议的规定，这两个条款是WTO成员的一项（   ）。
   A. 普遍义务   B. 例外义务   C. 具体承诺   D. 基本权利

3. 香港迪士尼公园吸引了不少内地的旅游者，下列说法中正确的是（   ）。
   A. 旅游者是通过自然人存在的方式接受服务的
   B. 香港迪士尼公园是服务的出口商
   C. 由于内地旅游者到香港参观，通过关境，是通过跨国提供这种方式接受服务的
   D. 香港迪士尼公园是通过商业存在的方式提供服务的

4. 香港汇丰银行与中国银行在中国大陆根据中国外商投资立法合资成立了一家银行，其中香港汇丰银行所占股本为51%，下列说法正确的是（   ）。
   A. 按照中国相关法律，该合资银行属于外国法人
   B. 该合资银行是中国银行业的组成部分，提供境内服务
   C. 该合资银行尽管是中国法人，提供的却是外国服务，是外国的服务提供商
   D. 该合资银行提供的服务是通过跨境提供的方式进行的

5. 在乙国设立的甲国保险公司向乙国的消费者出售保险，这是服务贸易通过下述哪种方式提供的？（   ）
   A. 境外消费   B. 自然人移动   C. 跨境提供   D. 商业存在

二、多项选择题

1. 关于《服务贸易总协定》（GATS）的下列说法中错误的有（   ）。
   A. GATS的宗旨是在透明度和逐步自由化的前提下，建立一个有关服务贸易原则和规定的多边框架
   B. GATS规定的成员义务分为一般性义务和具体承诺的义务两种，这些义务运用于GATS成员的所有服务部门
   C. GATS的一般义务和原则包括最惠国待遇、透明度、公平竞争
   D. 一国可以为保护本国可能用竭的自然资源或传统文化，而采取有违一般义务和原则的措施

2. 根据《服务贸易总协定》对服务贸易的定义，服务贸易是指（   ）。
   A. 从一成员的国境向另一成员的国境提供服务

B. 从一成员的国境向另一成员的服务消费者提供服务
C. 由一成员的自然人在另一成员境内提供服务
D. 通过一成员的法人在另一成员的商业存在或专业机构提供服务

3. 下列关于《服务贸易总协定》项下的国民待遇的说法，正确的是（　　）。
   A. 它要求形式上的相同
   B. 国民待遇义务以竞争条件为判断标准
   C. 国民待遇义务以允许市场准入为前提
   D. 没有作出承诺的部门，不适用国民待遇

4. 下述活动中，属于国际服务贸易范围的有（　　）。
   A. 中国人去美国接受英语培训
   B. 中国大陆居民订阅美国华尔街日报
   C. 中国银行纽约分行提供的金融业务
   D. 中国武术教练去法国传授武术

5. 《服务贸易总协定》适用于成员影响服务贸易的措施，这些措施包括（　　）。
   A. 接受政府授权的非政府机构采取的措施
   B. 服务的购买和使用
   C. 成员国地方政府采取的措施
   D. 成员国政府行使政府职能提供的服务

三、思考题

1. 服务贸易的方式有哪些？
2. 服务贸易与传统的货物贸易相比，其特点在哪里？
3. GATS下的一般义务和具体承诺有哪些？有什么区别？
4. 简述GATS的发展。
5. 简述入世对中国服务贸易法律的影响。

四、案例分析题

甲国在其向WTO有关机构提交的《服务贸易总协定》国家具体承诺表"市场准入"一栏中表明：自协定生效时起以先来先审批的原则允许境内设立5家完全由外国投资者投资的建筑公司，在"国民待遇条件和限制"一栏中列明"非约束"，除此以外未作出任何其他保留。2010年中旬，甲国宣布停止审批这类外资企业设立，使已向甲国提出申请开办建筑公司的乙国利益受损。经查在2010年甲国共批准设立了3家外资建筑公司，在2010年以前已批准设立了10家这类企业，并按15%的所得税率纳税。另外，甲国法律规定2010年以后进入的新的外资建筑公司企业所得税税率为30%，并不得承建市场份额较大的民用住宅工程，这类建筑工程项目只能由本国建筑公司和2010年前原有的外资公司承建。（甲、乙及2010年前所准入企业所属国均为WTO成员）

问：甲国的做法是否违反了GAST国民待遇、最惠国待遇及市场准入义务？

第 7 章

政府管理贸易的法律制度

【学习目的与要求】

基于主权利益的考虑，各国政府都会对国际贸易进行适度的监督和管理，从而形成相应的管理制度。通过本章的学习，应注意了解政府管理贸易的动因，熟练掌握政府管理贸易的关税制度和非关税制度，掌握 WTO 中的反倾销、反补贴制度，并适当了解中国现行的外贸管理制度，以熟悉我国当前对外贸易的基本规则。

7.1 政府管理贸易法律制度概述

政府对贸易的管理最早是由各国自己在国内法中进行规范与管理，随着国际贸易的发展，国家单独管理力不从心。而经济一体化的发展使国际层面的协调显得越来越重要，于是出现了有关国际贸易的国际经济组织，政府对贸易的管理制度开始进入国际法层面。

7.1.1 政府管理贸易的概念

政府管理贸易是指国家或国际经济组织为了特定的经济和政治目的，通过国内立法或缔结国际条约，对进出口贸易进行适当的鼓励、保护和限制。各国政府的贸易管理制度通常是国家对外贸易政策的具体体现。国际贸易由进口贸易和出口贸易两部分组成，故有时也称为进出口贸易。国际贸易通过互通有无、优势互补、分工合作，使贸易双方充分发挥各自特长，量化有限资源。在这个分工合作与量化的过程中，经济得到长足发展。通过贸易，国家可以得到本土缺乏的资源和商品，同样国家也可以输出本土剩余产品给有需要的国家。

但是国际贸易本身对于具体的国家而言，既有积极的一面也有消极的一面。大量的进口虽然能够丰富本国市场，但却会使本国对进口的依赖性增强，长期下去不利于本国民族产业的建立和发展；大量的出口虽然能够给国家带来丰富的外汇收入，但也可能导致本国急需的商品大量外流，再加上贸易背后所涉及的国家安全与全局利益的影响，国家通常积极对进出口贸易进行监督、管理和协调。每一个国家总是试图尽量发挥国际贸易的积极作用，抑制国际贸易的消极作用，这就需要形成相应的国际贸易的管理制度。

政府对贸易的管理最初在国内法中进行，而且传统贸易管理主要限于对货物进出口的管理。国内法中的管理一般区分为对进口贸易的管理和对出口贸易的管理，国家通常重视对进口贸易的管理，因为进口贸易对国家可能产生的负面影响更多。"一战"之前，国家一般使用关税制度来调节贸易的进出；"二战"之后，非关税制度则得到了很大的发展，如配额制度、许可证制度等。随着经济全球化的不断发展，单纯依赖国内法进行国际贸易的管理不能满足现实的需要，而且国家的单独管理总是更多考虑本国自身利益，这种单独的贸易管理制度一旦使用过度可能会给全球贸易的自由发展带来扭曲和阻碍，最终影响全球国家的共同发展。为解决这一问题，国际社会中逐渐形成了一些区域性的、甚至是多边性的贸易管理的协调制度。区域性的典型代表有早期的欧共体（现为欧盟）、北美自由贸易区等；而1995年1月1日成立的世界贸易组织，则将各国贸易管理制度的协调和统一推向了一个新的发展阶段。

7.1.2　政府管理贸易的法律体系

政府管理贸易的法律制度既包括有关贸易管理的国际法律规范，也包括相应的国内法律规范。

从国内法上看，无论是在大陆法系国家还是在英美法系国家，其对外贸易管理法大都以成文法为基础。从国际法上看，各国在制定国内立法的同时，还同其他国家签订双边、区域性和多边贸易条约，使本国的对外贸易管理立法与国际贸易条约的规则相互衔接、协调一致，形成了一个有机的整体。其中，《世界贸易组织法律制度》是国际贸易管理法律体系的核心，对于限制国际贸易管制起到了良好作用。但是，要实现无任何管制的国际贸易自由化是不可能的。

从目前国家和国际经济组织实行的国际贸易管理分析，其具有以下几方面的特点。

第一，国际贸易管理就其实质而言体现了国家和国际经济组织对进出口贸易的直接干预，通常表现为国家或国际经济组织与进出口商之间的纵向管理关系。

第二，国际贸易管理是国家或国际经济组织为了特定的政治和经济目的而采取的一种保护性措施。一般来说，一国对外国产品实施进口限制多出于保护本国生产商的利益、改善本国的国际收支状况等经济目的，而对本国产品实施出口管制则多出于外交政策和国家安全等方面的目的。对于国际经济组织来讲，其实行国际贸易管制是为了实现其设立宗旨和保护成员利益。

第三，国际贸易管理的法律依据通常是各国的国内立法和国际条约。一国有关对外贸易管制的国内立法为公法性质的法律，如海关法、对外贸易法、外汇管制法等，也包括国家基于紧急特殊情况而颁布的临时法规。有关国际贸易管理的国际条约是协调、规范各缔约国对外贸易管制法律的国际条约。

7.1.3 中国对外贸易管理的法律体系

我国第一部比较全面、系统的对外贸易管理法是1994年5月12日通过，同年7月1日开始施行的《中华人民共和国对外贸易法》（以下简称《对外贸易法》）。2001年12月中国入世之后，基于世界贸易组织规则，中国应使其国内相关制度与世界贸易组织的要求相一致。根据这些情况，我国立法机关于2004年4月对《对外贸易法》进行了修订，使其更适应外贸发展和法律建设的需要。修订后的《对外贸易法》于2004年7月1日起实施。

修订的《对外贸易法》在有关货物贸易方面主要有以下变化：允许自然人从事对外贸易经营活动；取消对货物和技术进出口经营权的审批，实行备案登记；国家可以对部分货物的进出口实行国有贸易管理；对部分自由进出口的货物实行进出口自动许可管理。

目前，我国的对外贸易法律体系是在《中华人民共和国宪法》的基础上，以《对外贸易法》为中心，由包括5个层次的法律规范所构建的。

① 对外贸易基本法，如《对外贸易法》。

② 对外贸易相关法，如《中华人民共和国海关法》、《中华人民共和国进出口商品检验法》等。

③ 对外贸易条例，如《中华人民共和国货物进出口管理条例》、《中华人民共和国反倾销条例》、《中华人民共和国反补贴条例》、《中华人民共和国保障措施条例》等。

④ 对外贸易部门规章，如《货物进口许可证管理办法》、《货物进口制定经营管理办法》、《出口商品配额管理办法》等，这一类规范除商务部发布的部门规章之外，还涉及大量的与对外贸易活动有关的其他管理部门，如海关、商检、外汇管理、税务、银行管理等部门制定的规章。

⑤ 对外贸易地方性法规，如各省、自治区、直辖市、经济特区等地方的立法机构和政府制定的调整地方对外经贸活动的法规、规章。

7.2 政府管理贸易的国内法措施

政府管理贸易的国内法措施一般可以分为两个大类：关税措施和非关税措施。

7.2.1 关税措施

1. 关税的概念及其作用

关税是指一国海关根据国家公布的海关税则对进出其关境的物品、货物所征收的税。这是当前各国对国际贸易实施管理所普遍采取的重要措施。

就征税目的而言，国家征收关税一般是基于财政收入的需求和宏观经济调控职能的需要，即关税通常有保护性关税和财政性关税两种。财政性关税主要是为了增加国家的财政收入，通常税率相对较低。而保护性关税则更多地体现国家的宏观经济调控职能，其目的主要是以关税的收取影响产品进出口贸易的成本，进而对产品的价格和竞争力造成影响，最终达到保护本国经济利益的目的。由于关税税表由国家定期公布，作为管理进出口贸易的一种措施，相对透明和公开，具有一定的公平性。关税对进出口贸易的影响具有相当的直接性。

国家采用关税制度对本国产业进行保护由来已久，但"二战"之后国际社会建立了关税与贸易总协定（后被世界贸易组织取代），通过八轮关税减让的谈判让各成员的关税水平约束在了相对较低的水平之下。由此作为贸易壁垒的关税措施逐步减弱，国家又推出了许多非关税措施，但是关税措施的直接性特点使得它仍然是目前国家所采用的主要贸易管理措施。

2. 关税的种类

1）从货物流向的角度分类

（1）进口关税

这是一国海关在外国产品进入时，对该外国产品所征收的一种关税。通过对进口产品征收关税，可以提升进口产品的成本，从而相应影响其在进口国国内市场的竞争优势，以保护本国相关产业的发展，因而在关税征收中进口关税占据了相当大的比重。

（2）出口关税

出口关税是指一国出口产品在离开本国关境时被征收的一种税。这种关税的征收会增加本国产品的出口成本，削减本国产品在国际市场上的竞争力，所以大多数国家的出口关税相对较低，而且往往只选择特定的产品征收出口关税。国家一般会对本国紧缺的商品或者是具有国防意义的产品以出口关税的方式限制其出口。

(3) 进口附加税

进口附加税是指进口国出于特定的目的，对进口商品在一定时期内征收的一种临时性或针对性的进口税。这种税收一般具有惩罚性，税率较高，但只对特定产品征收。常见的有临时附加税、反倾销税和反补贴税等。

(4) 过境关税

即对外国经过一国关境，运往另一国的产品所征收的关税。由于过境货物对本国工农业生产和市场不会产生较大影响，而且还可以从交通运输、港口使用、仓储保管等方面获得收入，因而目前绝大多数国家都不征过境关税，仍在征收的只有伊朗、委内瑞拉等少数国家。

2) 按货物国别来源而区别对待的原则分类

(1) 优惠关税

即指一国对特定的受惠国给予优惠待遇，使用比普通税率较低的优惠税率。具体形式有互惠关税、特惠关税等。

互惠关税是两国间相互给予对方比其他国家优惠的税率的一种协定关税。其目的在于发展双方之间的贸易关税，促进双方国家工农业生产的发展。特惠关税是对有特殊关系的国家，单方面或相互间按协定采用特别低的进口税率，甚至免税的一种关税。其优惠程度高于互惠关税，但只限对有特殊关系的国家适用。

(2) 加重关税

也称歧视关税，是指对某些特定的输出国、生产国的进口货物，因某种原因如歧视、报复、保护和经济方面的需要等，使用比正常税率较高的税率所征收的关税。在歧视关税中，使用较多的是反倾销税和反补贴税。

(3) 普通关税

普通关税适用原产于上述国家或地区以外的国家或地区的进口货物。

3. 关税的计征方法

(1) 从价计征

从价关税是关税的主要征收形式。它是以货物的价格或者价值为征税标准，以应征税额占货物价格或者价值的百分比为税率，价格越高，税额越高。货物进口时，以此税率和海关审定的实际进口货物完税价格相乘计算应征税额。目前，我国海关计征关税标准主要是从价税。从价税的特点是：相对进口商品价格的高低，其税额也相应高低，因而税负公平明确、易于实施；但是，从价计征也存在着一些不足，如不同品种、规格、质量的同一货物价格有很大差异，海关估价有一定的难度，因此计征关税的手续也较繁杂。

(2) 从量计征

从量计征是指以货物的计量单位重量、数量、体积为计征标准而计算征收的一种计征方式。从量关税的优点是无须审定货物的价格、品质、规格，计税简便，对廉价进口商品有较强的抑制作用。其缺点是对同一税目的商品，在规格、质量、价格相差较大的情况下，按同一定额税率计征，税额不够合理，且在物价变动的情况下税收的收入不能随之增减。但是，由于应税额固定，物价涨落时，税额不能相应变化，因此在物价上涨时，关税的调控作用相对减弱。我国目前对原油、啤酒和胶卷等进口商品征收从量税。

（3）复合计征

即对同一种进口货物采用从价、从量两种标准课征的一种关税。课征时，或以从价税为主，加征从量税；或以从量税为主，加征从价税。计征手续较为烦琐，但在物价波动时，可以减少对财政收入的影响。复合税既可以发挥从量税抑制低价进口货物的特点，又可以发挥从价税税负合理、稳定的特点。我国目前仅对录像机、放像机、摄像机、数字照相机和摄录一体机等进口商品征收复合税。

（4）选择计征

即在税则中对同一税目规定从价和从量两种税率，在征税时可由海关选择其中一种计征，一般是选择税额较高的一种。选择的基本原则是：在物价上涨时，使用从价税；在物价下跌时，使用从量税。

另外，还有一种计征方法是滑准税。滑准税是一种关税税率随进口产品价格由高到低而由低到高设置计征关税的方法。可以使进口产品价格越高，关税税率越低；进口产品价格越低，其关税税率就越高。国家采用这种计征方法主要是为了保持相关产品在国内市场价格的稳定性，尽量削弱国际市场价格对其国内市场价格波动造成影响。目前我国主要是对新闻纸实行滑准税。

4. 海关税则

海关税则是指一国对进出口的商品计征关税的规章及各类商品分类及税率一览表。海关税则一般包括两个部分：海关征税规章和关税分类表。前者是海关征收关税的各种规章制度，后者则包括税则号列、货物分类目录和税率三个部分，后者一般又被称为关税税则。

关税税则可以分为单式税则和复式税则两种。单式税则是指一个税目下只有一个税率，适用于来自任何国家的商品，没有差别待遇。而复式税则则是指一个税目下订有两个或两个以上的税率，对来自不同国家或地区的商品采取不同税率的差别待遇。目前，只有少数发展中国家如乌干达、巴拿马、委内瑞拉等实行单式税则。大多数国家为了区分不同的具体情况，考虑到不同的贸易伙伴，通常采用复式税则。例如，对签有贸易协定的国家适用优惠税率，对没有贸易协定的国家适用较高税率或者普通税率。

由于各国的关税税则对于产品的分类目录规定不同，给国际贸易带来了很多麻烦，1983年海关合作理事会通过了《商品名称与编码协调制度》（The Harmonized Commodity Description and Coding System, HS），已于1988年1月1日正式生效。由于其分类系统合理，是一种商品分类的"标准语言"，采用六位编码，将所有商品分为21

类，97章，章下再分目和子目。目前，包括我国在内的大多数国家都采用了该分类目录。

我国现行关税税则采用八位编码，前六位采用HS编码，第七、八位则为我国根据自身进出口产品的实际情况，从HS基础上延伸的两位编码，也称增列税目。

7.2.2 非关税措施

1. 非关税措施的概念及其作用

由于关税与贸易总协定从1947年开始不断要求缔约方削减关税，世界贸易组织成立之后进一步大幅度削减关税，导致各成员的平均关税有了相当比例的下降，从而导致关税对贸易管理的影响度有了一定程度的减弱，于是许多国家开始采用更为隐蔽的手段以达到管理贸易的目的。目前国际贸易领域所出现的非关税措施数以千计，具体是指除进出口关税以外，一切旨在为外国商品的进出口设置障碍或关卡，限制外国商品进出口的各种贸易措施，其中包括法律上和行政上的措施。

非关税措施是当今世界各国普遍和经常采用的限制外国商品进出口、保护本国经济和市场的重要手段。非关税措施数量众多，大多以国内法律法规的形式表现，相对于关税措施，非关税措施在使用时隐蔽性较强，因而容易造成歧视性。世界贸易组织形成了一些关于非关税措施的小协议，以尽量规范各成员的相关措施，避免给自由贸易带来阻碍。

2. 许可证制度

该制度强调在进行国际贸易时，国家将需要许可证的产品目录公布，要求这些产品进出口必须有相应机关颁发的许可证，海关才能放行。从进出口的角度而言，许可证有进口许可证和出口许可证的区分，通常而言出口许可证的应用主要是为了保护本国的稀缺资源或者是基于某些政治利益的考虑，对本国产品的出口进行限制，但它并不是许可证制度最主要的形式，国家在外贸管理中经常使用的通常是进口许可证。

进口许可证可区分为自动许可证和非自动许可证。自动许可证主要不是用来对进口贸易进行限制，而是为了海关统计管理的方便，其申领通常没有太多限制。但国家对于非自动许可证的申领限制较多，是国家用来对进口贸易进行监管的主要手段。国家通常对于非自动许可证的申领颁布相关法律法规或政策，对获取许可证设置相应的条件和程序要求，将申请手续复杂化，提高费用，这些措施将会加大获得许可证的难度，从而形成一定程度的贸易保护。目的是为了保障本国国际收支平衡，或者保护国内的相关生产厂商，或者为了本国经济结构而考虑。

由于复杂的申领条件和程序会形成对自由贸易的扭曲，世界贸易组织通过谈判形成了《进口许可证程序协议》，防止各成员变相利用进口许可证颁发手续阻碍自由贸易的发展。

3. 配额制

配额制主要是指在国际贸易中，国家对某类产品以直接数量限制的方式进行进出口贸易管理的一种方式，通常区分为进口配额和出口配额。

(1) 进口配额制

进口配额制是指一国政府在一定时期内（如一季度、半年或一年内），对某些商品的进口数量或金额规定一个数额加以直接的限制，在规定时限内配额以内的货物可以进口，超过配额则不准进口，或者征收较高的关税、附加税或罚款后才能进口。其具体实施有绝对配额和关税配额两种主要形式。

绝对配额是指在一定时期内，对某种商品的进口数量或金额规定一个最高数额，达到这个数额后，便不准进口。绝对配额可针对全球设置，即属于世界范围的绝对配额，对来自任何国家或地区的商品一律适用，按进口商品的申请先后批给一定的额度，至总配额发放完为止，超过总配额就不准进口。这种全球配额并不限定进口的国别或地区，故配额公布后，进口商往往相互争夺配额。国家有时也会采用国别配额，即在总配额内按国别和地区分配给固定的配额，超过规定的配额便不准进口。实行国别配额可使进口国家根据它与有关国家或地区的政治经济关系分配给予不同的配额。为了区分来自不同国家或地区的商品，在进口商品时进口商必须提交原产地证明书。

关税配额则是指对商品进口的绝对数额不加限制，而对在一定时期内，在规定的关税配额以内的进口商品给予低税、减税或免税待遇，对超过配额的进口商品征收高关税、附加税或罚款。

另外，进口配额还可分为单边配额和双边配额。单边配额是进口国事先不与有关国家进行磋商而单方面确定限额；协议配额是指进口国和出口国或出口国的出口商通过协商而确定分摊的限额。采取单边配额通常会招致其他国家的不满并引起报复；相比之下，协议配额的方式则较为温和。

(2) 出口配额制

在一定情形下，国家也可能根据本国需要或对方国家的要求主动或被动地进行出口配额限制。出口配额制实际上是进口配额制的变种，同样起到了限制商品进口的作用，它的重要特点就是带有明显的强制性。"自动"出口限制往往是出口国在面临进口国采取报复贸易措施的威胁时被迫作出的一种选择。

"自动"出口配额制一般有以下两种形式。

① 非协定的"自动"出口配额。即不受国际协定的约束，而是出口国迫于进口国的压力，自行单方面规定出口配额，限制商品出口。这种配额有的是由政府有关机构规定配额，并予以公布，出口商必须向有关机构申请配额，领取出口授权书或出口许可证才能出口。有的是由本国大的出口厂商或协会"自动"控制出口。

② 协定的"自动"出口配额。即进出口双方通过谈判签订"自限协定"或有秩序的销售协定。在协定中规定有效期内的某些商品的出口配额，出口国应根据此配额实行

出口许可证或出口配额签证制,自行限制这些商品的出口。进口国则根据海关统计进行检查,"自动"出口配额大多数属于这一种。

配额制作为一种典型的数量限制,能够非常直接地对进出口贸易进行限制,而且简单易行。为了避免其实施给自由贸易带来过大的扭曲,世界贸易组织设立了一般取消数量限制的原则,主张各成员尽量将数量限制换成相当效果的关税,以便于国际社会的监督,但是在这一大原则之下,世界贸易组织仍然保留了相当的例外情形。

4. 外汇管制措施

外汇管制是指国家根据法令,对外汇买卖和汇率等所实行的管理措施。国际贸易与外汇有着密切的关系,出口能获得大量外汇,而进口则需支出相应的外汇,当国家使用一些外汇管制措施时,就必然会间接影响到进出口贸易交易情况。因此,外汇管制措施有时又是一种贸易保护的手段。

国家可以采取严格的外汇管理措施,不允许商人手中持有大量可自由支配的外汇,如有外汇需求必须到国家指定的部门申请兑换,从而抑制商人从事进口贸易的积极性。当然这种措施一般在外汇储备不足的国家经常使用,采用这种方式的国家通常希望把外汇集中管理,以便用于国家最需要发展的领域。与此同时,汇率本身的波动也会对进出口贸易产生相应的影响。

5. 商品检验检疫制度

在国际贸易中,产品进出国家关境时通常需要接受相应的检验和检疫。检验检疫本身是为了确保产品质量符合要求,不会影响本国生态环境或者人民的身体健康。但如果一个国家将检验检疫的手续复杂化或有意提高检验检疫的标准,那么又将形成一种管理贸易的措施。这些规定通常十分复杂,而且经常变化,使外国产品难以适应,从而达到限制进口的目的。例如,我国在出口中面临的农产品存在农药残留量超标的问题,即是因为许多发达国家有意提高农药残留标准。

世界贸易组织中形成了《技术性贸易壁垒协定》、《动植物卫生检疫措施协定》,对于推动国际贸易中各成员采用国际标准,减少自由贸易的障碍起到了一定的推动作用。

除了这些非关税措施之外,还有很多种类,如进口押金制度、政府采购制度、反倾销和反补贴措施等,都可以起到管理国际贸易自由进出口的作用。

7.3 政府管理贸易的国际法制度

7.3.1 世界贸易组织的形成

1. 关税与贸易总协定的产生与发展

20世纪30—40年代,世界贸易保护主义盛行,国际贸易的相互限制是造成世界经济萧条的一个重要原因,而贸易保护主义的加剧又加深了经济危机,最终促使世界大战爆发。如何促进世界经济的尽快复苏与稳定有序的发展,成为"二战"后考虑的首要问题,国际社会开始试图建立一系列法律规则和制度,以稳定战争给国际经济交流行为带来的混乱形势。

在联合国的影响下,国际社会开始着手建立国际贸易组织,谈判本身经历了旷日持久的过程。1946年10月,筹备委员会召开第一次会议,审查美国提交的国际贸易组织宪章草案。同时参加筹备委员会的与会各国同意在"国际贸易组织"成立之前,先就削减关税和其他贸易限制等问题进行谈判,并起草"国际贸易组织宪章"。

在国际贸易组织宪章出台的过程中,关税减让的谈判同期进行,而且相对比较顺利,很快达成了协定,并放入国际贸易组织宪章的第四章。为了使关税减让谈判的成果更快地落到实处,不至于造成贸易的等待与拖延,各国决定专门将宪章中的第四章抽出来,起草了一份文件,为避免各国国内立法机关审批的烦琐与等待,以行政协定的方式签了一份临时适用的议定书,即1947年关税与贸易总协定(简称关贸总协定,又称GATT)。当时,认为先应付这个临时时期,等国际贸易组织成立时,这个临时性议定书就能够得到解决而成为永久性的条约。但最终国际贸易组织宪章没有获得通过,国际贸易组织没有形成,1947年的关税与贸易总协定便承担了建立"战后"国际贸易秩序和国际贸易政策协调的重任,并最终发展成为一个事实性的国际组织。

2. 关税与贸易总协定的多边贸易谈判及其成果

关税与贸易总协定的主要形式是多边贸易谈判,在这种方式下缔约各方共同参与,就共同关心的贸易问题进行谈判,并制定出相应的规则。与双边谈判不同的是,多边谈判参与方较多,议题更为广泛,谈判结果最终在最惠国待遇的基础上多边适用。历次谈判由于参加方很多,往往旷日持久,但谈判一旦达成协定,对于全球贸易的发展所起的积极作用也十分明显。

自1947年成立以来关税与贸易总协定一共进行了八轮谈判,其工作的中心最初放在关税减让领域,后来其领域逐步得到扩大。

关贸总协定第一轮至第五轮多边贸易谈判主要致力于关税的削减,最终使世界平均关税水平大幅度下降。从第六轮肯尼迪回合谈判开始,在关税大幅度减让的同时第一次涉及非关税措施,当时主要就美国的海关估价及各国的反倾销制度进行谈判,美国、英国与日本等21个缔约方签署了第一个有关反倾销的协议,该协议于1968年7月1日生效。而第七轮东京回合谈判中,在发展和完善关贸总协定体制方面作了更进一步的尝试,谈判范围远远超出前几轮,在继续大幅度削减关税的同时还达成了只对签约方生效的一系列非关税措施协议,包括反倾销协议、反补贴协议、政府采购协议、海关估价守则、进口许可证程序协议、技术性贸易壁垒协议、牛肉协议、国际奶制品协议及民用航空器贸易协议等。此次谈判还通过了对发展中缔约方的授权条款,要求发达缔约方给予发展中缔约方优惠待遇,发展中缔约方可以在实施非关税措施协议方面享有差别和优惠待遇。

关贸总协定第八轮多边贸易谈判从 1986 年 9 月开始启动,到 1994 年 4 月签署最终协议,历时八年。这是关贸总协定的最后一轮谈判,因发动谈判的贸易部长会议在乌拉圭埃斯特角城举行,故称"乌拉圭回合"。

乌拉圭回合的谈判范围包括传统议题和新议题,其中传统议题涉及关税、非关税措施、热带产品、自然资源产品、纺织品与服装、农产品、保障条款、反补贴措施及争端解决等;新议题涉及服务贸易、与贸易有关的投资措施及与贸易有关的知识产权等。乌拉圭回合谈判在上述各项议题上达成了框架性协议,是关贸总协定所主持的历次多边关税与贸易谈判中涉及的范围和内容最广、参与谈判的国家和地区最多及涉及全球贸易金额最多的一次谈判。

当然乌拉圭回合谈判的最大影响是建立了世界贸易组织(简称 WTO)。鉴于关税与贸易总协定不具有法律意义上的国际组织的地位,乌拉圭回合中各缔约方提出了相应的要求建立新的法律意义国际组织的议题,并于 1994 年 4 月 15 日通过了《关于建立世界贸易组织的马拉喀什议定书》(简称 WTO 协定),决定建立世界贸易组织取代关税与贸易总协定。最终,世界贸易组织在 1995 年 1 月 1 日正式成立,中国在 2001 年加入世界贸易组织。

7.3.2 世界贸易组织的宗旨与法律框架

1. 世界贸易组织的宗旨

根据 WTO 协定,世界贸易组织的宗旨为:"提高生活水平,保证充分就业和大幅度、稳步提高实际收入和有效需求,扩大货物和服务的生产与贸易","积极努力确保发展中国家,尤其是最不发达国家在国际贸易增长中的份额,与其经济发展需要相称"。其目标是:"建立一个完整的、更有活力和持久的多边贸易体系,以包括关税与贸易总协定、以往贸易自由化努力的成果和乌拉圭多边贸易谈判的所有成果"。

2. 世界贸易组织的法律框架

世界贸易组织的法律文件由正文和四个附件组成,其中正文和前三个附件采用一揽子加入的方式,附件四则由各成员自由决定。自 1995 年以来,世界贸易组织仍在通过不断的谈判继续完善其法律文件。

(1) 正文部分

WTO 协定由序言和 16 个条款组成,主要阐述了 WTO 的宗旨与目标,并规定了 WTO 的基本原则。

(2) 附件一

① 附件 1A。附件 1A 大多是世界贸易组织的前身关贸总协定的传统领域,主要是货物贸易的多边协议,由 13 个小协议组成,如《农产品协议》、《海关估价协议》、《倾

销与反倾销协议》、《原产地规则协议》、《与贸易有关的投资措施协议》等。

②附件1B。这个部分是乌拉圭回合新议题谈判的结果，最终缔结了《服务贸易总协定》，主要规范国际服务贸易的法律规则。

③附件1C。与贸易相关的知识产权问题一直受到美国和欧洲国家的关注，最终也形成乌拉圭回合的一个新议题，缔结了《与贸易有关的知识产权协议》，对于知识产权的保护向各缔约方提出了较高的要求。

(3) 附件二

主要由程序规则组成，即《关于争端解决规则和程序的谅解书》，用以处理各成员之间基于WTO规则而产生的各种争议。根据这一谅解书，WTO成立了专门的争端解决机构。

(4) 附件三

主要是有关贸易政策评审机制的法律，根据这一协定，WTO成立了专门的贸易政策评审机构，主要用以对各成员的贸易政策进行定期评审和监督，以确保WTO规则的遵守。

(5) 附件四

此部分均为诸边贸易协定，由4个小协议组成，分别是《民用航空器协定》、《政府采购协定》、《国际奶制品协定》、《国际牛肉协定》。其中《国际奶制品协定》和《国际牛肉协定》已于1997年12月31日终止。

7.3.3 世界贸易组织的基本原则

1. 国民待遇

国民待遇最初的引入是在关税与贸易总协定时期。当时，关税与贸易总协定大量削减关税，实施自由无歧视的贸易政策。但是，有些缔约方担心各国为保护本国产品而歧视进口产品，以国内税费或政策规章等其他措施阻碍货物的自由进出。因为在这些方面采取歧视可以代替关税，甚至达到关税所达不到的效果，于是引入国民待遇希望确保关税减让的效果落到实处。

随着世界贸易组织的建立，其调整领域由传统的货物贸易进入服务贸易和知识产权领域，国民待遇作为基本原则也随之延伸进入服务贸易和知识产权领域。国民待遇原则强调各成员方对其他成员方的产品、服务和服务提供者、技术等视同本国，予以平等对待。当然，国民待遇在不同领域的适用特点并不相同。例如，在《服务贸易总协定》中，国民待遇原则是作为具体承诺的一种义务来设立的，各成员方结合自身具体情况作出承诺，只有列在承诺表中的内容方需遵守国民待遇原则。

当然，国民待遇的实施并不是绝对化的。在货物贸易领域，政府采购下的商业行为就不受该原则的约束。因为政府采购协议是WTO中的诸边协议，没有签字的WTO成员是不需要在这一领域遵守国民待遇原则的。另外，在政府对国内生产者进行补贴时，只要不违反 WTO 的《补贴与反补贴协议》，那么这些补贴也不必遵守国民待遇对外国产品给予补贴。

2. 最惠国待遇

要求每个缔约方在给予任何国家优惠的同时，这些优惠必须无条件地立即在所有缔约方之间推行。WTO 的最惠国待遇具有如下特点。

（1）内容的确定性和普遍性

WTO 中对最惠国待遇涵盖的范围比较广泛，在货物贸易的协议、知识产权协议、服务贸易协议之中均有细致的规定，而且对于不同贸易形态下最惠国待遇适用的范围也有明确的限定，执行性较强，从而避免使最惠国待遇成为一个抽象的原则。

（2）相互性和多边性

这种待遇的相互给予是多边的，不是简单的双边互惠。与传统的建立在双边条约基础上的最惠国待遇相比较，WTO 的每个成员既是给惠方也是受惠方。一旦成为 WTO 的成员，就与一百多个其他成员之间形成多边最惠国待遇的约定，不需要逐一签署双边条约，克服了双边条约的局限性。

（3）自动性和无条件性

作为基本原则的最惠国待遇是无条件的给予。只要一成员给予某一国家一定的优惠，必须立即自动安排给所有的 WTO 缔约方，不需另行谈判，也不应附加额外条件。

（4）同一性

当然，这种优惠的范围和对象均具有同一性的要求，也即应该是在相同或类似领域予以推行。例如，中国给予日本某一型号的汽车一定的进口优惠，就必须把此种优惠在 WTO 缔约方相同型号的汽车进口到中国时一体推广。若某一成员方没有该型号的汽车，则事实上这项优惠它并不能实现。

作为 WTO 的一项基本原则，最惠国待遇原则的范围固然广泛，但也存在着许多的例外，边境贸易的例外和经济一体化例外是常见的例外情形，其中经济一体化例外更是非常典型。经济一体化一般是指关税同盟等区域性国际组织，如欧盟、东盟、北美自由贸易区等。对于某一成员方而言，如果一项优惠是给予其关税同盟内部的国家，则不需要在 WTO 的缔约方之间推行。因为相对于其他成员方来说，关税同盟内部成员之间显然具有更加紧密的联系。但是 WTO 中对这一例外也设立了较为具体的限制：在区域成员方之间的贸易取消了关税和其他贸易限制；同盟不应导致对其他成员实施新的贸易壁垒，对同盟外缔约国家的贸易实施同样关税税率。

3. 透明度原则

要求各成员将有效实施的有关管理对外贸易的各项法律、法规、行政规章、司法判决等迅速加以公布，以使其他成员政府和贸易经营者加以熟悉，各成员政府之间或政府机构之间签署的影响国际贸易政策的现行协定和条约也应加以公布，非经正式公布，不得实施。这一原则的目的在于防止成员之间进行不公开的贸易，从而造成歧视的存在。

WTO 中的贸易政策评审机制有助于保证透明度原则的实施，但是这一原则在实施时并不要求缔约方公开那些会妨碍法令贯彻执行、会违反公共利益、会损害某些企业正当商业利益的机密资料。

4. 一般取消数量限制原则

由于关税措施在最惠国待遇下可以无歧视地进行，但数量限制主要取决于行政自由裁量，很容易造成隐蔽的歧视。因此，在货物贸易方面，WTO 坚决禁止使用非关税壁垒，尤其是以配额和许可证为主要方式的数量限制。如果一定要以数量限制的方式对进出口贸易进行管理，WTO 要求缔约方将其以等量的关税替代，因为关税可以在 WTO 的直接监督下进行，较为透明和公开。

但禁止数量限制也有一些重要的例外：成员可以实施农业计划、稳定农业市场为由，对农渔产品进口实施数量限制；允许成员为保障国际收支平衡而实行必要的进口限制，但不得有歧视性；发展中的成员为发展经济而实施数量限制，享受额外的便利。

7.3.4 世界贸易组织中关于贸易救济的法律制度

1. 世界贸易组织下关于反倾销的法律制度

通常来说，倾销属于一种低价销售，是指商品进入一国市场的价格低于其在另一国市场上的价格，或者指在不同国家的市场上以人为的差别价格销售商品的行为。其目的往往是对外销售过剩产品，保持出口国市场上的价格稳定，开拓国外新市场。倾销是一种不公平竞争行为，其结果往往给进口国的经济或生产者的利益造成一定程度的损害。

最初的反倾销法是以国内法的形式体现的，加拿大 1904 年的《海关关税法》在世界上首次系统地规定了反倾销措施。此后，新西兰、澳大利亚、荷兰、南非、美国等国相继通过立法，抵制外国产品倾销。但是，反倾销措施的适用如果超出一定的限度，非常容易形成新的贸易阻碍。于是《关税与贸易总协定》1947 中第 6 条和第 23 条对反倾销规则进行了相应的规定，但规则比较宽泛，操作性不强。在关税与贸易总协定的肯尼迪回合和东京回合中对第 6 条和第 23 条作了进一步的解释和规定，形成了《反倾销守则》，但其约束力非常有限。最终在乌拉圭回合谈判中形成了新的《倾销与反倾销协议》简称《反倾销协议》确立了一套更系统、更明确的规则。

（1）倾销的认定

根据《反倾销协议》的规定，并不是所有低价销售的行为都认定为倾销，自然也并不是只要是低价销售就会被反倾销。认定倾销必须符合下列条件。

① 产品以低于正常价值的方式销售。以产品的销售价格与产品的正常价值进行比较，以确定是否存在倾销的可能性。产品的销售价格一般按照出口方卖给进口方的加权平均价格来计算，而产品的正常价值的计算相对复杂。

对于市场经济体制的国家，正常价值一般以该产品的国内售价为准；如果此产品在出口国国内没有销售，则按照该产品出口到其他国家的售价为准；如果此产品没有出口到其他国家，则依据出口国的市场环境，以成本加利润的方式核算出相应的正常价值。

当然，如果出口国为非市场经济体制的国家，则上述三种正常价值的计算方式都没有意义，因为在非市场经济体制的国家中所形成的价格不具有可参考性。按照《反倾销协议》的规定，此时可以由进口国挑选出一个与该出口国大体情况相似却是市场经济体制的国家，以这个替代国的同类产品的价格来确定出口国产品的正常价值。这种计算方式对于非市场经济体制的国家而言，容易引发新的不公平，因为要找到两个相似的国家并不容易，何况挑选的权力在于进口国主管部门。

我国在入世时接受了中国非市场经济地位的认定，这一地位将持续15年，但近年来，许多WTO的成员正预计取消对中国的这一限制。

② 给进口方的相关产业带来实质性损害或实质性损害的威胁，或者给进口方建立国内相关产业带来实质性阻碍。所谓相关产业，是指进口国国内同类产品的生产行业。进口国需要依据损害的程度来判断有无必要进行反倾销，以及确定反倾销的力度。《反倾销协议》中对于同类产品、国内工业、实质性损害及其累计计算都作了明确的规定，以提高反倾销规则的操作性。

③ 上述二者之间存在着一定的因果关系。在满足上述两项条件之后，对一项进口产品采取反倾销措施，还要确定该项产品的倾销与国内产业损害之间存在因果关系，即必须证明：进口产品的倾销行为正是造成国内产业损害的原因，这就要求进口国主管当局必须以充分的证据证明进口国国内产业损害是进口产品的倾销所致，而不能将其他因素所造成的损害也归咎于倾销的进口产品。当然，这种因果关系并不强调唯一性，只要低价销售是造成损害或损害的威胁的原因之一即可。

（2）反倾销的调查程序

① 立案。反倾销针对的是商人的倾销行为，其调查程序主要是以进口国国内程序的方式进行。反倾销程序的开启可以两种方式进行：一是由进口国国内受害的相关产业向国家主管部门提出申诉的请求，由主管部门根据情况决定是否予以立案；另一种是在特定情况下，进口国主管部门依职权直接发起反倾销的立案程序。根据中国反倾销条例的规定，我国反倾销主管部门是商务部。

立案时，主管部门必须判断申诉人是否具备代表同类产品的国内生产商参与案件的资格。这一标准通常是：支持申诉的国内同类产品的生产商至少占国内同类产品总产量的25%。

② 调查。在立案之后，主管部门将根据申诉方的请求进行相关调查，这一调查通常应在1年到18个月内结束。主管部门根据调查的情况和证据确定是否构成倾销及倾销的幅度有多大，倾销幅度不超过2%或者倾销数量不超过3%，则可以因损害微不足道而终止调查程序。

③ 裁决。在掌握充分证据的前提下，主管部门可以作出肯定性或否定性的裁决。一旦出现肯定性裁决，主管部门即视具体情形采用相应的反倾销措施。当然在证据不够充分，不能明确倾销的肯定与否，但不及时采取行动可能会使国内相关产业的损失不断扩大时，主管部门也可以根据已掌握的证据作出肯定性初裁，并采用临时反倾销措施。同时，继续进行反倾销的案件调查直至证据充分，作出最终裁决。最终裁决作出后，临时反倾销措施将变更为最终反倾销措施。在反倾销措施实施一段时间后，如果认为已经能够消除倾销所带来的危害，主管部门可以宣布停止反倾销措施的实施，终止反倾销的程序。

④ 复审。复审有两种具体原因：一是因为被反倾销者对裁决表示异议，可申请复审；另一种是关于反倾销措施还有无持续下去的必要而申请的复审。

复审主要是为了防止反倾销措施的滥用，保护倾销者的合法权益。《反倾销协议》规定了行政复审和司法复审两个程序。这两个程序是由反倾销者依据相应的程序先后向进口国的行政主管部门或进口国的司法部门递交申请，复审进口国的反倾销措施是否有必要继续进行。按照《反倾销协议》的规定，反倾销措施最长不应超过5年。

(3) 反倾销的救济措施

① 临时反倾销措施。在主管部门作出肯定性初裁时可以先适用临时反倾销措施。这种措施通常有临时反倾销税的征收和价格承诺。临时反倾销税的征收一般由主管部门根据倾销的幅度和倾销带来的危害综合确定，应该在反倾销调查开始之日起60日后采取该种措施，其持续时间通常为4个月到9个月。

价格承诺与临时反倾销的征收不同，它一般是由被调查者主动向主管部门提出的。在出现了肯定性初裁时，为避免反倾销税的征收给被调查者带来的负面影响，被调查者主动提出将产品的销售价格调至正常水平。当然适当情况下也可以由主管部门对其建议采用价格承诺。对此，主管部门如果同意则临时反倾销税不会征收，反倾销程序也会中止；如果不同意则反倾销程序继续，直至作出终裁。一旦主管部门同意价格承诺，一般会给被调查者一个考验期，在这段时间之内如果产品价格遵守了事先的承诺，反倾销程序将会随之终止。如果未能通过考验期，主管部门将继续反倾销程序，直至作出终裁。

② 最终反倾销措施。对于肯定性终裁而言，实施的反倾销救济措施通常是最终反倾销税的征收。主管部门根据最终裁决中的倾销幅度和国内相关产业的受害情况来确定反倾销税的高低。一般采用"高退低不补"的方式解决临时反倾销税和最终反倾销税之间的差距。

③ 反倾销税的征收。反倾销税的征收通常在被反倾销的产品进关时由海关向产品的国内进口商征收。这种税的征收只能针对从特定国家出口的此类产品，并不是在全球范围内适用。基于这一点，许多出口商通过改变产品的原产国或者向进口商提供补贴的方式来规避或削弱反倾销税的影响。在《反倾销协议》的后续谈判中专门针对这些情况设定了一些反规避的措施。

2. 世界贸易组织下关于补贴与反补贴的法律制度

（1）补贴的概念

补贴是指一成员方政府或任何公共机构向"某些企业"提供的财政捐助及对其价格或收入的支持，以直接或间接增加从其领土输出某种产品，或者对其他成员利益形成损害的政府性措施。

① 补贴是一种政府行为。补贴必须与政府或公共机构相关。政府，既包括中央政府，也包括次一级的政府。即便不是国家权力机构，只要行使政府职能，即属于政府范畴。公共机构包括类似国有公司的公共机构。另外这种政府行为应作广义的解释，政府干预的私人机构的补贴行为，一般也被视为政府行为。

② 补贴是一种财政行为。政府的财政资助可以是政府直接出钱资助或者政府通过其他机构资助，也可以是通过政府确立的法律框架，由其他机构资助。例如，资金的直接转让；放弃收入或到期没有收取应收取的收入；提供一般基础设施之外的产品或服务，或购买产品；政府向基金机构支付、委托或指示私有机构履行前述一种或多种政府职能等。也即财政资助的形式是多种多样的，并不以政府产生支出为必须条件。

③ 补贴必须授予被补贴方某种利益。被补贴方应该从国家的补贴中得到相应的利益。当然，这种利益并不必须是金钱的直接受益，一般可理解为被补贴方相对于未接受补贴者实际获得或享有的某种优势。

④ 补贴应具有专向性。作为一种政府行为，意味着一定程度上补贴的存在是国家宏观经济调控职能的反映，因此并不是只要存在补贴就能够反补贴。一般而言，只有专向性的补贴才具有反补贴的可能性。所谓的专向性，是指特别给予某些特定行业、地区的补贴，也即是指政府有选择或有差别地向某些企业提供。

在乌拉圭回合中，缔约方缔结了《补贴与反补贴协议》（简称《反补贴协议》），但该协议仅对工业品的补贴作了规定，并不涉及农产品。对于农产品的补贴问题，《农产品协议》作了特殊规定。

（2）补贴与倾销的关系

补贴与倾销之间存在着一定的区别。

① 倾销属于企业行为，反倾销针对的是企业。补贴属于政府行为，反补贴面对的是出口国政府，涉及的是政府政策问题。

② 倾销是一种市场竞争中的商业策略和国际贸易行为，涉及的主要是经济贸易政策问题。补贴所涉及的问题包括经济、贸易、政治、社会、发展乃至科技、文化等方面，而且大量的属于一国国内的问题，因而启动和实施反补贴措施难度较大。

③ 反倾销与反补贴在调查程序、适用法律及确定条件和实施措施等方面有许多共同点，但也各有特色，存在差异。

补贴与倾销之间也存在一定的相同之处：都是以低于正常价值的出口价格在进口国市场销售，都给进口国的国内产业造成实质性损害或实质性损害的威胁等，因此都属于不公平竞争的行为。

反补贴与反倾销两者在启动程序问题上基本是相同的，如许多重要定义、原则、时限及措施等。政府的补贴往往是商人倾销的背后原因，因而在反补贴实践中，反补贴案又往往与反倾销案结合进行。

（3）补贴的认定

《反补贴协议》中将补贴分成了三种类型：禁止性补贴、可申诉的补贴和不可申诉的补贴。

禁止性补贴又称为红色补贴，出口补贴和进口替代补贴被明确列为禁止性补贴之列。出口补贴是指以出口实绩作为提供补贴的唯一条件或条件之一的补贴。出口补贴可以分为法律上的出口补贴和事实上的出口补贴。而进口替代补贴是指以使用国内产品而不使用进口产品作为授予补贴的唯一条件或其中一个条件的补贴。这些补贴具有明显的扭曲贸易自由走向的作用，一旦有某一成员实施即可进行反补贴程序。

可申诉补贴是指给 WTO 其他缔约方的相关产业带来不利影响或严重损害的补贴措施。除非申诉成员证明补贴对其利益造成了损害，否则对该补贴不得采取反措施，这样的补贴称为可申诉补贴。可申诉补贴只有在给其他缔约方带来相关的利益损害时才能进行反补贴。《反补贴协议》中规定一般需要满足以下条件：受到补贴的产品进口损害进口国的国内产业；补贴使其他缔约方根据有关协议享有的利益丧失或受损；补贴严重妨碍其他缔约方的利益。

不可申诉补贴是指不会给其他缔约方带来严重损害，从而按照《反补贴协议》的规定不需要进行申诉的补贴措施。不可申诉补贴指一般不能通过多边纪律进行指控、不能对其采取反补贴措施的补贴。一般认为，不可申诉补贴不可能产生不利影响，或者因为有某种特殊价值而不应阻止，也即通常不能反对此类补贴，如为扶植贫困落后地区或者基于环境保护需求而提供的补贴行为。

（4）反补贴的程序

由于补贴是一种政府行为，在反补贴时进口国所采用的具体程序可分为以下两种。

① 直接通过 WTO 争端解决机制得到救济。进口国以申诉方的身份，向 WTO 的争端解决机构递交申请书，以国际机制的方式解决与出口国之间关于补贴的纠纷，这种反补贴的方式主要依据 WTO 的规则来处理。

② 通过国内反补贴法律程序得到救济。进口国也可以在自己的国内展开反补贴程序，这种程序与反倾销的国内程序基本一致。

一旦认定出口国具有补贴行为，进口国所采用的反补贴措施与反倾销的救济措施基本相同。

3. 世界贸易组织下关于保障措施的法律制度

在 WTO 成立之前，1947 年的关贸总协定（GATT）第 19 条对保障措施进行了规定：基于 GATT 的减让义务而造成的不可预见的进口增加给国内相似或竞争产业带来了严重损害或严重损害的威胁时，为防止或救济该损害，允许 GATT 缔约方在非歧视的基础上偏离或暂停履行 GATT 义务，即可以修改或取消关税减让承诺。乌拉圭回合谈判中，对此条款进一步深入发展，形成了《保障措施协议》，是 WTO 附件 1A 的组成部分。

（1）保障措施的实施条件

① 进口产品数量激增。数量的激增可以是进口产品总量的绝对增加，也可以是相对增加。相对增加是指相对于国内产业而言，进口产品总量未增甚至于减少但在国内所占的市场份额大量增加。当然这种数量的激增应该是进口国不可预见并且是进口国履行 WTO 义务所致。

② 给国内产业造成严重损害或严重损害的威胁。相对于反倾销协议和反补贴协议，对国内产业的界定更宽，包括成员境内经营同类产品或直接竞争的产品的所有生产者，同类产品或直接竞争的产品的部分生产者，具体产量在国内占有较大比例。

严重损害一般是指进口国国内产业的重大全面减损，而严重损害的威胁一般是产生这种重大全面减损的可能。当然，这种威胁不应该是仅凭推测或极小的可能性，必须是通过事实证明这种威胁的迫近。

③ 上述两者存在着因果关系。进口国应该通过调查证明进口的激增和损害及损害威胁的出现之间存在着因果关系。同时，进口国的主管部门应该全面评估影响产业状况的所有客观和可计量的因素。但是，《保障措施协议》并未要求证明增加的进口数量是造成损害的唯一原因。

（2）保障措施的具体实施

进口国保障措施的采用必须经过相应的程序，调查保障措施实施的条件是否具备，这种程序基本上和反倾销、反补贴的国内程序相似，进口国应该保证其程序的公正性与透明度。

一旦认定保障措施的条件具备即可采用相应的保障措施，有临时保障措施和最终保障措施两种。在迟延采取措施会造成难以补救损害的情况下，进口国可以根据初裁而实施临时性保障措施，当然初裁的结果应该有明确的证据支持。这种临时措施一般不超过 200 天，并且应该计入最终保障措施的实施期内。

保障措施的具体手段通常是采用进口配额制度和提高关税，但是临时保障措施只能使用提高关税的方式。

无论是采用配额制度还是增加关税在具体实施时都必须满足非歧视的要求，也就是配额和关税应该针对从外国进口而来的该特定产品，不应该考虑其来源于哪个具体的国家或地区。

（3）保障措施的特点

与反倾销、反补贴相比，保障措施的限制对象通常是公平贸易条件下的进口产品，而不是针对不公平的竞争行为，因此保障措施的实施条件更为严格。相对的，其调查程序更为复杂，实施反倾销、反补贴措施的调查程序和要求往往相对简单、宽松一些。

保障措施的实施后果可能引发相应的补偿问题。因为保障措施不区别进口产品的来源，而且针对的是公平贸易下的行为，权益受到影响的出口方均有权与实施保障措施方进行磋商，要求提供相应的利益补偿。如果双方不能达成满意的补偿协定，则利益受损的出口方可以暂时中止实质对等的关税减让或其他义务。而反倾销、反补贴制度不存在所谓利益补偿与中止减让或其他义务的问题。

7.3.5 世界贸易组织的贸易政策评审机制

1. 贸易政策评审机制的由来

评审机制是指 WTO 可以定期对有关成员方的贸易政策和立法及其对多边贸易体制的影响实行审议并提出相应建议的机制。由于世贸组织目标的实现取决于各成员所制定和实施的经济贸易政策与世贸组织的要求是否一致，因而强化各成员方对贸易协定的执行成为 WTO 的重要工作。

在乌拉圭回合谈判时，提出了建立贸易政策评审机制的目标，经过各方努力，最终达成《贸易政策评审机制》，作为 WTO 的一个附件成为"一揽子"接受的规则。从性质上看，《贸易政策评审机制》不仅是一个促进成员贸易政策透明度的工具，也是世界贸易组织的一项监督机制，它的出现提高了国际贸易的可预见性，能够起到预防和减少成员方之间贸易争端的作用。

2. 贸易评审机制的主要内容

贸易政策评审机制的内容共分为 7 个部分，主要是：贸易政策评审的目标；国内的透明度；评审报告；报告；与 1994 年关贸总协定和 GATS 有关的国际贸易收支规定之间的关系，该部分主要对贸易政策评审机构与国际收支磋商之间进行协调统一；对机制的评议；对国际贸易环境发展方面的检阅等。根据这一机制，WTO 成立了专门的贸易政策评审机构。

贸易政策审议对象主要是世界贸易组织各成员的全部贸易政策和措施，审议范围从货物贸易扩大到服务贸易和知识产权领域，同时还要求对世界贸易环境的发展变化情况进行年度评议。

依据评审机制的规定每隔一段时间，所有的 WTO 成员都要接受详细审查，评审的频率取决于成员国的大小。例如，四个最大的贸易主体：欧盟、美国、日本、中国，每两年接受一次审议。相对小一些的 16 个成员，则每四年接受一次审议。剩下的成员每六年接受一次审议；对于最不发达成员，贸易评审的期限可能会更长。

练 习 题

一、单项选择题

1. 假设有下列情形：中国甲厂、乙厂和丙厂代表中国某产业向主管部门提出了对原产于 A 国、B 国和 C 国的该产品进行反倾销调查的申请，经审查终局裁定确定倾销成立并对国内产业造成了损害，决定征收反倾销税。在此情形下，反倾销税的纳税人应是下列选项中的哪一个？（   ）
   A. 该产品的进口经营者
   B. 该产品的出口人
   C. 该产品的中国消费者
   D. 该产品在 A、B、C 三国的生产者

2. 某外商向我国大量低价销售陶瓷制品，给我国陶瓷行业造成严重损害。我国行业协会可以根据《中华人民共和国对外贸易法》中哪一相应规定对外商提起诉讼？（   ）
   A. 环境保护条款
   B. 反倾销条款
   C. 保障条款
   D. 保护幼稚工业条款

3. 对原产地国家或地区与中国订有特殊关税互惠协议的进口货物，应按下列选项中哪一种税率征税？（   ）
   A. 按普通税率征税
   B. 按优惠税率征税
   C. 按普惠制税率征税
   D. 按特惠税率征税

4. 根据《反补贴条例》的规定，下列有关补贴认定的说法中，何者为正确？（   ）
   A. 补贴不必具有专向性
   B. 补贴必须由政府直接提供
   C. 接受者必须获得利益
   D. 必须采取支付货币的形式

5. 关于最惠国待遇，以下说法错误的是（   ）。
   A. 最惠国给受惠国的国民和法人待遇
   B. 最惠国待遇只适用于国际经济关系的特定领域，如贸易或投资等
   C. 如某国给予其邻国在经贸领域的待遇高于其他国家，则违反了最惠国待遇原则

D. 最惠国待遇通常是建立在互惠的基础上

二、多项选择题

1. 政府对外贸易管理制度是一国政府为保护和促进国内生产，增加出口、限制进口而采取的鼓励与限制措施；或对进出口采取的禁止或限制的措施。下列选项中属于政府外贸管制措施的是（　　）。
   A. 关税制度
   B. 进出口许可证制度
   C. 外汇管制
   D. 进出口商品检验制度

2. 最惠国待遇原则是世界贸易组织确认的一个基本原则，但该原则在实施中可以有例外。依照1947年《关税与贸易总协定》的规定，下列哪些选项可以作为例外情况不适用最惠国待遇原则？（　　）
   A. 有关输出或输入黄金或白银的措施
   B. 为保护本国具有艺术、历史或考古价值的文物而采取的措施
   C. 关税同盟之间相互给予的优惠
   D. 边境小额贸易优惠

3. 以下有关我国反倾销、反补贴、保障措施三种贸易救济措施的比较，正确的是（　　）。
   A. 反倾销、反补贴、保障措施的实质要件都包括损害，但是损害的具体意义不同，前两者的损害包括对"建立国内产业造成的实质损害"而后者没有
   B. 我国反倾销、反补贴、保障措施的调查机关都是商务部
   C. 临时反倾销措施、临时反补贴措施和临时保障措施的形式不同，前两者包括临时反倾销（反补贴）税及保证金、保函等担保，而临时保障措施仅包括提高关税
   D. 三者终裁后的措施不同，前两者是反倾销或反补贴税，而保障措施则包括提高关税、数量限制等

4. 非关税措施是指除关税以外的一切直接或间接限制外国商品进口的法律和行政措施，下列制度中属于非关税措施的有（　　）。
   A. 进口押金制度
   B. 许可证制度和配额
   C. 海关估价
   D. 技术性法规和规章

5. 下列关于2004年修订的《中国对外贸易法》的表述，正确的是（　　）。
   A. 外贸经营者应为被授予外贸经营权的法人及其组织
   B. 该法只适用于货物进出口

C. 该法不适用于香港、澳门
D. 该法规定了对进口货物侵犯知识产权的制裁措施

三、思考题

1. 简述政府管理贸易的动因。
2. 非关税措施有哪些？特点是什么？
3. 简述WTO的基本原则。
4. 简述WTO反倾销的条件。
5. 比较反倾销、反补贴、保障措施制度的区别。

四、案例分析题

1. 甲国以保护本国国民健康为理由，决定禁止从乙国进口含有荷尔蒙的牛肉，但事实上甲国境内并不禁止此类牛肉的销售；另外，甲国仍然从丙国进口含荷尔蒙的牛肉。乙国认为其根据WTO应获得的利益受到了损害，甲国认为其采取的措施为WTO一般例外所允许，两国对此产生争议。

试分析：甲、乙两国的主张是否成立？甲国的行为有无违反WTO的基本原则？

2. 2010年2月18日欧盟委员会在欧盟官方公报发布公告，正式对中国出口欧盟的铜版纸发起反倾销调查。此次调查应欧盟文化纸制造业协会（CEPIFINE）的申诉而发起。该协会于2010年1月向欧盟委员会提出申诉，宣称中国向欧盟市场倾销用于高档书籍、杂志和商品目录的铜版纸。2010年4月17日，欧盟随后又发起了对中国出口欧盟的铜版纸反补贴调查，开创了欧盟针对中国产品的"双反"先例。经过一年多的调查与审理，2011年5月14日，欧盟委员会就对华铜版纸反倾销反补贴案作出终裁，裁定对中国企业征收4%～12%的反补贴税率和8%～35.1%的反倾销税率。

问题：倾销与补贴有什么不同？反倾销与反补贴的具体程序有哪些？

第 8 章

国际投资法律制度

【学习目的与要求】

通过本章对国际投资的概念与调整对象的介绍,掌握国际投资法的概念及特点,了解各国对外投资立法的主要内容,掌握国际投资法律保护的主要内容,了解和掌握 BOT 投资方式的法律特征,在此基础上结合我国的相关制度,完整把握我国有关涉外投资立法与实践。

8.1 国际投资法概述

8.1.1 国际投资法的概念

1. 国际投资的界定

作为一种跨越国界的资本活动,国际投资是指投资者跨越国界,直接将其资金、机器设备、专有技术、专利、商标等投入位于别国的企业,并取得该企业全部或部分管理控制权的一种资本输出活动,通常又称为国际直接投资或海外直接投资。在这一跨国活动中,投资者的国籍所属国或资本所属国称为投资母国,即资本输出国;接受外国资本的国家则称为投资东道国,即资本输入国。

随着经济全球化的快速发展,国际投资活动也有了高速发展,全球投资总量迅速增长,吸收国际投资是发达国家和发展中国家的重要经济技术合作形式,国际投资与其他国际经济活动的关系日益密切。伴随着国际投资主体越来越多元化，发达国家资本单向外流已演变为各国之间互有进出、相互投资及相互渗透，使得国际市场竞争日趋激烈。中国吸收境外投资经历了从无到有的发展过程，尤其是改革开放以后，吸引利用外资数量增长迅猛。

2. 国际投资的作用

国际投资，特别是国际私人直接投资，在资本输入和输出两方国家的努力下，经过长期的发展，正在逐渐克服其消极性，越来越明显地体现出其积极性，在各国日益频繁的经济往来中发挥着重要的作用。

在合理引导和有效控制的前提下，对资本输入国来说，通过利用外资，可以解决国家资金短缺，引进国外先进技术和现代管理知识，提高国内企业技术水平和管理水平，建设技术先进型和出口型企业，加速基础设施的建设和自然资源的开发，增加就业，扩大出口，改善国际收支，促进本国经济的快速发展。对资本输出国来说，通过向海外投资，可以占领或扩大海外市场，保证国外原材料的供应，利用国外的廉价劳动力，增强在国际市场上的竞争力，取得高额利润，从而给本国的经济发展和国际收支产生积极的影响和作用。

从国际的角度看，随着国际直接投资的发展，大量资金和技术投放到世界各国和地区，不仅促进了有关国家的经济技术发展，而且也促进了生产和资本的国际化，对整个世界的经济增长及国际分工与合作都有着重大作用。

尽管国际私人直接投资无论是对资本输入国还是对资本输出国均有一定的重要意义，但各国的政治、经济、文化等有很大的差异，而国际私人直接投资是把资本投到相对陌生的国家，就会面临各个方面的、不同程度的风险，直接影响投资者的积极性。所以，不管是对资本输出国还是资本输入国，投资环境都是至关重要的。

投资环境是一个综合概念，即能够影响国际资本运行和产生收益的一切条件和因素的总和。一国的国际投资环境通常包括物质环境和社会环境两个方面。物质环境，主要是指一个国家或地区的地理、气候、自然资源，以及城市和工业的基础设施等条件，尤以自然资源最为重要。社会环境，主要是指一个国家或地区的政治、法制、经济、意识等环境，尤以法制和政策最为重要。

3. 国际投资法的含义

国际投资法是调整国际间私人直接投资关系的法律规范的总称，通常表现为资本输入国和资本输出国之间订立的有关国际投资的国内法规范、资本输入国和资本输出国之间订立的有关国际投资的双边协定、调整国际间私人直接投资的多边协定及国际公约等国际法规范。

国际投资法调整的对象是国际间私人直接投资关系，它有如下主要特征。

（1）国际投资法调整的是私人投资关系

私人投资关系，是指自然人、法人和民间组织、企业团体的海外投资关系。因此官方投资关系并不属于国际投资法的调整范围，外国政府、国际金融机构的投资、贷款、援助，则称为官方投资。当然即使投资属于资本输出国集体所有或个别场合下属该国国家所有，也不享受任何外交特权，东道国一律将其视为私人资本。

(2) 国际投资仅调整国际私人直接投资关系，不包括间接投资关系

直接投资应是伴随经营控制权的投资行为，因此国际投资法通常涉及的仅仅是合资经营、合作经营、外商投资经营等领域中产生的法律问题，并不涉及间接投资关系。

(3) 国际投资法所调整的国际私人直接投资关系既包括国内关系，也包括国际关系。

由于国际投资法所调整的法律关系的主体包括不同国家的自然人、法人及缔结双边或多边投资保护协定的有关国家的政府，因此这种投资关系不但涉及私人外国投资者与东道国及其法人、个人之间，以及同本国政府之间的国内法关系，也包括东道国与投资者母国政府之间的国际法关系。

4. 国际投资法的作用

作为调整国际私人直接投资关系的法律规范，国际投资法在鼓励、保护、管制国际投资等方面起着重要作用。

(1) 鼓励国际投资

在资本输入国和资本输出国的国内立法中，有相当一部分是直接鼓励国际投资的法律措施，主要表现为国家给投资者提供各种优惠，如税收优惠、财政优惠、行政优惠等。这些措施为外国投资者提供了较大的利益和便利。从资本输入国的角度讲，鼓励性措施的实施，能够降低投资者的投资成本，尽早收回投资本金，提前获取收益。从资本输出国的角度讲，为本国投资者提供各种优惠，使其能谋取更多的剩余价值、垄断利润，并能极大地降低投资风险。

(2) 保护国际投资

由于国际投资对于有关国家的经济发展乃至世界经济的发展具有积极的促进作用，同时也由于在国际投资中总会存在一些政治风险而危及投资安全和利益，并且投资中所涉及的各利益个人与集团的利益各异，必然会产生利益争执。因此，资本输入国与输出国依靠法律的力量，维持正常的投资环境，保护投资者及其他人的利益，保证投资安全，就成为各国的义务与责任。

(3) 管制国际投资

国际投资在给各国带来投资正效应的同时，也会带来一些负效应。比如，会影响资本输入国的国家安全，与资本输入国经济与社会发展计划相悖，危及环境与人、动物的健康等。资本的大量输出，也会导致资本输出国一些国内支柱产业发展停滞、失业率上升等。针对国际投资的消极面，资本输入国主要通过外国投资法来加强对外国投资的管制和引导，以防外国投资对本国的经济发展带来不利影响，从而将国外资本引向更健康、更有利于本国的方面上来。而资本输出国的海外投资法对于疏导资本流向亦有重要意义。

8.1.2 国际投资法的渊源和体系

一般来讲,国际投资法的渊源包含了国内法渊源和国际法渊源。因此,国际投资法的体系包括有关国内规范和有关国际法规。有关国内法规范,即资本输入国的外资法和资本输出国鼓励和保护海外投资的规范;有关国际法规,主要是指发达国家和发展中国家基于投资的促进和保护而签订的双边投资协定、区域性多边投资条约、普遍性投资公约。

1. 资本输入国有关国际私人直接投资的法律规范

一国对本国境内外国资本进行鼓励、保护和管理所形成的法律,称为外商投资法。这种法律规范包括调整国际直接投资关系的实体法规范,也包括东道国对外国投资进行审批及解决投资争议的各种程序法规定。

由于各国的立法形式不同,这种调整国际私人投资关系的法律规范通常有以下几种方式。

(1) 单轨制立法

有些国家对待外资的利用全面开放,除特殊领域外,没有针对外资专门立法,而是让外资与内资适用相同的法律,体现出内外资之间的平等性。通常是国家经济发展水平较高的国家采用此种立法形式,如美国。

(2) 内容系统的、统一的外资法

有些国家对利用外资的各种形式进行系统的立法,形成专门的外商投资法典,如印度尼西亚、智利、阿根廷等国。采用这种立法形式,国家的内资和外资分别适用不同的法律制度,有利于对本国资本进行适当的保护。法典式的立法有助于外资领域法律的完整性和系统性。

(3) 制定一个或几个专门法规

采用这种立法形式的国家通常不制定完整、系统、统一的利用外资的法典,而是就各种利用外资的形式分别制定单一的专门法规,如中国的《中外合资经营企业法》、《中外合作经营企业法》、《外商独资经营企业法》。有些国家除了制定利用外资的基本法外,还就与外国投资有关的外汇、税务、关税、劳务、土地管理等问题制定专门的法律、法令、条例、命令及决议等法律文件,从各个不同的角度对各国有关外国投资的基本法作了补充。

2. 资本输出国有关海外直接投资的法律规范

不少投资国从维护本国经济利益、保护本国海外直接投资的实际需要出发,纷纷建立了鼓励、限制、保护本国海外直接投资的法律制度。但通常不会形成专门的海外投资法典,一般在国内相关法律中对涉及海外投资的部分进行专门规定,或者对海外投资中的特殊问题专门立法,如美国1948年制定并几经修改的《对外援助法》、日本1978年修订的《输出保险法》、韩国1978年颁布的《海外资源开发促进法》等。

3. 资本输入国与资本输出国订立的双边投资协定

这是指投资东道国与投资者母国订立的双边投资保护协定、条约、换文，属于投资法体系中国际方面的重要法律规范。这些双边协定旨在鼓励、保护、保证及促进两国的直接投资，其内容具体，针对性较强，主要有三种类型：友好通商航海条约、投资保证协定、促进与保护投资协定。

4. 调整国际直接投资关系的多边投资条约

双边投资保护协定用来调整国与国之间的投资关系，虽然具有针对性强的优势，但毕竟适用范围有限，不能适应国际直接投资发展的需要。为此，一些国家、国际组织试图通过缔结国际公约，以建立一整套多国间的保护国际投资的法则、机构、制度。一些国际民间机构也为此作出了种种努力。但是，由于各国的政治及经济制度的不同，经济利益各异，在一些重大问题上难以取得一致，没有达成国际投资领域里全面或者统一性较强的国际公约。目前形成的国际投资领域的国际公约相当一部分是区域性投资协议，适用范围有限。还有一部分多边投资协议虽然是全球性的，但一般只能解决国际投资的某些具体领域的问题，不具有全面性，如世界贸易组织的《与贸易有关的投资措施协议》（TRIMS协议）、《多边投资担保公约》、《解决国家与他国国民投资争端公约》等。

8.2 国际投资的法律形式

8.2.1 新建企业

国际直接投资最常见的投资形式是一国的私人资本投放到另一国，直接在国外建立公司企业，直接进行经营活动，直接承担风险，取得利润，通过生产资本的输出，把资本直接放到生产中去。新建企业的具体形式一般有：合资经营、合作经营和独资经营。

合资经营是指由外国合营者同当地合营者为实现特定的商业目的，共同举办、共同投资、共同经营、共担风险、共负盈亏的一种企业形式。在国际社会中合资经营一般有股份式合营企业和契约式合营企业的区分。

合作经营是指由外国合营者同当地合营者在合同基础上建立，双方依据该合同分享权益，分担风险及亏损。国际实践中通常有两种具体模式：一是没有组成实体的合作经营，通常是合伙；一是组成专门的合作经营企业。

独资经营主要是指根据东道国法律在东道国境内设立的，全部或大部分资本由外国投资者投资的企业，通常组成企业实体。由于是依东道国法律设立，独资经营企业具有当地国籍。

8.2.2 跨国并购

1. 兼并

狭义的兼并是指企业之间的吸收合并，即两个以上的企业合并中，其中一个企业因吸收了另一个企业而成为存续企业的合并形式。广义的兼并则是泛指一切企业之间的产权交易行为。从《中华人民共和国公司法》的角度看，兼并就是企业合并，我国《公司法》进一步将合并分为吸收合并和新设合并。

2. 收购

一个公司通过购买其他公司的全部或部分股份或资产，以实现对该公司企业的实际控制，而被收购的公司仍具有独立性的法人资格。收购可分为资产收购和股份收购。

由于二者都是通过产权交易达到控制其他公司的目的，习惯上将它们称为并购，但是它们也存在着一定的区别。兼并将导致两个或两个以上的公司企业的主体资格和数量发生变化，比较复杂，依《公司法》的程序进行。收购最终并不改变公司企业的主体资格和数量，只是改变被收购企业的股份归属或经营管理权的归属，程序上只要取得股份优势，再进行董事和监事改选即可。

采用这种投资形式，对投资者而言，积极作用在于可以让投资者在短时间内迅速获得东道国国内的市场份额，消极作用在于政治风险和商业风险都比较大。对东道国而言，积极作用在于可以引进外资，盘活原本经济效益不佳的企业；消极作用在于容易造成外资对一些行业的不合理控制。因此与新建企业比较，跨国并购一般需要接受更为严格的监督和管理。

8.2.3 BOT 投资方式

1. BOT 投资方式的含义

BOT 是英文 Build-operate-Transfer 的缩写，即建设—运营—移交，是指政府授予私营企业以一定期限的特许经营权，许可其融资建设和经营特定的公用基础设施，并准许其通过向用户收取费用或出售产品以清偿贷款、回收投资并赚取利润；特许权期满时，该基础设施无偿移交给政府。BOT 是国际上利用私人资本进行基础设施建设而采取的一种新型融资方式，正式提出于 1984 年，首倡者是土耳其总理奥扎尔，并首先应用于该国的公共设施的私有化项目，具有融资能力强、自有资本需要量小、投资收益有保障等众多优点，现已受到各国的高度重视和广泛采用。

"二战"后，各国纷纷加速本国的基础设施建设，发达国家在进行资本与技术的输出过程中，其所采取的合资经营、合作经营等形式受到东道国尤其是发展中国家资金不足的限制。而资金和技术输出的强烈要求，又迫使其不得不考虑采取其他方式，而发展中国家因急需资金和技术，又不得不多方式引进资金，于是 BOT 这种自筹资金能力强、无须资金担保的投资方式便创造性地应运而生，并且很快发展、强盛起来。它不仅解决了东道国资金短缺的困难，完成了东道国因资金困难不能完成的工程项目，也使东道国比较容易地引进了先进技术，学到了先进的管理经验，并且培养了技术骨干和技术工人，促进了东道国国民经济和科学技术的发展。BOT 投资方式实际上是政府和私人企业之间就基础设施建设所建立的特许权协议关系，是"公共工程特许权"的典型形式，其在实际运用中还演化出许多类似形式。

2. BOT 投资方式的特征

（1）BOT 项目以东道国政府的特许为前提和基础

BOT 投资领域一般属于政府垄断经营的范围，外国投资者基于许可取得通常由政府部门承担的建设和经营特定基础设施的专营权。所谓基础设施，通常包括港口、机场、铁路、公路、桥梁、隧道、电力等社会公用设施。如果没有东道国政府特许，外国私人投资根本不可能涉足公共设施等政府专营垄断的领域，也无法筹集到足以支撑项目建设所必需的巨额资金。因此，东道国政府允许外国投资者以 BOT 方式进入基础设施行业，实质上是东道国政府以特许协议的方式授予外国投资者的特许权，将原本只属于政府的一部分社会管理职能暂时转让给 BOT 项目公司经营。

（2）BOT 项目众多当事方相互关系通过一系列合同进行安排

BOT 项目是一个相当复杂的系统工程，法律关系众多，除主要主体是东道国政府外还包括项目筹建集团、项目公司、银行金融机构、承建商、经营管理公司、保险人等一般主体，它们之间通过签订一系列合同、协议来确立、保证和调整各当事方之间的法律关系，这些合同协议共同构成了 BOT 投资方式的法律框架。如前所述，BOT 的核心是政府特许，外国投资者要进行基础项目投资，首先要获得东道国政府的许可及在政治上的风险和商业风险等方面的支持和保障，而其表现载体就是特许协议。因此，特许协议构成了 BOT 法律框架的基础。其他所有合同，如贷款、工程承包、经营管理、担保等合同均是以此协议为依据，并为实现其内容服务。

（3）BOT 合同双方当事人法律地位平等

BOT 投资方式下的合同是通过不同方式签订的，有的是由政府通过招标、投标、选择出一个各方面能力都较强的私人企业，然后再与其谈判、详细拟定 BOT 投资协议的条款；有的是先由外商本人或外商通过其中合作者向政府提出申请，该申请被批准后，政府再与项目发起人通过谈判，签订 BOT 投资协议。无论哪种方式，BOT 合同的主体双方都有签约或不签约的自由及同意或不同意协议中某个条款的自由。因此，虽然 BOT 投资方式下合同主体的一方是政府，但当事人双方的法律地位是平等的。他们经过谈判，最终在合同上签字，每一个步骤都是双方当事人积极努力的结果，都反映了双方当事人的合意，不存在一方强迫或欺诈另一方签约的问题。

(4) 特许权期限届满，BOT 项目无偿交给东道国政府

由于在特许权期限内，外国投资者已偿还贷款，回收投资并赚得利润。所以，BOT 项目终结时不需要进行清算，而是由东道国政府收回特许权，并全部无偿地收回整个项目。虽然政府作为一方直接参与 BOT 项目，但政府在特许期内不投入资金，不承担风险，项目风险全部或大部分由项目公司承担，这与传统合营形式的共同投资、共担风险的基本特点不同。

3. BOT 投资方式的基本运作程序

每一个 BOT 项目都有自身的特点，其实际操作过程各不相同，但一般而言，BOT 项目的基本运作程序主要为以下几个阶段。

(1) 确定项目方案

不是所有的建设项目都有必要采用 BOT 方式，也不是所有的建设项目都有条件采用 BOT 方式，这和各国经济发展的总体规划和产业投资导向有着密切联系。因此，东道国政府往往根据本国的实际情况，对项目的必要性进行研究，确定项目建设投融资方式和需要达到的目标。

政府是否允许投资人获得合理回报是项目确定的原则之一。只有允许投资人获得合理的回报，项目采用 BOT 方式才可能取得成功。不可能盈利的项目，只能由政府或者公共机构进行投资建设，除非政府采取财政补贴等方式保证项目投资人获得合理的回报。

(2) 项目核准

项目方案确定后，通常情况下，需要政府有关部门核准或通过，否则如果投资人确定后政府不通过该项目，将会给中标人造成很大的损失。在我国，对基础设施项目建设采用核准制，根据国务院的相关规定，依照项目投资规模确定申报核准部门。

(3) 招标准备

项目核准工作完成后，即可着手准备招标工作。例如，成立招标委员会和招标办公室；聘请中介机构，包括专业的咨询公司、律师事务所和设计院；进行项目技术问题研究，明确技术要求；准备资格预审文件，制定资格预审标准；准备招标文件、特许权协议、制定评标标准，等等。

(4) 资格预审

发布资格预审通告，邀请对项目有兴趣的公司参加资格预审。参加资格预审的公司应提交资格申请文件，包括技术力量、工程经验、财务状况、履约记录等方面的资料。招标委员会通过对前述文件进行比较分析，拟定一个数量不多和参加最终投标的备选名单，并在项目条件基本落实和招标文件基本准备就绪之后，发出资格预审结果通知，向通过资格预审的投标人发出投标邀请书。

(5) 准备投标文件和投标

在获得招标委员会的书面邀请后，通过资格预审的投标者，如决定继续投标，应依

招标文件要求，提交详细的投标书，并对关键事项进行详细说明，如基础设施的类型及所提供的产品或服务的性能或水平、建设进度安排及目标竣工日期、产品的价格或服务费用、价格调整公式或调整原则、产品的数量和质量、资产寿命、投资回报预测、融资结构与来源、外汇安排、维修计划、风险分析与分配等。

（6）评标与决标

评标是由政府组成的项目评标委员会，据评标标准，对所有标书进行审查和评估。决标是依据评标结果选定中标人，并向所有投标人及外界公布评标结果。

（7）特许权协议的谈判和草签

在确定中标人后，政府与中标人就特许权协议内容进行谈判。如果政府与第一名中标人谈判破裂，则政府可与第二名中标人进行谈判，以此类推，谈判成功则草签协议。

（8）项目公司的成立和正式签订协议

特许权协议草签后，中标人应当依当地法律规定成立项目公司，由项目公司与政府正式签订特许权协议。同时必须签署其他许多协议以支持特许权协议，如与项目承贷方的信贷协议、与建筑承包商的建设合同、与供应商的设备和材料供应合同、与当地设施公司的服务购买合同、与保险公司的保险合同等。

（9）项目融资

项目公司所承担的各项工作中，项目融资是最为关键的工作。BOT 项目的投资规模都非常大，单独依靠项目公司自身是难以完成的。通常情况下，项目公司采用项目发起人提供的股本与募集商业银行、国际金融机构或者双边政府贷款相结合的办法筹集资金。

（10）项目建设

项目建设一般采用"交钥匙"的方式进行，项目公司通过项目建设承包合同，发包给建筑承包商负责项目的规划、设计、施工和设备安装等工作，最后由项目公司来验收。

（11）项目经营

项目建成后，项目公司可以自己经营，也可以委托专门运营维护公司经营。

（12）项目移交

特许期满后，项目公司须无偿地将项目资产移交给政府。移交前，政府必须组织有关的专家和技术人员对项目质量标准和资产情况进行检验，确定是否符合协议规定的各项移交指标。

4. BOT 投资方式的主要法律依据

BOT 投资的项目一般是大型基础设施项目，在众多的当事人或关系人中，不仅牵涉到单纯的合同关系，而且还存在许多需要东道国完善的法律政策来解决的问题，如特许权协议的法律性质、政府保证与投资回报、外汇平衡问题及股权问题。

8.3 国际投资的国内立法

根据法律的属地管辖原则，投资东道国法律对于其本国境内的外国投资有权行使属地管辖。同样，根据法律的属人管辖原则，投资国法律对于其境外本国投资者的投资活动有权行使属人管辖。不同国家在国际上的政治制度及经济地位不同，各国有关国际直接投资的立法活动各有差异。但总体来说，一个国家既可能成为资本的输入国也可能是资本的输出国，因此该国涉及国际投资的法律制度既包括外资法也包括海外投资法。从内容上看，各国均建立了涉及保护国际投资、鼓励国际投资及限制国际投资三个不同层次的法律机制。

8.3.1 发达国家的对外投资立法

1. 保护国际投资的法律机制

作为资本输入国的立场，发达国家在外资待遇上是以国民待遇为基调的，即给予外国投资者在民事方面与本国公民、企业所享有的同等待遇。

在利用外资的同时，发达国家资本输出的活动更为活跃。资本输出可以将国内过剩的资本投放到市场广阔、资源丰富、劳动力价格低但资本缺乏的国家。在这些国家，投资者的资本可以获得比在其国内更高的回报，并且有利于带动商品输出。发达国家保护海外投资的主要法律制度是海外投资保险制度，是资本输出国政府为鼓励本国资本向海外投资，对本国海外投资者在国外可能遇到的政治风险提供保证或保险，投资者向本国投资保险机构申请保险后，若承保的政治风险发生，致使投资者遭受损失，则由国内保险机构补偿其损失。这种保险是一种非常典型的官方保险，不以盈利为目的。此种官方保险与普通商业保险一样的是，保险人享有代位求偿权，但从国际法上看，保险人根据本国法和保险合同取代投保人的地位向东道国索赔，没有法律上的根据。因此，投资国通常寻求同东道国签订投资协定，要求东道国承认这种代位求偿权。

美国是最早实行这一制度的国家，在1948年美国实施的马歇尔援欧计划中率先实行了投资保证方案。随后一些主要资本输出国都效仿美国的做法，实行本国的海外投资保险制度，如日本、法国、德国、丹麦、澳大利亚、荷兰、加拿大、瑞士、比利时、英国等。

海外投资保险制度仅针对政治风险。所谓政治风险，是指东道国现行社会政治状况及法律政策发展趋向的不确定性，它包括两方面的内容：一是东道国未来政治环境变化的不确定性；二是东道国社会和政府影响外国投资者利益的未来行为的不确定性。可以说，政治风险大多源于东道国政府行为，如法律政策变化、外汇管制措施变化等。但是也有些风险属于政府无法预见或控制行为，如内乱、反政府行为等。各国国内法通常认为政治风险包括以下三类。

(1) 汇兑险（外汇险）

汇兑险，包括货币兑换险和汇出险，是指东道国通过颁布法律或采取其他措施，禁止或限制外国投资者将其投资原本或利润兑换成可自由使用的货币，并转移出东道国境外，致使该投资者受损的风险。当然，各国对该险种确定的范围不同，有的国家既承保"兑换险"也承保"汇出险"，有的国家则只承保"兑换险"。根据美国《海外私人投资公司修订法案》对于汇兑险的规定，投保人在保险期限内作为投资收益或利润而获得的当地货币，或者因变卖投资企业财产而获得的当地货币，如遇东道国禁止将这些货币兑换成美元汇回美国，应由海外私人投资公司用美元予以兑换。但其前提是，在订立保险合同时东道国法令无此项禁令。十分明显，美国法律只承保兑换险。而日本则承保该两种风险。

(2) 征收险（征用险）

征收险是指东道国政府采取征收、征用、国有化、没收或类似措施，致使外国投资者的投资及有关权益遭受损害的风险。在此，"征收"一词，通常包括：征收、征用、没收、国有化。尽管这些行为各具特点，但一般不对其进行明确区分，有学者称之为"直接征收"。而类似措施为"间接征收"，也叫"逐渐征收"，是指东道国政府未依法取得外国投资者资产所有权时，采取阻碍或影响外国投资者对其资产行使有效控制权、使用权、处分权的行为。例如，强制国产化、强制股权转让、强制转让经营权、不适当提高税率等。美国、英国、德国等采取"直接征收"与"间接征收"的立法模式，但范围各有不同。美国《对外援助法》所规定的"征收"含义较为广泛，它规定，征收包括但不限于外国政府的废弃、拒绝履行及损害其与投资者订立的合同，使该投资项目实际上难以继续经营。但东道国政府的上述行为必须是由不可归责于投资者本人的过错或不当行为引起的。日本《输出保险法》规定，凡在外国投资的资产为外国政府（或地方公共团体）所"夺取"者，均在征收险之列。该"夺取"是指征收、征用、没收、国有化、剥夺所有权。

(3) 战乱险（战争险）

战乱险，包括战争险与内乱险，是指外国投资者在东道国的投资因当地发生战争等军事行动或内乱而导致损失的风险。"战争等军事行动"是指不同国家、军队或团体、武装部队之间的战争或武装冲突。"内乱"是指革命、骚乱、暴动，旨在推翻东道国现任政府在全国或部分地区的统治的暴力行为，但不包括罢工、学潮等运动。一般恐怖主义活动或国内骚乱所致的损失，也不属于战乱险，除非是出于国内或国际有组织的武装力量的敌对行动对该财产的蓄意破坏。美国将战乱险"限于个人或集团主要是为了实现某种政治目的而采取的破坏活动所造成的损失"。

除上述三种险别外,英国还承保"其他非商业性风险",美国承保"营业中断险"。根据美国 1985 年《海外私人投资公司修订法案》,营业中断险的基本含义是:不论发生禁兑保险事故,或征收保险事故,或战乱保险事故,致使海外私人投资者投保的投资企业的营业中断,从而遭受损害者,应由承保人给予赔偿。将"营业中断险"作为单独险别,其目的在于对海外美国私人投资给予更大的投资保证,以鼓励资本向海外输出。

2. 鼓励国际投资的法律机制

如前所述,资本输出是发达国家开展跨国活动的基石,因而发达国家采取措施积极鼓励其国民到海外投资。这些措施包括通过税收抵免或免税等提供的税收优惠、在外交方面给予的支持和保护、就东道国的投资机会和投资环境给予的信息支持及一定程度的财政资助。

(1) 税收优惠措施

① 税收减免。为刺激本国私人投资者向海外输出资本,一些发达国家采取直接的税收减免。如英国在计算投资者的海外收入时允许扣除其中的四分之一,也就是说只对四分之三的部分征所得税。

② 税收抵免。这是解决对国际投资者双重征税的办法之一,允许海外投资者在其本国应纳税款中扣除其已在资本输入国实际缴纳的税款。如美国 1970 年的《税收法》中明确规定了对本国国民海外投资的收入实行税收抵免。

③ 税收饶让。投资国主动放弃本国对海外投资者的征税权,只承认投资东道国的征税权。目前全世界已有 130 多个双边税收协定中列入了税收饶让条款。

④ 海外投资储备金。这是特殊形式的税收优惠措施,即投资国允许海外投资者在其投资之年将投资总额的全部或部分划为储备金,并在其应税所得额中扣除该储备金的数额,使其在投资初期可以暂不纳税或少纳税,事实上构成了对海外投资者的无息贷款。日本、德国等国家建立了这种制度。美国也有一种税收迟征条款,允许推迟征收美国国外子公司的所得税,直到国外所得利润汇回母国公司,这等于是在迟征期间对海外投资企业提供了一笔无息贷款。

(2) 资金及技术援助措施

有些投资国设立了专门的金融机构,以出资或贷款的方式参与本国私人的海外投资企业,比较突出的有美国海外私人投资公司(OPIC)、英联邦开发公司(CDC)等金融机构。一些投资国还为海外投资者培训技术人员,对本国培训发展中国家技术人员的机构提供政府津贴,对发展中国家派来受训的人员提供生活费及旅费等,如加拿大的"加拿大海外经营服务机构"、日本的"世界经营协会"、美国在国际开发署设立的"国际经营服务队"。

(3) 投资信息及咨询服务措施

投资国一般还通过国家行政机关或国内特别机关及驻外使馆设立经济、商业信息中心,向海外投资者提供投资东道国的经济信息和投资机会的信息,开展咨询服务,协助进行调查和投资项目的可行性研究，如美国的海外私人投资公司、日本的海外投资研究所。

3. 限制国际投资的法律机制

由于海外投资在一些特定情况下会给投资国带来不利，包括外汇资本的流出可能给本国国际收支平衡造成困难；海外投资可能导致本国投资不足，增加了本国失业人口；海外企业的产品返销可能对本国同行业产品的销售造成不利影响；高新技术的输出可能威胁到本国的经济安全、技术垄断地位乃至国防安全。所以投资国也存在限制海外投资的措施，主要有以下几种。

（1）取消海外投资企业享受的优惠待遇

投资国通过立法取消本国海外直接投资者所享受的优惠待遇。如1978年美国总统就曾提议取消税收立法中的税收迟征条款，要求在美国收到国外利润前就对海外企业征税。

（2）强化国家对资本流出的宏观控制

由于海外投资在一定时期内可能对该国的国际收支和就业水平产生消极影响，一些投资国行使干预经济活动的职能，在宏观上控制由本国海外直接投资所造成的资本外流。瑞典1974年通过了一个关于直接投资引起资本外流的法案。

（3）加强政府对技术外流的监督和管制

很多国家对外直接投资较多地采用了技术投资的方式，为此一些国家加强了对技术外流的监督和管制。在此方面，美国对其跨国公司的技术外流所作的限制性规定最为严格。例如，美国允许其本国厂商输出设备制成品，但如果这种输出可以用来制造这些设备项目或者可能被输入国获得用于军事目的的情报和技术时，则严格限制。

8.3.2 发展中国家的国际投资立法

第二次世界大战之后，发展中国家在独立后纷纷致力于本国经济的发展，其中一项有力措施是制定优惠政策以吸引外资，中国也不例外。因此，各发展中国家加强了对国际投资的立法，尤其体现为作为资本输入国对外资进行法律规制。各发展中国家具体国情相异，各自立法也因而不同，但总体也包括保护、鼓励及限制外资的措施。

1. 保护国际投资的法律机制

目前发展中国家对于外国直接投资采取混合待遇居多，即根据不同的实际情况给予不同的待遇，特殊情况下实际上对外资甚至采取超国民待遇，但总体上的发展趋势是对外资实行国民待遇。具体形式有以下几种。

（1）政府政策声明

这是指东道国政府在特定场合下发表政策声明，表示在现行法律的范围内对外国投资者的权利加以某种保护。从法理上讲，政府的声明只是一种表达诚意的方式，并无法律效力,可以随时撤回。当然,如果该声明纳入东道国的国内法,也就具有了法律约束力。

(2) 宪法规定

东道国在宪法条款中明文规定对外国投资给予法律保护。宪法条款对于保护国际投资通常只作原则性、指导性的规定,各项具体的保护措施由各种有关国际投资的单行法规根据宪法确定的原则加以具体化。我国《宪法》第 18 条就对外国投资作了原则性规定,具体的保护外资的措施则体现在我国的外资单行法中。

(3) 国内专门立法

这是东道国政府以专门立法的形式对外国投资给予保护。与政府声明相比,国内专门立法不仅具有法律拘束力,而且稳定,非经法律程序不得修改,更受外国投资者的欢迎和信赖,能最有效地保护外国投资。中国国内法依据《宪法》规定的原则制定了一批单行立法,最典型的代表即为《中外合资经营企业法》。在这些国内专门立法中,各发展中国家均赋予外国投资者一系列权利,主要包括:投资选择权、经营管理自主权、财产所有权、利润汇出权、税收优惠权及相应的诉讼请求权。

2. 鼓励国际投资的法律机制

发展中国家客观上经济相对落后,技术、资金缺乏,急需争取外国资本以加速经济的发展,故不惜给予外国投资者种种鼓励来创造良好的投资环境,这是一种普遍做法。所以,东道国鼓励外国投资的法律制度构成了各发展中国家外资立法最基本的内容。多数发展中国家对外资主要采取税收优惠措施。

(1) 税收优惠

税收优惠是发展中国家鼓励外资最主要的形式,一般按照外国投资企业的规模、性质、投资地区和投资部门,减免其进出口税、公司所得税和营业税等。有些国家为了鼓励外国技术人员的流入,还给予外国高级技术人员和管理人员减免个人所得税的待遇。

(2) 财政补贴

财政补贴的基础是国家经济实力雄厚,所以发展中国家不可能以财政补贴作为鼓励外资的主要方式,但近年来对外资的贴息贷款和政府担保贷款也呈上升趋势。根据联合国 20 世纪 90 年代对 26 个国家所作的考察,其中 19 个国家采用了政府补贴措施,25 个国家采用了贴息贷款和贷款担保措施。此外,不少国家对外国投资还采取了加速折旧的优惠措施。

(3) 外汇奖励

东道国允许外国投资者在当地受控制的外汇市场上购买外汇,并且对投资者的投资本金和利润的汇回不加管制或放松管制。我国法律规定:外国投资者依法纳税后的纯利润和其他正当收益可以向开户银行申请汇出境外,从其外汇存款账户中支付,法律未规定汇出限额;外国投资者若要将外汇资本转移到中国境外,须向国家外汇管理局或分局申请,从企业外汇存款账户中支付汇出;依法终止的外商投资企业,按照国家有关规定进行清算、纳税后，属于外方投资者所有的人民币，可以向外汇指定银行购汇汇出或者携带出境；外籍职工的合法收入的汇出未加限制。

（4）行政协助

东道国专门设置了一些机构来促进外国投资活动的顺利进行，简化投资审批程序，提高工作效率，并且协调好投资活动涉及的各种关系，及时解决出现的各种问题。

3. 限制国际投资的法律机制

从法律上讲，东道国对于外国投资者的限制是为了维护国家主权和经济利益，促使外国投资符合本国经济发展目标的客观要求，是符合国家属地主义优越原则的合法行为。几乎所有的投资东道国在积极引进外资的同时，都依照法律对外国投资者的投资活动给予适当的、合理的限制。东道国对外国投资者的限制性措施主要有以下几种。

（1）投资领域的限制

东道国通常都根据本国经济发展目标的国家利益，保留某些只有允许本国投资而禁止、限制外国投资者涉足的"封闭区"。这些受到限制的领域通常是一些战略性或敏感性的国防安全部门、支配国家经济命脉的重要工业部门及需要重点保护的民族工业。对于投资领域的严格限制是对外国投资持谨慎态度的发展中国家投资法的一大特征。即使是对外资持放任态度的经济发达国家，其外资立法也有不少这些内容。例如根据美国原子能法、天然气法、联邦航空法、海商法、联邦通信法、银行法、农业外国投资法等法律的规定，美国政府可在核能、矿藏开发、航空、运输、通信、银行及农业等领域禁止外国投资。

发展中国家的投资法也有类似规定，如印度尼西亚外国投资法规定：港湾、公用铁路、原子能开发及宣传部门等对国家至关重要且关系到多数国民生命的领域，不允许外国资本全面控制；对于国防有重要意义的领域，特别是武器、弹药、炸药及军用器材的生产，完全禁止外国资本进入。我国的《外商投资经营企业法实施细则》也规定了禁止、限制、允许外商投资的行业，设立外资企业基本条件和不批准设立的情况。

但是，随着近年来经济全球化的快速发展，各国加快了外资政策自由化的进程，国际上出现了逐步放宽对外资准入的趋势，如WTO的《服务贸易总协定》生效后，服务贸易投资领域逐步推广开放，WTO各成员根据该协定的有关规定开始快速地开放各自的服务贸易市场。这样，服务行业的国际直接投资占全球国际直接投资总额的比例也有了较大的增长。

（2）股权比例的限制

为了确保本国对外国投资企业的控制权，投资东道国通常对外国直接投资者的股权加以限制，其主要方法是限制外国投资者拥有股份的比例，使得外国投资者持股比例的上限不得超过49%。可见，股权成为确定企业控制的一个重要依据。如墨西哥外国投资法规定，当法令和法规没有特别规定比例时，外国资本不得超过企业资本的49%，也无权以任何名义决定企业的经营管理。也有些国家逐步扩大本国在企业中的股权，从而由原来的少数股权变为多数股权。美国、澳大利亚等国对外资的股权限制很严,外资股份超过10%和25%即被视为受外资控制。日本则规定外国资本在非特殊情况下不得超过日本企业股票额的50%。我国法律在这一方面采取了较开放的做法,除了对于少数涉及国防及公共安全的领域有股权限制以外,一般没有对外资的股份作出类似上述的规定。

（3）利润及原本的汇出的限制

对外国投资者利润及其原本的汇出加以限制,目的是为了防止外汇大量外流而造成国际收支失调。在一些外汇储备紧缺的国家,尤其是那些非自由汇兑货币的国家,非常重视利润及资金汇出的限制。其主要做法是实行汇出限额,即外国投资者每年汇回的资本不得超过其注册资本的一定百分比。比如阿根廷外国投资法规定：从投资者合同批准之日开始的前5年内,不得抽回任何资本。每年抽回的数额不得超过可抽回资本的20%。该法还规定：外国投资者将其利润汇往国外时,其转移的数额不得超过利润的12.5%。此外,在限制利润及资金汇出方面,有些国家还对超出限额的部分实行"累进附加税制",即超出比例越大,征收附加税越多。

（4）经营活动的限制

为了确保外资企业的经营活动不影响本国的经济秩序,不少国家都设立了专门机构,对其经营活动加以限制。例如,美国设立了外国在美投资委员会,并通过专门的法律,规定外国公司、合资公司必须提供投资状况报告,经营年度、季度等报告资料,以便对其审查监督,借以达到间接控制外资经营活动的目的。为了保证东道国对外国投资时进行有效的控制,一些国家的投资法对合资企业董事会的组成及其权限等问题作了专门规定,如董事长、总经理等重要职务只能由东道国国民担任、东道国国民占董事的大多数,从而使东道国国民具有决定合资企业重大事宜的最大权限。例如,我国的相关法律就有类似规定。

8.4 投资的国际法律机制

为了使国际投资正常运行,推动国际经济的健康发展,对国际投资需进行适当的保护。对于投资的保护,仅依赖于投资国的国内投资法或东道国的国内投资法是不够的,这主要是因为资本输出国与资本输入国在国际直接投资的政策倾向、投资与吸引外资的意图等方面存在差异,对国际直接投资难以给予公平合理的保护。鉴于此,更需要对国际直接投资实施双边保护和以国际条约为特点的国际多边保护。

8.4.1 保护国际投资的双边协定

双边投资保护协定是资本输入国与资本输出国之间签订的,旨在鼓励、保护、保证及促进国际私人直接投资的双边条约。保护投资的双边条约是投资的国际保护的一种重要法律形式。第二次世界大战后，随着国际直接投资的不断发展，主要资本输出国为了保护其海外的直接投资，竞相采用双边投资保护协定这种法律手段。20世纪60年代以来，国际资本流通呈现出交叉性和多元性的倾向，双边投资保护协定的数量、内容及适用的地域范围都发生了显著的变化，不少发展中国家之间也陆续订立了双边投资保护协定。

关于保护国际投资的双边条约、协定、换文种类繁多，按其内容可分为以下三种主要类型。

1. 友好通商航海条约

友好通商航海条约（Friendship Commerce and Navigation Treaty，又称FCN条约）是指缔约国之间就商业活动和航海自由事宜签订的双边条约。其内容主要是解决两国之间的商务关系，但也涉及外国商人及其资产和有关投资的保护问题，如《美德通商条约》规定："任何一方缔约国的国民处在对方缔约国领域内……对于他们的财产，非经法律上的正当手续，并且给予公平合理的赔偿，不得加以征用。"

友好通商航海条约中涉及投资的内容大致可归纳为以下几方面：外国投资者的入境、旅行与拘留；个人基本自由权；关于外国投资者的待遇标准；关于外国投资者的财产权的保护和尊重；管理与经营企业的权利；对外国投资者的税收待遇；外汇管制与资金转移；关于争议的处理和管辖。

这种条约主要是西方国家之间签订的长期性条约，其缺陷主要是侧重保护商人而非投资者，以有限的方式涉及了外国直接投资。因此各国之间早已不再签订这种条约，而以美国型的《投资保险（保证）协定》和德国型的《相互促进（鼓励）和保护投资协定》形式逐渐增多。

2. 投资保证协定

投资保证协定（Investment Guarantee Agreement）主要是美国采取的形式，这种协定通常采用换文的形式。这种协定或换文与美国海外投资保险、保证结合在一起，也叫"投资保险和保证的协定"。除美国外，加拿大也采取这种形式。其基本内容包括以下几项。

（1）投资保护的条件

一般规定，受到保护的投资必须是经资本输入国政府批准的投资项目，而且只限于两国的投资保护条约换文以后的新投资。如《中华人民共和国和美利坚合众国关于投资保险和投资保证的鼓励投资协议和换文》（以下简称《中美协议》）第2条规定：本协议的规定只适用与中华人民共和国政府批准的项目或活动相关联的投资行为。

（2）保险的范围

换文通常规定，保险的范围限于非商业性或政治性风险。如《中美协议》第1条规定：本协议中的"承保范围"，是指"根据本协议由海外私人投资公司或继承该公司的美利坚合众国政府的任何机构"承保的"投资政治风险保险（包括再保险）或投资保证，其利益程度以作为承保范围内的保险者或再保险者为限。"

（3）投资者的法律地位

通常要求投资者享有与资本输入国公民同等的权利，但有些换文不包括这一内容。

（4）代位求偿权

如果由于政治原因而使投资者遭受损失，可由投资者所属国（又称保护国）给予赔偿，而保护国因此而取得代位求偿权，可代替投资者向资本输入国政府提出赔偿要求。《中美协议》第3条对此也作了明确规定。

（5）补偿方法

通常约定补偿时用资本输入国的法定货币，但保证国所得的资金和权利不能低于或高于原投资者在资本输入国所得到的权利。《中美协议》第5条规定：承保者根据承保范围得到的中华人民共和国法定货币的款项，包括债权，中华人民共和国政府对其使用和兑换方面所给予的待遇不应低于这些资金在被保险的投资者手中时可享有的待遇。

（6）争议的解决

一般要求对投资保护换文的解释及发生的争议，应通过双方协商解决。如双方协商达不成协议，通过仲裁方式解决。仲裁通常由双方各指定一名仲裁员，然后由双方指定的仲裁员推选一名第三国的仲裁员为仲裁庭长，组成临时仲裁庭作出裁决。《中美协议》第6条对此作了详细规定。

3. 促进与保护投资协定

促进与保护投资协定（Agreement for Protection of Investment）是欧洲一些发达国家与发展中国家签订的旨在促进与保护投资的协定，其中以德国最为典型，因此这类协定又被称为"德国的促进与保护投资协定"。这类协定关于鼓励和保护外国投资的规定更为具体、详尽，而且大多属于实体法的规定，其保护范围不仅包括"新"的投资，还包括已经存在于投资输入国的缔约另一方自然人或法人的投资。其基本内容可概括为以下几个方面。

（1）关于许可投资方面的规定

一般规定，东道国给予外国投资者的待遇不应低于它给予基本国国民或任何第三国投资者的待遇（即外国投资者享受国民待遇或最惠国待遇）。

（2）关于国有化与补偿的规定

一般都规定，除非为了"公共利益"，否则不对外国投资者实行国有化。一旦根据需要对外国投资者实行国有化或其他类似措施，应给予赔偿。在国有化与补偿方面通常相互给予国民待遇或最惠国待遇。

（3）关于因政治风险而赔偿损失的规定

对于因政治风险而造成外国投资的损失，应给予赔偿、补偿或恢复。双方一般相互给予国民待遇或最惠国待遇。

(4) 关于代位求偿权的规定

一般都承认资本输出国享有代位求偿权,其具体内容与"美国式投资保证协定"的规定大致相同。

(5) 关于争议解决的规定

这类协定,针对两种不同类型的争议,规定了两种解决争议的办法。

① 缔约国之间关于条约或协议解释和适用的争议,一般规定由双方指派仲裁员组成仲裁庭解决。

② 东道国与外国投资者之间的争议,如果缔约国是《关于解决国家与他国国民之间的投资争议公约》的参加国,则按照该公约规定的条件和程序,将争议提交"解决投资争端国际中心"(ICSID)解决。

双边投资条约是各国普遍采取的投资保护形式,其作用因历史时期不同而不同,投资保险协定是少数大国增强其海外投资保险制度的有力手段,内容简单、签订手续简便,因此易为接受。但投资保证协定并不涉及投资者在东道国的待遇问题,因而难以对海外投资提供较为全面的保护。促进与保护投资协定目前仍是保护投资的较好形式:限于调整两国之间的投资关系,能在保护投资的重要方面兼顾双方特殊利益,基于互利谋求协调;能密切联系双方国内法原则,并上升到国际法上约束双方,有利于落实和加强双方对外资的保护措施。因此,投资保护协定能增强外资的安全感和保护力度,促进国际私人资本的流动,从而扩大国际经济交往和合作。

与国内法相比,双边条约的约束力更强。双边条约在国际法上对双方当事人都具有法律效力,若当事国一方不遵守条约,就会产生国家责任。因此,双边条约有利于落实和加强缔约双方关于投资保护的措施。与多边投资国际条约相比,双边条约在谋求两国间的利益平衡上更灵活。双边投资协定可以顾及缔约双方国家的特殊利益,因而更易于在互利的基础上谋求协调一致。至今在国际投资领域尚无一部完整的调整国际投资的实体法规范的多边国际条约,因此双边投资协定的作用愈加突出。但是投资保护协定也有其局限性:双方利害冲突难免,协定不可能解决两国之间有关投资的一切问题;由于一些实际问题,在协定的具体适用上发生争端是难免的。

8.4.2 区域性投资条约保护

1. 欧盟条约

从20世纪60年代以来,欧共体成员国之间的跨国直接投资基本上已无障碍。1993年1月1日生效的有关建立"欧盟"的《马斯特里赫特条约》进一步明确了成员国之间资本自由流动的原则,并将此原则扩大到成员国与非成员国之间的直接投资活动。根据该条约第73条的规定,在适用自由化原则时,允许有例外情形:第一,各成员国可以基于投资者居住地和投资地不同而在税收方面采取区别待遇;第二,各成员国可以基于公共政策或安全方面的考虑采取合理的限制性措施；第三，各成员可以出于行政管理或统计方面的需要，设立资本流动申报程序和金融监管方面的法规。

事实上，由于《马斯特里赫特条约》第73条同时允许各成员保留其国内法中有关对非成员跨国投资的限制性规定，因而成员与非成员之间的投资待遇是不可能完全等同的。

此外，欧盟对在其成员国的投资活动的限制还表现在其有关竞争的法律对投资者所实施的企业兼并或建立合营企业投资行为的管制上。

2. 共同外资规则

安第斯集团也称"安第斯条约组织"（ATO），成员包括：秘鲁、哥伦比亚、厄瓜多尔、玻利维亚、委内瑞拉等国。1969年该组织通过了《关于外国投资待遇、商标、专利、许可证和提成费共同规则》（简称《共同外资规则》），设立了"卡塔赫纳委员会"。1970年该委员会发布第24号决议，对成员国给予外国投资限制规定了最小幅度，规定一些有关国计民生部门须由本地人占80%以上股权，其他部门的外国投资应在规定期限内减持至49%，并禁止在投资合同中承认外国投资者母国的代位求偿权。1987年该委员会通过了第220号决议，将利润汇出比率、投资部门限制及投资争端解决等决定权交由各成员国行使；如果外国投资者没有向其他成员国出口商品并希望获得该区域内关税减让的优惠，则不再要求该投资者减持其在外资企业中的股权比例。1991年该委员会又通过第291号决议，声明取消对外国投资和国际贸易的大部分限制，以促进外国资本和技术进入本地区。此后，安第斯集团对外资的态度从早期的限制转向了大力吸引。并且在2004年12月正式成立了南美共同体，主要是由安第斯集团全体成员，阿根廷等4个南方锥形地区共同市场成员，以及智利、圭亚那、苏里南共12个国家组成，其对外投资政策仍在不断放宽。

3. 北美自由贸易协定

1994年1月1日，美国、加拿大、墨西哥通过的《北美自由贸易协定》（NAFTA）生效，其主要内容如下。

① 投资范围。NAFTA适用的投资是：股权的认购或债权的担保，分享企业收益，为商业目的而取得或使用有形或无形财产，根据交钥匙合同或建设合同等形式而从资本投入中产生的利益，基于企业生产、收入或利润而享有报酬的合同。

② 投资准入与待遇。在投资准入上，它要求给予外国投资者以国民待遇与最惠国待遇，禁止各成员国对其他成员国投资者投资施加各种履行要求，禁止各成员国以外资满足某些履行要求作为获得某些优惠的条件的做法。在投资待遇的所有方面，它要求给予外国投资以"公平、公正待遇"及"充分的保护和保障"，在国民待遇与最惠国待遇标准中，以待遇最高者为准；各成员国应允许投资者毫不迟延地汇出利润、清算所得、征收补偿及为投资营运所必需的其他各种汇出行为。

③ 争端解决。投资者将其与东道国政府之间的投资争端直接提交"解决投资争端

国际中心"或依照联合国国际贸易法委员会《国际商事仲裁示范法》进行仲裁解决。这些权利实现是一揽子给予的,而无须事后东道国另行逐项表示同意。

8.4.3 保护投资的国际公约

第二次世界大战以后,特别是20世纪60年代,有关保护投资的国内法和只限调整两国投资关系的双边投资保护协定已不能适应日益复杂的国际间直接投资的需要。为此,一些国家和国际组织试图通过缔结国际公约,建立一整套多国间的保护国际投资的法则、机构、制度。多边投资保护通常通过多国间共同签订有关保护国际私人直接投资的多边条约、共同制定保护投资的方案及其他法律措施等形式进行。

目前有效的关于国际投资保护的国际公约主要包括三个:《解决国家与他国国民间投资争端的公约》(简称华盛顿公约,见第十一章)、《多边投资担保机构公约》及《与贸易有关的投资措施协议》。

1. 《多边投资担保机构公约》

1985年10月世界银行年会通过了《多边投资担保机构公约》(the Convention Establishing the Multilateral Investment Guarantee Agency),公约在汉城开放签字(以下简称《汉城公约》)并且已于1988年4月30日正式生效,根据该公约建立了"多边投资担保机构(MIGA)"(以下简称"机构")。这是继1965年《华盛顿公约》后世界上第二个正式生效的有关保护国际投资的多边公约,为外国私人投资提供政治风险担保。

《汉城公约》共11章,67条,另有两个附件,其主要内容如下。

(1) 机构的目标和宗旨

① 根据《汉城公约》第2条:机构的目标应该是鼓励在其会员国之间,尤其是向发展中国家会员国融通生产性投资,以补充世界银行、国际金融公司和其他国际开发金融机构的活动。

②《汉城公约》规定:为了达到这一目的,机构应在一会员国从其他会员国取得投资时,对投资的非商业性风险予以担保,包括共保和分保;开展合适的辅助性活动,以促进向发展中国家会员国和在发展中国家会员国的投资流动;为推进其目标,使用必要和适宜的附带权利。

③《汉城公约》第23条规定:机构应采取行动,促进投资者流动,努力消除在发达国家和发展中国家会员国间存在着的障碍,使投资流向发展中国家会员国;促进投资者和东道国对他们之间的争端取得和解;推进和促进会员国之间缔结有关促进和保护投资的协定。《汉城公约》强调:机构在发挥其推进作用时,应特别注意在发展中国家会员国之间增加投资融通的重要性。

(2) 机构的法律地位

《汉城公约》第 1 条规定：机构应有完全的法人地位，特别有权：签订合同；取得并处理不动产；进行法律诉讼。

《汉城公约》第七章规定：为了使机构能完成其职能，在各成员领土内应授予机构豁免和特权；机构的财产和资产，无论在何地为何人所保管，均应免受搜查、征用、没收、征收或其他行政或立法行为上的任何形式的扣押；机构的一切财产和资产，在根据本公约经营的业务所需的范围内，应不受任何性质的限制、管制、控制及延期偿付之限。

（3）会员国资格和资本

《汉城公约》规定：机构成员资格应向世界银行所有成员和瑞士开放。机构的法定资本为十亿特别提款权。资本分为十万股，每股票面价值一万特别提款权，供成员认购。机构的每一创始成员，均按票面价值和载明于本合约附录 A 中的该成员名下的股份数额及条件认股，但在任何情况下均不得低于票面的发行价格认购。成员的认购份额不得低于 50 股。机构可制定规则，使成员得以增加法定股本的认购份额。

（4）承保险别

《汉城公约》规定：可为合格的投资即来自以下风险而产生的损失作担保：货币汇兑、征收和类似的措施、违约、战争和内乱。

对于因下列原因而产生的损失，不在机构担保之列：担保权人认可或负有责任的东道国政府的任何行为或懈怠；担保合同缔结之前发生的东道国政府的任何行为、懈怠或其他任何事件。

（5）投保要求

《汉城公约》规定：到机构投保必须符合相应的条件，一般应是合格投资者的合格投资才能获保。《汉城公约》对于合格投资者的规定主要是：在下列条件下，任何自然人和法人都有资格取得机构的担保：该自然人是东道国以外的任一成员国民；该法人在一成员注册并在该成员设有主要业务地点；该法人无论是否为私人所有，均在商业基础上营业。而合格投资应包括产权投资，其中包括在有关企业中的产权持有人发放或担保的长期贷款及董事会的直接投资的种种形式。《汉城公约》还规定：董事会经特别多数票通过，可将合格投资扩大到其他任何中长期形式的投资。当然，机构一般只针对投向发展中成员的投资担保。

（6）保险程序索赔支付

一般由投保人向机构申请，经机构审核合格之后签订担保合同，一旦合同中的风险产生，机构即按照约定进行理赔。当然，机构理赔之后可以取得代为求偿权，由于东道国本身是缔约国，这种代为求偿权应是事先得到了东道国的认可，行使起来较为便利。

（7）担保的限度

《汉城公约》规定：除非董事会以特别多数票另作决定，机构可承担的或有负债总数不应超过机构未动用的认缴资本、储备及董事会所确定的部分分保金总数的 150%。

董事会应根据其在索赔、风险多样化程度、分保范围和其他有关方面的经验,不时检查机构未满期责任中的风险状况,确定是否应向理事会建议改变或有负债的极值。理事会决定的或有负债极值总额在任何情况下都不得超越机构未动用的认缴资本、储备及被认为是适合的部分分保资金这三项的总数的五倍。

(8) 争端的解决

《汉城公约》规定:机构的任一成员和机构之间或机构的成员之间对本合约的解释或施行发生的任何争端,均应提交董事会裁决。当该问题对在董事会中设有其国民为代表的成员有特殊影响时,该成员可派遣一名代表出席董事会对该问题进行考虑的任何会议。《汉城公约》还规定:如董事会已作出裁决,任何成员仍可要求将争议提交理事会作最终裁决。但在理事会裁决前,机构认为有必要可以先按董事会的裁决执行。

机构的主要作用是补充国家、区域性和私人投资保险活动的不足,并以此补充世界银行集团其他机构的活动,促进了国际投资的发展。因此,除了担保业务以外,机构还可以从事非担保义务,为其成员,特别是发展中成员收集、整理有关投资资料、提供技术咨询和协作,政策磋商及其他辅助和促进投资的活动。

2. 世界贸易组织《与贸易有关的投资措施协议》

1995年1月1日成立的"世界贸易组织"(WTO)虽以调整国际贸易为主,却也大量涉及国际投资领域,构成WTO国际投资法制机制的有关内容,主要包含在《与贸易有关的投资措施协议》(Agreement on Trade-related Investment Measures,TRIMS)、《服务贸易总协定》(General Agreement on Trade in Services,GATS)之中。除此以外,《与贸易有关的知识产权协议》(简称TRIPS协议)及《关于争端解决规则与程序的谅解书》(DSU)等几项文件,对国际投资活动也有一定影响。

TRIMS协议适用的范围限于与货物有关的投资措施,不包括影响服务贸易和知识产权贸易的投资措施。一项投资措施,如果是针对贸易的流向即贸易本身的,并引起了对自由贸易的限制或损害,且这种限制或损害是与1994年关税与贸易总协定有关规定不符的,就成为与贸易有关的投资措施。理解TRIMS的概念把握以下三个要点:第一,它是针对外国直接投资项目或企业所采取的措施;第二,它是直接或间接由东道国政府通过政策法令实施的;第三,用关税与贸易总协定的条款来衡量,它限制扭曲了贸易的"自由化"进程。

当然该协议并不是禁止成员实施所有的投资措施,而是禁止其实施违反国民待遇原则和取消数量限制原则等一切可能对贸易产生限制或扭曲作用的投资措施。

与1994年关税与贸易总协定第3条第4款规定的国民待遇义务不一致的TRIMS包括根据国内法律或根据行政裁定属强制性或可执行的措施,或为获得一项利益而必须遵守的措施,且该措施:

要求企业购买或使用本国产品或自任何国内来源的产品,无论按照特定产品、产品数量或价值规定,还是按照其当地生产在数量或价值上所占比例规定;或要求企业购买或使用的进口产品限制在与其出口的当地产品的数量或价值相关的水平。

与 1994 年关税与贸易总协定第 11 条第 1 款规定的普遍取消数量限制义务不一致的 TRIMS 包括根据国内法律或行政裁定属强制性或可执行的措施，或为获得一项利益而必须遵守的措施，且该措施：普遍限制企业对用于当地生产或与当地生产相关产品的进口，或将进口限制在与其出口的当地产品的数量或价值相关的水平；或通过将企业可使用的外汇限制在与可归因于该企业外汇流入相关的水平，从而限制该企业对用于当地生产或与当地生产相关产品的进口；或限制企业产品出口或供出口产品的销售，无论是按照特定产品、产品数量或价值规定，还是按照当地产品在数量或价值上所占比例规定。

8.5 中国外资法及其双边协定

8.5.1 中国外商投资企业法律制度

1. 中外合资经营企业法律制度

全国人大于 1979 年通过、于 1990 年 4 月修订的《中外合资经营企业法》，2001 年 3 月 15 日全国人大第四次会议再次予以修订。国务院 1983 年发布、1986 年 1 月修订的《中外合资经营企业法实施条例》，2001 年 7 月 22 日予以修订。该法律法规为我国调整中外合资经营企业的法律。

(1) 企业的法律地位

中外合资经营企业（简称合资企业）是依法在中国境内成立的、中外投资者共同投资、共同经营、共负盈亏的外商投资企业，是中国法人，受中国法律管辖和保护。其组织形式是有限责任公司，合资各方的责任以各自认缴的出资额为限。

(2) 企业的投资

合资各方可以用现金、实物、工业产权等进行投资，但非货币投资应符合各项法定条件，并应作价折算成出资额。外方投资的比例不应低于 25%。企业在合营期内一方转让其资本要经他方同意、审批机构批准，他方在同等条件下有优先购买权。中国合营者的投资可包括为合营企业经营期间提供的场地使用权。如果场地使用权未作为中国合营者投资的一部分，合营企业应向中国政府缴纳使用费。外国合营者作为投资的技术和设备，必须确实是适合我国需要的先进技术和设备。如果有意以落后的技术和设备进行欺骗，造成损失的，应赔偿损失。

(3) 企业的经营管理权

合营企业设董事会，其人数组成由合营各方协商，在合同、章程中确定，并由合营各方委派和撤换。董事长和副董事长由合营各方协商确定或由董事会选举产生。中外合营者的一方担任董事长的，由他方担任副董事长。董事会根据平等互利的原则，决定合营企业的重大问题。正、副总经理（或正、副厂长）由合营各方分别担任。合营企业职工的录用、辞退、报酬、福利、劳动保护、劳动保险等事项，应当依法通过订立合同加以规定。合营企业在批准的经营范围内所需的原材料、燃料等物资，按照公平、合理的原则，可以在国内市场或者在国际市场购买。鼓励合营企业向中国境外销售产品。出口产品可由合营企业直接或与其有关的委托机构向国外市场出售，也可通过中国的外贸机构出售。合营企业产品也可在中国市场销售。合营企业需要时可在中国境外设立分支机构。合营企业在其经营活动中，可直接向外国银行筹措资金。合营企业的各项保险应向中国境内的保险公司投保。鼓励外国合营者将可汇出的外汇存入中国银行。合营企业的外籍职工的工资收入和其他正当收入，按我国税法缴纳个人所得税后，可按外汇管理条例汇往国外。

(4) 企业的利润分配

企业获得的毛利润，按我国税法规定缴纳合营企业所得税后，扣除合营企业章程规定的储备基金、职工奖励及福利基金、企业发展基金，净利润根据合营各方注册资本的比例进行分配。外国合营者在履行法律和协议、合同规定的义务后分得的净利润，在合营企业期满或者中止时所分得的资金及其他资金，可按合营企业合同规定的货币，按外汇管理条例汇往国外。外籍职工收入在纳税后可汇往国外。

(5) 合营企业期限

合营企业的合营期限，按不同行业、不同情况，作不同的约定。有的行业的合营企业，应当约定合营期限；有的行业的合营企业，可以约定合营期限，也可以不约定合营期限。约定合营期限的合营企业，合营各方同意延长合营期限的，应在距合营期满6个月前向审查批准机关提出申请。审查批准机关应自接到申请之日起1个月内决定批准或不批准。合营企业如发生严重亏损，一方不履行合同和章程规定的义务，不可抗力等，经合营各方协商同意，报请审查批准机关批准，并向国家工商行政管理主管部门登记，可终止合同。如果因违反合同而造成损失，应由违反合同的一方承担经济责任。

(6) 争端解决

合营各方发生纠纷，董事会不能协商解决时，由中国仲裁机构进行调解或仲裁，也可由合营各方协议在其他仲裁机构仲裁。合营各方没有在合同中订有仲裁条款的或者事后没有达成书面仲裁协议的，可以向人民法院起诉。

2. 中外合作经营企业法律制度

全国人大1988年4月通过《中外合作经营企业法》，2000年10月31日全国人大常委会修订。国务院1995年颁布《中外合作经营企业法实施细则》，共58条。这些法律、法规构成我国中外合作法律制度。

(1) 企业的法律地位

合作企业由中外各方在合同中约定投资或者合作条件、收益或产品分配、风险和亏损的分担、经营管理的方式及企业终止时资产的归属等。企业是契约型经济实体，可以依法取得中国法人资格，也可以只是合伙关系。其最高权力机构作为法人时是董事会，为合伙时是联合管理机构，独立自主决定企业重大问题。企业正、副总经理由各方担任，也可以聘请或委托他人经营管理。

(2) 企业投资

各方的投资可以是现金、工业产权、专有技术、机器设备和其他实物、土地使用权或其他财产权益，不必作价折算。但合作一方转让其在合同中的全部或部分权利义务时，需经他方同意并报审批机关批准。在合作期内对合同作其他重大变更时，应依法办理有关手续。

(3) 生产经营

依照批准的合同、章程进行生产经营和管理活动，企业自主权不受干涉。企业可向国内外金融机构借贷，并可在批准的经营范围内按照公平合理原则对所需的原材料、燃料等物资可以在国内外市场购买。企业各项保险应在中国境内保险机构投保。可依法决定职工的雇用、报酬、福利、劳动保护和保险及解雇。

(4) 收益分配

由于各方投资并不作价，因此收入不能按股份或投资比例分配，各方通常采用利润和（或）产品分成的形式分配收益。外商可以逐年按比例回收投资并从企业经营中分得报酬，中方除分得利润外，还可以获得劳务费和原材料供应的外汇收入。

(5) 企业期限和终止

合作期限由合作各方协商在合同中订明，也可经批准延长。外方在合作期内提前收回投资的，企业终止时财产归中方所有，不再清算，但外方应对合作期内企业债务承担责任。

(6) 争议解决

合作各方的有关争议应通过协商和调解解决，若不能解决，可依协议提交中国或外国的仲裁机构仲裁，无协议时可向人民法院起诉。

3. 外资企业法律制度

1986年4月全国人大通过的《外资企业法》，2000年10月31日全国人大常委会进行了修改。1990年10月国务院批准外经贸部发布《外资企业法实施细则》，2000年4月12日修订。

(1) 外资企业的法律地位

外资企业是外商在中国境内经批准而依法成立的外商投资企业，企业全部资金由外商提供。东道国提供的土地、厂房及其他基础设施、部分原材料等，按商定价格收回，不参与投资。外资企业的主要组织形式是有限责任公司，但也可以是其他组织形式。外资企业不管形式如何，均是中国企业，受中国法律保护。此外，法律要求："设立外资企业，必须有利于中国国民经济的发展。国家鼓励举办产品出口或者技术先进的外资企业。"

(2) 外资企业的经营管理

企业独立经营管理，享有充分的自主权，不受干涉，有权决定本企业内的一切重大问题，有权在经批准的范围内根据公平合理原则自主从国内外市场采购所需原材料、燃料等物资。向中国境内保险公司投保。应在中国银行或国家外汇管理机关指定银行开户。企业收益和外籍职工收入可汇往国外。

(3) 对外资企业的监督管理

外资企业的设立、分立、合并、增资、转让、对外抵押等要经过批准和登记程序。应在批准的期限内投资，否则国家有关机构可吊销其营业执照。外资企业必须在中国境内设立财务会计账表，并接受财政税务部门的监督，否则有关机构可以采取处罚措施。

4. 外商投资股份有限公司法

1995年1月10日，对外经济贸易合作部发布了《关于设立外商投资股份有限公司若干问题的暂行规定》(以下简称《暂行规定》)。其中第2条规定："本规定所称的外商投资股份有限公司是指依本规定设立的，全部资本由等额股份构成，股东以其所认购的股份对公司承担责任，公司以全部财产对公司债务承担责任，中外股东共同持有公司股份，外国股东购买并持有的股份占公司注册资本25%以上的企业法人。"

根据《中华人民共和国公司法》及有关外商投资企业法律的规定，设立外商投资股份有限公司必须具备以下条件：符合国家有关外商投资企业的产业政策；发起人符合法定人数；发起人认缴和社会公开募集的股本达到法定资本最低限额；股份发行、筹办事项符合法律规定；发起人制定公司章程，并经创立大会通过；有公司名称，建立符合股份有限公司要求的组织机构；有固定的生产经营场所和必要的生产经营条件。

外商投资股份有限公司设立的方式有两种：发起设立外商投资股份有限公司方式和募集设立外商投资股份有限公司。中外合资经营企业、中外合作经营企业、外资企业及国有企业、集体所有制企业等符合一定的标准、经过一定的程序可转变为外商投资股份有限公司。

上述有关外国投资的法律制度中均包括审批制度与税收优惠。其中，有关税收优惠规定的主要内容是：外商投资企业依照国家有关税收的规定纳税并可以享受减税、免税的优惠待遇；企业将纳税后的利润在中国境内再投资的，可以依照国家规定申请退还再投资部分已缴纳的部分所得税税款。

8.5.2 中国BOT投融资方式法律制度

1. BOT投融资方式概述

BOT是目前国际上流行的投资合作方式，日益受到我国政府的重视，并将成为今后我国引进外资投资于基础建设的重要方式。在我国，BOT通常是指狭义的BOT，最早的实践则为我国深圳沙角 B 火力发电站。原国家计委、电力部、交通部 1995 年 8 月 21 日联合发布的《关于兴办外商投资特许权项目审批管理有关问题的通知》(以下简称《通知》)规定:"本通知所称外商投资特许项目,是指外商建设、经营、移交的基础设施项目。政府通过特许权协议,在规定的时间内,将项目授予外商为特许权项目成立的项目公司,由项目公司负责该项目的投资、建设、运营和维护。特许期满,项目公司将特许项目的设施无偿移交给政府部门。"

我国有关 BOT 投融资方式的立法主要有:1995 年前外经贸部发布的《关于以 BOT 方式吸收外商投资的有关问题的通知》及上述《通知》,主要内容如下。

(1) 项目审批机关及权限

沿海地区投资总额超过 3 000 万美元的项目与内陆地区投资总额 1 000 万美元以上项目由中央机关审批,其中项目建议书、可行性研究报告报国家计委审批,项目公司合同、章程报外经贸部(今为商务部)审批。BOT 投融资方式纳入我国现行有关外商投资企业法律制度和审批体制。外商可以以合作、合资或独资方式建立项目公司。

(2) BOT 项目试点范围

原则上是国家中长期规划内项目,在试点期间,范围为:建设规模为 2×30 万千瓦以上火力发电厂、25 万千瓦以下水力发电厂、30~80 公里高等级公路、1 000 米以上独立隧道及城市供水系统。

(3) 项目政府保证

政府不提供固定回报率的保证。在特许期内,如因政策调整因素影响使项目公司遭受重大经济损失的,允许项目公司合理提高收费标准或延长特许期。政府机构一般不应对项目提供任何形式的担保(如外汇回环担保、贷款担保),如果项目需要担保,必须征得国家有关主管部门的同意,方可对外作出承诺。

(4) 当事人权利与义务

政府部门对项目有监督、检查、审计和处罚的权力。项目公司在特许期间内,享有特许权、项目设施所有权,以及为项目进行投融资、工程设计、施工建设、设备采购、运营管理和收费的权利,并承担对项目设施进行维修、保养的义务。特许权期间届满,项目公司应在无债务、设施完好的条件下全面移交政府。

同时,BOT 项目融资必须符合 2002 年我国政府公布的《指导外商投资方向规定》。2007 年《外商投资产业指导目录》及国家外汇管理局 1997 年《境内机构借用国际商业贷款管理办法》和国家计委、国家外汇管理局 1997 年联合发布的《境外进行项目融资管理暂行办法》对包括 BOT 项目在内的有关项目融资的问题作出规定。此外,与 BOT 方式有关的法律还有《关于借用长期国外贷款实行总量控制下的全口径管理的范围和办法》、《能源供应和消费的规定》、《外汇控制规定》、《关于外商投资电厂建设的暂行规定》、《电力法》等,这些法律规定基本构成了我国有关 BOT 方式的法律保障体系,为我国BOT项目运作起到了一定的指导作用。尽管如此,我国目前调整BOT方式的法律制度仍不健全,尚未形成有利于BOT项目实施的较为完善的法律环境,各地在实际运作中仍会遇到许多法律障碍,不利于BOT项目的实施和发展。

8.5.3 中国海外投资法

1. 海外投资企业设立与撤销条件

我国海外投资,也称境外投资,是指我国公司、企业和个人将资本投向境外地区,包括香港、澳门和台湾地区。其具体形式包括设立子公司、分公司,建立合营企业及收购外国企业等。

我国从20世纪80年代初就开始对外直接投资,以后更是有了很大的发展。我国境外投资的主要特点是:以自然资源开发为主,近几年来有向工业发展的趋势;投资地区以港、澳为主,此外主要集中在美国、澳大利亚、加拿大、德国、泰国等国;投资规模较小,只有少数项目超过亿元。但总体看,海外投资增长速度较快。

为了对我国境外投资活动进行管理,我国已颁布、施行了一些法规。主要有:2004年商务部发布了《关于境外投资开办企业核准事项的规定》,国家外汇管理局于2009发布的《境内机构境外直接投资外汇管理规定》,国务院于2008年修订颁布的《中华人民共和国外汇管理条例》,1992年国有资产管理局等部门联合颁发的《境外国有资产产权登记管理暂行办法》及1993年发布的《关于用国有资产实物向境外投入开办企业的有关规定》,1997年国家计划发展委员会、国家外汇管理局发布的《境外进行项目融资管理暂行办法》等。

上述法规对我国海外企业设立、撤销等问题作了较全面的规定。

(1) 境外投资企业的设立

法律规定,国内的公司、企业或其他经济组织,有资金(外汇)来源,有一定的生产、技术和经营能力及人才并有合作对象的,均可申请设立境外投资企业。但申请设立境外投资企业,必须符合以下条件之一:能引进一般渠道难以得到的先进技术;能为国家提供货源稳定、质量符合要求、价格合理、国内在较长时期都需要进口的原材料和产品;能为国家增加外汇收入;能扩大对外承包工程和劳务合作,并能带动设备、材料和其他产品的出口;能为当地提供市场需要的产品,并且双方都可获得较好的经济效益。

设立境外投资企业,除必须符合以上条件之外,投资人须向有关主管机关提出申请,并经审查批准。我国对境外投资企业的设立,也是采取分级审批制。具体的审批程序是:凡属商务部审批的项目,由主管单位向其上级主管部门或省、市、自治区或计划单列市人民政府提出申请,并且提交项目建议书、可行性研究报告、合营企业合同和章程等申报文件,经审核同意后转报商务部审批。凡属企业合同和章程等申报文件,经审核同意后转报商务部审批。凡属省、市、自治区、直辖市或计划单列市人民政府或国务院有关部门审批的项目，由主办单位直接报批。投资数额较大的项目（500万美元以上）的审批一般分两步进行：第一步为立项审批，第二步为正式审批。审批部门在收到申请单位的申报文件后3个月内决定批准或不批准。经审查予以批准的，由商务部颁发批准证书。凡不是由商务部审批的项目，还需由审批机关将申报和批准文件送商务部备案。

（2）境外投资企业的撤销

法律规定，凡有下列情况之一的项目，经外方同意后应予撤销，如继续开办需重新报批：自审批部门批准之日起，超过1年尚不能筹建、投产或开展业务的一般项目；合营企业因故提前终止合同；合营企业因经营不善或其他原因造成连年亏损，短期内无力扭转局面。

凡需撤销的合营企业，应报原审批部门批准，并由审批部门通知银行、外汇管理局、海关等有关部门。省、市、自治区及国务院各部委自批的项目在批准撤销后，应报商务部备案。

2. 海外投资企业税收优惠和外汇管理制度

我国为了推动和扶植海外投资企业，在税收方面规定了一些优惠措施。这些优惠措施包括：境外投资企业自正式投产或开业之日起，5年内对中方分得的利润免征所得税；对资源开发项目的产品，凡纳入国家进口计划的，可享受同等的关税待遇和政策性补贴；对远洋渔业中方船舶捕捞运回的渔货，可免征进口关税；对在第三世界国家不能获得可兑换货币的合营企业，中方以分得的利润购买或以易货方式换回我国所需要的其他产品，除国家限制进口的产品外，若经营有亏损，可申请减免进口关税。但属于产品返销，则应按规定征收进口税；对中方作为投资带出的设备器材和原料，海关凭外经贸部的批准证书和合同副本予以放行，免征出口税。

我国对境外投资企业使用外汇问题作了较严格的规定。

① 外汇风险及外汇来源的事先审查。外汇管理部门在海外投资项目审批前对投资风险和外汇资金的来源进行审查。审查所需要的材料包括海外投资所在国（地区）对国外投资的外汇管理情况和资料、投资外汇资金来源证明等，由拟投资者提供。外汇管理部门于30日内作出书面审查结论。

② 登记与投资外汇资金的汇出。经批准在海外投资者，应当持下列材料向外汇管理部门办理登记手续和投资外汇资金的汇出手续：国家主管部门的批准文件、外汇管理部门关于投资外汇风险审查和外汇资金来源审查的书面结论、投资项目的合同或者其他可证明境内投资者应当汇出外汇资金数额的文件。

③ 外汇利润和资产的调回。

我国采取的对应性措施：一是缴存汇回利润保证金。海外投资者在办理登记时，应当按汇出外汇资金数额的5%缴存汇回利润保证金。保证金应存入外汇管理部门指定银行的专用账户。汇回利润累计达到汇出外汇资金数额时，退还保证金。保证金存款利息按照国家规定标准支付给海外投资者。向海外投资者缴存保证金确有困难的，可向外汇管理部门作出书面承诺，保证海外投资企业按期汇回利润或者其他外汇收益。海外投资企业未按利润计划汇回利润或者其他外汇收益的企业的投资者应当向外汇管理部门提交不能按时完成利润计划或者经营亏损的报告书。如无正当理由，外汇管理部门可从保证金中将相应比例的外汇数额结售给国家；未开立保证金账户的，从投资者的留成外汇中扣除相应数额上缴国家，但累计扣除数额不超过汇出外汇资金数额的20%。二是海外利润、资产的限期调回。海外投资者来源于海外投资的利润或者其他外汇收益，必须在当地会计年度终了后6个月内调回境内，按照国家规定办理结汇或者留存现汇。未经外汇管理部门批准，不得擅自挪作他用或者存放海外。海外投资企业转让海外投资企业股份的，应当向外汇管理部门提交股份转让报告书，并在转让结束后30日内将所得外汇收益调回境内。海外投资企业转让海外投资企业股份，应当向外汇管理部门提交股份转让报告书，并在转让结束后30日内将所得外汇收益调回境内。四是外汇优惠与外汇监管。境外投资者从海外投资企业分得的利润或者其他外汇收益，自该海外投资企业设立之日起5年内全额留成，5年后依照国家有关规定计算留成。但是，投资者的留成外汇也必须按上述规定调回境内。海外投资企业可以根据经营需要，自行筹措资金，但未经国家外汇管理局批准，其境内的投资者不得以任何方式为其提供担保。

同时，为了防止外汇使用和汇回出现无序状态，法律赋予了外汇管理部门的监督权，要求海外投资企业的年度会计报表，包括资产负债表、损益计算书，在当地会计年度终了后6个月内，由其投资者向外汇管理部门报送。

8.5.4 中国签订的双边投资协定

我国从1979年实行开放政策以来，对签订双边投资保护协定一直持积极态度，在坚持主权原则和平等互利原则的基础上，积极与有关国家谈判磋商，缔结双边投资协定。1982年，我国与瑞典签订了第一个投资保护协定，截至2010年年底，中国已同加拿大、意大利、英国、瑞士、罗马尼亚等110多个国家签订了双边投资保护协定。但名称不一，有的称《关于促进和相互保护投资的协定和议定书》，有的称《关于相互鼓励和保护投资的协定和议定书》；有的称《关于相互保护投资的协定》，但内容大体相同。总体上看，这些双边条约中，除我国与加拿大签订的协定采用美国式的"投资保证协定"外，其余均采用了德国式的"促进与保护投资协定"模式。这些双边投资协定的签订对于健全和完善我国关于国际投资保护的法制、改善投资环境起到了重要的作用。

我国与美国政府尽管已于1980年10月30日签订了《中华人民共和国和美利坚合众国关于投资保险和投资保证的鼓励投资协定和换文》，美方"早在1982年就已向中方提出"中美投资保护协定草案,但"迄今双方仍未达成一致"。双方的分歧主要在国有化的补偿标准及投资待遇标准的解释与理解上,目前中美双方正式就签订正式的双边投资协定展开进一步的谈判。

我国签订的双边投资保护协定通常包括以下内容。

1. 关于投资者的待遇标准

中国签订的双边投资保护协定所规定的待遇标准主要有最惠国待遇标准、公平公正待遇标准及国民待遇标准。中国签订的双边投资保护协定大都规定外国投资者享有公平公正待遇,同时为了使公平公正待遇原则能更好地发挥作用,许多双边投资保护协定还在具体问题上强调相互不对另一方采取歧视措施。

许多中外双边投资保护协定规定了最惠国待遇标准,这样在所有缔约国之间就产生两个法律效果:一是中国在同一时期内将给予所有缔约国的投资者相同的待遇;二是中国一旦通过签订新的条约或制定新的国内法规,提高了对某一缔约国投资者的待遇,其他同类缔约国的投资者均自动地享有这种扩大或增加的权利。中国签订的双边投资保护协定极个别采用国民待遇标准,如1988年3月缔结的中日投资保护协定采用了国民待遇标准。根据前述最惠国待遇标准所产生的法律效果,这实际上为享有含最惠国待遇的其他缔约方提供了更优惠待遇,即所有与中国订有最惠国待遇条款的对方国家的投资者同样可以享有国民待遇。

事实上,由于中国对外商投资企业适用专门法律规定,外商投资企业在许多方面比国内企业享有更多的优惠待遇,同时又在某些方面享受的待遇比国内企业的低。

2. 关于投资者与投资的范围

中国签订的双边投资保护协定对于投资者的确定采取以下标准:就自然人来看,凡是具有缔约国国籍的自然人,其投资受条约的保护;公司、企业、其他经济实体必须在缔约国依法注册成立并且在该国实际经营,建立有效管理机构,才受该双边投资协定的保护。

中国签订的双边投资保护协定对于投资规定了较广的范围,如中国同美国1980年10月30日签订的《关于投资保险和投资保证的鼓励投资协议和换文》中规定:本协议的规定只适用于经中国政府批准的项目或活动有关的贷款、技术转让、服务和管理协议。中国同新加坡1985年11月21日签订的协定规定:"投资"一词是指缔约一方根据其法律和法规允许的各种资财,主要是动产、不动产和其他任何财产权利,如抵押权、使用权、留置权或质权;公司的股份、股票、债券和类似利益;金钱的所有权或具有经济价值的任何合同的所有权;著作权、工业产权、专有技术、工艺流程、商名和商誉;法律赋予或通过合同而具有的经营特许权,包括自然资源的勘探、耕作、提炼或开发的特许权。

3. 关于征收或国有化及其补偿

对于征收或国有化问题,我国政府所坚持的原则是:实行征收或国有化是国家的主权，一般情况下我国对外商投资企业不实行国有化和征收；在特殊情况下，根据社会公共利益的需要并且是在非歧视的情况下，对外商投资企业可以依照法律程序实行征收。

对于补偿的标准，我国基本上采用发展中国家倡导的"合理、适当"的原则。对于补偿的时间、数额和方式，要求由双方在平等互利的基础上，既从实行国有化国家当时的经济和财力情况出发，又参照合理的国际惯例并兼顾被征收者的实际情况，合理地加以解决。补偿的数额一般应相当于投资被征收时的价值，相当一部分双边投资协定还规定包括支付一日的利息。补偿的货币应是可有效兑换的货币，并且可以自由转移。补偿的时间不应不适当地延长。

4. 代位权

1980年，中国与美国签订的《关于投资保险和投资保证的鼓励投资协议和换文》首次接受了代位权的概念。此后，中国与其他国家签订的双边投资保护协定基本上都规定了代位求偿权条款。仅从中美两国签订的上述协定来看，其内容主要涉及代位权的范围和条件对代位权行使的限制及承保人所取得的款项的待遇。如该协议指出，如果美国承保者根据承保范围向投资者支付赔款，中国政府应承认因上述支付而转移给承保者的任何货币、债权、资产或投资，并承认承保者继承的任何现有或可能产生的权利、所有权、权利要求或诉讼权，但承保者应受投资者尚存法律义务的约束。根据上述规定而转移或继承的任何利益，承保者不应要求比作出转移的投资者享受更大权利。中国法律如果部分或全部废止或禁止承保者在中国境内取得被保险的投资者的任何财产利益，中国政府应允许该投资者和承保者作出适当安排，将上述利益转移给中国法律所允许占有此项利益的实体。承保者根据承保范围得到的中国法定货币的款项，包括债权，中国政府对其使用与兑换方面所给予的待遇不应低于这些资金在被保险的投资者手中时可享有的待遇。

5. 争端的解决

对于双方国家之间的争端，一般规定应通过外交途径协商解决，如果协商不成，可以提交国际仲裁。而对于东道国与投资者之间的争端，则规定应首先协商解决，协商未成，投资者应提交东道国司法解决。对于有关征收补偿的争端，可提交专设的仲裁庭解决。

练 习 题

一、单项选择题

1. 国际投资法主要调整的关系是（　　）。
   A. 国际投资关系
   B. 国家及国际经济组织之间的经济关系
   C. 国家与国家之间的投资关系
   D. 国际间私人直接投资关系

2. 《多边投资担保机构公约》承保的"违约险"中的"约"是指以下哪一种（　　）。
   A. 东道国公司与外国投资者之间签订的契约
   B. 东道国公司与外国投资者所属国家签订的契约
   C. 东道国政府与外国投资者之间签订的契约
   D. 东道国政府与多边投资担保机构签订的契约
3. 海外投资保证制度的保险范围是（　　）。
   A. 违约险　　B. 责任险　　C. 平安险　　D. 政治风险
4. 在国有化的，补偿标准原则上发展中国家的主张是（　　）。
   A. "充分、及时、有效"的补偿　　B. 不予赔偿
   C. 全面赔偿　　　　　　　　　　D. 适当合理的补偿
5. 下列关于外商独资企业的叙述中，正确的是（　　）。
   A. 外资占90%以上的外商来华投资企业都属于外商独资企业
   B. 外商独资企业不成立为法人，其责任承担的方式与外国企业在华的分支机构相同
   C. 外商独资企业即外国公司
   D. 所有外商独资企业都受中国法律的属人、属地管辖

二、多项选择题
1. 下列关于三资企业性质的叙述中正确的是（　　）。
   A. 中外合资经营企业是股权式的合营企业
   B. 中外合作经营企业是股权式的合营企业
   C. 中外合作经营企业是契约式的合营企业
   D. 中外合经营企业是契约式的合营企业
2. BOT投资方式与一般的外商投资方式的区别在于（　　）。
   A. 其所需资金主要是通过贷款而不是股本提供
   B. 投资项目在经营期满后无偿转让给东道国政府或其指定的机构
   C. 政府提供一定程度的赢利保证
   D. 其投资项目通常是基础设施或自然资源项目的建设
3. 海外投资保险制度是资本输出国政府为了鼓励本国资本向海外投资，并预防和补偿因资本输入国发生政治风险而使本国投资者遭受损失而开办的一种政府保险。这种投资保险制度的特点是（　　）。
   A. 该制度的实施只限于海外私人直接投资
   B. 该制度的实施只限于间接投资
   C. 该制度的保证对象只限于政治风险
   D. 该制度提供的是一种"国家保证"
4. 依据《与贸易有关的投资措施协议》，下列哪几项措施是成员方不得实施的与国

民待遇和普遍取消数量限制原则不相符合的与贸易有关的投资措施？（　　）
A. 限制企业购买或使用进口产品的数量
B. 将企业进口产品的数量与该企业出口当地产品的数量或价值相联系
C. 将企业获得外汇与其外汇流入联系起来进行限制
D. 规定企业出口销售产品时当地生产的数量或价值的比重

5. 多边投资担保机构是根据世界银行1985年理事会年会通过，根据1988年10月生效的《建立多边投资担保机构公约》建立的。该机构对担保的合格性提出了一些要求，这些要求主要包括哪几方面的内容？（　　）
A. 要求有合格的投资
B. 要求有合格的投资者
C. 要求有合格的东道国
D. 要求东道国与投资者所属国订有双边投资保护协定

三、思考题

1. 简答国际投资法的体系。
2. 简述资本输入国外资法的主要内容。
3. 简述海外投资保险法制的产生背景与特点。
4. 试述《与贸易有关的投资措施协议》与国际投资的关系。
5. 简述双边投资条约的类型和主要内容。

四、案例分析题

1. 某中国公司A与某外国公司B签订了成立一家有限公司的合同。合同规定，A方以新建厂房和技术出资，B以480万人民币出资。合同签订后的前2年，公司效益良好，B回收了部分投资。第三年后公司开始亏损，B仍然回收了大部分投资。
试分析该项合同是何种企业的合同？外方的做法是否合理？为什么？

2. 甲国准备修建一条贯穿南北的高速公路，预计全长884公里，4车道。2008年1月，该国政府修改法律，允许公路项目采用BOT方式以吸引外资。经过较长时间的招投标，乙国的A公司与甲国政府于2010年3月签署了该项目的特许权协议，同年5月双方签署的政府财务协议同时生效。在30年的特许权期限内（2010年—2040年），将项目授予乙国A公司为该项目成立的项目公司B公司。项目的总费用约18亿美元，其中股本金3.39亿美元（主办者0.59亿美元，股东2.8亿美元），政府的支持贷款6.5亿美元（这笔资金用于项目的建设启动资金，期限25年，在特许期的第15~25年间偿还，固定年利率8%），项目融资（银行）9.3亿美元。此外，政府担保最低过路费收入，并为汇率及利率风险提供担保。请回答：
(1) BOT投资方式的最大特点是什么？
(2) 特许权协议包括哪些内容？
(3) 政府在该项目中提供了哪些保证？

第 9 章

国际金融法律制度

【学习目的与要求】

国际金融交易在"二战"之后迅速发展,国际金融危机发生的频率不断提高,为此国际金融交易的规则也在不断发展。通过本章的学习,了解国际金融法的发展趋势,掌握几种国际金融交易的主要形式,同时熟悉国际金融监管制度,特别是银行监管制度和IMF的外汇监管制度。

9.1 国际金融法概述

9.1.1 国际金融法的概念与特点

1. 概念

国际金融一般是指跨国间货币资金的流动和融通的经济活动行为。国际金融法则是指调整不同国家民事主体之间因跨国金融交易活动而产生的国际金融关系的国际规范和国内规范的总称,它规定的主要是关于国际贸易融资、国际贷款融资、国际债券融资、国际股票融资、国际融资租赁等金融交易的法律规则,以及这些金融交易基础上所产生的国内监管和国际监管合作的法律制度。其中,国际贸易融资是国际贸易支付主要的法律制度。

2. 特点

（1）国际性

国际金融法调整的是国际性金融关系，也就是说，国际金融关系的主体、交易标的或交易行为中必含有跨国因素。由于各国所采用的涉外金融法律制度不同程度地受到国际货币秩序和国际间共同接受的准则的制约，因而在国际间实际上还存在着各国涉外金融制度相互协调的问题。此外，在国际金融实践中，相当一部分国际协定和国际惯例对于跨国金融交易当事人还具有直接适用意义。

（2）基础性

国际金融法主要调整由国际货币管理活动和国际金融交易活动所直接引起的国际货币关系和国际金融关系，它是直接针对国际货币兑换、流动和国际金融交易等行为的法律规则，而不调整国际货币金融活动背后的国际贸易关系和国际投资关系。因而相对于一国的国际贸易法制和国际投资法制而言，金融制度本身具有基础性作用。而且相对于传统的贸易和投资，金融领域的敏感程度更高，因而国际金融法更注重金融风险的防控，特别强调金融监管制度的发展与合作。国际金融法实际上主要为一国既定的国际贸易政策和国际投融资政策提供法律框架和法律工具，其作用在于保障国际经济活动的安全与效率。

（3）实践性

国际金融法规定的是关于涉外货币管理活动和跨国金融交易活动的规则，在内容和功能上均具有实践性和技术性特征。在近几十年来的国际经济活动中，国际金融实践在原有的国际金融法律秩序下得到了长足的发展。随着国际金融交易的发展，许多新颖的金融工具不断出现，从较单一的存款、现金、债券、股票、商业票据等演变为多目的、多变化、多形式及系列化的种类构成，如远期契约、期货、期权、互换等衍生金融工具。金融工具的创新刺激了金融交易规则的发展，相应的金融监管制度也不断革新和增强。

9.1.2 国际金融法的形成与发展

国际金融法是国际金融关系发展到一定阶段的产物，不同时期国际金融关系的发展水平不同，决定了国际金融法的发展具有阶段性特点。20世纪80年代末以来，世界经济步入全球化、金融化时代，巨额资金不断突破地域性管制在全球流动，各类金融机构及其业务在全球范围迅速扩张，跨国信贷和证券融资规模持续扩大，国际金融市场和金融工具不断创新，金融日益成为现代经济生活的核心，国家间的经济关系日益深入地体现为国际金融关系。同时，对于国际金融关系的发展和世界经济环境的变迁，国际社会和各国立法当局也作出了积极的回应，由此推动国际金融法的迅猛发展。

1. 国际金融法的内容和范围有较大的扩展

"管制—创新—再管制—再创新"是国际金融及其监管制度发展的规律，这就使国际金融法在内容和范围上呈现出多层面、立体化的发展趋势。例如，面对电子货币、网络银行、衍生金融交易等金融创新，促使国际社会和有关国家纷纷制定电子金融法，以应对电子金融的挑战，加强电子转账与信息系统的安全管制，保护顾客隐私和权益，防范"机器故障风险"和计算机犯罪。比较有代表性的如联合国贸易法委员会 1996 年通过的《电子商务示范法》、《国际贷记划拨法》；新加坡 1998 年通过的《电子交易法》；澳大利亚 1999 年通过的《电子交易法》；美国统一州法委员会 1999 年通过的《统一电子交易法》等。国际货币基金组织修订其基础协定、建立风险预警系统以加强其金融监管职能时，也借助了电子与网络技术。

从形式上看，国际金融法中的国际法渊源得到较快的发展。特别是 WTO 成立以来，形成了以 GATS 为核心的全球金融服务贸易条约。在国际证券监管合作领域，不仅发达国家的证券监管者之间签订了大量的双边谅解备忘录，而且一些新兴市场国家和发展中国家也开始了类似的实践，证券监管的合作性安排还出现了向跨地区的新兴市场之间发展的新趋向。此外，国际货币基金组织、世界银行集团、区域性开发银行、国际清算银行及其他区域性金融组织的规则与决议、各国的涉外金融法、实践中形成的国际金融交易的惯例和习惯性做法，在近期都进行了较以往频繁得多的修订、增补、更新和整合，从而大大促进了国际金融法的发展和完善，并有力地推动了国际金融的国际法与国内法、公法与私法间的连接、交融与协调。

2. 国际金融法的效力显著提升

国际金融法的效力较以往大为增强，主要归因于国际金融条约的发展。国际金融条约数量的大量增加，意味着更多的缔约方、更多的金融关系被纳入法制轨道，意味着当缔约方将条约义务转化为国内法时，便将这一更多、更广的约束力以国内法权威和强制力为保障向所管辖的金融机构和从事金融活动的当事人进行了传递。

国际经济组织的发展也促进了国际金融法效力的提升。国际经济组织通常拥有广泛的影响力和有效的组织管理，其执行统一规则的法律职能和包括争端解决机制在内的各种制度性安排，对国际金融法的制定和实施有明显的推动作用，从而达到了强化法律效力和实施效果的目的。例如，WTO 金融服务贸易领域形成的法律规则较之一般的国际金融条约，因其实施有源自 WTO 的一系列制度保障，因而其在效力上更为可靠和有效。

当然，近期国际社会金融危机的频发，金融竞争日益激烈，对于国际金融法的约束力也有比较大的推动作用。

3. 国际金融领域的国际合作进一步深入发展

国际金融领域的国际合作伴随经济全球化的发展也在不断深入，特别是区域性的合作有了明显的增强，取得了较好的效果。从欧洲货币联盟到北美自由贸易区、从南方共同市场到亚太经合组织，众多的区域经济合作体都开展了程度不一的金融合作。区域金融合作所依据或涉及的法律规定，或者以单行法形式出现，或者散见于区域经济法中，如欧盟银行法、北美金融服务贸易规则、各种区域货币法制度等。

　　区域金融法的蓬勃发展，不仅极大地丰富了国际金融法的内容，推动了国际金融法的立体化和统一化，而且由于受到特定的政治经济条件和法律传统的影响，其法律制度往往不乏特色，因此对国际金融法的改革和发展具有一定的启发意义。作为区域银行监管合作的成功典范，欧盟银行法的一系列原则和制度，既对成员国的银行立法及监管实践具有直接的影响，也为国际银行监管法的发展和完善提供了借鉴，有的则已经被国际金融条约所吸收。例如，在成员间有关审慎措施的承认问题上，WTO《服务贸易总协定》的金融服务附件二就参照了欧共体银行指令所规定的特殊协调方式。各类区域货币制度的立法和实践，为国际货币基金组织领导的国际货币体制改革提供着积极的借鉴作用。

　　此外，不断扩大的金融风险、频频肆虐的金融危机，也要求国际社会迅速作出反应，以减少危机隐患、维护金融稳定。近年来，许多国际金融规则的出台和修订，正是回应国际金融危机、应对全球环境变化的产物，显示出很强的针对性。

9.2　国际借贷融资的法律制度

9.2.1　国际借贷融资的概念

　　国际借贷是一种合同形式的融资行为，通常是不同国家或地区的借款人与贷款人之间依国际贷款协议结成国际债权债务关系。这种债权债务关系的主体十分广泛，种类较多，依贷款人的性质和地位不同，可以分为如下几种。

（1）政府贷款

　　政府贷款的主体一般是国家，利率相对较低甚至会出现无息贷款，而且借贷时间一般较长。但是政府贷款通常会有一定的附加条件，订约程序比较复杂，令贷款的获得较为困难。实践中政府贷款通常依据国家间的双边协定或国家的双边关系而提供，如经济合作与发展组织（简称经合组织）组织下属的发达国家对发展中国家提供的官方援助贷款、石油输出国组织向发展中国家提供的官方援助贷款都属于此类贷款。

（2）国际金融机构贷款

　　国际金融机构的贷款则一般是由国际金融组织发放的贷款，如国际复兴开发银行、亚洲开发银行、泛美开发银行等。这一类贷款是具有非商业性质的优惠性贷款，往往具有援助性质，以无息贷款居多，一般是中长期贷款，但是对贷款用途的限制非常严格，多属于专款专用，自由度不高。

(3) 国际商业银行贷款

国际商业银行贷款主要是由商业性银行提供贷款，其贷款的资金来源是国际商业银行业务下的资金。贷款利率多以国际金融市场利率为基础，因而利率较高，贷款期限一般也不长，但是手续相对简单，容易获得，而且通常不会附带商业条件以外的其他任何条件，对于经济效益良好而又短缺资金的借款人来说是可靠有效的融资来源。国际商业银行贷款可以分为单个银行的定期贷款和多家银行的银团贷款。

9.2.2　国际商业银行定期贷款

1. 概念

国际商业银行定期贷款是指一国的商业银行作为贷款人以贷款协议的方式向其他国家的借款人提供的商业贷款。贷款期限预先约定，到期归还本息，一般需有定期贷款合同，是一种建立在合同基础上的融资方式。这种定期贷款的借贷主体双方分属于不同国家或地区，使得国际商业银行定期贷款所涉法律非常复杂，定期贷款合同的签订需要非常慎重。

2. 国际商业定期贷款的合同

双方当事人应该首先将双方的名称、地址、缔约日期及缔约地点在合同的约首中进行明确的规定。合同的正文部分通常需要列清以下条款。

(1) 币种、金额与利率

国际商业贷款通常金额较大，双方当事人应在合同中约定借贷的总金额，并约定好所使用的货币单位。一般而言，国际借贷都是可自由兑换的货币。

利率有固定利率和浮动利率的区分。双方一经确定利率水平在合同期限内不再变动的，即是固定利率。而浮动利率一般需要根据国际金融市场上利率的波动而不断变动。目前国际金融市场上通常采用伦敦银行同业拆放利率，当然实践中也有约定利率浮动的上下限的情形。

除了利息以外，国际商业银行定期贷款还会规定管理费、代理费等杂费。

(2) 期限与偿还

作为定期贷款，双方需要约定好借贷的期限。期限短的多为一年以下，三到五年通常是中期贷款，而在此时间之上的一般是长期贷款。国际商业银行贷款期限通常不会太长，这一点与政府贷款不同。在合同中一般对提款方式、地点及还款方式、地点都有具体的约定。

贷款期满之后借款方应该立即偿还本金与利息，一旦延迟还款即为违约，需要根据延迟的日期和事先的约定接受罚息。如果提前还款则一般也是违约，不过借款人可以争取在合同中订入提前还款条款。在利率浮动的情况下，提前还款对借款方可能是有利的，然而贷款银行为预期利益考虑反而是不利的。因此，缔结提前还款条款的贷款一般会要求加入相应的"溢价"。

(3) 先决条件

这是贷款银行用来保护自己的一种手段。在借贷合同中，贷款方的放款义务必须先行履行，而借款人还款则需要相当长的时间。为避免还款的风险，贷款方通常在合同中专门约定合同生效和履行的具体时间。当约定好的条件满足之后贷款方才开始发放款项，这些约定条件即为先决条件，如要求各种文件资料的提交或者是担保的到位。也就是，在贷款银行没有确切知道借款方是否已经办妥其相关法律义务、担保是否充分落实之前，可以暂不履行贷款义务。

根据贷款安排的不同，借贷合同中的先决条件可以分为总括性的先决条件和逐笔贷款发放的先决条件。

(4) 陈述与保证

为了确保借贷的安全性，在借贷合同中一般要求借款人必须对其法律地位、财务状况和商务状况进行详细的说明，同时必须保证其陈述的真实性与可靠性。这种陈述与保证对于贷款方而言，是判断借贷方信用状况和评估贷款风险的主要依据。在借贷合同的履行中，贷款方也可以根据这些情况来保护自己，一旦发现资料有弄虚作假，可以中止贷款的发放。

这种真实性与可靠性的保证通常要求贯穿借贷合同的始终，当然就实践情况来看，这种始终的保证难度过大，有些情况的变化是借款方自己根本无法预料的，贷款银行有时也会根据具体情况适当放宽。

(5) 贷款的用途

国际商业借贷中贷款方一般没有专款专用的限制，但也绝不会是没有任何适当的限制，各国银行法规或银行自身经营都会规定一些特殊的限制。一般而言，凡是会影响还款资金来源的行为，借款方都不能进行。而不同国家的法律也会有不同的限制，如美国不允许将贷款用于收购另一家公司；英国则规定如果贷款人知道借款方将贷款用于资助侵权行为，则合同视为无效。总体而言，与其他种类的贷款相比，国际商业借贷对贷款用途的限制比较少。

9.2.3 国际商业银团贷款

1. 国际商业银团贷款概述

国际商业银团贷款是指由一家或几家银行牵头，由几家或十几家国际银行组成银团，按照同样条件共同对另一国的银行、政府、公司企业提供中长期贷款的形式，又称辛迪加贷款或简称银团贷款。由于单个银行方法商业贷款毕竟资金有限，风险也会过于集中，而且许多国家的银行法中也会对商业银行对同一借款人的借贷数额有一定比例的限制,因此国际社会中形成了银团贷款的方式,能够最大限度地弥补这些缺点,在国际金融中心非常常见。

2. 国际商业银团贷款的方式

(1) 直接银团贷款

直接银团贷款是指在牵头银行的组织下,银团内各个参与贷款的银行单独或通过其代理银行分别与借款人签订具有统一的借贷条件的借贷协议,并按各贷款协议规定的条件分别向借款人放款,各贷款行之间的权利义务分开,彼此并不连带的一种贷款方式。

(2) 间接银团贷款

间接银团贷款一般先由一家牵头银行单独与借款人签订一份总的借贷协议,并由牵头银行承担提供全部贷款的义务,统一向借款人贷款,然后由牵头银行将贷款权分别转让给其他愿意提供贷款的银行,这种转让一般无须征得借款人的同意。

3. 国际商业银团贷款的程序

当借款方有银团贷款的需求时,首先寻找一家或几家银行作为经理银行。经理银行是借款方的委托人,借款方需提交一份委托书作为其授权的依据。经理银行可以拒绝委托,如果接受委托则应向借款方提交一份义务承担书。

当经理银行与借款方的委托关系形成之后,双方一起拟订一份"情况备忘录","情况备忘录"中主要陈述借款人的经济状况、信用状况及借款的具体要求等信息。经理银行将在对此次贷款有兴趣的银行中散发"情况备忘录",作为它们考虑是否加入银团参与贷款的主要依据。

一旦决定参加银团贷款的银行确定下来后,将与借款方谈判以决定借贷合同的具体内容。银团的参加银行可以选出一家银行作为牵头银行,与借款方商定借贷的具体条件。

在直接银团贷款方式下,牵头银行谈判好条件后,各参与银行按照相同条件在自己承担的份额内与借款方分别签署银行贷款合同。在间接银团贷款方式下,由牵头银行与借贷方签订银行贷款合同,再根据各参与银行承担的份额将贷款合同转让出去。

4. 国际商业银团贷款的当事人

(1) 经理银行

在银团贷款中,经理银行与借款方之间是依委托书建立的关系,但这种委托书一般是信誉上的约束力,不具备法律上的拘束力。经理银行主要是在借贷合同签订之前起作用,为借款方寻找潜在的贷款行。在这一过程中,经理银行应如实向贷款银行提供借款人的资料。一旦借贷合同签订,经理银行如果加入了银团就和其他参与银行一样成为普通的贷款行,如果不参加银团贷款则委托任务完成后就退出。

(2) 牵头银行

牵头银行是由银团的参加者选出来的,由它同借款方进行交流、谈判,以确定借款合同的主要内容。在间接银团贷款下,牵头银行直接向借款人负责。

(3) 代理银行

作为银团的代理人，代理银行是由银团参与银行选出来的，以银团委托代理人的身份与借款方交涉，主要充当银团贷款的中介人。代理银行是银团贷款的具体操作者和管理者，款项的发放由他完成，借款人的还款通过他交给各参与银行。对于借贷合同中先决条件的证实，借款人的财务状况包括可能发生的违约事件都是由代理银行进行管理。

当然，为了保护银团成员的共同利益，防止代理人在代理过程中出现损害银团利益的情形，一般会要求代理银行为借贷合同的履行设立独立账户以便监督。

(4) 参与贷款银行

在不同的贷款方式下，参与贷款的银行参与借贷的程度不同权利义务当然就不一样。在间接银团贷款下，它们并不直接与借款人联系，而是依据牵头银行授予参加贷款权而进入银团的。在直接银团贷款下，各参与银行与借款人之间有借贷合同的直接约束，处于债权人的地位。它们相互之间的债务并不发生任何连带，每一个参与行对其他银行贷款的发放不承担任何责任，借款人的还款也将根据它们所承担的贷款比例享有平等受偿的权利。

9.3 国际项目融资

9.3.1 国际项目融资概述

1. 国际项目融资概念与特征

(1) 概念

国际项目融资的产生主要是源于一些大型工程项目有极大的资金需求量，中国在深圳大亚湾核电站项目、西气东输天然气管道项目等领域，都采用这一融资方式。国际项目融资是指跨国贷款人对某一特定的工程项目发放贷款，并以该项目预期收益来偿还贷款的一种借贷方式。其融资的核心在于归还贷款的资金源于项目本身，贷款人必须考虑项目是否有稳定的现金流量和可靠的收入保证。因此，国际项目融资通常适用于自偿性的项目，如油田、发电厂、自来水厂等。

(2) 特征

与普通的国际商业银行借贷相比，国际项目融资以特定建设的项目为融资对象，因而贷款具有明显的专款专用性质。国际贷款人债权的实现最终依赖于拟建项目的收益，因为借款人是用该特定项目的现金流作为还款来源的，所以贷款人通常对于所发放的款项的用途有一定的限制。

也正因为这一特点，国际项目融资往往融资额度较大、风险高、周期长。实际上，在这种借贷方式之下，贷款人在一定程度上帮助借款人承担了该特定项目的部分风险。

2. 国际项目贷款的基本方式

依据借贷双方承担的风险大小，可以将国际项目贷款分为以下两种方式。

（1）无追索权项目贷款

又被称为纯粹的项目贷款，借款人以该特定项目的收益作为还本付息的唯一来源，贷款人可以为了自身风险考虑在项目自有资产上设定担保物权，但贷款人对项目的主办人没有任何的追索权。这种贷款方式，对于贷款方而言，风险相对较大，在目前的国际社会中采用并不普遍。

（2）有限追索权项目贷款

相对于无追索权的项目贷款，贷款人除了以项目本身的收益和项目自有资产作为还款保障以外，还可以要求项目公司以外的第三人提供各种充分的保证。当项目失败时，如果项目自身不能实现贷款人的利益，贷款人可以向所有的保证人要求其承担范围内的保证。目前。国际社会中的项目融资主要采取这种方式。

9.3.2 国际项目融资的当事人与法律文件

1. 国际项目融资的当事人

（1）贷款人

国际项目融资的贷款人可以是国际商业银行，也可以是政府或国际金融组织，但通常是国际商业银行。更多的情况下，由于极大的资金需求量，导致往往是组成国际银团来完成贷款。

（2）项目主办人

即该项目工程的发起人，一般是通过招投标的方式先在东道国获得项目工程的建设权。为完成该工程项目，主办人将设立项目公司以准备筹措款项。

（3）项目公司

项目公司是项目主办人为完成特定项目而专门成立的公司，它是国际项目融资的借款人。成立专门的项目公司主要是为了方便筹集资金、管理项目及尽量约束投资的风险。

（4）其他参加人

在国际项目融资中还有许多其他的参加人，如项目工程的承包商、原材料的供应商、项目产品的购买者及项目的管理者等。

2. 国际项目融资中所涉及的法律文件及其结构

在国际项目融资中，由于当事人众多，涉及的合同种类较多，一般有：借贷合同、完工担保合同、购买合同、产品支付合同等。为了尽量减轻贷款的风险性，贷款方会努力把重要的合同串联起来，形成多联式的合同结构安排，尽量把项目融资的风险分摊开来。

(1) 二联式合同安排

这种合同安排涉及的主要是三方当事人：贷款人、项目主办人和项目公司。合同分成两联：第一联是由贷款人与项目公司签订的借贷合同，由贷款人根据合同向项目公司发放贷款；第二联则是由项目主办人与贷款人签订的一系列担保合同，如完工担保合同、购买合同等，由项目主办人向贷款人保证该项目能够在合理时间内完成并能产生预期的收益，以平衡贷款人的风险。

(2) 三联式合同安排

三联式合同安排比二联式多一个当事人，即项目产品的购买人。第一联同样是贷款人与项目公司签订的借贷合同。第二联则是项目公司与项目产品购买人签订的预期购买合同，以确保项目产品能够有稳定的买方，保证项目现金流的实现。第三联是项目主办人就购买方在购买合同下的义务向项目公司提供担保。最后，项目公司将购买合同下的权利连同项目主办人为此提供的担保打包转让给贷款人。

(3) 四联式合同安排

这是相对复杂的一种合同安排，但对风险的平衡情况会更好。相对于三联式合同安排，增加了一家贷款人全资的金融子公司。它的出现主要是为了规避金融机构不得直接参加商业交易的法律限制，以便通过这家金融子公司帮助贷款人平衡风险。

第一联是贷款人与金融子公司签订的借贷合同，金额相当于项目主办人所需要的资金。第二联是由金融子公司与项目公司签订的预期购买合同，金融子公司将第一联合同中获得的款项以产品预付款的方式交付给项目公司。第三联由金融子公司将项目公司交付的项目产品转售出去而签订的转卖合同，金融子公司以转售的款项作为借贷合同下的还款交付贷款人。第四联是项目主办人就第二联合同中项目公司的义务或者就第三联中购买方的义务向金融子公司提供担保。最后，由金融子公司将所有权利打包转让给贷款人。

9.3.3 国际项目融资的风险及其防范

传统商业银行借贷的风险主要集中于借款人的经营状况、信用状况及担保是否充分，贷款人对与款项所投入的项目本身不需深入了解，因为这并不影响其还款的来源问题。但国际项目融资的还款来源非常特殊，项目的收益是还款的唯一来源，贷款人面临的风险明显增强，因而贷款方往往需要对项目融资的风险进行全面评估，并尽量寻找出适合的风险防范措施。

1. 国际项目融资中的各类风险

一般而言，国际项目融资通常会面对下列风险。

(1) 自然风险

自然风险主要是由自然界的原因而引起的，属于不能预见和不可抗拒的风险，如地震、海啸、火灾等。这些风险一旦发生，对于特定项目的建设而言显然会导致较大的损失。

(2) 商业风险

商业风险则是在项目的建设和管理过程中，由于商业因素而引起的风险。常见的有建设和完工风险、经营风险、市场风险等。当项目的建设因为各种原因未能按期完成，所造成的拖延将影响项目现金流的形成，最终影响还款。经营风险则是项目的管理者在经营管理中由于缺乏足够的人员或相当素质的管理人员，而引起的项目收益的损失。市场风险一般是由不能准确预测的市场前景或者项目产品需求量锐减给项目带来的商业损失。

(3) 政治风险

政治风险的产生通常源于政府权力，一般是由于项目所在国的国家行为引发的，如国家的货币管理制度、战争或者国有化措施等。这种风险的产生借贷双方不能预见也不能控制，但是一旦发生给项目融资带来的影响非常大，对于贷款人而言是相对严重的一类风险。

2. 国际项目融资中风险的防范

贷款方在评估出潜在的风险后，应针对不同风险的产生采取相应的防范措施。通常自然风险可以通过向相应的保险公司投保转移风险，但商业风险一般不属于保险范围，贷款人只能提高商业风险的评估能力，尽量以各种合同安排的方式要求各参与人协助分散或规避风险，这就是上述三种不同联式合同安排的目的。通常，将各种可预见的风险交给有效的第三方进行担保是一种很好的平抑商业风险的方式。

至于政治风险，由于其产生的特殊性，分散风险并不容易。贷款人可以考虑向特定的保险机构投保政治风险，一旦政治风险发生，则可以向保险公司寻求保险赔偿从而有效缓解政治风险带来的损失。当然贷款方也可以尽量吸引多国银行的参与或者在项目建设经营过程中尽量吸收东道国的企业参加，使东道国政府在采取政治行为时会更加谨慎，从而降低政治风险发生的几率。

9.4 国际证券融资

国际证券是在国际证券市场上发行并流通的，以某一国家的可自由兑换货币为面值的能够代表、证明或设立对财产所有权的一种书面凭证，可以分为债券、股票及其他国际商业票据。国际证券一般通过在国际证券市场的上市交易筹集大量资金，目前比较重要的国际证券市场主要有纽约交易所、伦敦证券交易所、法兰克福证券交易所和香港交易所等。

9.4.1 国际债券融资

1. 国际债券概述

（1）概念

所谓国际债券，是指一国政府机构、金融机构或工商企业为筹集资金而向外国投资者发行的可以自由流通的债权性证券。

（2）特点

① 法律的多样化。与国内债券比较，国际债券因为其发行人与投资人属于不同的国家或地区，在债券的发行、交易与债务清偿中将会受不同国家的法律调整或支配。

② 代表债权债务关系。与证券中的国际股票相比较，国际债券在本质上是一种债权性凭证，与股票所象征的股东身份有较大的差别。它体现出债券发行人与债券持有人之间的债权债务关系，因此国际债券是由固定年限的，如三年期、五年期等。

③ 流通性。作为一种债权性的凭证，与国际贷款协议相比较，国际债券是证券化的。因此，它可以自由流通，接受证券法的支配而不是合同法。

（3）种类

一般可将国际债券分为以下两大类。

① 外国债券。由发行人在某一外国证券市场以该国货币标价发行，并在该国证券市场交易的国际债券。例如，中国银行在日本发行并上市交易的"武士债券"，中国银行在美国发行的"杨基债券"。

② 欧洲债券。发行人在某一外国市场发行的以该外国以外的国际货币标价发行的国际债券。这种债券通常同时在几个国家发售，由于脱离货币发行国的监管，也被称为无国籍的债券，如中国银行在英国伦敦发行的美元债券。

除此以外，国际债券根据利率确定方式的不同可以分为固定利率债券、浮动利率债券；根据发行主体的不同，则可以分为国家债券、金融债券和企业债券等。

2. 国际债券的发行

（1）私募发行

私募发行是指不通过承销商，由发行人直接向特定的投资人销售，通常是一些机构投资者。由于私募发行不面对公众，且期限通常较短，也不能上市公开买卖，对国际证券市场的影响相对较小，各国对这种发行一般管制比较松。对发行人的要求相对较低，往往不需要进行严格的信用评估，也不要求发行人将自己的情况公布于众，发行手续较简便。在此种发行方式下，成本低，速度快，但不能进入公开的流通市场，规模有限，难以筹集巨额资金。

（2）公募发行

公募发行是指发行人公开向不特定的公众投资者推销债券。这种发行方式由于面对普通的公众投资者,可在证券交易所上市公开买卖,流通性非常强,可以筹集更多的资金,但对国际证券市场的影响较大,各国一般对公募债券的发行规定较私募发行更为严格的条件要求。例如,要求发行人必须经过国际上认可的债信评级机构的评级;发行人必须将自己的各项情况公布于众,接受审核和监督等。

当然债券的发行还有直接发行与间接发行的区别。直接发行是由发行人自己出面发行债券,发行人自己办理发行的全部手续,做好发行前的准备工作,并直接向投资人出售债券,剩余的债券也由自己处理。而间接发行则由发行人委托中间人代理发行债券,具体又分为委托募集和承购募集。在国际债券市场上,一般都采用承购募集的方式发行债券。

3. 国际债券发行的法律文件

各国法律都要求,国际债券发行开始前应进行充分的发行准备。参与债券发行的金融中介机构必须接受严格的审查,它们应协助债券发行人和牵头经理人准备债券条款及细则、债券招募说明书、有关的专业性报告、承销协议与分销协议、支付代理协议、信托契据文件、债券清算登记代理协议及其他相关的法律文件,还须协助发行人取得国际债券发行所需的一切来自政府部门和证券监管部门的批准、许可或授权。其中,有关债券发行文件和法律文件的准备是这一段工作的核心。

债券招募说明书是详细披露债券发行条件、债券发行人具体情况、债券条款及细则、作为债券发行基础的其他一切事实情况的基本文件。债券招募说明书的概念有广义与狭义之分,广义的债券招募说明书既包括公开发行债券所使用的债券发行章程,也包括债券私募所使用的信息备忘录;狭义的债券招募说明书仅指债券发行章程。各国证券法对于债券招募说明书的信息披露要求程度不尽相同,但通常对于正式的债券发行章程的要求较严,而对于单纯的信息备忘录要求较松。债券招募说明书的主要内容通常包括首页、责任承诺与声明、正文和附录四部分。

债券招募说明书应于首页以标题方式载明债券发行人名称、发行币种、发行总额、债券面值、发行价格、发行债券类型、偿还期限、利息率、担保人、上市交易所名称、牵头经理人与共同经理人、支付代理人等内容。责任承诺与声明部分应由发行人、牵头经理人及主承销人依法律要求的方式承诺其确信债券发行说明书的内容中不存在虚假、重大遗漏或误导成分,声明其对债券说明书内容的真实性和完整性承担责任。债券招募说明书的正文部分内容较多,它主要包括以下项目:借款用途、预期时间表、债券发行条件、发行债券的有关当事人、债券条款及细则、债券发行人情况介绍、担保人情况等。债券招募说明书的附录部分应该依法披露由专业机构出具的审计报告、法律意见书、发行人组织章程、债券条款细则发行人所在国有关法律摘录、债券申购表格等文件。

4. 国际债券的上市及相关法律问题

国际债券发行之后,发行人通常会谋求在国际证券市场上市交易以招募更多的资金，上市交易的市场一般选择伦敦与卢森堡的证券交易所、新加坡交易所、苏黎世交易所。由于美国证券监管较为严格，欧洲债券在美国上市交易的并不多见。上市交易的优势主要是因为证券市场的交易价格体系可以反映出国际债券的市场价值，使债券持有人可以通过市场完成交易，在流通中实现更多的利润。但是债券上市之后，各国都将有比发行更为严格的监管制度，特别是对于财务信息的公开化要求较为严格，这会增加上市交易的成本和难度。

9.4.2 国际股票融资

1. 国际股票概述

（1）概念

股票一般是符合发行条件的公司组织为筹集资金而发行的，供投资者认购的用以证明投资者拥有公司股份的证书。而国际股票的发行和交易过程，不是只发生在一国内，通常是跨国进行的，即股票的发行者和交易者、发行地和交易地、发行币种和发行者所属本币等至少有一种和其他的不属于同一国度内。

（2）特点

股票的发行主体通常是股份有限公司，各国对其发行和上市条件的法律要求一般较高。相对于单纯的国内股票而言，其发行人与投资者不同属一个国家或地区，受不同国家的法律支配，所面临的法律问题非常复杂。而且在股票融资之下，发行人往往追求发行与上市双重结果，从而建立长期稳定的国际融资渠道以筹集更多的资金，但也将导致更为严格的法律监管。

与国际债券相比，国际股票本质上是一种可自由转让的股东权利的凭证，是投资者股东身份的证明，因而股票融资具有明显的长期性、参与性和风险性。

2. 国际股票的种类

国际股票融资依照其发行与上市结构可分为不同的类型，其中我国的境外股票融资中较普遍采用的类型主要包括境内上市外资股、境外上市外资股、间接境外募股上市和存托证境外上市等几种。

（1）境内上市外资股

境内上市外资股是指发行人通过承销人在境外募集股票（通常以私募方式），并将该股票在发行人所在国的证券交易所上市的融资结构。我国证券法规将依此类结构募集的股份称为"境内上市外资股"，实践中通常称为"B股"。我国的境内上市外资股结构主要是依据我国的法律和会计准则构建的，在承销组织上采用了国际股票融资惯例中的私募方式，并在不违反中国法律的基础上遵循了国际会计准则和股票发行地的有关法律要求。但这更主要是为了满足境外投资人的投资偏好，增加其投资信心。由于多数国家的法律对于国际股票私募并没有严格的限制，因而境内上市外资股结构所需解决的法律冲突和障碍也较少，其结构相对简单。影响这一结构有效发挥作用的主要因素包括外汇管制制度的制约、公司法制之不完善、因私募而形成的股权结构不合理、交易制度和信息披露制度之欠缺等。

（2）境外上市外资股

境外上市外资股是指发行人通过国际承销人在境外募集股份，并将该股票在境外公开发售地的证券交易所直接上市的融资结构。此类募股通常采取公开发售与配售相结合的方式。我国的证券法规将依此类结构募集的股份称为"境外上市外资股"，实践中所称的"H股"、"N股"、"S股"等均属此类。境外上市外资股结构充分利用了市场所在国的外汇制度、法律制度、证券交易制度与信息披露制度，采用国际股票融资实践中惯常的组织方式，故其发行效率和股票流动性均优于境内上市外资股。

（3）间接境外募股上市

间接境外募股上市是指一国的境内企业通过其在境外的控股公司向境外投资人募集股份筹资，并将该募集股份在境外公开发售地的证券交易所上市的股票融资结构。依其公司重组方式又可分为通过境外控股公司申请募集上市和通过收购境外上市公司后增募股份两种。我国目前已在境外募股上市的北京控股、航天科技、中国制药等公司均采取此类结构。间接境外募股上市结构充分利用了境内合资法制和境外市场所在国法制的条件，使境外投资人对境外上市公司有较强的认同感和法制信心，而其股权利益则由境外上市公司代表股东向境内的合资企业主张。依此类结构组织的国际股票融资在发行效率、股票流动性和市场表现上均优于境外上市外资股结构。

（4）存托证境外上市

存托证又称"存股证"，它是由一国存托银行向该国投资者发行的一种代表对其他国家公司证券所有权的可流转证券，是为方便证券跨国界交易和结算而创制的原基础证券的派生工具。存托证上市结构是由存托银行提供金融服务的某种衍生证券发行与上市结构，存托银行在其中仅提供中介服务并收取服务费用，但不承担相关的风险。存托证所代替的基础证券通常为其他国家公司的普通股股票，但目前已扩展于优先股和债券，实践中最常见的存托证主要为美国存托证（ADR）及欧洲存托证（EDR）。我国目前已在境外上市的上海石化、上海二纺机、马鞍山钢铁等公司均采取 ADR 境外上市结构。

存托证结构依其具体内容可分为不同类型。例如在 ADR 中，一级有担保的 ADR 和二级有担保的 ADR 不具有筹资功能，而三级有担保的 ADR 和 144A 私募 ADR 则具有募股筹资功能，我国公司境外上市实践中通常采用的 ADR 类型多为三级 ADR 和 144A 私募 ADR。概括地说，存托证境外上市结构是指一国的发行人公司通过国际承销人向境外发行的股票（基础证券）将由某外国的存托银行代表境外投资人统一持有，而该存托银行又根据该基础证券向该国投资人或国际投资人发行代表该基础证券的存托证，并且最终将所发行的存托证在该国证券交易所上市的国际股票融资方式。

3. 国际股票的发行

股票发行是指发行者在一级市场按照法律规定的条件和程序，通过股票承销商向投资者发行股票的行为。一级市场通常是指进行证券募集，以筹集资金的市场，实际上是指新证券的发行人从策划到由投资银行等中介机构承销，直至全部由投资人认购完毕的全过程。在这一过程中，涉及的当事人有：发行人、证券监管机构、公证机构、承销机构、投资人。按发行对象的不同，股票发行可分为私募发行和公募发行；按发行过程则可分为直接发行和间接发行。

（1）发行条件

发行条件是指股票发行人在一级市场上发行股票筹集资金时所必须考虑的各种要求和条件。为了保证国际证券市场的稳定性，保护本国投资者的安全，各国在法律中都会设置发行条件，当然不同国家的证券市场要求并不完全一样，但通常会包括初始发行条件、增资发行条件和配股发行条件等。各国证券法中一般会对发行人的资质、经营规模、经营状况等作比较细致的规定。

（2）发行程序

① 核准制。目前，部分大陆法系国家、中国及大多数发展中国家采用的是核准制，代表的是一种较为严格的发行审查制度。主要是由证券监管机构在公开原则的基础上，依据一定的法定标准，对于发行人的经营状况、管理人员的资格、资本机构、资金投向和投资价值等进行实质性审查的证券发行审核制度。当然，这种实质性审查并不排除形式性的要求。通过这种严格的实质审查有助于运用法律手段防止不合格的股票进入证券市场，因而通常适用于证券市场时间不长、投资者经验不足的国家和地区。

② 注册制。注册制也被称为申报制，英美法系的国家和日本等部分大陆法系国家区采用此种制度。主要是当发行人发行股票时，依法定要求将应该公开的所有信息向证券监管部门申报注册，同时对该信息的真实性、完整性承担法律责任的发行程序。

4. 国际股票的上市

1）上市的条件

上市是指公开发行的股票在证券交易所依法定程序挂牌交易的行为。由于股票上市交易其风险性会增大，为了保护证券市场的稳定性和普通投资者的权益，国家一般会对股票的上市规定相应的条件。

从实质条件方面而言，通常会对股票发行人的规模与经营状况有明确的要求，有些国家还会从股权分散性的角度出发设立条件。

各国对于股票上市交易在程序方面也存在着有严格的要求，需要提交相应的文件和资料并接受证券管理部门的审核。

2）国际股票上市交易规则

为了更好地保障股票上市交易的安全性，各国法律中通常会对股票交易的非法行为进行严厉的打击，严重的甚至可能构成刑事犯罪。

(1) 内幕交易

内幕人员以获取利益或减少损失为目的,利用内幕信息进行股票交易或向他人提供内幕信息建议买卖某种股票的行为。这种利用自身特殊地位从事的证券交易行为违反了证券市场"公开、公平、公正"的原则,侵犯了投资公众的平等知情权和财产权益。

所谓内幕信息,是指能够对股票市值产生明显影响但是还不为公众所知悉的信息。例如,证券发行人订立重要合同,该合同可能对公司的资产、负责、权益和经营成果中的一项或者多项产生显著影响;证券发行的经营政策或者经营范围发生重大变化;证券发行人发生重大债务;证券发行人发生重大经营性或非经营性亏损;证券发行人资产遭受到重大损失;可能对证券市场价格有显著影响的国家政策变化;证券发行的董事长、1/3 以上的董事或者总经理发生变化等。

通过各种渠道获取上述信息的人即为内幕人员,如发行人的董事、监事、高级管理人员、秘书、打字员,以及其他可以通过履行职务接触或者获得内幕信息的人员;发行人聘请的律师、会计师、资产评估人员、投资顾问等专业人员;根据法律、法规的规定对发行人可以行使一定管理权或者监督权的人员,包括证券监管部门和证券交易所的工作人员,发行人的主管部门和审批机关的工作人员,以及工商、税务等有关经济管理机关的工作人员等。

(2) 操纵市场

操纵市场是指以获取利益或减少损失为目的,利用资金、信息等优势或滥用职权,影响证券市场价格,制造证券市场假象,诱导投资者在不了解事实真相的情况下作出证券投资的决定,扰乱证券市场秩序的行为。

虚买虚卖是操纵市场的一种常见手段。虚买虚卖,又称洗售、虚售,它是指以影响证券市场行情为目的,人为制造市场虚假繁荣,从事所有权非真实转移的交易行为。洗售的手法有多种:一种是交易双方同时委托同一经纪商,于证券交易所相互申报买进卖出,并作相互应买应卖,其间并无证券或款项交割行为;另一种是投机者分别下达预先配好的委托给两位经纪商,经由一经纪商买进,另一经纪商卖出,所有权未发生实质性转移;第三种手法是洗售者卖出一定数额的股票,由预先安排的同伙配合买进,继而退还证券,取回价款。

这种行为人为地扭曲了证券市场的正常价格,使价格与价值严重背离,造成虚假的供求关系,误导了资金的流动,容易引发较大的市场动荡。

(3) 欺诈客户

欺诈客户一般是指证券经营机构或其工作人员在履行职责义务时实施的故意诱骗投资者买卖证券的行为。在证券市场中,承销商、经销商、兼营经纪和自营的证券商、投资咨询公司及其这些机构的工作人员在证券发行、流通中充当着不同的角色,于是就形成了与投资者的不同利益关系:它们可以是证券经营机构在承销证券业务与潜在的投资者发生的买卖关系;也可以是证券经营机构作为经纪人,接受投资者的委托买卖证券时所发生的特殊代理关系等。在这种利益关系之下欺诈客户很容易发生，需要严格的法律规制。

根据我国《中华人民共和国证券法》的规定，证券公司及其从业人员欺诈客户的行为包括：违背客户的委托为其买卖证券；不在规定时间内向客户提供交易的书面确认文件；挪用客户所委托买卖的证券或者客户账户上的资金；私自买卖客户账户上的证券或者假借客户名义买卖证券；为牟取佣金收入，诱使客户进行不必要的证券买卖；其他违背客户真实意思，损害客户利益的行为等。

9.5 国际银行监管的法律制度

9.5.1 国际银行及其银行业务

在现代各国立法中对银行并无统一定义，一般认为银行是经营货币信用业务的特殊企业，分业经营下有商业银行和政策性银行之区分。

按业务复杂程度和对网点的依赖程度，银行业务可分为两块：一部分是传统业务，包括一般贷款、简单外汇买卖、贸易融资等，主要是靠大量分行网络、业务量来支持；另外一部分是复杂业务，如衍生产品、结构性融资、租赁、引进战略投资者、收购兼并上市等，这些并不是非常依赖分行网络，但是高技术含量、高利润的业务领域。

按照银行的资产负债表构成，银行业务主要分为三类：负债业务、资产业务、中间业务。负债业务是商业银行形成资金来源的业务，是商业银行中间业务和资产的重要基础。商业银行负债业务主要由存款业务、借款业务构成。资产业务是商业银行运用资金的业务，包括贷款业务、证券投资业务、现金资产业务。中间业务是指不构成商业银行表内资产、表内负债形成银行非利息收入的业务，包括交易业务、清算业务、支付结算业务、银行卡业务、代理业务、托管业务、担保业务、承诺业务、理财业务、电子银行业务。

随着国际社会的发展，商业银行的经营范围在不断扩大，除了经营传统的商业银行的业务以外，还出现了经营证券业务的投资银行。

国际银行则是在银行的基础上衍生出来的概念，通常是指在两个或两个以上国家从事跨境货币信用业务的企业，这类银行一般以一国为基地，同时在其他国家从事银行经营活动，它们是银行业务国际化的产物。国际银行的组成机构视不同情形而定：通常由总行及其国内分支，而且还有若干海外分支，分支一般有分公司、子公司、合资银行和代表处等。

9.5.2 银行国际监管法律制度

1. 银行国际监管制度的形成

随着国际经济的发展，跨国银行全面发展并迅速扩张，其银行业务也不断创新。不同国家的银行不断进行渗透竞争，甚至出现了银行业对证券业的渗透，其相互的联系性与依赖性都得到了增强，使得一国金融当局对跨国银行业务的单独监管显得力不从心，国际社会需要以合作的方式进行银行业的监管，以应对银行业务国际化后可能产生的危机。

国家银行监管部门从国家利益的角度出发，为实现国家的货币政策，保护公众利益，通常要求银行稳健经营，以降低风险发生的几率。但是低风险就意味着低回报，显然与银行的预期经营目标相悖。为了逃避金融监管，银行不断开发出新颖的金融交易工具，特别是银行法律未规范的高收益的新金融工具和新的金融业务。当银行业务国际化之后，这种高风险的追逐越来越明显，而国家的全面有效监管则越来越困难。

在这种新形势下，传统的银行监管有着明显的弊端。国家监管银行的一个重要衡量标准是资本与负债之间的比率，但最初的银行监管一般不考虑不同种类资产的不同风险权重。就风险而言，银行经营的基本风险是信用风险、流动性风险和利率风险等，但国际银行往往还需要面对政治风险的影响，如汇率的波动、东道国金融政策的变化。对于这一点，传统的银行监管一般并未涉及。

各国为监管银行业务，都设立有自己的银行法律制度，但各国在进行跨国监管时标准不一，责任不明，容易造成监管的空白，从而加剧银行跨国经营的风险。在20世纪70年代，许多国际性银行相继倒闭，特别是1974年前联邦德国Herstatt银行和美国富兰克林国民银行（FranklinNationalBank）的倒闭，直接促使国际社会认识到加强国际银行监管合作的重要性，并为此进行了一系列的努力，其中最有效的当属巴塞尔委员会下的监管体制。

2. 巴塞尔委员会

国际银行业的激烈竞争使得各类跨国银行业务的经营风险同时增大，为解决跨国银行的国际监督和管理问题，国际社会成立了常设银行监督机构巴塞尔委员会。

巴塞尔银行监理委员会（The Basel Committee on Banking Supervision）简称巴塞尔委员会，是由美国、英国、法国、德国、意大利、日本、荷兰、加拿大、比利时、瑞典10大工业国及瑞士和卢森堡于1974年底共同成立的，作为国际清算银行的一个正式机构，以各国中央银行官员和银行监理当局为代表，总部在瑞士的巴塞尔，标志着国际银行监管合作的开始。

作为银行监管领域最重要的国际组织，巴塞尔委员会是制定银行监管标准的权威机构。但是从法律角度而言，它并不拥有任何超国家的正式监管权力，其决定也并不具有法律效力。巴塞尔委员会的职能主要是：第一，为各国交流国内监管信息提供场所；第二，加强有关国家银行业监管的效率；第三，确定资本充足性的最低标准，并审视在其他领域确立标准的必要性。

自成立以来，针对接连不断的国际银行倒闭事件及成员共同关心的监管问题，巴塞尔委员会制定了一系列的文件，围绕国际银行业的审慎监管及共同风险的防范，提出了一系列的原则、规则、标准与建议。其中影响较大的有《关于统一国际资本衡量和资本标准的协议》、《有效银行监管的核心原则》等。巴塞尔委员会的组成者虽然都是发达国家，但是它们在银行监管领域有着丰富的经验，因而许多非巴塞尔委员会的国家也在事实上接受了巴塞尔体制下的规则，并在其国内法中有着明显的借鉴。

9.5.3 《关于统一国际资本衡量和资本标准的协议》

《关于统一国际资本衡量和资本标准的协议》于1988年达成，又称《巴塞尔协议》，该协议主要确定了资本充足率的计算方法和标准。1994年，巴塞尔委员会推出了新的资本充足率的框架，2003年4月公布了《巴塞尔协议 II》为了应对频繁爆发的金融危机，2010年底巴塞尔委员会的成员对《巴塞尔协议》再次进行了修改，形成了《巴塞尔协议 III》，并要求各成员于2013年开始将《巴塞尔协议 III》列入法律。

1. **明确银行资本及其构成**

依据《巴塞尔协议》的规定，国际银行的资本可以分为核心资本和附属资本两个部分。核心资本一般是由永久性的股东权益和公开储备组成，这是计算公式的分子部分，其价值比较稳定，是流动性较高的资本。公开储备一般包括股票溢价、资产重估储备、普通准备金或呆账准备金及次级长期债务。

2. **建立了以风险加权为基础的银行资本计量架构**

计算公式的分母部分主要由银行的风险资产构成。依据协议的要求，表内业务以加权方式计算之后，再加上银行表外业务折算为表内业务的部分，即为银行有风险的总资产部分。

将银行资产负债表上不同种类的资产及表外项目，根据其所涉及的信用风险的大小分为五级设置风险加权系数，然后累计得出风险加权资产。原有的《巴塞尔协议》将风险资产共分为五级：第一级是0%，即没有风险，主要是表内的"现金栏"，也即现金没有风险；第二级是10%；第三极为20%；第四级为50%；第五级为100%。对私人的贷款就属于第五级。《巴塞尔协议 II》将其调整为四级，分别是：20%、50%、100%和150%。这种加权计算的方式能够充分反映出不同类别的风险资产的特殊性，更贴合银行经营的时间，从而也能更准确地反映银行经营的风险。

3. **确定国际银行的资本充足率标准**

资本充足率是银行资本与风险资产的比率，《巴塞尔协议》确定的资本充足率的最低标准为8%。根据这一文件,巴塞尔委员会的成员在国内银行法中接受了这一规则,我国也在《商业银行法》中吸收了这一规定。

《巴塞尔协议Ⅲ》则对世界范围内银行的资本充足率、普通股和资本缓冲作出了较为详细的规定及过渡期的安排。该协议要求全球各商业银行5年内将一级资本充足率的下限从现行的4%上调至6%。同时,该协议将普通股最低要求从2%提升至4.5%。另外,该协议维持目前资本充足率8%不变,但对资本充足率加资本缓冲要求在2019年以前从现在的8%升至10.5%,最低普通股比例增加资本留存缓冲比例在2019年前由目前的3.5%逐渐升至7%。在《巴塞尔协议Ⅲ》中还特别对一级资本作出了新的定义。目前中国的银行普遍遵循《巴塞尔协议Ⅱ》,但部分中国银行已经提出了接纳2010年新协议的日程表。

9.5.4 《有效银行监管的核心原则》

1. 《有效银行监管的核心原则》的内容

《有效银行监管的核心原则》(简称《核心原则》),是巴塞尔银行监管委员会1997年9月1日发布的成员国国际银行监管领域里一份重要文献,它的出现是对东南亚金融危机的直接反应,除了经合组织国家外,包括我国在内的大部分发展中国家参与了其制定过程。

《核心原则》包括六节和两个附录,25条原则。主要内容包括:前言;有效银行监管核心原则一览表;第一节,简介;第二节,有效银行监管的先决条件;第三节,发照程序和对机构变动的审批;第四节,持续性银行监管的安排;第五节,监管者的正规权力;第六节,跨国银行业;附录一,有关政府所有银行的特殊问题;附录二,存款保护。

《核心原则》强调有效银行监管在于全面而系统的监管,因此从有效银行监管的前提条件、发照和结构、审慎法规和要求、持续监管手段、信息要求、正式监管权力、跨境银行监管等方面,分别对监管主体和监管行为作出规定,并提出了银行风险监管的最低资本金要求、外部监管、市场约束三大原则。这些原则是世界各国近百年银行监管经验教训的系统总结,反映了国际银行业发展的新变化和银行监管的新趋势。

2. 《有效银行监管的核心原则》的修改

2004年12月,巴塞尔委员会开始启动《核心原则》及其《评估方法》的修改工作。经过一年多的努力,于2006年正式颁布了新版《核心原则》和《评估方法》。《核心原则》修订内容主要反映在体例及内容这两个方面。

从体例方面来看,总体上新版的原则仅由25条核心原则和涉及银行监管有效性的前提条件组成,以往每条核心原则对应的解释内容都不再保留,而是在《评估方法》中一并考虑。涉及国有银行监管及存款保险制度的两个附件也不再保留,主要考虑是存款保险制度不完全属于银行监管的范畴,而国有银行则需要等同其他银行进行监管,不单独考虑不同所有制对银行监管的影响。

从内容方面来看,一是新添了一条原则——全面论述银行风险管理原则,同时还通过合并或新增的方式推出了几条新原则,专门论述银行账户利率风险、流动性风险和操作风险,充分突出了对风险管理的重视,丰富了风险监管的内容。二是新版《核心原则》还补充了有关加强监管当局透明度、治理结构及问责制等原则性要求,突出现场和非现场检查的重要性,间接地推出了以风险为本监管的新理念。新版《核心原则》不要求各国对整个银行业实施1988年的《巴塞尔协议》或《巴塞尔协议 II》,而将其实施范围仅局限于"国际活跃银行",由各国自主选定"审慎、合适的资本监管制度"。其他更多的修改内容主要是反映在《评估方法》的修改中,其中原来的一些附加标准提升为必要标准。

《核心原则》作为国际上有效银行监管的通行标准,为评价银行监管体系的有效性提供了评判准绳,对包括中国在内的许多国家提高银行监管水平具有极大的借鉴意义,其普遍适用性较强。

9.6 国际金融交易中的外汇管理制度

9.6.1 外汇管理制度

外汇管理广义上是指一国政府授权国家的货币金融当局或其他机构,对外汇的收支、买卖、借贷、转移及国际间结算、外汇汇率和外汇市场等实行的控制和管制行为。其具体表现为:限制向外国商业银行借款和在海外市场发行债券;要求本币在本国银行或指定的银行存款,并限制外汇和外币携带出境的额度;在经常项目或资本项目下限制外汇自由兑换和自由出境,限制外币直接进入国内资本市场;限制外币在国内流通和计价等。其中最主要的是限制外汇或外币进出国境。世界各国的外汇管理制度大致可分以下三类。

① 实行严格的外汇管理。对贸易、非贸易收支和资本输出入都要限制,货币不能自由兑换。大多数发展中国家和东欧国家属于这一类。

② 实行部分的外汇管理。对经常性的贸易、非贸易收支不加限制,可以自由兑换和汇出国外,而资本输出入则受限制。一些工业发达的国家,如法国、意大利和少数经济情况较好的发展中国家属于这一类。

③ 货币可以自由兑换,限制极少,一般对贸易、非贸易收支和资本输出入都无限制。这类国家较少,美国、英国、德国、瑞士和日本等发达国家属于这一类。

对于国家而言,适当的外汇管理措施有助于维护其国家金融秩序的稳定健康发展,但是对于投资者来说这是一件非常敏感的事情,外来投资者将资本投入东道国的目的是为了赚取高额的利润,然后再将利润带回本国。在这一过程中必将面对外币与本币的自由汇兑问题,以及汇兑之后能否携带出境的问题,同没有外汇管理措施的国家相比较,外来投资者必须接受东道国的管制,如果国家的外汇管理制度不断变化则其不利影响更多。

9.6.2 国际货币基金组织的法律制度

1. 国际货币基金组织的建立

国际货币基金组织(International Monetary Fund,以下简称IMF)成立于1944年。当时联合国44国代表在美国新罕布什尔州布雷顿森林举行了联合国货币金融会议,最终达成《国际货币基金协定》,根据该协定建立了IMF。截止2011年4月,IMF共有186个成员,是目前最大的政府间国际金融组织,同时也是联合国的专门机构之一,中国是该组织创始成员之一。

(1) IMF的职能

按照《国际货币基金协定》第1条的规定,IMF的主要职能是:向成员提供短期信用帮助,调整国际收支平衡,维持汇率的稳定,消除成员间的外汇限制,以促进全球经济的复苏与发展。

为了更好地完成其职能,该协定的第9条规定:IMF作为国际法的主体,享有一定的特权与豁免,可以取得和处分自己的财产等。各成员应该采取必要的措施,以使上述规定在其本国内有效实现。

(2) IMF的资本

IMF的创始资本是88亿美元,全部来自成员认缴的股份,相当于股东加入股份有限公司的入股资金。IMF根据成员的国民收入、黄金和外汇储备与成员协商分配其份额。每一成员承担的份额中的75%用本国货币缴纳,剩余的25%则用黄金缴纳。成员的股份每隔一定的时期由IMF审定一次,即其认缴的股份是不断变化的。成员股份的多少将决定其在IMF中投票权的大小,也决定其从IMF中获取利益的大小。

(3) IMF的投票权

IMF的表决权也即是投票权,主要采用加权表决的方式,而非传统的一国一票。协定规定每一成员拥有250个基本票权,然后根据每一成员分得的股份分配一定的加权票。此外,至投票日,从IMF普通基金中净出售的该国货币每达到一定份额增加1票,净购入该国货币价值达到一定的份额就减少1票。

具体表决时,成员拥有的投票权基于其股份票和基本票而又有不同,然后汇总计算赞成、弃权、反对的票数,IMF根据所要表决事项的重要程度规定不同的票数要求。

2010年，中国在IMF中的投票权已经升至第三位，前两位是美国和日本。[①]

2. IMF的货币制度

（1）建立以美元为中心的固定汇率制

IMF建立了固定汇率制，各成员确定本国货币的含金量，一旦确立不得随意更改，只能在平价1％的幅度内上下波动，一旦波动幅度超过1％，成员有义务干预以维持稳定。当然如果一成员出现严重的国际收支失衡，则允许其货币贬值或升值，但幅度一旦超过10％就必须获得IMF的批准方可。黄金官价也是如此，1盎司黄金的官价为35美元，也只能在平价1％的幅度内上下波动，如果波动幅度超出范围，各成员也有义务干预。

为保证固定汇率制的运行，根据IMF的要求，美国更多地承担黄金官价的稳定义务，并对于其他成员手中的美元承诺可自由兑换黄金。其他成员则负责保持本币对美元的稳定，一旦汇率的波动超过1％，则有义务干预使其稳定。这种固定汇率制实质上是一种以美元为中心的双挂钩货币体制，美元与黄金挂钩，各成员货币与美元挂钩。只要黄金官价稳定，美元就能稳定，而只要美元相对稳定，各成员的货币就能保持稳定，从而给国际经济的发展提供了一个稳定的汇率环境。

但是这一体制建立后不久，美元出现了较大的危机，给制度的维系带来了较大的冲击。IMF为了挽救这些冲击给布雷顿森林体制带来的危机，进行了一系列改革，最终仍然以失败告终。1971年资本主义国家再次出现了一次影响深远的经济危机，当时的美国总统尼克松宣布不再承担黄金自由兑换的承诺，随之西欧国家宣布其本币不再与美元挂钩，由此布雷顿森林体制正式宣告结束，国际社会再次进入浮动汇率制时期。

（2）取消经常项目下的外汇管制

根据《国际货币基金协定》第4条的规定，IMF成员都需要在汇率政策方面接受IMF的监督，以促进汇率的稳定。

第8条有限度地承认成员外汇管制的权利，但要求成员取消经常项目下的外汇管制，并不得采取歧视性的货币政策和复汇率制度。所谓经常项目，是指国际收支中经常发生的交易项目，包括贸易收支、劳务收支和单方面转移。

IMF规定成员在下列情形下可维持外汇管制措施：资本项目的外汇管制；暂时限制稀缺货币的自由兑换；经IMF同意的经常项目下暂时的外汇管制。

目前，大多数国家还不能立即取消外汇管制，即使取消外汇管制的国家，也经常对居民的非贸易收支进行间接限制。考虑到部分成员基于经济发展状况的问题难以承担第8条的义务，IMF设立了第14条规则。第14条给予暂时不能履行第8条义务的成员一

[①] 国际货币基金组织总裁卡恩2010年11月5日宣布，IMF执行董事会当天通过了份额改革方案。份额改革完成后，中国的份额将从目前的3.72％升至6.39％，投票权也将从目前的3.65％升至6.07％，超越德国、法国和英国，位列美国和日本之后，得到在这一国际组织中的更大话语权。

定的过渡期，可暂时不遵守第 8 条义务。接受第 14 条的成员的外汇管制必须接受 IMF 的磋商安排，一旦条件成熟就必须取消，否则将遭受 IMF 的制裁。

第 14 条成员有资格在任何时候接受第 8 条义务，IMF 的长远目标是让所有成员接受第 8 条义务。我国最初接受的是第 14 条义务，目前已经更改为第 8 条成员。

（3）建立普通提款权制度

普通提款权又称国际货币基金组织的储备头寸，是成员在国际货币基金组织的自动提款权，其数额的大小主要取决于该成员在国际货币基金组织认缴的份额。普通提款权是为了解决成员经常项目逆差而发放的，期限一般为 3 至 5 年，最大限额为其份额的 125％。

普通提款权具有贷款的性质，但这种贷款的用途比较单一，仅限于解决国家暂时性的国际收支困难。普通提款权相当于 IMF 为其成员提供的一种短期资金融通，这种短期资金融通一般采用购回的形式。当成员出现国际收支的暂时失衡时，成员可以用本国货币向 IMF 购买所需的外汇，等期限届满时，成员再用 IMF 要求的货币购回其本国的货币。

3. IMF 的特别提款权

（1）SDR 的产生

特别提款权（Special Drawing Right，以下简称 SDR）是由 IMF 发行并分配给成员的资金权利。它的产生最初是为了挽救布雷顿森林体制，用以弥补成员国际储备的不足。在 20 世纪 60 年代初，以美元为中心的货币体制不断受到冲击，为了解决这一问题，当时美国为缓和美元的困境，阻止美国黄金的大量外流，提出创立一种新的储备资产，以弥补美元的不足，满足世界经济发展的需要。但当时法国等西欧国家表示了激烈的反对，认为之所以出现危机并不是储备资产的不足引起的，而是美元的泛滥所致，因此反对创立新的储备资产。

IMF 后来采取了折中方案，不创立新的储备资产，而以增加各成员向 IMF 的提款权为替代。1969 年 9 月，IMF 第 24 届年会最终决定创立 SDR，并于 1970 年正式发行。

（2）SDR 的定值

在 SDR 创立初期其价值由含金量决定，当时规定 35SDR 等于 1 盎司黄金，即与美元等值。1971 年 12 月 18 日，美元第一次贬值，而 SDR 的含金量未动，因此 1 个 SDR 就上升为 1.085 71 美元。1973 年 2 月 12 日美元第二次贬值，SDR 含金量仍未变化，1 SDR 再上升为 1.206 35 美元。1973 年西方主要国家的货币纷纷与美元脱钩，实行浮动汇率以后，汇价不断发生变化，而 SDR 同美元的比价仍固定在每单位等于 1.206 35 美元的水平上，SDR 对其他货币的比价都是按美元对其他货币的汇率来套算的，SDR 完全失去了独立性，从而引起许多国家的不满。

1974 年 7 月，IMF 正式宣布 SDR 与黄金脱钩，改用"一篮子"16 种货币作为其定值的标准,此时一单位的特别提款权里包含的已经不止是美元了。这 16 种货币[①]包括截至 1972 年的前 5 年中在世界商品和劳务出口总额中占 1% 以上的成员的货币,每天依据外汇行市变化,公布 SDR 的牌价。1976 年 7 月 IMF 对"一篮子"中的货币作了调整,去掉丹麦克朗和南非兰特,代之以沙特阿拉伯里亚尔和伊朗里亚尔,对"一篮子"中的货币所占比重也作了适当调整。

为了简化 SDR 的定值方法,增强特别提款权的吸引力,1980 年 9 月 18 日,基金组织又宣布将组成"一篮子"的货币简化为 5 种西方国家货币,即美元、德国马克、日元、法国法郎和英镑,它们在特别提款权中所占比重分别为 42%、19%、13%、13%、13%。1987 年,"货币篮子"中 5 种货币权数依次调整为 42%、19%、15%、12%、12%。

2005 年 12 月 31 日,IMF"一篮子"货币在 SDR 中所占的比例分别为美元(44%)、欧元(34%)、日元(11%)、英镑(11%),一个特别提款权为 1.42927 美元。

(3) SDR 的用途

SDR 是 IMF 分配给成员的一种使用资金的权利,因而只有 IMF 的成员才能拥有,它相当于一种虚拟货币或者是记账单位。成员分得的 SDR 将在 IMF 设立相应的资金账户,主要通过账面资金的划拨来完成结算。它是国际货币基金组织原有的普通提款权以外的一种补充,所以被称为特别提款权。

成员可以将 SDR 作为国际储备资产的一种,以弥补黄金或者可自由兑换货币的不足;也可以使用 SDR 向其他成员换取所需的外汇或者使用 SDR 来偿还国际收支逆差和基金组织的贷款。

由于 SDR 的定值相对稳定,在许多情况下也被用来作为一种计值单位。但由于其只是一种记账单位,不是真正的货币,使用时必须先换成其他货币,并不能直接用于贸易或非贸易的支付。

4. IMF 的发展

自从 1944 年 IMF 成立以来,国际金融形势产生了较大变化,为了顺应这种变化,IMF 进行了多次修改。在 1969 年,IMF 为了挽救布雷顿森林体制,创立了 SDR。在这次修改之后,IMF 又进行了数次重大修改。1975 年 IMF 发布牙买加协议,正式承认布雷顿森林体系的崩溃,承认现行浮动汇率制的合法性,全球汇率由此重新进入自由浮动时代,IMF 的主要职能转向对各成员汇率政策的监督与协调。同时 IMF 扩大了 SDR 的使用范围,削弱了黄金在国际货币体制中的地位。

进入新世纪之后,国际金融形势有了进一步的发展,为了应对这种变化,IMF 通过不断的修改逐渐加强其法律规则对成员的约束力,IMF 多次进行增资,提升基金的

---

① 除美元外,还有德国马克、日元、英镑、法国法郎、加拿大元、意大利里拉、荷兰盾、比利时法郎、瑞典克朗、澳大利亚元、挪威克朗、丹麦克朗、西班牙比塞塔、南非兰特及奥地利先令。

份额安排，使新兴经济体有了更多的话语权。

9.6.3 中国的外汇管理制度

1. 中国外汇管理的法律

《中华人民共和国外汇管理条例》（以下简称《外汇管理条例》）是我国外汇管理的基本行政法规，由国务院于 1996 年 1 月 29 日发布，1996 年 4 月 1 日起实施，1997 年 1 月 14 日国务院进行了修改并重新发布，主要规定了我国外汇管理的基本原则与制度。条例所称外汇，是指下列以外币表示的可以用作国际清偿的支付手段和资产：外国货币，包括纸币、铸币；外币支付凭证，包括票据、银行存款凭证、邮政储蓄凭证等；外币有价证券，包括政府债券、公司债券、股票等；特别提款权；其他外汇资产。

在 1996 年年底，我国向 IMF 宣布从 1996 年 12 月 1 日起，中国不再适用《国际货币基金协定》第 14 条第 2 款的过渡性安排，接受《国际货币基金协定》第 8 条的义务，实行人民币经常项目下的可自由兑换。此后，我国又陆续对《外汇管理条例》进行了修订。2006 年 4 月，为深化外汇管理体制改革，支持贸易投资便利化，进一步培育外汇市场，促进国际收支基本平衡，经国务院批准，人民银行发布公告调整外汇管理政策。2008 年 8 月，国务院再次对《外汇管理条例》进行了修订。

2. 中国外汇管理的具体方法

（1）经常项目下的外汇管理

经常项目一般是指国际收支中所涉及的货物、服务、收益及经营转移的交易项目。我国目前对经常性国际支付和转移不予限制，但要求经常项目外汇收支应当具有真实、合法的交易基础。

经营结汇、售汇业务的金融机构应当按照国务院外汇管理部门的规定，对交易单证的真实性及其与外汇收支的一致性进行合理审查，外汇管理机关有权对此进行监督检查。按照《外汇管理条例》的规定，经常项目外汇收入可以按照国家有关的规定保留或者卖给经营结汇、售汇业务的金融机构；经常项目外汇支出，应当按照国务院外汇管理部门关于付汇与购汇的管理规定，凭有效单证以自有外汇支付或者向经营结汇、售汇业务的金融机构购汇。至于支付携带、申报外币现钞出入境的限额，则由国务院外汇管理部门规定。

（2）资本项目下的外汇管理

资本项目是指在国际收支中引起对外资产和负债水平发行变化的交易项目，如资本转移、直接投资、证券投资、衍生产品及贷款等。中国作为一个发展中国家，资本项目还处于相对管制水平，不过近年来正逐步向宽松化发展。

按照《外汇管理条例》的要求，中国对从事资本项目的经营主体实施严格的外汇登记制度。例如，要求境外机构、境外个人在境内直接投资，经有关主管部门批准后，应当到外汇管理机关办理登记;境外机构、境外个人在境内从事有价证券或者衍生产品发行、交易,应当遵守国家关于市场准入的规定,并按照国务院外汇管理部门的规定办理登记;境内机构、境内个人向境外直接投资或者从事境外有价证券、衍生产品发行、交易,应当按照国务院外汇管理部门的规定办理登记等。

对于资本项目外汇支出,则要求应当按照国务院外汇管理部门关于付汇与购汇的管理规定,凭有效单证以自有外汇支付或者向经营结汇、售汇业务的金融机构购汇支付。国家规定应当经外汇管理机关批准的,应当在外汇支付前办理批准手续。依法终止的外商投资企业,按照国家有关规定进行清算、纳税后,属于外方投资者所有的人民币,可以向经营结汇、售汇业务的金融机构购汇汇出。资本项目外汇及结汇资金,要求应当按照有关主管部门及外汇管理机关批准的用途使用。外汇管理机关有权对资本项目外汇及结汇资金使用和账户变动情况进行监督检查。

在《外汇管理条例》中,中国同时还对金融机构外汇业务及人民币汇率和外汇市场进行适当的规定和管理。

练 习 题

一、单项选择题

1. 下列关于国际借贷协议的表述哪一项是正确的?(　　)
   A. 国际借贷协议是指不同国籍的国际经济法主体之间为借贷一定数额的货币而明确相互之间权利义务关系的书面合同
   B. 国际借贷协议是指跨越国境的当事人之间为借贷一定数额的货币而明确相互间权利义务关系的书面文件
   C. 国际借贷协议的标的是某一国家的货币而不是其他实物,任何国家的法定货币都可以成为国际借贷协议的标的
   D. 国际货币基金组织创设的特别提款权和欧洲经济共同体制定的欧洲货币单位虽然具有国际货币的某些职能,但因其是记账单位,所以不能作为国际借贷协议的标的

2. 布雷顿森林体系的基本特征是确立(　　)的国际中心货币的地位。
   A. 特别提款权　　B. 美元　　C. 英镑　　D. 日元

3. 国际证券发行的方式有公募发行和(　　)之分。
   A. 国际证券公开发行　　B. 经理集团发行
   C. 包销集团发行　　D. 私募发行

4. 辛迪加贷款也就是(　　)贷款。
   A. 政府　　B. 国际项目　　C. 国际银团　　D. 国际协议

5. 《国际货币基金组织协定》第 8 条义务和第 14 条义务的主要区别是（　　）。
   A. 第 8 条是过渡性安排
   B. 第 14 条是一般性义务
   C. 第 14 条允许成员国保留其加入时已经存在的外汇限制
   D. 满足第 14 条义务的成员国，其货币为可自由兑换货币

二、多项选择题
1. 常见的国际资金融通方式有（　　）。
   A. 国际借贷　　　　　　　　　B. 国际项目融资
   C. 国际债券融资　　　　　　　D. 国际股票融资
2. 从法律的角度看，无论国际融资双方是否在协议中约定贷款的用途，贷款都不能用于（　　）。
   A. 资助侵权行为　　　　　　　B. 兼并公司
   C. 超出借款人经营范围的营业活动　D. 援助友好国家的军事行动
3. 下列属于外汇范畴的是（　　）。
   A. 美元　　　B. 国际债券　　　C. 中国的国库券　　D. 特别提款权
4. 关于特别提款权，下列哪些选项是正确的？（　　）
   A. 甲国可以用特别提款权偿还国际货币基金组织为其渡过金融危机提供的贷款
   B. 甲、乙两国的贸易公司可将特别提款权用于两公司间国际货物买卖的支付
   C. 甲、乙两国可将特别提款权用于两国政府间结算
   D. 甲国可以将特别提款权用于国际储备
5. 国际项目融资是国际贷款的一种形式，下列说法正确的是（　　）。
   A. 贷款人的债权实现依赖于该项目可能产生的现金流量，而非借款人的现有资产
   B. 国际项目融资的贷款人提供贷款的主要依据是借款人的信用状况
   C. 国际项目融资以特定的建设项目为融资对象
   D. 国际项目融资不需要担保

三、思考题
1. 简述国际金融法的发展。
2. 简述国际项目融资的特点。
3. 简述国际商业借贷协议的主要条款。
4. 简要评析《有效银行监管的核心原则》。
5. 简述 IMF 的特别提款权制度。

四、案例分析题
1. 甲公司向 A 银行借款，A 银行邀请 B 银行、C 银行和 D 银行一起组成银团向甲公司提供贷款，分别承担 20%、40%、30% 和 10%，其中 B 银行作为代理银行。问：

(1) A、B、C、D之间是否存在连带责任关系，为什么？

(2) 在甲公司向 B 银行还清银团贷款及利息后，B 银行在把贷款及利息分配给 A、C、D 之前，B 银行破产了，A、C、D 能否向甲公司追讨贷款及利息？如果不能则可采取什么办法取回？

2. 国家发改委批准方某等 6 人借用高盛（亚洲）金融控股有限公司国际商业贷款 9 775 万美元，成为京城以个人名义获得的国际贷款第一单。方某等 6 人已在中关村注册成立了北京厚丰创业投资有限责任公司、北京高望创业投资有限公司和北京德尚创业投资有限公司，高盛发放的贷款将为以上三家投资公司分别缴纳 2.68 亿人民币的注册资本金。

问：(1) 如果方某等 6 人提前还款或逾期还款，分别会承担什么责任？

(2) 如果方某等 6 人获得贷款后，没有将贷款用于三家投资公司注册资本金的缴纳，而是投资到房地产市场中，方某等 6 人的行为如何认定？会导致什么后果？

第10章

国际税收法律制度

> **【学习目的与要求】**
>
> 国际税法是调整国际税收分配关系和税收征管关系的法律规范的总和。通过本章的学习,应在理解国际税法概念与发展趋势的前提下,深入了解税收管辖权的确立标准,掌握国际双重征税的概念及其解决方法,充分认识国际逃避税的具体方式与危害,并把握目前国际社会中对国际逃避税的主要防范措施。

10.1 国际税法概述

10.1.1 国际税法的产生

国际税法是规范国际税收行为的法律,与国际税收的产生相伴随,而国际税收是以国家税收为前提的。国家税收关系的产生具有相当长时间的历史,但是在其产生之后相当长的一段时间内,税收关系始终局限于一国领域之内,有着明显的地域性特点。形成国际税收,纳税人的收入或所得必须具有国际化的特点,因此国际税收的本质在于收入的国际化及税收行为的国际化。当纳税人的收入从一国延伸至别国境内,国家的税收行为相应地开始具备涉外性的特点,从而形成国际税收,规范国际税收行为的法律也随之产生。

1. 经济前提

国际税法作为一个新兴的法律部门,其产生与发展的根本原因在于社会经济的发展。纳税人跨国收入的国际化是国际税法产生的重要原因，而形成跨国收入，经济发展是必须具备的一个因素。涉外收入和国际收入是国际税收的主要征税对象，没有收入的国际化当然也就不可能有国际税收与国际税法的存在。特别是19世纪70年代，人类社会由自由资本主义逐渐进入垄断资本主义时期之后，商品经济得到了迅速发展，资本、人员、劳务和货物跨国流动的现象明显变得频繁。例如，投资者在国外取得丰富的经营利润，外籍工作人员在东道国境内获得工资收入等。由此推动了经济活动的国际化与收入的国际化，也促成了国际税法的诞生。

2. 所得税制的改革

当纳税人的跨国所得变得越来越频繁之后，各国开始对国内法中的所得税制进行适度的改革。国家不仅将所得税的课税对象扩大到本国纳税人在境外的收入，同时也加强了对位于本国的外国人所得的征管，逐渐在国内税法中形成了涉外税法。涉外税法是涉及外国自然人和法人税收征纳关系的法律规范，是国家税法的有机组成部分，它的形成为今后国际税收合作机制的诞生提供了法律基础。

3. 国际税收合作机制的形成

当国家的涉外税法形成之后，涉外税收中的外国纳税人，往往也是另一国的纳税人。当各国选择不同的征税原则时，势必会出现对跨国纳税人的同一征税对象重复征税的情况，产生国家之间税收利益分享的矛盾。为解决这种矛盾，国家开始签订相应的双边税收协定来平衡和解决这种矛盾，避免税务的不公平扩大化。与此同时，由于各国税负水平和税收征管监督水平不尽相同，而跨国间的流动变得更为容易，所以非常容易被跨国纳税人利用，从而进行逃避税，转移利润，以达到减轻税负的目的。对此，一个国家通常是无法单独控制和防止的，长期下去，会形成税负的不公平，也会使国家的税收收入降低。为了更好地打击国际逃避税行为，许多国家之间开始税收领域的合作行为，包括情报互换、征管合作等。特别是在"二战"之后，国际税收的合作机制逐渐成熟，并得到了不断发展，国际税法的国际法律部分应运而生，国际税法正式形成，成为国际经济法下的一个新分支。

10.1.2 国际税法的概念和渊源

1. 国际税法的概念及其基本特点

（1）国际税法的概念

国际税法的概念一直以来存在着较大的分歧。目前国内外学者主要形成两种不同的观点：一种观点对国际税法的理解相对狭窄，认为国际税法仅仅解决国家之间的税收分配关系。这种观点恪守国际法与国内法的传统界限，将国际税法的主体限定为国家，将纳税人排除在外。持这种观点的学者主要有德国李卜特和匈牙利的泰伯纳吉。而以美国的罗文费德、瑞士的克奈西勒为代表的学者，则对国际税法持有更宽泛的一种理解，突破了传统的国际法与国内法的区分，认为国际税法既包括了国家之间的税收分配关系，也包括了国家和纳税人之间的税收征纳关系。

通常认为相对宽泛地对国际税法进行解释，更加符合国际社会的实践情况：国际税法是调整国家之间的税收分配关系，以及国家与跨国纳税人之间税收征管关系的国际法规范和国内法规范的总称。

(2) 国际税法的特点

相对于纯粹的国内税法而言，国际税法明显具备自身的特殊性。

国际税法下的主体有征税主体和纳税主体之区分。征税主体是各主权国家，而纳税主体应该是跨国纳税人。这种纳税人在两个或两个以上国家可能同时承担纳税义务，即具有双重纳税人的身份。跨国纳税人的跨国收入就是国际税法中征税主体的课税对象。

从调整对象而言，国际税法需要调整作为征税主体的国家与跨国纳税人之间的税收征纳关系，是一种纵向的征纳关系。同时，由于纳税人收入和义务的国际化，国际税法也必须调整相关主权国家之间就跨国收入所产生的税收利益的分配关系，这种分配关系主要是主权国家之间通过谈判协商形成的，是一种横向的国际协调关系。在国际税法中，需要保证国家税收管辖权的独立性，这是主权特性所要求的，而同时国家也应该努力实现税收的公平性，应该努力避免双重征税给跨国纳税人带来的危害，同时应尽量防止跨国纳税人利用其便利性进行逃避税行为。

2. 国际税法的渊源

(1) 国际法

国际税法的国际法律渊源主要表现为国际税收条约或协定、国际税收惯例等。国际税收协定是不同国家为协调其相互之间的国际税收分配关系而缔结的国际协定或条约，目前的国际税收协定多为双边税收协定，也有一些贸易协定、友好通商航海条约或双边投资协定中存在着税收内容。就税种而言，国际税收协定的内容通常集中于所得税和关税领域。当前国际税收协定正在逐步向多边税收公约发展，所涉及的领域也将逐渐突破所得税和关税领域。

国际税收惯例是在国际经济交往中为处理国家间的税收关系而反复出现的能够为大多数国家所接受的，具有法律约束力的税收通例，有一些惯例随着国家间条约的签订而转化为国际税收协定的内容。事实上，由于国际税法的历史较短，而国际惯例的形成一般需要相对较长的时间，因此目前作为国际税收领域的国际惯例并不多见。

(2) 国内法

作为国际税法渊源的国内法一般是各国的涉外税法。涉外税法，是指一国调整涉外税务的法律规范，其涉外因素可以从主体、客体、内容等方面体现。就涉外税法的法律形式来看，有的国家存在一部专门的处理涉外税务的法律，而有的国家则没有这样的单独立法，只是在国内税法中写入调整涉外税务的法律规范。在英美法系的国家中税法还包括法院的税务案例。当然对于涉外税法的范围，学界主张不一。有些学者主张涉外税法主要是涉外所得税法，而有些学者则主张除了涉外所得税法以外还应包括其他的涉外税种，如增值税、消费税、关税等。

10.1.3 国际税法的发展

在经济全球化背景下，国际税收关系中又出现了一系列新问题。这些新问题对现有的国际税法规则产生了各方面的冲击，并不断提出新的挑战。为应对这种挑战，调整国际税收关系的法律规范也在不断充实和完善。各国为维护其自身的税收权益，积极调整其税法规则，同时有关国际组织结合其组织活动职能，制定了一系列的国际税法新规则，成为当前国际税法发展的新动向，并有可能对将来国际税法的发展产生深远影响。

1. 电子商务给国际税法带来新的挑战

随着科学技术的不断发展，国际经济交流的方式正在不断发生变化，特别是电子技术的发展，更是给国际经济交流带来了前所未有的革新，出现了许多无纸化的经济交易，如电子商务。作为全新的网络化商贸手段，电子商务具有传统商贸形式无可比拟的优越性，同时也对基于传统商贸基础上的传统税收征管工作提出了挑战。电子商务、通信技术的发展使得信息电子化和无国界，从而导致以大量信息为依据的现行税制无法适应。如何在电子商务环境下实现税收征管和国际税收协调，既能保护现有国家税收利益，又可以保证电子商务能够获得发展，这已经成为摆在各国税收管理机构面前的一个难题。例如，在电子商务环境下如何确定国家的税收管辖权，对于常设机构的认定又应如何处理，以及对税收征管和税务稽查等方面所产生的影响。

2. 税收的国际协调不断扩大

随着经济全球化的深入发展，税收领域的国际协调和合作不断增强，双边合作机制和多边合作机制都得到了深入发展。

自从经合组织税收协定范本和联合国税收协定范本诞生以来，双边税收协定在税收的国际协调与合作过程中发挥了重要作用，各国之间缔结税收协定十分活跃。签订税收协定的国家的数量不断增多，税收协定的内容也在不断丰富。例如，双边协定适用的新税种不断增加；税收协定中出现许多适用于新的商务活动方式的规则和制度；针对不断产生的新的国际逃避税的方式制定新的防范措施等。

与此同时，众多的区域经济一体化组织及国际税收协调和合作组织，均制定各种指令和建议，要求成员对其国内立法（包括税收立法）进行修改和协调，在一定时期内达到该组织的指令或建议所规定的目标，由此引起各国税收制度的趋同化。例如，欧盟于1997年12月发布旨在消除有害税收竞争的《企业行为法典》，要求其成员对国内的现有法律进行审查，废除现行税法及税收实践中认为可导致有害税收竞争的规定或措施。无论是直接税还是间接税，欧盟通过资产的一体化发展，取得了一定的效果，甚至欧盟各国一直将公司税率协调作为欧洲市场一体化的目标之一。

10.2　国家的税收管辖权

10.2.1　国家税收管辖权概述

税收管辖权是指一国政府行使的征税权力，即国家依法确定的纳税人、课税对象及纳税人权利义务的范围。税收管辖权源于国家主权，因此国家在行使税收管辖权时要接受国家主权范围的限制，实践中各国税法都以纳税人或课税对象与自己领土主权存在的某种属人或属地的联系作为行使税收管辖权的前提或依据。以主权原则而论，税收管辖权的确立依据有两个：属人原则和属地原则。当以这两个原则进行划分时，税收管辖权区分为居民税收管辖权和收入来源地税收管辖权。

居民税收管辖权又称居住国税收管辖权，是指在国际税收中，国家根据纳税人在本国境内存在着税收居所这样的连接因素行使征税权力。它是属人原则在税法上的体现，更多考虑的是纳税人与征税国之间的关联性。收入来源地税收管辖权则是指一国对跨国纳税人在该国范围内的所得课征税收的权力，它是属地原则在国际税法上的体现，更多考虑的是课税对象与征税国之间的关联性。

具体采用哪一种税收管辖权是由主权国家自己决定的，同时各国的税收管辖权是平等的，一国的税务机关不得在另一国家境内实施征税行为。

10.2.2　居民税收管辖权的确立

居民税收管辖权的确立以纳税人与征税者之间存在的某种属人性的联系为前提，符合标准就成为一国纳税人，其全球范围内的所得都应向该国纳税。

1. 跨国纳税人居民身份的确定

居民纳税人包括了自然人和法人，目前国际社会中各国确定居民身份的具体标准并不完全相同。

1) 自然人居民身份的确认

（1）住所标准

以纳税人具备本国法定的住所为前提。所谓住所，是自然人设立其生活根据并意欲在此永久定居的场所。各国对于住所的确立所设立的法定条件各不相同，我国的《民法通则》规定：自然人的住所，一般应以该自然人的户籍所在地为准。

（2）居所标准

居所是自然人经常居住的场所，并不要求具有永久居住的性质，它的形成比住所相对简单。许多国家会在设定居所标准的同时，要求居住达到一定的时间。具体的居留时间标准，各国法律规定的期限长短不一，有的国家规定为半年，有的为一年。

（3）国籍标准

以纳税人的国籍为标准，具备哪一国家的国籍即应服从这个国家的税收征管权，成为这个国家的纳税人。当前，采用这种方式的国家并不是太多，美国、墨西哥等国就主要采用这个标准。美国税法规定：凡属美国公民，无论其居住于国内还是国外，对居住在国外的美国公民，也不论其居住时间长短，都要将其世界范围内的所得向美国政府纳税。

（4）中国关于自然人居民身份确认的标准

我国1980年的《中华人民共和国个人所得税法》对纳税意义上的"居民"、"非居民"缺乏较为明确的界定。1994年1月1日起实施的修改后的个人所得税法按照国际惯例，采用住所和居住时间两个标准将纳税人分为居民和非居民。

我国个人所得税法第1条规定，在中国境内有住所，或者无住所而在境内居住满1年的个人，从中国境内或境外取得的所得要缴纳所得税。关于居住时间，我国《个人所得税法实施条例》进一步明确规定，指一个纳税年度中在中国境内居住满365日，临时离境的，不扣减天数。

2）法人居民身份的确认

（1）法人注册成立地标准

美国、墨西哥等国采用这一标准。这种以法人注册成立地为确定法人居民身份的标准，相当于自然人的国籍标准，纳税人法律地位明确，并易于识别。但是这种注册成立地标准存在着难以反映法人真实活动的缺陷。在一国登记注册的公司，可能基本上脱离该国在其他国家从事经营活动，而且公司的设立人可以通过选择低税率的国家注册登记的方式逃避高税率国家的税收管辖。

（2）法人实际管理和控制中心所在地标准

英国、印度等国采用这一标准，即依照法人的实际管理机关设在何国就认定其为该国居民纳税人。公司的董事会是公司的实际管理机构，董事会设在哪一个国家，就是这个国家的居民纳税人。

（3）法人的总机构所在地标准

中国、法国和日本等国采用这一标准，即以公司的总机构所在地作为居民身份判断的标准，总机构在哪一个国家，就是这个国家的居民纳税人。采用这一标准的国家通常在法律中明确规定，依本国法成立的公司，其总机构必须在本国境内，以防止法人逃避纳税义务。

上述三种用于确定法人居民身份的标准，大多数国家都选择其中一个。但是，为了更好地防范国际逃避税行为或者为了尽可能扩大本国的税收管辖权，一部分国家会选择兼采上述标准。例如，澳大利亚国内法中规定：只要法人的注册成立地与实际管理机构所在地有一个是在澳大利亚，就可以认定其为澳大利亚纳税居民。

2. 居民税收管辖权的冲突

由于确定居民身份有多种不同的标准，而每个国家都根据自己的实际需求设立居民标准，在国际社会中非常容易产生一系列的冲突。这种冲突反映在具体的纳税人身上，可能导致一个具体的纳税人既符合这一国的居民身份要求，同时也符合另一国家的居民身份要求。对于这个纳税人而言，他需要向两个以上的国家纳税，显然有失公平。也有可能导致一个具体纳税人不符合任何国家的居民身份标准，那他就不用向任何国家纳税，这显然将导致另一种意义上的不公平。

当前国际社会中，国家一般通过双边税收协定的安排来解决相互的税收管辖权的冲突。大多数国家的双边税收协定大都是以1963年经济合作与发展组织拟订的双边协定范本或者1980联合国拟订的双边协定范本为模式而拟订的。两个范本代表的利益不尽相同，但解决居民税收管辖权冲突的原则大体一致，即对于自然人而言，在一国拥有永久住所，一般被视为该国纳税居民；在两个缔约国都有永久住所，一般以人身和财产的密切程度来判断。对于法人而言，一般以其实际管理机构所在地作为选择的标准。

10.2.3 收入来源地税收管辖权的确立

收入来源地税收管辖权的确立以课税对象与征税者之间存在的某种属地性的联系为前提，符合标准的情况下，纳税人就应该以其在该国境内所取得的收入向这个国家履行纳税义务，在其他国家所取得的收入与该国没有税收联系。这种管辖权主要是征税国向非居民的所得征税而行使的，也被称为非居民税收管辖权。

一般认为，非居民在收入来源地国的所得有四种情形：营业所得、投资所得、劳务所得和财产所得，国家需要为判断其具体来源地而设立相应的标准。各国的立法和实践，对不同种类、性质的所得的来源地采用的判定标准和原则并不完全一致。

1. 营业所得

营业所得，通常是指纳税人在固定的经营场所从事营业获得的收入。为了划分营业所得的来源地，经济合作与发展组织的双边协定范本中使用了常设机构原则，许多国家在双边税收协定中使用了这一概念。"常设机构"是指一个法人在一个国家境内设立的进行全部或部分营业的固定营业场所，该法人从这个固定营业场所取得的全部收入向该场所所在国纳税，即这个国家就是该法人此处营业所得的收入来源国。判断常设机构营业利润一般有下列方法。

（1）独立企业原则

采用这一原则，是指将非居民公司的常设机构视为一个独立的纳税实体，将按独立企业进行盈亏计算取得的一切利润归属于该常设机构，由此确定收入来源国的征税范围。

（2）实际联系原则

它是指来源地国仅对非居民纳税人设在本国境内的常设机构有实际联系的所得征税，即与常设机构本身的经济活动有关的营业利润及其在来源国的投资利润、贷款利息、特许权使用费等可以归属于常设机构的所得进行征税，与常设机构本身无关的经济活动不在征税范围之内。

（3）引力原则

非居民纳税人在收入来源国虽设有常设机构，但未经过常设机构所进行的货物销售或其他经营活动，如果这类活动与其常设机构所进行的货物销售或其他经营活动是相同的或者是同类的，即使没能经过常设机构，其所获得的营业所得也应归属于常设机构，由收入来源国征税。

2. 投资所得

投资所得，主要包括纳税人从事各种间接性投资活动而取得的收入，通常有股息、红利、利息、特许权使用费和租金收益等，这类投资收益都具有权利所得的性质。各国确认这类投资所得来源地，主要采用两个原则：一是投资权利发生地原则，即以这类权利的提供人居住地为投资所得的来源地；二是投资权利使用地原则，即以权利或资产的使用或实际负担投资所得的债务人居住地为所得来源地。如果权利的提供者与使用者分处不同的国家，则税收利益的分配很难达成一致。因此，许多国家主张按其主要收入征收一笔较低的预提税来平衡税收利益的分配。

3. 劳务所得

劳务所得，可分为独立劳务所得和非独立劳务所得。

独立劳务所得是指自由职业者从事专业性劳务取得的收入，如医师、会计师、设计师、律师等独立活动取得所得的情形。对于这种独立劳务所得，其来源地的认定一般以固定基地、停留期间所在地或所得支付地为标准。通常有固定诊所或事务所的采用固定基地的方式。

非独立劳务所得是指公司或其他实体的雇员或职员所取得的工资、薪金和其他报酬。大多数国家确定非独立劳务所得的来源地一般采用停留期间所在地或所得支付所在地为判断标准。

4. 财产所得

财产收益，又称财产转让所得，是指纳税人因转让其财产的所有权取得的所得，即转让有关财产取得的收入扣除财产的购置成本和有关的转让费用后的余额。其中转让不动产所得的来源地的认定，各国税法都以不动产地为所得来源地。但在转让不动产以外的其他财产所得的来源地认定上，各国主张标准差异较大。

由于收入来源地的判断标准不尽相同，各国在使用收入来源地税收管辖权时也非常容易出现税收管辖权的冲突。

10.3 国际双重征税及其解决

10.3.1 国际双重征税概述

1. 国际双重征税的概念

税收是对纳税义务人和一定的征税对象进行的实际课征。如果对某笔征税对象或同一纳税人同时进行了两次或两次以上的课征，便形成了双重征税。纳税人收入的国际化及各国所得税制的普及化是国际双重征税产生并得以增强的重要原因。

双重征税就其产生原因而言，可以分为法律性双重征税和经济性双重征税。

法律性双重征税又称为国际重复征税，是指两个或两个以上的国家各自依据自己的税收管辖权就同一税种对同一纳税人的同一征税对象在同一纳税期限内同时征税。此时纳税主体、课税客体、税种、课税时间具有完全同一性，而征税主体却具有双重性。

经济性双重征税也称为国际重叠征税，是指两个以上的国家对不同的纳税人就同一征税对象或同一税源在同一期间内课征相同或类似性质的税收。此时课税对象具有同一性，但纳税人、征税主体甚至税种则具有双重性或者多重性。

2. 国际双重征税的产生原因

（1）法律性国际双重征税的产生原因

这种双重征税的产生，主要是各国税收法律的差异性特别是税收管辖权的差异性所导致的。国家的税收管辖权是主权在税收领域的体现，因此各国都是独立自主的设立本国的税收管辖权，有的国家侧重属人标准，有的国家侧重属地标准，还有一部分国家则两者兼采。

在采用了属人标准的国家与采用了属地标准的国家之间，很容易导致一个纳税人同时符合了两个以上国家的纳税标准，从而产生了双重征税。例如，一个美国的医生在英国开设了一家诊所，那么他既符合美国的属人标准，在英国诊所的所得也符合了英国的属地标准。即使同样采用属人标准或同样采用属地标准的国家之间，由于居民身份的认定和收入来源地的判断各国标准不一，也很容易引起冲突。例如，一个美国公民在中国居住了一年以上，那么他既符合美国的居民标准也符合中国的居民标准，作为一个纳税人，该美国公民对中美两国都要承担无限的纳税义务，就产生了国际双重征税。

（2）经济性国际双重征税的产生原因

经济性国际双重征税主要表现在两个国家分别同时对在各自境内的公司的利润和股东从公司获取的股息的征税情形下。事实上，公司与股东之间在法律上的独立性和经济上的一体性的矛盾是产生此种双重征税的根本原因。

从法律角度上看，公司和公司的股东是各自具有独立的法律人格的不同纳税人。公司通过经营活动取得的营业利润和股东从公司分配获得的股息，也是分属于两个不同的纳税人所得。例如，美国一家公司在中国独资设立了一个公司，中国境内这个公司的所得当然应向中国纳税，而美国这家公司从中国分得的股息也应向美国纳税，这显然并非针对同一个纳税人同时征税。

但从经济角度看，一个公司实质上是其股东所组成的，公司的资本是各个股东持有股份的总和，而股东分得的股息正是从公司的利润而来。从经济效果上讲，对公司利润征收的所得税，最终还是按股份比例落到各个股东身上承担，这就等于对于一笔收入，两个不同的国家分别从公司或股东的身上各征了一次税。

3. 国际双重征税的危害

国际双重征税使从事跨国投资和其他各种经济活动的纳税人，相对于从事国内投资和其他各种经济活动的纳税人，背负了沉重的双重税收义务负担，违背了税收中立和税负公平这些基本的税法原则。同时由于国际重复征税造成了税负不公平的结果，使跨国纳税人处于不利的竞争地位，容易挫伤从事跨国经济活动的人的积极性，从而阻碍国际社会中资金、技术和人员的正当流动与交往，不利于国际经济的长期稳定发展。

10.3.2 国际双重征税的解决方法

1. 国内法途径

当属人原则与属地原则发生冲突时，属地原则优先已在事实上得到国际社会广泛的承认，也即来源地国家的管辖权通常能够优先实现。因此，避免国际重复征税，在国际税收实践中，解决国际重复征税的国内法途径主要是由依靠居住国对本国居民纳税人在国外获得的所得或财产主动采取措施。

（1）免税法

又称豁免法，是指居住国政府对本国居民来源于境外的所得或财产已向来源地区纳税的跨国所得，在一定条件下免予征税。免税法实质上是居住国对本国居民在国外所得征税权的放弃，承认来源地税收管辖权的独占性，从而避免两种税收管辖权的重叠交叉，防止国际重复征税发生。当然作为避免国际重复征税的措施，与为了吸引外资而提供的税收优惠下的免税措施并不一样。免税法在实践中一般有以下两种做法。

一种是全额免税法，是指居民国对居民纳税人征税时，不考虑该居民已被本国免于征税的境外所得额，仅按国内所得额确定适用税率计征税的方法。其计算公式为

应向居民国缴纳的税额＝（境内外全部应纳税所得额－境外所得额中的免税部分）×居民国的法定税率

【例 10-1】 A 公司是甲国的居民纳税人，2011 年 3 月的总收入是 300 万元，其中 120 万来源于乙国。已知甲国和乙国均采用比例税率，甲国税率为 20%，乙国税率为 10%，计算 A 公司向甲国缴纳的税额。

解：A 公司向甲国缴纳的税额＝（300－120）×20%＝36 万元

另一种是累进免税法，指居民国在对其居民纳税人在来源地已缴税的那部分所得，在计算该居民的应税所得额时扣除，但是仍按其全部所得额计算税率。通常居民税收管辖权的国家采用累进税率制时使用这种方法。其计算公式为

应向居民国缴纳的税额＝（境内外全部应纳税所得额－境外所得额中的免税部分）×（依据境内外全部所得额之和而确定的）法定累进税率

【例 10-2】 A 公司是甲国的居民纳税人，2011 年 3 月的总收入是 300 万元，其中 120 万元来源于乙国。已知甲国采用累进税率，总收入为 200～500 万元税率为 30%，总收入为 200 万元以下税率为 20%，乙国采用比例税率，税率为 10%，计算 A 公司向甲国缴纳的税额。

解：A 公司向甲国缴纳的税额＝（300－120）×30%＝54 万元

显然，免税法特别是全额免税法能完全消除国际重复征税，但是免税法会造成居民国部分税款的损失，并且对于国家的税收管辖权有所影响，大多数国家并不太愿意在国内法中采用这种方法消除国际重复征税。

(2) 扣除法

扣除法是指居民国政府对居民纳税人因国外所得而向来源地国缴纳的所得税款，允许作为扣除项目从应税所得额中扣除，就其余额适用相应的税率计算应纳税额。其计算公式为

应向居民国缴纳的税额＝（境内外全部应纳税所得额－境外已缴纳的税额）×居民国的法定税率

【例 10-3】 A 公司是甲国的居民纳税人，2011 年 3 月的总收入是 300 万元，其中 120 万元来源于乙国。已知甲国和乙国均采用比例税率，甲国税率为 20%，乙国税率为 10%，计算 A 公司向甲国缴纳的税额。

解：A 公司向甲国缴纳的税额＝（300－120×10%）×20%＝57.6 万元

与免税法对比，在扣除法下，纳税人的税收负担水平高，对于其境外所得仍然需要同时向两个以上的国家纳税，重复征税并没有消除，只是有所减轻。

(3) 抵免法

抵免法是指居民国政府按本国居民纳税人在世界范围内的所得汇总计算其应纳税款,但允许其将境外所得已向来源地国缴纳的税款在本国税法规定的限度内从本国的应纳税额中抵免。其指导原则是承认收入来源地税收管辖权的优先地位,但并不放弃行使居民税收管辖权。其计算公式为

应向居民国缴纳的税额＝全球所得×居民国税率－已在来源地国缴纳的税款

① 直接抵免和间接抵免。这是根据可抵免的税额是否发生于同一纳税人而作的分类。

间接抵免是将一个纳税人在国外所缴纳的税额在计算另一个纳税人的所得税额时予以一定条件的抵免,通常适用于对股东所缴纳所得税的抵免。这种抵免方式一般用来解决跨国母子公司之间股息分配所导致的经济型双重征税。直接抵免则是相对于间接抵免而言的,其含义是允许直接抵免的税额必须是该跨国纳税人直接向来源国交纳的,一般用于解决法律意义上的双重征税。

② 全额抵免和限额抵免。这是根据可以抵免的税额有无限度所作的分类。

全额抵免是指居住国政府对本国居民纳税人已向来源国政府缴纳的所得税税额予以全部抵免。

【例 10-4】 A 公司是甲国的居民纳税人,2011 年 3 月的总收入是 300 万元,其中 120 万元来源于乙国。已知甲国和乙国均采用比例税率,甲国税率为 20%,乙国税率为 10%,计算 A 公司向甲国缴纳的税额。

解:A 公司向甲国缴纳的税额＝300×20%－120×10%＝48 万元

限额抵免,是指居住国政府允许居民纳税人将其向外国缴纳的所得税税额进行抵免设置数量上限,可以采用直接的数额上限,也可以规定抵免额不得超过本国税法规定的税率所应缴纳的税款额。采用这种抵免方法一般是在来源地国税率较居民国税率高时设立。

【例 10-5】 A 公司是甲国的居民纳税人,2011 年 3 月的总收入是 300 万元,其中 120 万元来源于乙国。已知甲国和乙国均采用比例税率,甲国税率为 10%,同时甲国规定在进行抵免时如果来源地税率较高,则以本国税率计算的额度为限。乙国税率为 20%,计算 A 公司向甲国缴纳的税额。

解:A 公司向甲国缴纳的税额＝300×10%－120×10%＝18 万元

当然,如果居民纳税人在两个及两个以上的来源地国有收入时,有关抵免限额的确定,需要依据居民国实施的是分国限额抵免还是综合限额抵免或者专项限额抵免进行计算。

(4) 减税法

减税法,是指对本国居民来源于国外的某些所得,在居住国减征所得税的制度。就是指对居住国居民来源于国外的所得或对来源于本国所得的非居民纳税人,采用较低的税率或减免等优惠政策,如比利时政府规定对来源于国外的所得按正常税率减征 80%。

一般而言,减税制不能避免国际双重征税,而仅能在一定程度上减轻国际双重征税。

2. 国际法途径

重复征税的产生是由于两个以上的国家税收管辖权的冲突所致,因而除国内法的解决途径以外,还可以由两个以上的国家共同协商,划分其税收管辖权的范围来缓解双重征税的压力,即为国际法途径。

一般由两国或多国按照平等互利的原则,在平等协商的基础上签订国际税收条约来解决跨国纳税人的重复税负问题。1963 年经济合作与发展组织的《关于对所得和财产避免双重征税的协定范本》,(简称经合组织范本);1980 年联合国的《关于发达国家与发展中国家间避免双重征税的协定范本》,(简称联合国范本),经合组织和联合国这两个国际性税收协定范本是世界各国处理相互税收关系的实践总结。关于国际重复征税的解决,这两个范本主要包括以下几个方面的基本内容。

(1) 征税权的划分与协定的适用范围

两个范本在指导思想上都承认优先考虑收入来源管辖权原则,即从源课税原则,由纳税人的居住国采取免税或抵免的方法来避免国际双重征税。但两个范本也存在重要区别:联合国范本主要强调收入来源地征税原则,反映了不同国家的利益保护需求;经合组织范本较多地要求限制收入来源地原则。两个范本对协定的适用范围基本一致,主要包括纳税人的适用范围规定和税种的适用范围规定。

(2) 常设机构的约定

两个范本对常设机构的含义都作了约定。常设机构是指企业进行全部或部分营业活动的固定场所,包括三个要点:第一,有一个营业场所,即企业投资,如房屋、场地或机器设备等;第二,这个场所必须是固定的,即建立了一个确定的地点,并有一定的永久性;第三,企业通过该场所进行营业活动,通常由公司人员在固定场所所在国依靠企业(人员)进行经济活动。明确常设机构含义的目的是为了确定缔约国一方对另一方企业利润的征税权。常设机构范围确定的宽窄,直接关系居住国与收入来源国之间税收分配的多寡。经合组织范本倾向于把常设机构的范围划得窄些,以利于发达国家征税;联合国范本则倾向于把常设机构的范围划得宽些,以利于发展中国家征税。

(3) 预提税的税率限定

对股息、利息、特许权使用费等投资所得征收预提税的做法通常是限定收入来源国的税率,使缔约双方都能征到税,从而排除任何一方的税收独占权。关于税率的限定幅度,两个范本有明显的区别。经合组织范本要求税率限定很低,这样收入来源国征收的预提税就较少,居住国给予抵免后,还可以征收到较多的税收。联合国范本没有沿用这一规定,预提税限定税率一般要由具体的缔约国双方谈判确定。

(4) 税收饶让制度

税收饶让亦称"饶让抵免",是指在处理避免国际双重征税事务中,居住国政府对跨国纳税人从来源地国得到减免的那部分税收视同已经缴纳,给予抵免。这是因为依据国内法的通常规定,在居住国采用抵免法解决国际重复征税的情形下,能够被抵免的一般限于跨国纳税人在来源地国实际已经缴纳的税款。但是在国际社会中,发展中国家为了鼓励外国投资,往往对外国投资者征收的所得税可能在一定时期内给予减税或免税的优惠待遇。而作为发达国家的居住国,如果不考虑这种情况,对非居住国所减、免的税款加以补征,其结果就会使发展中国家为吸引外资给予税收上的优惠落空。投资者并没有从中得到实惠,只不过将发展中国家所减、免的税款转到资本输出的发达国家,增加了资本输出国的财政收入而已。

有关国际税收协定在签订时,通常由投资者和技术输出者的居住国政府承担税收饶让义务,即把这部分减免税款视同已经缴纳,予以抵免,从而避免上述矛盾的发生,税收饶让实际上是对跨国纳税人的一种税收优惠。

基于这一特点,税收饶让多属发达国家单方面对发展中国家减免税所承担的协定义务。发达国家对待税收饶让的态度不同,有的国家从来不同意建立税收饶让条款,有的国家则选择性地承认税收饶让制度。英国、澳大利亚等国采用分别对待的办法,对与发展中国家签订的一些协定包含税收饶让条款;加拿大对营业利润同意税收饶让,而对投资所得一般不同意建立税收饶让条款;法国、荷兰等国除对来源于境外的营业利润给予免税外,还同意对投资所得给予税收饶让。当然,发展中国家之间签订税收协定,也可以按照对等原则,相互给予对方的减免税以税收饶让。我国采取税收抵免方式,在采用抵免法消除双重征税的国家中,除了美国、巴西、罗马尼亚、蒙古等少数国家以外,一般都在与我国签订的税收协定中给予税收饶让抵免的待遇。

除上述内容外,双边税收协定一般还设立有避免国际逃避税的措施,主要是关于情报交换、国际税收调查合作机制等方面的规定。

10.3.3 经济性国际双重征税的解决方法

1. 股息分配国常用的措施

(1) 股息扣除制

具体做法是公司按税法规定缴纳公司所得税,并用税后利润分配股息,对于分配到股息的股东,国家按其所收到的股息额的一定比例退还公司已缴纳的税额;然后,以股息和所退税款之和为基数按适用税率对股东计征所得税,纳税余额便是净股息所得。

（2）分劈税率制

又被称为双税率制，具体做法是对用于分配股息的利润和不用于分配股息的利润实行不同的公司税率，前者税率低，后者税率高。

2. 股息收入国常用的措施

（1）间接抵免制

对于国外子公司已向东道国缴纳的税款视同为母公司已缴纳的税款，对作为居民纳税人的母公司在征税时予以抵免，当然一般情形下不是全额抵免，而是限额抵免。其计算方式如下。

① 股息还原。即把国外子公司支付的股息还原成税前的所得，这是关键的一步。计算出国外子公司支付的股息所应承担的所得税额，然后再加上股息额，即还原成税前所得。计算公式为

国外子公司支付给母公司的股息应承担的公司所得税额＝子公司已纳外国公司所得税×（母公司分得股息÷子公司税后所得）

当国外子公司的所得适用比例税率时，也可采用下列简化公式计算。

国外子公司支付给母公司的股息应承担的公司所得税额＝母公司分得股息÷（1－外国公司所得税率）×外国公司所得税率

外国子公司支付给母公司的股息还原所得＝母公司分得股息＋母公司分得股息应承担的公司所得税额

② 计算抵免限额。母公司所在国能够给予抵免的最高限度，一般不能超过按本国税率衡量的所得税额。

公司全部所得＝母公司来自其居住国所得＋外国子公司支付给母公司的股息还原所得

母公司居住国抵免限额＝母公司全部所得×母公司所在国所得税率×（外国子公司支付给母公司的股息还原所得÷母公司全部所得）

③ 确定允许抵免额，并计算母公司应纳税额。通过抵免限额与母公司分得股息所承担的所得税额进行比较，取其中数额小者为允许抵免额，在此基础上计算出母公司向其居住国应缴纳的税额。计算公式为

母公司向其居住国缴纳的所得税额＝（母公司来自其居住国所得＋外国子公司支付给母公司的股息还原所得）×母公司所在国所得税税率－允许抵免的子公司已缴所得税额

（2）对来自海外的股息采用减免制

对位于国内的母公司在征税时，要区分股息的来源，如果来源于海外，在境外已经

缴纳税款的,则可以适用相对较低的税率。采用此种方法的多数国家要求对国外来源的股息减免所得税必须具备一定的条件,如收取股息的公司必须在付出股息的公司中持有一定数量的股份等。

(3) 准许国内母公司与国外子公司合并报税

事实上,经济性的重叠征税在国内也比较常见,但是国内的重叠征税由于是在一个征税主体下形成的,通常可以采用合并报税的方式缓解。但国际性的重叠征税主体不一,要使用合并报税的方式并不容易,且不便于监管。因此,股息收入国在采用跨国合并报税时一般会以双边税收协定的方式进行安排。采取这种措施的国家往往规定母公司对子公司的持股要达到相当的比例,在手续上也比较复杂。实践中采用这种措施的国家并不多。

10.4 国际逃避税与其防范

10.4.1 国际逃避税的概念

1. 国际逃税的含义与产生原因

国际逃税是指跨国纳税人利用国际税收管理与合作上的困难与漏洞,采用隐蔽的非法手段,以达到逃脱有关国家或税收协定规定的纳税义务的目的。在国内税法中各国对逃税行为进行了严厉的打击,但是收入的国际化使国家税收管辖权的实现产生了一定的困难,导致国际社会中的逃税行为愈演愈烈。

由于主权原则的影响,各国的税收管辖权必须受制于本国主权范围,都只能在本国领土内实现其权力,不能到他国国土内执行本国税法。国家不能到境外去执行本国税法,但是纳税人的收入和经营行为事实上已经国际化,国家却不可能对本国纳税人在境外的账目、收支凭证等资料进行严格的审查和监督,导致一部分跨国纳税人大肆伪造税收资料来进行逃税。同时各国语言、文字和会计制度的差异也给跨国纳税人提供了机会,对于那些缺乏双边税收合作机制的国家而言,纳税人进行逃税将会更加方便。

2. 国际避税的含义与产生原因

国际避税是指跨国纳税人利用各国税收法律规定上的差异性,采用变更经营地点或经营方式等相对公开或合法的手段,以谋求最大限度地减轻其纳税义务的行为。

导致国际避税产生最重要的原因是国家税收法律的差异性,每一个主权国家的具体情况不同,其制定出来的税收法律和税收管理制度也就不一样。例如,对于一些名词的解释不一样;税基的计算方式通常差别也很大;税率的高低更是大不相同。而利润最大化是从事国际投资的跨国纳税人共同追求的目标,在法律的差异提供了一定机会的情况下，许多纳税人会选择采用一定的手段以减轻自己的税收义务。

3. 国际逃避税的危害

大量国际逃避税行为的出现会带来许多的危害。

（1）降低国家的财政收入

税收是国家财政收入的主要来源，越来越多的逃避税行为必然会降低国家的税收收益，从而使国家的财政收入受到相当程度的影响。

（2）容易导致税负不公平

采用了逃避税手段的纳税人，其实际税负将大大减轻，相对来说认真遵守税收法律的纳税人税负显得较重。这种情况会使逃避税者获得更大的竞争优势，不符合国家税收公平的基本原则，也不利于维护国家法律的威严。

（3）妨碍国际经济交流正常进行

为了达到逃避税的目的，纳税人通常采用各种手段不断地抽逃资金、转移利润，形成资本的不断流动，但是这种资本的流动没有反映国际社会经济交流的正常状态，反而制造出一种虚假流动的假象，容易误导其他投资者，从而引起国际社会资本的不正常移动。既不利于国家的监督管理，也不利于其他投资者判断国际经济交流的态势，长期持续下去，会给国际经济交流的秩序带来极大的混乱。

10.4.2 国际逃税的主要方式

在国际社会中，比较常见的逃税方式主要有以下几种。

（1）隐匿收入或财产

采用这种手段来逃税，主要是不向税务机关提交纳税申报单或匿报应税财产和收入。匿报应税财产和所得，经常发生在纳税人在国外拥有的财产或获得的股息、利息，以及薪金和报酬等项收入上。例如，纳税人对实物加以隐瞒或者用无记名证券的形式进行投资，以隐匿在国外的租金、股息和利息收入及转让资产所得。特别是有些国家存在着非常严格的银行保密法，如瑞士。这种银行为顾客严格保密的义务往往为纳税人转移和隐匿应税所得提供了便利条件。一旦纳税人将收入转入某家银行的秘密账户，就隐瞒了自己的存款人身份。

（2）虚报成本和投资

虚构成本费用等扣除项目，是纳税人经常采用的一类逃税方式。由于各国经济制度不同，国际市场行情复杂多变，许多国家没有严格的开支标准和统一的支付凭证，这就使得对各种国际交易的成本费用特别难以控制。纳税人往往采取以少报多，无中生有的做法，虚报投资额以增加股权比例从而多摊折旧扣除，或虚构有关佣金、技术使用费和交际应酬费等开支，以减少应税所得额。

纳税人可能利用股息在所得国税法上比利息享有更多的优惠的规定，把它对国外子公司的贷款当作投资股份来申报；反过来，接受外国投资的公司，由于股息通常不作费用扣除而利息则可作为费用扣除，也可能将股息分配伪报为利息支付。同时，在资产和所得上以多报少，也是一种谎报所得的做法。

(3) 伪造账册和收付凭证

某些纳税人常常采用各种会计方法实现逃税目的，包括设置两套账簿的办法在内。一套账簿登记虚假的经营，以应付税务机关的审查，另一套则反映真正的经营状况，但严格对外保密，从而使税务机关无法了解其实际利润水平。伪造收支凭证，主要是在购入上多开发票，在售出上少开发票，甚至用销售货物不开发票等办法来达到逃税的目的。

也有纳税人通过地下经营的方式来达到逃税的目的。例如，不经注册非法从事经营活动的企业和个人，还有一些利用个人的业余时间从事第二职业及外国移民的非法打工等。

10.4.3 国际避税的主要方式

1. 通过纳税主体的跨国流动进行国际避税

国家的税率会有高低，在采用居民税收管辖权的情形下，各国一般以住所、居所或者居住一定天数来确定自然人的居民或者非居民身份。居民负有无限纳税义务，而非居民只负有限纳税义务。因此，跨国纳税人往往采取移居他国或者缩短居住时间等方式变更身份，以达到避税目的。

自然人主要通过住所或居所的国际迁移、缩减居留时间等方式来达到避税的目的，在采用国籍标准的情形下则采用变更国籍的方式。而法人则可能通过选择或改变税收居所的方式避税。例如，在低税或免税的避税港注册登记，变更董事会开会地点、转移重要决策人员居住地址或改变决策中心等。

2. 通过课税对象的跨国流动进行国际避税

除了纳税主体的移动，纳税人还可以通过财产的转移也即是课税对象的转移来达到国际避税的目的。这样，纳税人不需要改变住所、居所或者国籍，也能达到避税的目的。当然，采用这种方式转移财产需要一定的中间媒介帮助，以形成法律形式上财产与其原所有人的分离，以避免向居住国就这部分财产纳税。在当今国际社会中，财产转移的具体方式非常多样化，常见的有以下几种。

(1) 用转移定价进行国际避税

转移定价这种避税方式在国内社会也经常发生，但由于国际税收管理的复杂性，使得其成为国际避税非常常见的一种手段，一般发生于关联企业内部。

跨国纳税人在集团关联企业之间发生商务交易时，脱离市场正常供求关系的约束，采用与独立企业之间正常交易不同的价格成交，完成利润在关联企业之间的转移，以达到将利润从高税率的国家向低税率的国家转移的目的。关联企业，通常是指与企业有以下关系之一的公司、企业和其他经济组织：在资金、经营、购销等方面，存在直接或者间接的拥有或者控制关系；直接或者间接地同为第三者所拥有或者控制；其他在利益上相关联的关系。

（2）利用国际避税港进行国际避税

避税港一般是指那些对财产和所得不征税或依很低税率征税的国家或地区。例如，开曼群岛国、巴哈马群岛国等实行的是不开征所得税或财产税；而荷兰属于部分免税，一般只行使来源地税收管辖权；瑞士、新加坡等则是税率特别低。它们通常有快捷便利的交通和通信设施及健全完善的法律制度，基于一定经济目的的考虑，有意识地实行远远低于国际一般税负水平的税收制度。在国际社会中，许多跨国纳税人选择这些国家或地区作为避税港逃避税负。

利用避税港进行避税一般是在避税港设立一个或几个基地公司，由外国股东控制，其生产经营全部在境外进行，然后让基地公司以各种方式实现利润的转移。例如，从事虚假的中介服务，以收取大量服务费的方式实现利润的转移；让基地公司作为控股公司到境外投资，把关联企业中的子公司所获取的利润以股息形式汇到基地公司；还有些情形，是将基地公司作为信托公司，以管理信托财产的方式转移利润。综合而言，基地公司设在当地并不直接从事生产经营，主要是起到吸盘的作用，将跨国纳税人的全球所得吸收进入避税港，以达到逃避税负的目的，因此基地公司又被称为"影子公司"。

3. 滥用国际税收协定进行国际避税

国际社会中，许多国家都签有双边税收协定，在协定中对于双方符合条件的纳税人给予一定的税收优惠的安排。通常这种优惠只使用在缔约国之间，但有些非缔约国国民往往会采用各种途径获取税收协定中的优惠。

例如，甲国与乙国之间签有双边税收协定，约定相互给予来自对方境内的收入一定的优惠；乙国与丙国之间也签有双边税收协定，并作了类似的优惠安排。甲国法人 A 公司准备去丙国投资设立公司，但是甲国与丙国之间却没有任何双边税收协定，那么 A 公司可以选择先去乙国设立一个 B 公司，再让 B 公司到丙国境内设立一个 C 公司。在经营管理过程中，由 B 公司从 C 公司收取利润享受双边优惠，再由 B 公司转移给 A 公司，又享受一次税收优惠。此时设立 B 公司的目的不是为了生产经营，而是为了在甲国和乙国之间导出利润，因此这种公司也被称为"导管公司"。这样，虽然甲国与丙国没有双边税收协定，却一样享受到税收的优惠，减轻了自己的税负。

4. 资本弱化

资本弱化是指跨国投资者，尤其是跨国公司以逃避税收为目的，有意减少股份资本、扩大贷款份额的行为。资本弱化在税收上主要表现为增加税前扣除的利息。

根据企业所得税原理，权益资本以股息形式获得报酬，在企业利润分配前，要先按照应纳税所得额计算缴纳企业所得税；而债务资本的利息，却可以列为财务费用，从应纳税所得额中扣除，减少企业的应交所得税。即债务资本是没有税收负担的，权益资本则要缴纳所得税。因此，企业的投资者往往尽量减少股权投资，通过高负债、低投资，使资本弱化，增加利息支出，减少应税所得。

企业也可以适当利用债务资本来进行税收筹划，通过节税或避税的方式以达到增加企业市场价值的目的。因此，适当提高企业的债务比例对企业和企业的经营者来说都是一个不错的选择。

10.4.4 国际逃避税的防范

1. 防范国际逃避税的国内法措施

1）国内法的一般措施

各国防止国际逃避税的国内法一般措施主要是健全对国家税收的征管制度，加强对税务情报的收集和对跨国纳税人的经济交易活动的税务监督。具体如下。

（1）实施严格的税务登记制度

几乎所有国家的税法都明确规定纳税人在开业、歇业及经营期间发生合并、重组等重大变动时，必须向税务机关办理书面登记或变更登记。例如我国法律明确规定：从事生产、经营的纳税人应当自领取营业执照之日起 30 日内，向生产、经营地或者纳税义务发生地的主管税务机关申报办理税务登记，如实填写税务登记表，并按照税务机关的要求提供有关证件、资料。

（2）强化税务会计审查制度

会计审查制度是国家实施的一种税务监督制度，英国、美国、加拿大、日本等发达国家都有健全的税务报表的会计审查制度，明确规定公司企业所作的税务报告必须经过会计师的审核。中国的会计审查制度正在健全之中，目前主要是对外商投资企业和外国企业作了严格的规定，要求其在报送所得申报表时，应当附随中国登记注册的会计师的查账报告。

（3）实行评估所得的征税制度

所得评估制度主要是一种控制纳税人逃避税的办法。对于一些财务会计制度不健全、不能正确计算纳税的跨国纳税人，国家通常在税法中规定税务主管部门有权根据其经营情况，采取按同行业纳税人的正常或平均利润率，核定其应税所得额，以此计征所得税。例如，在比利时和法国，某些小型的个体企业、商号、自由职业者，由于对其经营情况比较难以进行监督和控制，往往采取按照同行业纳税人的正常利润水平或平均利润水平核定其应税所得。我国税收法律中也有类似规定。

（4）健全国际税务申报和税务调查制度

为防止跨国纳税人隐瞒国外的收入和经济交易行为，许多国家在国内法中明确规定跨国纳税人负有申报国外应税收入的义务。有的国家还在司法程序上规定跨国纳税人在税收案件中负有举证有关国外事实的责任，同时要求税务主管部门必要时通过税务调查，搜集情报，以应对国际逃避税活动，这是对纳税人自己申报制度的必要补充。美国一向注重税务调查，特别着重于国际逃避税的调查工作。设立专门的组织机构并配备相应的工作人员，对在美国的外国纳税人、在外国的美国纳税人，以及受控于外国公司、非居民的纳税人的经营活动、经济状况和纳税情况进行详细的调查和研究，以便及时掌握它们的真实情况。

当然，这种税务调查通常需要国际合作。很多国家的银行保密法律是税务调查国际合作的重大障碍。特别是像瑞士银行，"国际避税港"的银行如果对他国税务机构进行的当事人情况调查不予以合作，调查就难以取得结果，也达不到掌握情况、遏制国际逃避税活动的目的。近年来，国际社会致力于推动国际合作，反有组织犯罪、反恐怖主义的国际法在反洗钱、要求银行披露有关信息方面有很大进展，一定程度上推动了税务调查的国际合作。

2）国内法中的特别措施

在采取一般措施防范国际逃避税的基础上，许多国家还针对纳税人的各种具体的国际逃税和避税行为，制定了特别的国内法律管理措施。

（1）防止纳税人通过变更税收居所逃税、避税的法律措施

为了严格限制纳税人随意变更税收居所或国籍，国家通常在国内法中适当对本国居民移居国外的自由进行一定程度的限制，并且都要求本国居民在移居外国前必须结清全部应缴税款等。对以避税为动机的自然人的国际迁移，有些国家采取了使移居出境者在移居后的很长一段时间内，在其原居住国（国籍国）仍负有纳税义务的措施。例如美国有保留追索征税权的规定，根据美国《国内收入法典》的规定，如果一个美国人以逃避美国联邦所得税为主要目的而放弃美国国籍移居他国，美国在该人移居后的10年内保留征税权。

（2）防止跨国关联企业之间利用转移定价逃避税的法律措施

跨国关联企业之间通常采用转移定价和不合理分摊成本费用等方式，隐瞒其在不同国家境内的各个经济实体的真实经营状况，导致各个实体所承担的税负与其实际盈利水平不符。为了使关联企业在各国的经济实体的利润额尽可能符合各自的实际经营情况，就必须对关联企业的国际收入和费用依据相应的标准重新进行分配，以此消除关联企业通过逃避在某个国家的纳税义务以减轻企业整体的国际税负的可能性，使有关各国都能征得归属于自己的那份税款。

目前，许多国家对关联企业之间的收入分配采用"正常交易原则"来重新进行调整，如美国、英国等发达国家，中国和印度等发展中国家也在国内法中有相关的规定。所谓"正常交易原则"，即将关联企业总机构与分支机构、母公司与子公司以及分支机构或子公司相互间的关系，当做独立竞争的企业之间的关系来处理。将关联企业之间的每一笔业务依据独立竞争的企业之间的交易标准，按照相等的市场条件进行对比，衡量

关联企业之间的交易是否符合"正常交易"的标准,一旦发现不符合,税务主管部门可认定纳税人存在转移定价或不合理分摊成本的行为,对相关交易的价格强行定价。

(3) 防止利用避税港进行国际避税的法律措施

各国对这类避税行为的法律管制措施可分为以下三种类型。

第一,通过法律禁止纳税人在避税港设立基地公司。有些国家在国内法中明确公布其认定的避税港的名单,凡本国纳税人到名单上的国家或地区设立公司都需要接受严格的审核,以防止本国纳税人以设立公司为名实质上却是设立了基地公司吸收利润。例如,英国于1981年公布了一批低税率的国家的名单,并规定如果经过审核认定国内公司在这些地方设立的公司为基地公司,只要当地税负低于英国税负的1/3以上,英国政府即有权对该英国公司应从基地公司的所得征税。

第二,禁止非正常的利润转移。有些国家在国内法中明确列出避税港的名单,一旦本国公司与避税港之间产生一定的经济行为即进行严格的审查和监督,以防止大量不正常的利润转移和成本支出。

第三,取消境内股东在基地公司的未分配股息所得的延期纳税待遇,以打击纳税人在避税港设立基地公司积累利润的积极性。"延期纳税待遇"是指对于国外子公司的国外所得,在汇回本国母公司之前可以暂不课税,并对其何时汇回不作限制,这种措施容易导致大量资本滞留在避税港。一旦取消延期纳税的优惠毫无疑问将会使这种资本滞留在外的情形有所缓解。这种方式主要是美国、英国、日本等高税负的发达国家在国内法中采用。

(4) 反对滥用税收协定

滥用税收协定是一种较为新颖的避税措施,目前在国内法中关注的国家并不多,只有美国、瑞士等少数国家在国内法中有针对性的防范措施,中国在这方面的立法非常薄弱。分析各国的国内法实践,其措施主要分为两类。

一是国家主动通过专门的立法或一般的反逃避税措施来防范滥用国际税收协定。如瑞士于1968年颁布的《防止税收协定滥用法》,单方面严格限制由第三国居民拥有或控制的公司适用相关税收协定。这一类措施往往具有较为直接和具体地判断是否构成滥用税收协定客观标准。

二是运用一般反滥用条款或原则加以解决,这在英美法系国家比较多见。这一类措施相对比较抽象和概括,其仅指出跨国纳税人滥用税收协定的法律性质,至于什么是构成滥用协定,则由征税机关在征税时或法院在作出判决时,对纳税人所进行的各项活动及主观动机加以分析而确定。给予了征税机关较大的自由裁量权,当然在实践中,这种措施的实际执行效果常会因为征管措施是否先进、征税人员素质是否全面而存在明显的差异。

此外,针对资本弱化这种避税的新方式,欧美许多国家在国内法中对此采取了相应的资本弱化税制的防范措施。所谓资本弱化税制,就是规定企业通过举债融资借入的债务资本与权益资本的比例,凡是超出该比例的那部分借款利息,不得在税前列支,以防止企业避税。

2. 防范国际逃避税的国际法措施

随着社会经济的国际化和跨国公司活动规模的迅速扩大,各国的经贸往来日趋密切,单纯依靠本国力量进行反逃避税斗争的难度越来越大,这就需要签订双边或多边税收协定,加强国际间合作,以便更有效地防范和应对国际逃避税现象。

(1) 税收情报交换

情报交换是指国家税收主管部门之间,为正确执行税收协定及其所涉及税种的国内法而相互交换所需信息的行为。缔约国通常约定定期交换有关跨国纳税人的收入和经济往来资料。通过这种情报交换,缔约国各方可以了解跨国纳税人在收入和经济往来方面的变化,以正确地核定应税所得。当然,在特定情形下情报交换也可以是缔约国一方提出需要调查核实的内容,由另一方协助核实。

缔约国一般在双边税收协定中约定所交换的情报的大致范围,同时约定较为严格的情报保密制度。一些发达国家在实践中还发展了采取互派代表常驻对方境内,直接向对方主管部门收集有关资料情报的办法,以及对某些特定税务事项双方共同进行审计调查的办法。目前中国签订的双边税收协定中大量存在税收情报交换规则,中国甚至还和一部分低税负的国家签有专门的双边税收情报互换协定。同时,为了使情报交换的操作性更强,我国国家税务总局还专门印发了《税收情报交换管理规程》和《税收情报交换工作保密规则》。

实践中国际税收情报交换的具体类型有三种。

第一,提出情报请求,也称专项情报交换。是指一国税务主管当局就国内某一税务案件提出具体问题,依据税收协定请求另一国税务主管当局提供相关情报,协助查证的行为。

第二,自动相互提供情报,也称自动情报交换。是指两国税务主管当局之间根据约定,以批量形式自动相互向对方提供有关纳税人取得专项收入的税收情报的行为。

第三,主动提供情报,也称自发情报交换。是指一国税务主管当局将在税收执法过程中获取的认为有助于另一国税务主管当局执行税收协定和国内税法的信息,主动提供给对方的行为。

许多区域一体化组织对税收情报交换都特别重视,普遍将国际税收情报交换作为核实纳税人跨境交易真实性的主要手段,发达国家之间尤为如此。例如在经合组织的成员内部,基本实现自动化、无纸化的情报交换,大量信息每天在成员内部交换。这些情报用于成员国税收征管,特别是税务检查,可以纠正纳税人的不遵从行为,规范纳税人行为,同时不仅能挽回大量流失的税款,还能通过对可能从事不良税收筹划纳税人的威慑作用而避免潜在的税款流失。

(2) 增强征税方面的互助行为

由于税收涉及国家主权，实践中各国税务主管部门的征税管理受制于国家领土的限制，往往对于身处境外的纳税人及财产无法直接实施具体的征税行为，从而刺激大量的国际逃避税行为的发生。当前，大部分双边税收协定中都会专门安排缔约国之间互相代为完成某些征税行为。例如，代为送达纳税通知单，代为实施税收保全措施，甚至代为征收税款等。

国际社会中，除了双边税收协定中的征税互助以外，还出现了一些多边性质的征税互助协定。例如 1972 年瑞典、挪威、芬兰、丹麦及冰岛等北欧五国共同签订了税务行政互助协定，缔约国之间的协助内容包括有关税收文件、纳税申报单和财务报表的传送及税款的征收。该协定第 13 至 17 条是关于征税方面的协助安排，其中规定缔约国应该协助那些属于另一缔约国的税收的课征，即使这种税按照提供协助的缔约国一方的国内法律是不予征收的。但是，提供协助一方仅负有义务按本国法律中规定的类似税收的课征手续给予协助。而且，这种征税的协助只有在缔约国一方由于境外的重大困难本身不能征收的情况下，才可以请求其他缔约国提供这方面的协助。经合组织理事会也于 1988 年 1 月通过了《关于税务行政协助的协定》，并于斯特拉斯堡开放供成员国签字。这个多边性的协定中也规定了有关文书送达和税款征收方面的国际合作内容。另外，独立国家联合体（简称独联体）于 1999 年 6 月签订了多边性税收互助协定，欧盟也订有《税务行政相互协助公约》。

但是与情报交换相比，这种在征税方面的相互协助的广度和深度都很有限。因为在消除国际逃税、避税问题上，有关国家之间的经济利益常常是对立的，并且从传统主权观念的角度出发，税收是与一国的主权紧密相连的，一国政府在自己的领土范围内允许执行外国的税法，在某种程度上等于放弃主权，这在许多国家看来是难以接受的。

（3）防止税收协定的滥用

为防止税收协定的滥用，一些国家在实践中时刻注意节制同那些实行低税制的国家或易于建立导管公司的避税地国家签订税收协定。例如英国，它认为大量双边税收协定的滥用主要是由于这些国家存在着明显的低税率的吸引力。当然，更多的国家是在其所缔结的税收协定中设立专门完备和严格的反滥用措施，而美国甚至还专门制定了《美国税收协定范本》以供对外签订税收协定时使用。对于税收协定的滥用，国际社会中具体的防范措施很多，如回避法、排除法、透视法、真实法、衍生法等。

其中透视法是相对比较常见的措施，是指税收协定优惠待遇只适用于本身具有缔约国一方居民身份，并且最终取得股息的受益所有人同样是缔约国居民的公司。因此，判断一个公司是否享受税收协定的优惠待遇，不再仅依靠该公司是缔约国居民这一表面标准，而且还要进一步分析其股东是否也为缔约国居民。这种依公司股东身份决定公司是否享受税收协定优惠利益的做法，实际上是对公司法人人格的否认，是对"刺破公司面纱"理论的一种运用。

真实法是指规定一些特许条款来保证真实交易不被排除在税收协定优惠之外。这些条款包括：建立公司的动机、公司在其居住国的经营交易额、公司在其居住国的纳税额等。除非建立一个公司的动机具有充分的商业理由，公司在居住国有大量的经营业务，公司在居住国缴纳的税款超过要求的扣除额等，否则不给予该公司协定优惠。

衍生法则是对于两个签订有税收协定的国家，第三国居民设立在该两个国家的公司所享受的税收协定优惠，不得超过该公司直接投资（而不是通过其他公司）获取该项应税所得时所享受的优惠。衍生法作为防范滥用国际税收协定的一项特别条款，是在美国与荷兰及墨西哥签订的双边税收协定中最先采用的，是国际税收协定的一个新的发展趋势。

10.5 国际双边税收协定

10.5.1 国际双边税收协定的形成

国际社会中大量签订的税收协定主要适用于所得税和关税领域。关税领域的国际条约主要是多边的，即国际关税条约，如 WTO 中 1994 年的关税与贸易总协定。而所得税领域的国际条约则是以避免双重征税和防范逃避税为目的的，一般称为"国际税收协定"，大多是双边的，即双边税收协定。在 19 世纪末，一些国家就开始为避免双重征税缔结双边协定，最初是关系密切的联盟国家之间或联邦国家之间的协定，如 1869 年 4 月 16 日普鲁士和萨克森关于直接税的公约。

国际税收协定的发展中一个重要的事情就是税收协定范本的出现。1968 年，在联合国秘书长的组织下成立了一个专家小组负责起草发达国家和发展中国家间的税收协定范本。1980 年公布了《关于发达国家和发展中国家之间双重征税协定范本》（简称联合国范本）。1999 年 5 月，联合国经社理事会召开会议，讨论了联合国范本的修改草案。1963 年经济合作与发展组织的《关于对所得和财产避免双重征税的协定范本》，即经合组织范本。

经合组织范本联合国范本存在着较大的区别，如对于常设机构范围的规定，常设机构的范围决定着来源地国对外国企业在本国取得的营业利润是否有征税权及征税的多少。经合组织范本主张从严限定常设机构的范围，而联合国范本则主张扩大常设机构的范围，从而使来源地国有更多的征税权。

除了上述两个范本之外，有的国家也制定了自己的税收协定范本。比如，美国财政部在 1976 年公布了其税收协定范本，作为美国对外谈判的基础。1986 年，为适应美国税制改革的需要，美国公布了其新的范本。

10.5.2 国际双边税收协定的主要内容

1. 适用范围

有关适用范围的规则是国际双边税收协定的重要内容。国际双边税收协定的适用范围具体包括适用的人、适用的税种、适用的地域及适用的时间。一般而言，国际双边税收协定在缔约国互换批准书后生效，通常没有具体期限的限制。

（1）人的范围

早期的国际双边税收协定一般适用于缔约国双方的公民，是以国籍原则来确定协定的适用范围，并不问其住所或居所在国内或国外。随着经济生活的日益国际化，特别是第二次世界大战以后，跨国投资和国际间人员流动的急速增加，完全按公民身份来行使全面性的税收管辖权已越来越脱离现实，于是就逐渐放弃了国籍原则，而以永久性住所为原则来行使全面的管辖权。现在的国际税收协定一般采用居民的概念，规定：本协定适用于缔约一方的居民或者同时为缔约双方居民的人。比如，我国和瑞士的税收协定第1条规定："本协定适用于缔约一方或者同时为双方居民的人。"在国际税收协定中，"人"的范围不仅仅指自然人，还包括法人和其他组织。比如，我国和美国的税收协定第3条就将"人"定义为"包括个人、公司、合伙企业和其他团体"。另外，为了防止第三方居民滥用国际税收协定给予缔约双方居民的优惠，一些国际税收协定在适用的"人"方面作了必要的限制。比如，美国与塞浦路斯签订的税收协定规定，美国的税收优惠只给予下列企业：75%以上的股份由塞浦路斯居民个人所有；或者企业的大部分股票在塞浦路斯证券市场上市；同时企业的所得没有被大量用于支付给美国和塞浦路斯以外的第三国居民。而我国和美国之间的税收协定第4条第4款规定："……美利坚合众国的居民公司根据中华人民共和国和第三国的税收协定，同时为第三国居民时，该公司不应作为美利坚合众国的居民按照本协定享受优惠"。

（2）适用的税种

国际双边税收协定中适用的税种，原则上是限于直接税的税种，而不包括间接税。因为只有直接税才会存在同一征税客体被重复征税和同一税负主体的双重纳税问题。而间接税是可以转嫁的，其纳税人并不一定就是税收的真正负担者，而且间接税的征税客体也不是统一的。对于适用税种的范围，有的国际双边税收协定是直接列出缔约双方适用于协定的现行税种，有的则是先作出概括性的规定，再列出具体适用的税种。另外，由于各国的税收制度和税种可能在税收条约签订后发生变化，因此国际双边税收协定中一般还要为此作出特别规定，明确税收条约也适用于签订之后缔约任何一方增加或代替税收条约中所适用税种的相同或类似的税收。

以中法税收协定为例，该协定第2条"税的范围"规定如下："本协定适用于由缔约国一方或其地方当局对所得征收的所有税收，不论其征收方式如何。对全部所得或某项所得征的税,包括对来自转让动产或不动产的收益征的税及对资本增值征的税,应视为所得税。本协定适用的现行税种是,在中华人民共和国:个人所得税;中外合资经营企业所得税;外国企业所得税;地方所得税;包括上述各种税的源泉扣缴和预扣款;在法兰西共和国:所得税;公司税;包括上述各税的源泉扣缴和预扣款。本协定也适用于本协定签订之日后增加或者代替第三款所列现行税种的相同或者实质相似的税收。缔约国双方主管当局应将各自税法所作的实质变动,在其变动后的适当时间内通知对方"。

(3) 适用的地域

从实践中看,国际双边税收协定适用的地域范围并不一定与某国的领土完全一致。一个国家行使税收管辖权的全部地域范围称为税境。一个国家的税境与国境可以是不一致的。在国际双边税收协定中,还需要专门列出税收条约适用的地理范围。有的税收条约明确规定不适用于某个缔约国的部分领土,有的税收条约的适用范围却要超出某个缔约国领土的范围。这是因为有的国家尚有部分领土没有归属本国管辖,不能在这部分领域行使该国的税收法律,有的国家有属地、领地,并非本国领土;而且依照国际法,每个主权国家对领海以外的大陆架拥有管辖权。

以中法税收协定为例,其第 27 条领土适用范围规定如下:"本协定适用于:在中华人民共和国方面,有效行使中国税法的所有中华人民共和国领土,还包括除领土以外依国际法拥有资源开发利用权力的区域,例如大陆架;在法兰西共和国方面,有效行使有关本协定所含税种的法国税法的所有法兰西共和国的省或领土,同时包括除领土以外依国际法法兰西共和国拥有资源开发利用权力的区域"。事实上,对我国来讲,由于香港、澳门和台湾的特殊情况及一国两制的原则,我国政府所签订的国际税收协定在这三地不适用。以香港为例,《香港特别行政区基本法》非常明确,第 106 条规定,"香港特别行政区保持财政独立……中央人民政府不在香港特别行政区征税";第 108 条规定:"香港特别行政区实行独立的税收制度。香港特别行政区参照原在香港实行的低税政策,自行立法规定税种、税率、税收豁免和其他税务事项"。

2. 税收无差别待遇的规定

在国际税法领域,最主要的原则就是征税公平,目前经合组织范本和联合国范本都主张平等互利的原则。税收上的无差别待遇由国际法上的"国民待遇原则"延伸而来。所谓的"无差别待遇",即反对税收歧视,缔约一方国民在另一缔约方负担的税收或相关条件,不应与该缔约方国民在同等情况下负担或可能负担的税收或条件有所不同。其目的是为了让缔约方国民能够在同等税负下进行经济活动,以便在平等的平台上竞争。当然,税收无差别待遇并不是绝对的,国家有权按一定的标准对相同或类似条件适用不同的税率,只要它能保证这项标准是合理的、客观的,与当事人的国籍没有关系,那么这种做法并不被认为是违反了税收协定的"无差别待遇"。

税收的无差别待遇除了国籍无差别待遇外,还包括常设机构的无差别、资本的无差别及征税程序上的无差别。常设机构的无差别是指设在本国的对方国的常设机构,其税收负担不应重于本国类似企业。支付扣除无差别即在计算企业利润时，企业支付的利息、特许权使用费或其他支付款项，如果承认可以作为费用扣除，不能因支付对象是本国居民或对方国居民，在处理上差别对待。而资本的无差别则是缔约一方企业的资本，无论全部或部分、直接或间接为缔约另一方居民所拥有或控制，该企业的税收负担或有关条件，不应与缔约国一方的同类企业不同或更重。征收程序的无差别则是指税务征管机关在税款征缴时不应有意进行区别对待。当然这些税收无差别待遇并不影响国内财政经济政策下各种减免税照顾及其他特案减免税优惠。

3. 相关用语的定义

由于各国法律制度的不同及语言上的差异，国际税收协定的缔约国双方难免会对某些用语的理解产生歧义。为了税收条约的正确理解和顺利执行，一般在国际税收协定中还就某些用语予以定义和解释，这些用语一般包括："人"、"缔约一方"、"缔约另一方"、"缔约一方企业"、"缔约另一方企业"、"缔约一方居民"、"常设机构"、"联属企业"、"国际运输"、"税收"、"缔约方国名简称和用于地理概念时的含义"等。事实上，上文讲到的国际双边税收协定适用范围中的一些用语也在专门予以定义的用语之列。

在划分缔约双方的税收管辖权方面，其中"居民"和"常设机构"是两个非常重要的概念，除要下定义外，还要明确确定"居民"和"常设机构"的标准，因为其对协定的签订与执行有着直接的制约作用，必须对其内涵和外延作出解释和限定。因此，国际双边税收协定中一般将这两个概念单独定义。对于一些只涉及专门条文的用语解释一般放在相关的条款中附带定义。

除此之外，双边税收协定中还会涉及双重征税的解决、国际逃避税的防范措施及缔约国之间的相互协商程序等内容。

10.5.3 中国的国际双边税收协定

我国签订的第一个双边税收协定是 1983 年 9 月 6 日与日本签订的《中华人民共和国和日本国政府关于对所得避免双重征税和防止偷漏税的协定》，该协定于 1984 年 6 月 26 日生效。截至 2011 年 1 月，与中国政府正式签订并生效的双边税收协定的国家与地区已经达到 93 个，其中主要的发达国家、与中国有着经常性经济往来的大部分国家和地区都已签订条约。

我国在税收协定谈判中没有完全照搬经合组织范本和联合国范本，而是结合这两个范本和我国的实际情况，拟定了一个自己的工作文本——《中华人民共和国政府和×国政府关于对所得避免双重征税和防止偷漏税的协定》。在具体的谈判中，我国也根据具体谈判国家的情况，作出有针对性的安排。比如，在常设机构方面，中日协定规定，建筑安装工程或与其有关的监督管理活动，连续 6 个月以上的构成常设机构；而我国和阿联酋的协定则规定连续或累计超过 24 个月的才为常设机构。再比如，在特许权使用费的征税权上，经合组织范本规定由居住国独享，而联合国范本则主张由来源地国和居住国共享，我国在签订税收协定时就坚持联合国范本的做法。此外，在常设机构的营业利润归属原则方面，联合国范本采用了引力原则，但我国并没有采用。

由于我国是发展中国家，需要利用外资和国外技术，因此在谈判和签订税收协定时非常注重以下两个原则：争取来源地税收管辖权；争取对方在采用抵免法消除双重征税的同时给予税收饶让。

练 习 题

一、单项选择题

1. 两个或两个以上的国家对同一笔所得在具有某种经济联系的不同纳税人手中各征一次税的现象称做（   ）。
   A. 国际重叠征税   B. 国际重复征税
   C. 国际偷逃税   D. 国际避税

2. 发展中国家与发达国家之间实行税收饶让，需要通过（   ）。
   A. 纳税人申请   B. 发展中国家申请
   C. 国家间订立税收协定   D. 平等互利原则

3. 国际税法调整的国际税收关系是指（   ）。
   A. 国家间的税收利益分配关系和税收征纳关系
   B. 国家间的税收利益分配关系及其各自与纳税人之间的税收征纳关系
   C. 国家与纳税人之间的税收利益分配关系和税收征纳关系
   D. 国际与纳税人之间的税收利益分配关系

4. 我国涉外税法中对我国境内法人居民身份的确定，采用（   ）。
   A. 登记注册地标准
   B. 实际管击鼓所在地标准
   C. 法人总机构所在地标准
   D. 法人营业中心所在地标准

5. 在国际税法中，有限纳税义务人是指（   ）。
   A. 只对其实际收入按规定税率纳税的人
   B. 根据收入来源地管辖权原则，向收入来源国政府纳税的人
   C. 根据纳税人的居民身份，对据民国政府纳税的人
   D. 纳税人的义务是有限的，仅限于其利润部分

二、多项选择题

1. 一国对非居民征税，仅限于来源于征税国境内的所得，而对非居民的境外所得无权征税。非居民在收入来源国的所得，一般包括以下哪几项？（　　）
   A. 营业所得　　　　　　　B. 投资所得
   C. 个人劳务所得　　　　　D. 财产所得

2. 下列哪些方法属于跨国公司进行国际避税常用的方法？（　　）
   A. 伪造账册和支付凭证　　B. 关联企业的转移定价
   C. 匿报应税财产和收入　　D. 利用避税港建立基地公司

3. 下列关于国际重复征税和国际重叠征税的表述哪些是错误的？（　　）
   A. 国际重叠征税是指两个国家各自依据自己的税收管辖权按同一税种对同一纳税人的同一征税对象在同一征税期限内同时征税
   B. 国际重复征税的实质是国家税收管辖权的冲突
   C. 目前避免国际重叠征税的方法主要有免税制、抵免制和税收饶让制
   D. 以上说法均不正确

4. 甲国和乙国对同在该两国境内有营业地的某跨国公司在 2002 年度所得税方面，都按照该跨国公司全部收入分别课税。下列哪些选项正确认定了甲国和乙国的征税行为？（　　）
   A. 两国的行为属于国际双重征税
   B. 两国的行为属于国际重复征税
   C. 两国的行为属于国际重叠征税
   D. 两国的行为不属于防止国际逃税与避税

5. 美国某公司为躲避本国的所得税，将其年度利润的 70% 转移到世界著名的自由港巴哈马群岛的某一信托公司，由于巴哈马群岛的税率要比美国低 35%～50%，这样就使该公司每年可以有效地躲避 300～470 万美元的税款。对该公司的行为应如何认定？（　　）
   A. 该公司的行为属于国际逃税行为
   B. 该公司的行为属于国际避税行为
   C. 该公司是通过转移定价的方式进行的
   D. 该公司是通过利用避税港的方式进行

三、思考题

1. 各国确定居民纳税人身份的标准主要有哪些？
2. 居民税收管辖权与来源地税收管辖权有什么区别？
3. 国际重复征税与国际重叠征税的区别何在？解决国际重复征税与国际重叠征税的方法有哪些？
4. 简述国际避税一般有哪些具体的方式？

5. 国际逃税与国际避税有什么不同？

四、案例分析题

1. 某跨国纳税人的国内外所得共计40万美元，其中在居住国所得30万美元，收入来源国所得为10万美元。收入来源国实行30%的比例税率。居住国实行20%~50%的累进税率，30万美元所得的适用税率为35%，40万美元的适用税率为40%。请问：

（1）如果居住国不采取任何避免国际重复征税的措施，该跨国纳税人国内外纳税的总税负是多少？

（2）如果居住国采取全额免税法避免国际重复征税，该跨国纳税人国内外纳税的总税负是多少？

（3）如果居住国采用累进免税法避免国际重复征税，该跨国纳税人的国内外纳税的总税负又是多少？

2. 某一纳税年度，某外资企业在中国境内从事生产高档运动鞋，其股权的一半被日本母公司所拥有，该外资企业产品运动鞋的实际生产成本为每双31.5元，现以成本价格销售给日本母公司，共销售36 000双，日本母公司最后以每双60元的价格在市场售出这批运动鞋。中国政府认为，这种交易作价分配不符合独立核算原则，损害了中国政府的税收利益。根据中国税务当局掌握的市场资料，该外资企业的这批运动鞋生产加工的生产费用率一般为70%，日本公司所得税税率为37.5%，中国为33%。另据中日税收协定规定，中国对汇给日本的股息征收10%的预提税。

分析：（1）中国政府为什么认为这种交易作价分配不合理？

（2）该企业的行为属于什么性质的行为？解决这一问题的原则或标准通常是什么？

第11章

国际经济争端解决法律制度

【学习目的与要求】

在国际经济交往中,由于各式各样的国际经济交流活动的存在,当事人之间也会引起不同性质的纠纷。就此,本章介绍了国际争端的特点,并具体说明了国际经济争端解决的法律制度。其中,国际民商事仲裁的特点、WTO争端解决机制及ICSID的管辖权是本章的学习重点。

11.1 国际经济争端概述

11.1.1 国际经济争端的概念和类型

1. 国际经济争端的概念

所谓"争端",也称争议、争执、纠纷等,是指有关当事方之间对相互权利义务的不同主张。国际经济争端则是指在各国国际经济交往关系或活动中所发生的争端。它包括不同国籍的私人之间、国家之间、国际经济组织之间、国家与他国私人之间、国际经济组织与私人之间、国家与国际经济组织之间经济交往中产生的法律争端。

国际经济争端具有以下特征。第一,争端的主体、客体或内容含有涉外的或跨国的因素。从国际经济争端的概念中可以看出,它发生在不同国家中的自然人、法人、政府之间或国家、国际组织、私人之间;或是具有相同国籍的当事人之间基于跨越国界进行的交易所引起的。第二,争端是涉及国际经济交往的关系或活动,因而既不同于非经济交往的一般涉外民事争端,如涉外婚姻、财产继承等争端,也有别于国家间的政治争端,如领土争端。

2. 国际经济争端的类型

在国际经济交往中,争端的种类多种多样。按照客体的不同分类,国际经济贸易争端可以分为国际贸易争端、国际投资争端、国际税收争端等;国际贸易争端还可以细分为国际货物贸易争端、国际技术贸易争端等。按照争端主体的不同,可以把争端划分为以下三类。

(1) 私人与私人之间的跨国经济争端

这类争端中双方当事人地位平等,争端是基于不同国家的国民之间由于货物买卖、技术转让、投资、工程承包等跨国经济活动而发生的。实践中,这类争端往往还可以根据起因不同而细分为两种:一种为契约性的争端,产生于当事人履行合同的过程中;另一种是非契约性争端,比较典型的如因侵权而产生的纠纷。需要注意的是,无论争端的起因是否基于契约,这类国际经济贸易争端当事方的权利义务是对等的,双方的法律地位也是平等的,由此而决定解决此类争端的法律制度也有其特点和针对性,往往是在国内法中解决或者使用国际商事仲裁。

(2) 国家与私人之间的跨国经济争端

主要产生于国家对具体从事国际经济活动的当事人行使管理或监督的过程中。如一国对进出口货物依法行使税收征管权、对进出口商品依法进行检验、对外汇实行管理、对外国投资进行管制等,都可能引发与被管理者之间的各种争端。此类争端不同于第一类争端的最大特点在于双方当事人的法律地位并不对等:一方为主权国家,另一方则为私人,即本国国民或他国国民。作为一方当事人的国家可以依据国际法的一般原则和国际惯例享有司法豁免权,因此在解决这类争端时就不能运用以当事人法律地位平等为前提的争端解决方式。

当然,在国际经济交流中,国家有时也直接订立商事合同,参加国际经贸活动。如国家与外国投资者之间订立的允许外国投资者开发本国自然资源的特许权协议,或者政府采购物品所签的国际买卖合同。尽管在这种情况下,国家与一国国民之间存在契约,但是无论是这种契约的订立过程还是争端解决,当事人的法律地位还是不同于第一类争端的平等主体。在这种情况下,双方可通过协商谈判、东道国当地救济、第三国法院诉讼、外交保护、国际仲裁等方式解决争端,也可将争端交给"解决投资争端国际中心"解决。这部分将在 11.4 节国家与他国国民之间投资争议的解决中作具体介绍。

(3) 国家之间的跨国经济争端

国家之间的跨国经济争端是指主权国家在经济贸易交往中,基于订立的双边或多边国际公约的解释或履行而产生的争端。该类经济争端主要有两个特点：第一，主体均为国家，这既不同于第一类争端的当事人均为法律地位平等的国民，也不同于第二类争端中法律地位不平等的国家与国民；第二，争端往往是于国家之间订立的双边或多边国际公约的解释或履行中所产生的，如对双边贸易协定、投资保护协定、避免双重征税和防止偷漏税协定的解释或履行发生的争议及由于多边国际经济贸易公约而产生的争议，如世界贸易组织中的各项协议的解释或履行中发生的争议。这种争端往往在国际法中解决或者由国际组织设立的机构解决。

11.1.2 解决国际经济争端的法律规范

由于国际经济争端的类型较多且各有特点，国际经济争端所涉及的法律也就比较多，主要表现为处理国家、国际经济组织、私人等国际经济法主体之间在国际经济交往关系或活动中产生的法律争端的国际法和国内法规范的总称。

1. 国际法规范

各国间签订了一系列的国际条约，以协调国际经济争端的解决。根据调整事项的不同，主要分为以下三类：一是涉外民商事诉讼公约。国际社会先后缔结了1954年《民事诉讼程序公约》、1965年《关于向国外送达民事或商事司法文书和司法外文书公约》、1970年《关于从国外获取民事或商事证据公约》等。二是国际商事仲裁公约，如1958年《承认与执行外国仲裁裁决公约》（以下简称《纽约公约》）。我国于1987年1月22日加入《纽约公约》，但作了两项保留：只在互惠的基础上对另一缔约国领土内作出的仲裁裁决的承认和执行适用该公约；只对根据我国法律认定为属于契约性和非契约性的商事法律关系所引起的争议适用该公约。三是专门处理国际经济争端的公约，如《解决国家与他国国民之间投资争端公约》（以下简称《华盛顿公约》）。我国于1993年1月7日加入该公约，但作了适当保留。

国际法规范可用于解决上述三种国际经济争端，即无论争端双方是国家、不同国籍的国民或是国家与他国国民，只要双方的国家是解决相关事项的国际条约的缔约国，它们之间的争端就可以用相关公约来解决。

2. 国内法规范

各国立法普遍主张对本国境内的国际经济争端享有管辖权，对于某些类别的国际经济争端，有些国家在其立法中明确规定必须由本国法院管辖或只允许适用本国法律。这种法律规范可用于处理不同国籍国民之间及国家与他国国民之间的争端，但显然不适合处理国家之间的争端。一般而言，国内法中关于国际经济争端处理的规范主要是仲裁法规范，它既可以表现为专门的仲裁法，也可以是存在于程序法中的关于仲裁的法律规范。有些国家的仲裁法还就调解程序作了规定。

我国2007年修订的《中华人民共和国民事诉讼法》第四编对涉外民商事诉讼程序

作了特别规定。该法第 235 条规定，法院审理涉外民商事案件时，第四编有规定的，适用该编的规定，该编没有规定的适用民事诉讼法的其他规定。该编也规定了涉外民商事仲裁的有关规则。我国《仲裁法》第七章对涉外仲裁也作了特别规定。

11.1.3 解决国际经济争端的主要方式

解决国际经济争端的方式可以概括为法律方式和非法律方式。法律方式通常是指诉讼或仲裁，非法律方式通常包括协商、斡旋、调解、调停等。从各国处理国际经济争端的实践来看，处理国际经济争端的主要方式有司法解决方式、协商解决方式、仲裁解决方式和调解解决方式。

（1）司法解决方式

司法解决方式也称诉讼解决方式，包括国际司法解决方式和国内司法解决方式。

国际司法解决方式是将国际经济争端提交国际法院来解决。《国际法院规约》对国际法院诉讼管辖权进行了规定：国际法院的诉讼当事人仅限于国家，这样就把国际经济法的其他主体，即自然人、法人、国际经济组织统统排除在外，因此国家间的经济争端可以通过到国际法院诉讼的方式解决，而国家以外的国际经济法主体就无法通过这一途径来解决争端；由于国际法院不是凌驾于国家之上的司法机关，其管辖需以争端当事国的自愿、协定或声明为前提。各国是否将特定案件提交国际法院解决，完全出于其意愿。

由此可见，国际法院不能独立解决国家之间的经济争端，更无法独立地解决各种各样的国际经济争端。

国内司法解决方式是将国际经济争端提交国内法院来解决。一般国内法院有权处理不同国籍私人之间的经济争端，还受理国家与他国私人之间的经济争端。国际上主要的涉外经济管辖权制度包括：属地管辖权制度，这种制度规定争端由当事人的住所地、居所地或事物的存在地、事情的发生地等地域行使管辖权；属人管辖权制度，规定争端由当事人的国籍国行使管辖权；普通法管辖权制度，即实际控制的国家行使管辖权。鉴于确定司法管辖权是受理特定案件、进行诉讼的前提，并往往同法律适用密切相关，从而直接影响案件的审理结果，一些国家的有关法律还明确规定了本国法院对此类争端的司法管辖权。但国内司法解决方式也存在一定的缺陷：首先，由于主权国家及国际经济组织在国际法上通常享有豁免权，因此一国法院不能对它们实施管辖权，除非该国或国际组织主动放弃其豁免权，但到目前为止，尚没有哪个国家或国际组织这样做；其次，这种方式有时还会牵扯到管辖权冲突，不同国籍的争端当事人选择管辖其争端的法院，在实践中当事人都希望取得"本国法院利益"，尽量选择本国的法院来解决争端。

（2）协商解决方式

协商解决的特点是由双方当事人通过友好协商的方式，在没有第三方介入的情况下自行解决他们之间的争议。在订立国际商事交易合同的争议解决条款时，双方当事人通常会将协商解决方式放在其他争端解决方式之前；实践中，多数争议也都是由双方当事人自行解决的。由此可见，协商解决是当事人自行解决他们之间的争议最为常见的方式。

双方当事人协商解决争议时，应具有解决争议的诚意。在谈判中对争议事实认定基本一致后，双方应基于互谅互让的原则，共同协商解决纠纷。协商解决方式没有第三方的介入，在商事交易保密问题上具有一定的安全性，有利于双方当事人依据自己意愿直接进行协商谈判。实践证明，协商解决方式一直是一种行之有效的解决争议的方式。

（3）仲裁解决方式

国际商事仲裁是指当事人通过协议，自愿将争端提交仲裁庭进行审理，并遵守其裁决。它是解决争端的最重要的非诉讼方式。仲裁有两种情况：第一，不同国家之间以仲裁解决其经济争端；第二，不同国家的当事人以国际商事仲裁的方式解决纠纷。仲裁解决方式包括特设仲裁机构仲裁和常设仲裁机构解决两种方式。特设仲裁机构是根据当事人合意并按照一定的程序建立，案件审理完毕后自动解散；而常设仲裁机构则是依照国际条约或国内法律设立，具有长期性。

相对于国际民商事诉讼，国际商事仲裁具有较大的灵活性和自主性。仲裁机构是民间组织，没有法定的管辖权；仲裁机构根据双方当事人的仲裁协议受理有关案件。在争端双方当事人同意的情况下，普遍适用于各种国际经济争端。与斡旋、调解等解决方式相比，国际商事仲裁仲裁员是以裁判者的身份对争端作出裁决，裁决一般是终局性的，对双方当事人均有约束力，更具有权威性。如果一方当事人不自动执行裁决，另一方当事人则有权申请法院予以强制执行。

（4）调解解决方式

国际民商事调解是指争端当事人在平等、自愿、合法的基础上，由中立的第三方在争端当事人之间进行协调，促使双方达成协议，以解决争端的一种方式。如果双方当事人同意通过调解方式解决争端，就必须持续运用这种方式直至争端解决。它与国际民商事诉讼和国际民商事仲裁相比，具有速度快、效率高、费用低的特点，同时国际民商事调解有利于双方当事人保持良好的合作关系。但调解人只具有促使双方当事人达成协议的职责，无权不顾当事人的意愿，自行作出具有法律拘束力的裁决。因此，如果一方当事人因某种理由在调解过程中不予合作，调解即告失败。调解方式在解决国际经济争端中所起的作用比仲裁方式小。

国际民商事调解一般在常设仲裁机构的主持或协助下进行，一些国际性常设仲裁机构都制定了相应的调解规则。1978年的《联合国国际贸易法委员会调解规则》是第一部国际性的调解规则。尽管调解解决争端的方式目前受到越来越多的重视，但它在整个国际经济争端解决中的作用要小于仲裁方式和司法方式。

11.2 国际商事仲裁

11.2.1 国际商事仲裁概述

1. 国际商事仲裁的概念

仲裁又称公断,是指争议双方当事人根据事前或事后达成的协议,自愿将争议交付第三者,由第三者按一定程序居中公断是非并作出裁决,对争议双方当事人均具有约束力的一种解决争议的方法。仲裁大致可分为国内仲裁和国际仲裁。对一国而言,凡是仲裁协议的一方或双方为外国人、无国籍人或其他外国企业或实体,或者仲裁协议订立时双方当事人的住所或营业地位于不同的国家;或者即便仲裁协议双方当事人的住所或营业地位于相同的国家,但如果仲裁地点位于该国境外,或者仲裁协议中所涉及的商事关系的设立、变更或终止的法律事实发生在外;或者争议标的位于该国境外者,均可视为国际商事仲裁。各国对国际商事仲裁的"国际"和"商事"的含义有不同的理解,但对二者的含义尽可能作出广义的解释是现代国际社会的一个趋势。

就"国际"一词而言,联合国于1985年通过的《国际商事仲裁示范法》的解释为"仲裁如有下列情况即为国际性的:仲裁协议的当事各方在缔结协议时,他们的营业地点位于不同的国家;下列地点之一位于当事各方营业地点所在国以外,如仲裁协议中确定的或根据仲裁协议而确定的仲裁地;履行商事关系的大部分义务的任何地点或与争端标的关系最密切的地点;当事各方明确同意,仲裁协议的标的与一个以上的国家有关。"就"商事"一词而言,联合国《国家商事仲裁示范法》的注释为"商事这个术语应给予广义的解释,它包括所有商事性质关系所发生的争端,不问其性质为契约性质与否。商事性质关系包括但不仅仅限于下述交易事项:任何提供或交换商品或服务的交易;销售协议;商业代理;租赁;建筑工程;咨询、许可、投资和金融;银行;保险;代理;勘探协议或特许;合资企业或其他形式的工业商业合作;空中、海上、铁路或公路的货运或客运。"

2. 国际商事仲裁的特征

仲裁作为一种解决争议的方法,与诉讼相比,具有以下特征。

(1) 自愿性

争议双方当事人事前或事后达成的仲裁协议是仲裁的前提条件。双方当事人就纠纷是否提交仲裁、交与谁仲裁、仲裁员的组成、仲裁适用的法律依据、仲裁适用的程序,都是由争议双方当事人协商确定的,这些都必须基于当事人自愿。

（2）灵活性

在诉讼中，当事人一般不能自由地选择审理争议的法官，各国法院都是严格按照诉讼程序法的规定审理案件。而仲裁程序并不像诉讼程序规定得那样严格，相对比较灵活，可依据当事人的选择适当简化环节。

（3）专业性

民商事纠纷常常涉及复杂的法律、经济贸易和技术性问题，需要专家解决。仲裁机构大都具有仲裁员名册，所列仲裁员一般都是各行各业的专家，当事人可以从涉及争端相关问题的行业专家中指定仲裁员，以保证仲裁的专业权威性。

（4）独立性

各国有关法律规定，仲裁机构独立于行政机关，仲裁机构之间亦无隶属关系，仲裁独立进行，不受任何机关、社会团体和个人的干涉，甚至仲裁庭审理案件的时候也不受仲裁机构的干涉，显示出最大的独立性。

（5）快捷性

仲裁审理及裁决一般以不公开审理为原则，实行一裁终局制度。当事人不得就同一事实再次申请仲裁，也不能向人民法院再行起诉、上诉。而诉讼一般公开进行，实行两审终审或三审终审制度。相比之下，仲裁有利于当事人之间纠纷的快速解决。

3. 国际商事仲裁的种类

国际商事仲裁按照不同分类标准，可以作出不同的分类。

① 以仲裁员是否必须依照法律作出裁决为标准，可以将国际商事仲裁分为友好仲裁和依法仲裁。友好仲裁是指仲裁庭经双方当事人授权，在认为适用严格的法律规则会导致不公平结果的情况下，不依据严格的法律规则，而是依据它所认为的公平标准作出对当事人双方有约束力的裁决。是否可以进行友好仲裁将完全取决于当事人的意愿。未经授权，不得进行友好仲裁。此外，友好仲裁也要受到仲裁地的公共政策和强制性规定的限制。依法仲裁是指仲裁员必须按照法律作出裁决，不能像友好仲裁一样依照友好仲裁人所认为公平合理的标准作出裁决。不过，应当看到的是，依法仲裁并不完全排除仲裁庭在依照法律判案的同时，辅以某些折衷或变通的方式来作出决定。但仲裁员据此作出裁决的权力，只能看作是仲裁庭的自由裁量权，它不属于友好仲裁的性质。

② 按照国际商事仲裁协议主体法律地位的不同，可分为不同国家的国民之间的商事仲裁和国家与他国国民之间的商事仲裁。不同国家的国民之间的商事仲裁，这里的国民，不仅包括自然人、法人，也包括其他法律实体。他们在国际商事交易中所处的法律地位是平等的，具有对等的权利与义务。国家与他国国民之间的商事仲裁，该仲裁的一方当事人为主权国家或政府行政主管部门，他方为另一国家的国民，他们之间的争端一般是由于国家的管理行为而引起的。

③ 根据审理国际商事争议的仲裁机构组织形式的不同，可分为临时仲裁和机构仲裁。临时仲裁是指根据双方当事人的仲裁协议，在争议发生后由双方当事人推荐的仲裁

员临时组成仲裁庭,负责审理当事人之间的有关争议,当案件审理终结并作出仲裁裁决后,该仲裁庭即行解散。临时仲裁的主要优势是程序上比较灵活,在一定条件下可以提高工作效率和节省仲裁费用。因为一般常设仲裁机构收取管理费,此外还要办理其他一些复杂的手续。缺点是当事人得就仲裁所涉及的各种问题作出约定,如果程序进行中发生争议,如一方当事人拒绝指定仲裁员,另一方当事人须按照所使用的仲裁规则的规定,申请法院或其他机构指定仲裁员,因此其优势的发挥有赖于当事各方的密切合作。我国仲裁法没有就临时仲裁作出规定,而目前我国设立的诸多的仲裁委员会,均为常设仲裁机构。

由于经济、贸易及科技的发展,为了解决日趋复杂的商事争议,常设性仲裁机构应运而生。机构仲裁是指由常设性仲裁机构进行的仲裁。机构仲裁的主要优势是有确定的仲裁规则、仲裁员名单,机构是常设性而非临时性,并且实行专业化管理。

4. 国际商事仲裁协议

《国际商事仲裁示范法》第7条对仲裁协议的概念作了较为明确的规定:"'仲裁协议'是指当事各方同意将他们之间确定的不论是契约性或非契约性的法律关系上已经发生或可以发生的一切或某些争议提交仲裁的协议。仲裁协议可以采取合同中的仲裁条款形式或单独的协议形式。"仲裁协议是国际商事仲裁的基础与前提,它是仲裁庭或仲裁机构行使仲裁管辖权的依据。订有有效仲裁协议的当事人只能将有关争议提交仲裁解决,而不能向法院提起诉讼,法院也不能受理。并且,仲裁庭或仲裁机构只能受理当事人根据仲裁协议所提交的案件。

国际商事仲裁协议通常有以下三种类型。

(1) 仲裁条款

仲裁条款是指双方当事人在签订国际商事合同时,在合同中约定把将来履行合同时可能发生的争议提交仲裁解决的一项专门条款。这是仲裁协议的一种最普遍和最重要的形式。仲裁条款是构成有效合同的一部分,同时它具有一定的独立性,即合同的其他条款无效,仲裁条款并不一定随之无效。

英国法院最早在海曼诉达文斯(Heyman v. Darwins)一案中确立了仲裁条款可独立于它所依据的合同而存在。在该案中,达文斯是英国一家钢铁制造商,它与营业地在纽约的海曼订立了独家代理合同,合同中含有措辞广泛的仲裁条款:"由本合同产生的争议应通过仲裁解决。"后来,达文斯拒绝履行合同,双方发生争议。于是,海曼将此争议诉诸法院,指控达文斯违约。达文斯则请求法院中止对该案的审理,并裁定将此争议按照合同中的规定提交仲裁解决。本案初审法官麦克米兰驳回了被告达文斯的请求。该法官认为:"如果合同从来就不存在,那么作为合同一部分的仲裁协议也不存在。因为大合同中包含着小协议。"即如果主合同无效,作为该合同一部分的仲裁条款也随之无效。但上议院认为,该合同中的仲裁条款可以独立于它所依据的合同而存在。[1] 此

---

[1] 《英国上诉法院判例集》,1942年,第356页。

后，法国最高法院于 1963 年在 Societe Gosset v. Societe Carapelli[①] 一案的判决中，美国最高法院于 1967 年在 Prima Paint v. Flood & Conklin Manufacturing Co.[②] 一案的判决中，均确立了仲裁条款可独立于它所依据的合同存在的原则。目前，许多国家已通过法律的形式将此固定下来。我国《仲裁法》、《合同法》对此也有相关规定。

常设仲裁机构一般都拟定有自己的示范仲裁条款，推荐给当事人订立合同时采用。例如中国国际经济贸易仲裁委员会的示范仲裁条款为："凡因本合同引起的或与本合同有关的任何争议，均应提交中国国际经济贸易仲裁委员会，按照申请仲裁时该会先行有效的仲裁规则进行仲裁。仲裁裁决是终局的，对双方均有约束力。"

(2) 仲裁协议书

又称专门仲裁协议，是指双方当事人在争议发生之后订立的，同意将有关争议提交仲裁解决的一项专门协议。仲裁协议书一般是由于有关的国际商事合同中没有规定仲裁条款，双方当事人在争议发生后签订的。

(3) 其他表示提交仲裁的文件

当事人除了订立合同之外，还可以通过互换信函、电报、传真、电子数据和电子邮件在网上达成仲裁协议，这种协议往往不是通过双方共同签署同一份有关仲裁协议的文件，而是一方当事人提出仲裁的建议或要约，另一方当事人通过上述通信方式给对方已确认或承诺即达成仲裁协议。

对于仲裁协议的内容，国际上没有统一的要求，但仲裁协议的内容制定得是否明确直接影响到争议能否及时、公正地解决。各国有关仲裁的立法和各常设仲裁机构的规则，都在原则上承认双方当事人可以自由商定仲裁协议的的内容，但同时也都在不同的程度上对之进行限制。如仲裁协议的内容不得违反一国公共秩序，不允许把一国法律规定不属于仲裁管辖的事项提交仲裁，不得在协议中规定将已提交仲裁的案件再向法院起诉等。因此，仲裁协议的内容不得违反仲裁地国家和其他有关国家的禁止性和强制性的规定。一项适当、有效的仲裁协议一般包括提交仲裁的争议事项、仲裁地点、仲裁机构、仲裁程序规则、仲裁应适用的法律、仲裁裁决的效力等内容。

仲裁协议是双方当事人自愿将争议提交仲裁机构解决的共同意思表示，它之所以具有法律效力是因为各国通过国内立法和国际条约赋予了它法律效力。例如，我国上海某公司与某外国公司签订一份合资经营合同，在上海市共同成立房地产开发公司，开发房地产项目。合同规定，合资双方发生争议时，提交中国国际经济贸易仲裁委员会仲裁。在合资公司成立后，由于外方当事人未能按期投入其认缴的注册资金，双方发生争议。经各方当事人多次协商未能解决。于是，上海某公司向上海市中级人民法院提起诉讼，要求解除与外方当事人的合资合同。那么，上海某公司是否有权向上海市中级人民法院

[①] Fordham International Journal（第 17 卷），1994 年，第 599 页。
[②] 《美国最高法院判例集》（第 388 卷），1967 年，第 395 页。

提起诉讼？这就涉及仲裁协议的法律效力问题。一项有效的仲裁协议具有以下四个方面的法律效力。

（1）对当事人的法律效力

仲裁协议对双方当事人具有严格的约束力，即一旦发生争议，双方当事人必须通过仲裁方式解决，任何一方不得就该争议向法院提起诉讼，除非双方当事人又另外达成协议而变更仲裁协议，并且双方当事人必须承担自觉履行仲裁裁决的义务。因此，上述案例中上海某公司不能向上海市中级人民法院提起诉讼，只能提交中国国际经济贸易仲裁委员会进行仲裁。

（2）对法院的法律效力

仲裁协议对法院具有排除其司法管辖的法律效力，法院不应受理由仲裁协议的争议案件。从对法院的法律效力来看，上海市中级人民法院也不能接受上海某公司的起诉，因为双方当事人已经约定将争议提交仲裁，这就排除了法院的司法管辖权。

（3）对仲裁庭或仲裁机构的法律效力

有效的仲裁协议是仲裁员或仲裁机构受理争议案件、行使仲裁管辖权的重要依据。一方面，若不存在有效的仲裁协议，则有关仲裁庭或仲裁机构就无权受理争议案件；另一方面，仲裁协议对仲裁机构的管辖权进行了限制，即仲裁机构只能审理仲裁协议中约定的提交仲裁的特定争议事项。从这方面来看，上述案件中双方约定双方争议提交中国国际经济贸易仲裁委员会仲裁，并未对具体争议事项进行规定，故中国国际经济贸易仲裁委员会可以仲裁双方任何争议事项。

（4）是仲裁裁决具有强制执行力的重要依据

仲裁协议是基于双方当事人自愿订立的，在裁决作出后，当事人应该自觉执行。但如果一方当事人拒不履行，另一方当事人则可向法院提交有效的仲裁协议和裁决书，申请强制执行该裁决。

11.2.2 国际商事仲裁机构

1. 概述

仲裁机构是国际商事关系中双方当事人自由选择出来用于解决其争议的民间性机构，其审理案件的管辖权限完全取决于当事人的选择和授权。国际商事仲裁机构可分为临时仲裁机构和常设仲裁机构。临时仲裁机构是指根据当事人的仲裁条款或仲裁协议，在争议发生后由双方当事人推荐的仲裁员临时组成的，负责裁断当事人的争议，并在裁决后即行解散的临时性仲裁机构。常设仲裁机构是指根据国际公约或一国国内立法所成立的，有固定的名称、地址、组织形式、组织章程、仲裁规则和仲裁员名单，并具有完整的办事机构和健全的行政管理制度的，用于解决国际商事争议的永久性仲裁机构。目前，常设性仲裁机构发展迅速，成为当今社会国际商事仲裁的主要组织形式。

2. 主要的国际商事常设仲裁机构

（1）国际商会仲裁院

国际商会仲裁院成立于1923年，是附属于国际商会的一个国际性常设调解与仲裁机构，旨在通过民间企业的交往促进国际经济合作与发展。国际商会仲裁院是国际性民间组织，具有很大的独立性，该仲裁院总部设在巴黎，理事会由来自四十多个国家和地区的具有国际法专长和解决国际争端经验的成员组成，其成员首先由国际商会各国委员会根据一国一名的原则提名，然后由国际商会大会决定，任期三年。仲裁院成员独立于其国家和地区行事。

（2）伦敦国际仲裁院

伦敦国际仲裁院成立于1892年，是国际上最早成立的常设仲裁机构。伦敦国际仲裁院的职能是为解决国际商事争议提供服务，它可以受理当事人依据仲裁协议提交的任何性质的国际争议，在国际社会享有很高的声誉，特别是国际海事案件，大多诉诸伦敦国际仲裁院。伦敦国际仲裁院备有供当事人选择的仲裁员名单，在选聘仲裁员的标准方面，该仲裁院非常强调其专业知识，尤其是某些技术领域方面的知识。为了适应国际商事仲裁发展的需要，该仲裁院于1978年增设了来自30多个国家的具有丰富经验的仲裁员组成的"伦敦国际仲裁员名单"。

（3）瑞典斯德哥尔摩商会仲裁院

瑞典斯德哥尔摩商会仲裁院（以下简称仲裁院）成立于1917年，是瑞典最重要的常设仲裁机构。由于瑞典仲裁制度较完备，加之政治上的中立国地位，仲裁院逐渐发展成为东西方经济贸易争端的仲裁中心。仲裁院虽是斯德哥尔摩商会的机构之一，但具有独立的地位和组织。仲裁院设立三人委员会，委员由商会执行委员会任命，任期三年。担任委员会主席的委员由具有解决工商业争端经验的法官担任；其他两名委员中，一名执业律师，另一名是在商界享有信誉的人。主席或委员委托其副职工作时，副职具有与主席或委员同等的职权。委员会的两名委员即构成法定人数。表决如未达到半数以上，主席有决定权。委员会的裁决是终局性的，不需要提交商会复审。仲裁院还设有秘书处。

（4）美国仲裁协会

美国仲裁协会（以下简称仲裁协会）成立于1926年，总部设于纽约，在美国其他24个主要城市设有分会。仲裁协会是独立的、非营利的民间组织。其宗旨是：进行有关仲裁的研究，完善仲裁技术和程序，进一步发展仲裁科学；提供仲裁便利。仲裁协会由理事会领导，雇用430名左右专职人员，并备有仲裁员名册。名册列举了居住于美国各地的60 000多名经济贸易界和其他各界人士的名单，他们的专业特长和声誉经仲裁协会事先审查。

（5）中国国际经济贸易仲裁委员会

中国国际经济贸易仲裁委员会（以下简称仲裁委员会）是中国国际贸易促进委员会

于 1956 年 4 月设立的，当时的名称为对外贸易仲裁委员会，是以仲裁的方式，独立、公正地解决契约性或非契约性的经济贸易等争议的民间性常设商事仲裁机构。1980 年改名为对外经济贸易仲裁委员会，又于 1988 年改名为中国国际经济贸易仲裁委员会，自 2000 年 10 月 1 日起同时启用"中国国际商会仲裁院"名称。30 多年来，仲裁委员会以事实为根据，以法律为准绳，尊重当事人的合同规定，参照国际惯例，实事求是、公正合理地解决了许多国际经济贸易争端，有效地维护了中外当事人的合法权益，在国内外赢得了信誉。

仲裁委员会由主席一人、副主席若干人、秘书长一人和委员若干人组成。仲裁委员会设秘书局，负责处理仲裁委员会的日常事务。仲裁委员会设立仲裁员名册，仲裁员由中国贸促会从国际经济贸易、科学技术和法律等方面具有专门知识和实际经验的中外人士中聘任。仲裁委员会还设立了三个专门委员会：专家咨询委员会、案例编辑委员会和仲裁员资格审查考核委员会。仲裁委员会设于北京，根据仲裁业务发展的需要，可在中国境内其他地方设立仲裁委员会分会。目前，在深圳、上海已设立了分会。

11.2.3 国际商事仲裁程序

仲裁程序是指如何通过仲裁的方式解决当事人之间争议的程序，是从一方当事人提出仲裁申请直至仲裁庭作出终局裁决这一整个过程中，相关的仲裁机构、仲裁庭、申请人、被申请人和其他关系人（如代理人、证人、鉴定人等）参与仲裁时所必须遵循的程序。仲裁程序主要包括以下四个部分：仲裁的申请和受理、仲裁庭的组成、仲裁案件的审理、仲裁裁决的作出。

根据各国国内立法、国际公约及各仲裁机构的仲裁规则，仲裁程序规则的确定可以由当事人意思自治，即由当事人合意决定；如当事人没有或不能合意决定，则一般由仲裁庭或仲裁员决定。经过长期的实践，国际商事仲裁领域形成了一系列关于仲裁程序的习惯做法，有些国家还签订了仲裁程序方面的国际公约。这些习惯做法和国际条约对各国的仲裁立法及各常设仲裁机构的仲裁规则产生了很大影响，使得各国及各常设仲裁机构对仲裁程序的规定在许多方面存在着相同或相似之处。

1. 仲裁的申请和受理

仲裁机构受理争议必须以双方当事人的仲裁协议为据，但单有仲裁协议并不能自动地引起仲裁审理程序的开始，还必须由一方当事人提出仲裁申请。仲裁申请的提出是开始仲裁审理程序的最初法律步骤。提出仲裁申请的一方为申请人或申诉人，与其相对应的另一方称为被申请人或被诉人。

仲裁程序自仲裁委员会或其分会发出仲裁通知之日起正式开始。仲裁委员会收到当事人提交的仲裁申请书后，认为符合受理条件的，在规定的时间内向申请人发出受理通知书。双方当事人在收到受理通知书或仲裁通知书后，申请人必须在规定的期限内预交仲裁费用，被申请人可在仲裁通知书规定的期限内向仲裁委员会提交书面答辩书。双方应分别做好证据材料的核对及整理工作，及时提交仲裁员选定书、法定代表人证明书、详细写明委托权限的授权委托书等有关材料。被申请人若要提出仲裁反请求，则必须在仲裁规则规定的期限内提出。

2. 仲裁庭的组成

仲裁庭是指对某项国际商事争议进行审理活动的组织。在国际商事仲裁实践中，仲裁庭分为独任仲裁庭和合议仲裁庭两种，即分别是由一名仲裁员、三名仲裁员组成仲裁庭。当事人约定由一名仲裁员成立仲裁庭的，应当由当事人共同选定或者共同委托仲裁委员会主席指定仲裁员；当事人约定由三名仲裁员组成仲裁庭的，可以各自选定或者委托仲裁委员会主席指定一名仲裁员，第三名仲裁员由当事人共同选定或共同委托仲裁委员会主席指定，第三名仲裁员为首席仲裁员。如果当事人没有在仲裁规则规定的期限内约定仲裁庭的组成方式或选定仲裁员的，则由仲裁委员会主席指定组成仲裁庭。首席仲裁员负责主持整个仲裁程序的进行，并享有一票决定权。

3. 仲裁案件的审理

仲裁审理是指仲裁庭组成后，以一定的方式和程序搜集并审查证据，询问证人、鉴定人，并对整个争议事项的实质性问题进行全面审查的仲裁活动。在国际商事仲裁实践中，各仲裁机构的审理程序基本相似，一般包括审理方式的确定、审核证据和询问证人、财产保全、法律适用及进行调解等步骤。

按照一般仲裁规则的规定，仲裁审理通常采用开庭审理的方式，给双方当事人充分的机会陈述各自的意见。有些案情比较简单的案件，仲裁庭也可以决定不开庭审理，仅进行书面审理。但无论是开庭审理还是书面审理，均应当给双方当事人充分表达其各自意见的机会。如果仲裁庭没有给当事人或其代理人表达其各自意见的合理机会，由此作出的裁决在执行过程中就可能遇到麻烦。例如，中国内地公司与中国香港公司之间就买卖合同项下的货物质量问题发生争议，双方对产品的质量问题究竟是在生产过程中还是在运输和不当储藏中产生的各执一词，双方都聘请了专家出庭作证。为了查明争议的事实，仲裁庭聘任了独立的专家组进行鉴定，当专家组鉴定出来后，港方当事人的代理人要求对该专家组的鉴定进行评论，但是仲裁庭在该方当事人对专家鉴定作出评论之前就签发了仲裁裁决，裁决内地一方当事人胜诉。香港一方当事人拒绝执行该裁决，于是内地一方当事人不得不到被申请人所在地香港法院申请执行。此时，作为被申请人的香港一方当事人向法院提交证据证明仲裁庭未遵守正当程序规则，因为被申请人还未对专家鉴定作出评论前仲裁裁决已经写出，以此请求法院拒绝承认与执行该裁决。香港法院根据《纽约公约》第5条第1款第3项的规定，支持了被申请人的主张，拒绝承认与执行中国国际经济贸易仲裁委员会的仲裁裁决。

4. 仲裁裁决的作出

仲裁裁决是仲裁庭在审理案件的过程中或审理终结后，根据查明的事实和认定的证据，对当事人提交仲裁之争议的请求事项作出的予以支持或驳回或部分支持、或部分驳回的书面决定。仲裁具有一裁终局的特征，即仲裁庭一旦作出终局裁决，整个仲裁程序即告终结。各国国内关于仲裁的立法和各常设仲裁机构的仲裁规则对仲裁裁决的形式、内容和效力及作出仲裁裁决的期限等问题分别作出了不同规定。

11.2.4 国际商事仲裁裁决的承认与执行

1. 概述

虽然仲裁是建立在双方当事人自愿的基础之上的，大多数国际商事仲裁裁决都能得到当事人的自动履行，但是在实践中也有败诉方拒绝履行仲裁裁决的情况。由于仲裁裁决一经作出，仲裁庭的任务即告完成，且仲裁机构本身没有强制执行裁决的权力，在败诉方拒绝履行仲裁裁决的情况下，胜诉方就需要申请有关的国内法院强制执行，由此便产生了国际商事仲裁裁决的承认与执行问题。国际社会先后签订了3个国际公约：1923年《日内瓦仲裁条款协议书》、1927年《关于执行外国仲裁裁决的日内瓦公约》和1958年《承认与执行外国仲裁裁决的公约》（以下简称《纽约公约》）。《纽约公约》已取代前两者，成为有关承认和执行外国裁决的一个最具影响的国际公约。

国际商事仲裁裁决的承认，是指一国法院允许某项仲裁裁决所确认的当事人的权利与义务在该国境内发生法律效力。国际商事仲裁裁决的执行，是指一国法院在承认某项仲裁裁决效力的基础上，依照本国法律规定的执行程序，对其予以强制执行。国际商事仲裁裁决的承认与执行可分为两种情形：一是对本国仲裁裁决的承认与执行；二是对外国仲裁裁决的承认与执行。

（1）对本国仲裁裁决的承认与执行

一国内，本国仲裁机构作出的仲裁裁决在本国申请承认与执行较为简便。世界各国的仲裁立法大多规定，由胜诉一方向法院提出承认与强制执行的申请，法院依照本国法律的规定对仲裁裁决进行形式上的审查，认为符合有关法律规定的，即承认其法律效力。对需要执行的裁决，发布执行令，按照本国民事诉讼法的规定，像执行法院判决一样给予强制执行。如果仲裁裁决不符合本国法律的规定，法院可驳回当事人的申请，不予执行。对于不予执行的裁决，当事人可以根据仲裁协议重新申请仲裁，也可以向法院起诉。

（2）对外国仲裁裁决的承认与执行

相对而言，外国仲裁裁决的承认和执行更为复杂。根据1958年《纽约公约》的规定，外国仲裁裁决是指在被申请承认和执行地国以外的国家领土内作成的仲裁裁决，以及适用外国仲裁法在被申请承认和执行地国内作成的被申请承认和执行地国认为不是本国裁决的仲裁裁决。因承认和执行外国仲裁裁决关系到申请国和被申请国双方的国家利益和主权问题，各国对此都进行了若干限制，通常是以条约或互惠关系为前提条件。

《纽约公约》对拒绝承认和执行外国仲裁裁决的理由也作了明确规定,主要包括以下几点:缺乏有效的仲裁条款或仲裁协议;被申请人没有得到适当的通知,以致未能对案件有申辩的机会;裁决事项不属于仲裁协议的范围;仲裁庭的组成或仲裁程序与双方当事人的协议不相符合,或者在双方当事人无协议时与仲裁国家的法律不相符合;仲裁尚未生效,或已被仲裁地国家有关当局撤销;裁决的争议依照执行地国家的法律规定,属于不得提交仲裁的事项;裁决的内容违反了执行地国家的公共政策。

2. 中国关于涉外仲裁裁决的承认与执行

对仲裁裁决的承认与执行,我国《民事诉讼法》、《仲裁法》及最高人民法院的有关司法解释均有相应的规定。此外,中国于 1986 年正式加入《纽约公约》,该公约已于 1987 年 4 月 22 日起对我国生效。这些国内法规范和国际法规范共同构成了我国承认与执行国际商事仲裁裁决的法律制度。

对于外国仲裁裁决在我国的承认和执行,我国《民事诉讼法》规定:"国外仲裁机构的裁决,需要中华人民共和国法院承认和执行的,应当由当事人直接向被执行人住所地或财产所在地的中级人民法院申请,人民法院依照中华人民共和国缔结和参加的国际条约或者按照互惠原则办理。"据此,在 1958 年《纽约公约》其他成员领土内作出的仲裁裁决,当事人申请我国法院承认和执行的,我国法院可按 1958 年《纽约公约》的规定办理。但我国加入 1958 年《纽约公约》时,作出了两项保留声明,即互惠保留声明和商事保留声明。互惠保留声明是我国只在互惠基础上对另一成员领域内作出的仲裁裁决的承认和执行适用该公约。商事保留声明是我国只对根据中国法律认为属于契约性和非契约性的商事法律关系所引起的争议适用该公约。对于非《纽约公约》成员领土内作出的仲裁裁决,我国可根据有关外国与我国缔结的关于承认和执行外国仲裁裁决的双边条约办理。在没有这种双边条约的情况下,我国法院可按互惠原则办理。

对于我国涉外仲裁机构的仲裁裁决在外国的承认和执行,我国《民事诉讼法》规定:"中华人民共和国涉外仲裁机构作出的发生法律效力的仲裁裁决,当事人请求执行的,如果被执行人或者其财产不在中华人民共和国领域内,应当由当事人直接享有管辖权的外国法院申请承认和执行。"据此,若被请求国是《纽约公约》的成员或是与我国有其他有关条约关系的国家,应依照有关条约的规定向被请求国有管辖权的法院提出;若无上述条约义务,则应按被请求国的有关法律办理。

11.3 WTO 争端解决机制

11.3.1 WTO 争端解决机制的起源

世界贸易组织(World Trade Organization,WTO)争端解决机制和 1947 年的关

税及贸易总协定（General Agreement on Tariffs and Trade，GATT）之间存在着紧密的联系。在 WTO 之前，GATT 事实上发挥着类似于国际组织的作用，其重要表现之一就是其争端解决机制。在 1979 年的东京回合谈判中，GATT 缔约各方达成了《关于通知、协商、解决争议和监督的谅解》，但该文件仅供缔约方选择适用，其本身并没有法律上的约束力。由于 GATT 在处理贸易争端上并未产生令人满意的后果，更有甚者借用国内法和单边行动来压制 GATT 的争端解决机制，导致单边行动和更多的贸易摩擦，直接危及 GATT 的存在与实施。改进 GATT、建立一套切实可行争端解决机制，便成了乌拉圭回合谈判的重要目标。1986 年乌拉圭回合谈判通过了《关于争端解决规则与程序的谅解书》(Understanding on Rules and Procedures Governing the Settlement of Disputes，DSU，以下简称《谅解书》)，该谅解书所规定的规则和程序，便是 WTO 争端解决机制的主要内容，且《谅解书》对所有 WTO 成员均具有约束力。由此，WTO 争端解决机制正式建立。

1. GATT 争端解决机制

WTO 争端解决机制起源于 1947 年 GATT 的争端解决机制。GATT 争端解决机制的法律渊源包括 1947 年 GATT 第 22 条和第 23 条，以及随后通过的一系列关于争端解决的决定、谅解和决议等。其中，第 22 条和第 23 条是争端解决的主要规则和最重要的法律基础。

根据 GATT 第 22 条的规定，任何缔约方对与 GATT 有关的事项，可以要求同相关缔约方进行协商，当一缔约方就影响本协定执行的任何事项向另一缔约方提出要求时，另一缔约方应给予考虑，并给予机会进行协商，以就有关争议事项达成和解。如果争议各方协商不成或未能取得满意的结果，则其中一缔约方在请求全体缔约方介入时，缔约方全体可以邀请其他缔约方参加，以便增加协商解决争议的机会。GATT 第 23 条规定，如果一缔约方认为，由于另一缔约方未能实施其承担的 GATT 义务或实施某种措施，致使该缔约方根据关贸总协定可获得的直接或间接利益正在丧失或受到损害，或者致使总协定目标的实现受到了阻碍，可以向有关缔约方提出改变措施的书面建议或请求。如果有关缔约方之间磋商未果，有关缔约方可以将争端提交缔约方全体处理。缔约方全体应当立即进行研究，向有关争议方提出建议或作出相应裁决。如有必要，缔约方全体还就此问题与缔约各方、联合国经社理事会及有关的国际组织进行协商。缔约方全体认为情势已经严重到足够有理由采取行动时，可以批准争议缔约方按照其实际受损情况对有关缔约方暂停履行总协定规定的义务，以补偿利益损失。

2. 对 GATT 争端解决机制的评价

GATT 的争端解决机制在促进国际贸易领域的法治、抑制国际贸易靠"权力型外交"运作并将其引导入"规则型法律轨道"，尤其为广大发展中国家提供了较大的保障及在解释 GATT 规则方面发挥了积极的作用。但是 GATT 争端解决机制本身也存在着明显的缺陷，主要表现是：机制欠缺一个较清晰全面的争端解决程序规则，现有的争端解决程序之间内部缺乏协调性；机制缺乏明确的程序期限，许多案件多年未解决，效率低下；协商一致的决议方法容易导致拖延甚至阻挠争端进程，减损了专家小组的办案效率和权威性；总协定的管辖权有限，其仅适用于有关货物贸易方面的争端，无法应对发生在服务贸易、知识产权等国际贸易新兴领域的争端；缺乏监督生效的专家小组裁决执行情况的程序，对败诉国执行裁决的期限也没有明确的规定，造成生效裁决可能得不到执行的后果；总协定的实体法规混乱等。

11.3.2 WTO 争端解决机制的特点和内容

1. WTO 争端解决机制的特点

（1）实行"反向协商一致"的决策原则

GATT 争端解决机制所实行的决议方式是"全体一致同意"，即有关专家小组的报告书只有全体一致同意时，方可通过。而 WTO 争端解决机制所实行的却是"反向协商一致"的通过方式，只要不是全体一致反对，该特定提案就视为通过，这样极大地提高了争端解决的速度和效率。

（2）单一争端解决机制的确立

WTO 现行的争端解决机制是 WTO 最后文件的一部分，对其缔约方均具有约束力。而 GATT 争端解决机制则对其成员方并不具有约束力，仅由成员方选择使用，并不自动适用于全体缔约方。而且，GATT 争端解决机制也比较分散。例如，在东京回合达成的反倾销协定等规则规定了各自独立的争端解决程序。WTO 争端解决机制将该组织项下各协议的争端解决统一起来，所涉及的争端不仅包括传统上的货物贸易，还包括知识产权保护和服务贸易引起的争端。

（3）"交叉报复"概念被引入争端解决机制

当利益受损方没有得到对方的补偿时，争端解决机构可下令中止利益受损的缔约方作出的减让或本协议的其他义务。中止的减让可以针对受损害的部门，也可以跨部门。但是，只有当利益受损方认为在同一协议的同一部门采取中止减让或其他义务并不实际可行或有效的时候，才可以跨部门进行报复。交叉报复机制对 GATT 第 23 条有控制的允许报复的规则作了适度的放宽，它通过对不执行裁决行为的严厉处罚，极大地保障了争端解决机制裁决的法律效力，维护了 WTO 的权威性。

（4）专门设立的争端解决机构

WTO 设立了专门的争端解决机构，以解决世贸组织各协议下产生的争端。WTO 设立的争端解决机构包括专家小组和常设上诉机构，他们对有关案件所作的裁定和建议发挥职能作用，并负责监督有关裁定和建议的实施。从司法解决程序的合理性和完备性来说，上诉机构在防止专家小组断案可能出现的失误、偏差或不公方面发挥着积极的作用，因此它的设立是完全有必要的。上诉报告一经争端解决机构通过，争端双方就应无条件接受，这样大大加强了 WTO 争端解决机制的"司法化"特征。

（5）程序有明确的时间限制

对各项程序，WTO 争端解决机制都有明确的时间表，如自专家小组建立之日起至专家小组作出报告之日止，该期限不得超过 9 个月，如被上诉，则不得超过 12 个月。WTO 争端解决机制建立的监督执行的规则和程序，相对于 GATT 争端解决机制中规定的在"合理期限内"完成所造成的案件久而未决的情况来看，它为争端的解决和执行提供了较为可靠的保证。

2. WTO 争端解决机制的内容

1）WTO 的争端解决机构

（1）概述

根据乌拉圭回合达成的《谅解书》于 1995 年设立争端解决机构（Dispute Settlement Body，DSB），该机构是 WTO 在管理争端解决活动方面的一个创新。争端解决机构的主要职责是：成立专家小组、建立常设上诉机构；通过或否决专家小组和上诉机构的争端解决报告；对建议和裁决的执行进行监督；当有关成员不遵守裁决时，经申请授权进行报复。

（2）世界贸易组织秘书处

根据《谅解书》第 27 条，WTO 秘书处在争端处理方面有辅助职责，职责主要包括以下三项：第一，秘书处有责任向专家小组提供文秘、技术支持、处理争端的资料等帮助，以协助专家小组的工作；第二，发展中国家成员方遇到贸易争端并提出请求时，秘书处应为其提供一名来自 WTO 技术合作署的合格法律专家，以提供法律帮助和咨询；第三，秘书处应为有兴趣的 WTO 成员方举办争端解决规则和程序的培训班。

（3）专家小组

专家小组是根据个案情形临时成立的，具有独立性。小组成员一般为各争端当事方的公民，但他们并非代表其所在政府，而是以个人身份提供服务。专家小组的主要职责是协助 WTO 争端解决机构履行《谅解书》和有关协议所赋予的责任，就其所受理的争端作出客观的评价，提交相应的报告，同争端当事方进行磋商，使得各方达成满意的解决方案，提出有助于争端解决机构制定各项建议或者作出有关协议所规定的裁决的调查材料。专家小组应遵守《谅解书》规定的工作程序在 6 个月内提出报告，在紧急情况下应在 3 个月内提出报告，如有特殊情况，上述期限可以延长，但最长不得超过 9 个月。在争端解决程序中，专家小组既审查案件事实又审查案件所适用的法律。

（4）上诉机构

上诉机构与专家小组的临时性不同，它是常设性的。常设上诉机构负责解决专家小组报告中涉及的法律问题及专家小组所作出的法律解释，可以维持、变更或撤销专家小组的法律裁决和结论。上诉案件由上诉机构 7 名中的 3 人组成上诉庭审理。上诉机构定期举行会议，讨论争端解决的政策、做法和程序事项，以保证决策的一致性和连贯性，吸收个人和集体的专长。

(5) 世界贸易组织总干事

根据《谅解书》第5条，WTO总干事在特定程序中参与争端的解决。WTO总干事的主要职责有：最大限度地向各成员施加影响，要求它们遵守WTO规则；要考虑和预见WTO的最佳发展方针；帮助各成员解决它们之间所发生的争议；负责秘书处的工作，管理预算和与所有成员有关的行政事务；主持协商和非正式谈判，避免争议。

2) 争端解决机构解决的争端种类

(1) 违反性申诉

这是争端的主要类型。对于一成员方采取的违反WTO有关协定的措施，另一成员方可以向争端解决机构投诉。申诉方须证明被诉方违反了有关协议的条款，并且有直接或间接的利益因此丧失或受到损害，或该协定的目标的实现由于其他成员所采取的任何措施受到阻碍，方可向争端解决机构起诉。该申诉者可以是单方成员、多方成员及有实质利益的第三方。当一成员认为其在其他成员之间正在磋商的问题中有实质性利益，该成员可通知争端解决机构和正在磋商的成员，要求参加对该问题的磋商。如果某一第三方认为专家小组在处理某一争端时所采取的措施已经取消或损害了其根据有关协定本应获得的利益，该第三方成员可向争端解决机构起诉。该第三方只要认为其在专家小组处理的争端中具有重大利益便可通知争端解决机构并获得向专家小组说明情况的机会。但是，如果第三方对专家小组的裁决不服，它无权向上诉机构提起上诉，只能向上诉机构陈述意见和提交书面报告。

(2) 非违反性申诉

这种申诉并不针对成员方是否实施了违反WTO有关协定的措施，对于一成员方，当其认为其他成员方所采取的措施使其因协定直接或间接产生的利益丧失或受到损害，或对该协定的任何目标的实现造成了阻碍，即可向争端解决机构提出申诉。申诉方应说明为何对未违反有关协定规定的义务的措施提出申诉。但被诉方并没有取消有关措施的义务，只需作出补偿，在这种情况下，专家小组或上诉机构应建议有关成员作出相互满意的调整。

3) 争端解决制度的适用范围

乌拉圭回合协议采取的是"一揽子"形式，也就是一律按各国宪法所规定的立法程序对协议整体加以批准。因此，《谅解书》作为WTO争端解决机制的基本法律渊源，其适用范围也就是WTO争端解决机制的适用范围。根据《谅解书》第1条规定，争端解决的各项规则与程序适用于WTO成员方之间因履行以下协议所引起的涉及各成员方之间权利与义务的磋商与争端解决事项，这些磋商与争端解决事项即属于争端解决机构的受案范围：《WTO协定》、附件1A《货物贸易多边协议》、附件1B《服务贸易总协定》、附件1C《与贸易有关的知识产权协议》、附件2《谅解书》及附件4《诸边贸易协议》。

根据《谅解书》的规定，因各项多边或诸边贸易协定关于权利与义务而产生的争端同样适用《谅解书》的规则和程序，但要受到《谅解书》附件 2 中所规定的争端解决和特殊或附加规则及程序的制约，即当二者发生冲突时，因附件 2 的特殊规定属于特别法律规定，应优先适用。

4）争端解决程序

（1）磋商程序

磋商是争端解决的第一个程序阶段，是争端当事方必须采用的必经程序，是申请设立专家小组的前提条件。磋商解决争端问题是争端各当事方在磋商一致的基础上达成一致意见，有利于所达成协议的执行。但磋商事项及磋商的充分性，与设立专家小组的申请及专家小组将作出的裁定没有关系。磋商是争端解决程序的重要组成部分，《谅解书》第 4 条对其进行了具体的规定。

（2）斡旋、调解和调停程序

与磋商程序相比，斡旋、调解和调停表现出很大的灵活性。斡旋、调解和调停是基于争端当事方自愿选择的程序，争端的任何一方可以在任何时候提出或有关方同意后可随时开始、随时终止。一旦终止，申诉方可以提出设立专家小组的请求。该程序一般是在接到磋商请求之日起 60 日内进行，如果争端当事方共同认为该程序不能解决争端，申诉方则可在 60 日内要求设立专家小组。经争端各方同意，在专家小组工作的同时，仍可继续进行斡旋、调解和调停。

（3）专家小组程序

专家小组具有临时性，它仅在某一具体争端中应当事方的请求而专门设立。在磋商、斡旋、调解和调停都不能解决争端的情况下，争端一方可以书面形式向争端解决机构提交设立专家小组的申请。争端双方对其所提出的诉求或主张要承担证明责任。对于争端双方是否初步证明其诉求或主张，专家小组须在双方提交的整个证据的基础上作出决定。证据的采纳、评估及是否有效等问题，也是专家小组认定事实程序的一部分，属于专家小组的裁决范围。专家小组在审理案件的过程中，应尽量适用使各方都满意的解决办法，磋商在此阶段仍可适用。如果各当事方就争议问题达成解决办法，专家小组应提交简要陈述案件的报告给争端解决机构；如果未达成解决办法，专家小组应以书面报告形式将调查结果提交争端解决机构。报告应列明对事实的调查结果及建议、有关案件各个方面的事实陈述、有关 WTO 规则的适用性、裁定和建议的基本理由。

（4）上诉评审程序

任何争端一方对专家小组的报告有异议并将上诉决定通知争端解决机构或争端解决机构一致反对采纳专家小组的报告时，则产生上诉评审程序。任何争端方都可以在专家小组报告发布后的 60 天内向上诉机构提起上诉。上诉机构只审查专家小组报告中的法律问题和专家小组所作的法律解释，并只对上诉问题进行审查。上诉机构有权确认、修改或推翻专家小组的调查结果和结论，但无权将案件发回专家小组重新审理。上诉机构应在合理的期限内作出报告，报告应由争端解决机构决定是否通过。报告一经通过即产生约束力，争端各当事方应无条件地接受。

(5) 仲裁

仲裁是一种运用十分广泛的争端解决方法。根据《谅解书》第 25 条的规定，仲裁已被确认为一种可供选择的争端解决方法，专门用于解决双方对某些界定了的问题的争端，只要双方当事人达成一致的仲裁协议，在争端发生后的任何阶段，均可直接提交仲裁，并将仲裁裁决通知争端解决机构和有关理事会或委员会。

对于仲裁，《谅解书》第 21 条、第 22 条还作了相关规定，对执行争端解决机构通过的建议和裁决的"合理期限"无法达成协议时，应由仲裁予以确定；在有关成员对减让程度提出异议或指控实施中止减让方未遵守有关原则和程序时，则该事项也应提交仲裁。

根据《谅解书》第 21 条第 3 款的规定，一般案件在不超过 15 个月的执行期限的情况下，具体的执行期限完全取决于每个案件的具体情况。至于如何确定该"合理期限"，该条仅规定了三种可供选择的方式：第一，由败诉方提出一个具体的执行期限交由争端解决机构批准；第二，由争议双方在专家组和上诉机构的报告通过后 45 天内共同约定一个期限；第三，由仲裁员在 90 天内决定此项期限。在实践中，这三种确定执行期限的方式通常是依次进行的。首先，如果胜诉方对于败诉方提出的执行期限没有异议，经争端解决机构批准后即可作为执行专家组或上诉机构建议或裁定的合理期限。其次，如果胜诉方对于败诉方提出的执行期限有异议，他们则可以在报告通过后 45 天之内共同达成一个合理的执行期限。一般而言，从胜诉方的角度看，此项执行期限当然越短越好；而在败诉方看来，此项期限越长越好，如果第 21 条没有规定 15 个月的执行期限，败诉方可能提出 5 年或者 10 年的执行期限。例如，在"日本酒税案"中，专家组和上诉机构均认定日本对进口酒的征税违反了 GATT 第 3 条关于国民待遇的要求，建议日本对其相关法律进行修订。美国提出了 5 个月的执行期限，日本则提出了 5 年的执行期限。由于双方当事人在执行期限的问题上差距太大，无法就此达成一致，于是将此争议提交仲裁员解决。仲裁员在听取了双方当事人的意见后认为，对于美国、日本所列举的种种"特殊情况"，他均不能被说服。因此该仲裁员认定，15 个月的期限是合理的。因此，对执行争端解决机构通过的建议和裁决的"合理期限"无法达成协议时，应由仲裁予以确定。

《谅解书》中明确规定的仲裁解决的另一事项，就是败诉一方在上述合理的时间内，对与世贸规则不符的措施加以纠正的条件下，胜诉一方可以对其采取的中止减让或赔偿等报复性措施所涉及的合理金额问题。胜诉方要求采取的中止减让或作出赔偿的金额与败诉方往往很难达成一致；前者提出的金额往往大大高于后者所期待的金额。在双方在此问题上不能达成一致的情况下，可以依据第 22 条第 6 款的规定将此争议提交仲裁解决。

（6）裁决的实施

专家小组的报告的建议内容大多为要求违反 WTO 协议规定的被诉国停止其违反行为，被诉方应在合理时间内履行争端解决机构的裁定和建议。实施方式是优先采取修改或废除被裁定与 WTO 规则不符的措施，若此措施不可行，经申诉方要求，被诉方可以自愿对申诉方提供补偿。争端解决机构应对批准的专家小组裁决报告或复审报告的执行进行监督。在确定合理履行期限后的 6 个月内，若争端仍未解决，有关裁决的执行问题将列入争端解决机构会议的议事日程。

（7）补偿与减让的中止

若被诉方未在合理期限内执行裁定和建议，当事方可以通过磋商的方式达成切实可行的补偿方案。若未能达成令人满意的补偿协议，则任何当事方可请求争端解决机构授权其中止对有关成员方继续履行其承诺的减让或其他义务。争端解决机构授权的减让或其他义务的中止程度应与申诉方所受到的损害相等，如果有关协议规定禁止此类中止，则争端解决机构就不能授权这些减让或其他义务。

11.3.3 中国对 WTO 争端解决机制的利用

中国自 2001 年加入 WTO 后就有权利用 WTO 争端解决机制，在多边条件下解决我国与 WTO 其他成员之间的贸易争端。在中国入世第一案——中美钢铁保障措施案中，中国作为原告，运用 WTO 争端解决机制维护了本国利益。

2002 年 3 月，当美国宣布对进口到美国的钢铁采取保障措施后，直接影响到我国出口到美国的钢铁，对我国在世贸组织规则项下的利益产生不利影响。中国政府根据 WTO 保障措施的有关规定，于 2002 年 3 月 14 日向 DSB 提出就美国 201 钢铁保障措施与美国进行磋商。3 月 26 日，我国政府常驻日内瓦代表团正式提出就美国所采取的违反 2002 年世贸组织规则的保障措施与美国进行磋商，由于在规定的期限内未能解决争议，于是向 DSB 提出了设立专家组的请求，DSB 于 2002 年 4 月 2 日正式立案。在此期间就美国实施的钢铁保障措施在 DSB 提出起诉的还有欧盟、日本、韩国、瑞士、挪威、巴西、新西兰七个国家。对于中国政府在与美国政府就美国钢铁保障措施进行的双边磋商中提出的要求，美方未能在合理的期限内作出明确答复，我国驻 WTO 代表团于 2002 年 5 月 17 日（日内瓦时间）向 WTO 货物贸易理事会递交了中国对美国部分产品中止减让产品清单，清单中包括自美国进口的部分废纸、豆油和电动压缩机。中国将在 WTO 争端解决机构最终裁决美国 201 钢铁保障措施违反 WTO 有关协议后，对来自美国的上述产品加征 24% 的附加关税，加征后的关税额为 9 400 万美元。5 月 27 日，中国正式向 WTO 请求设立专家组。WTO 于 6 月 24 日设立本案中国专家组。后根据 WTO 的有关规定，争议各方进行协调，由同一专家组审理中国、欧盟、日本、韩国、瑞士、挪威、新西兰和巴西 8 方提出的请求。

2003年11月10日，上诉机构认定美国的钢铁保障措施与1994年关贸总协定和WTO保障措施不符，应予纠正。

11.3.4 对WTO争端解决机制的评述

WTO争端解决机制是在经济全球化背景下，由GATT发展而来的一种崭新的制度。WTO争端解决机制的司法化特征更加明显，其设立了专门争端解决机构，规定了强制管辖权，程序时限明确，增加上诉程序，加大了裁决的执行力度，有效地解决了争端久拖不决的情况，表现出WTO争端解决机制具有很高程度的统一性。更为重要的是，WTO争端解决机制对其成员均有约束力，为成员方解决政府间贸易争端的强制性、排他性提供了合法渠道。虽然专家小组和上诉机构所作出的报告不具有严格的先例效力，但是他们在争端解决过程中就相关协议的适用所作出的具体解释，已经成为争端当事方而后援引的证据。从WTO争端解决机制运行的情况看，世贸组织争端解决机制日益赢得尊重。

虽然现有争端机制比GATT争端解决机制有了很大的进步，但是它依旧存在着不足。首先，关于"反向协商一致"通过原则。全体一致否决的通过制度虽然大大提高了争端解决的速度和效率，但却可能使争端解决所遇到的障碍由报告的通过阶段转移到执行阶段，这仍可能使问题久拖不决，没有从根本上解决争端。其次，关于争端解决期限。在WTO争端解决机制中对争端的解决期限作了限定，但是这些限定并不都符合实际，特别是在涉及反倾销和反补贴等方面的问题，这些问题需要进行专门的调查，当遇到复杂的技术问题时很难在规定的期限内解决。再次，关于上诉机构的审查范围。按照《谅解书》的规定，应贯彻"司法经济"原则，上诉机构的审查范围限于对专家小组报告中涉及的法律问题和所作的法律解释，即上诉审查应仅针对上诉人要求复审的法律问题。但在实践中，上诉机构可以对争端当事方均未提出上诉的专家小组报告中的法律问题进行审查，只要该问题与争端解决有密切联系，这和"司法经济"原则是不相符的。由于《谅解书》和上诉机构工作程序对事实问题和法律问题没有明确的区分，二者在实践中也不能截然分开，因此在个别案件中上诉机构仍然保留了对"明显错误"视为法律问题从而进行审查的权利。最后，关于专家小组或上诉机构的法律解释。专家小组和上诉机构的法律解释是仅针对个案当事人具有约束力的。对WTO法律体系作最终权威解释的权力归属部长级会议和总理事会，专家小组或上诉机构不拥有一般意义上的解释权。WTO协定对此缺乏明确的程序规定，使得争议解决机构可以将对相关协议的解释问题转移给部长会议及总理事会处理，以便使这种解释获得普遍的权威性和遵从力。WTO对专家及上诉机构所作的法律解释缺乏有效的回应，这不能不说是一个明显的程序缺陷。此外，WTO《谅解书》没有明确规定上诉机构可以对专家小组审理中的程序性错误进行复审。

11.4 国家与他国国民之间投资争议的解决

11.4.1 国际投资争议概述

国际投资争议是泛指各种投资主体在各种投资过程中发生的争议。国家与他国国民之间的投资争议是国际投资争议的一种。实践中，国际上通常所述或关注的国际投资争议，是指国家（政府或其机构）同外国私人投资者（自然人或法人）之间因私人投资，主要是直接投资问题而发生的争端。

1. 国家与他国国民之间投资争议的种类

国家与他国国民之间的投资争议以其产生的原因不同，可分为以下两类。

（1）基于契约而产生的争议

外国私人投资者在东道国投资通常是通过与东道国政府或其机构订立契约的方式，双方在契约中确定权利义务，并依此履行。但在履行过程中，双方可能会因对契约的解释、执行，或因东道国单方面修改、废除契约而发生争议。

（2）非直接基于契约而产生的争议

在东道国政府或其机构同外国私人投资者之间不存在投资契约的情况下，或是投资契约关系之外因其他原因发生争议。如国有化引起的争议、东道国政府管理行为引起的争议、东道国国内的政治动乱引起的争议和投资者违反东道国法律引起的争议等。

2. 国家与他国国民之间投资争议的特点

（1）争议的主体特殊

从主体的法律地位来看，与具有平等法律地位的国家、国际组织之间的争议或不同国家私人之间的争议不同，投资主体双方的法律地位是有差别的。一方为国家，另一方为外国私人投资者，二者在是否享有主权及与此有关的豁免问题上有很大的差异。按照国际法上的国家主权原则，国家可以制定和修改法律，并享有司法豁免权，而一般的国民则无此权力，他们对国家制定的法律必须遵守。在处理这种具有不同法律地位的主体之间的争议时会遇到许多独特的问题，如应采用何种方法，使用何种法律，外国私人投资者在国际法庭中有无申诉权，以及如何执行国际法庭裁判国家败诉的决定等。

（2）争议涉及的问题特殊

从争议涉及的问题来看，一方面投资争议涉及投资者位于东道国境内的财产权、对企业的控制权等既得权利；另一方面又涉及东道国对本国境内的外国投资的管理权和征收权、对自然资源的控制权等主权权利和国民经济利益，同时又可能涉及东道国保护外国投资者的国际义务。可见，投资争议涉及的问题通常关系到双方的重大甚至是根本利益，显然不同于一般的国际经济贸易争议。

(3) 争议引起的特殊后果

从争议引起的后果来看，投资争议虽然发生在东道国国家和外国私人投资者之间，但在争议解决过程中却常把资本输出国政府卷入进来。外交保护权常被资本输出的发达国家作为介入投资争议的借口。由于资本输出国的介入往往导致国家同私人之间的投资争议上升为国家与国家之间的争议，引起国家之间的矛盾和冲突，进而使投资争议政治化、复杂化。

11.4.2 国家与他国国民之间投资争议的解决方法

从实践来看，解决国家与他国国民之间投资争议的方法主要有以下五种。

(1) 协商谈判

对于契约性的争议，协商谈判这种争议解决方法可以规定在政府与外国投资者订立的特许协议中。对于非契约性的争议，外国投资者也可与政府管理机关进行谈判。这种方法是解决投资争议的好方法，也是各国倡导的最普遍的解决投资争议的方法之一。同时，它具有手续简便、灵活、节省时间和费用的特点。但在双方立场严重对立时，没有多少妥协意愿时，协商谈判的方法难以成功。此外，在双方讨价还价能力不平衡时，谈判结果的公平性是难以保障的。

(2) 东道国当地救济

即外国投资者可将争议提交东道国的司法机构、行政机构或仲裁机构中，依照东道国的程序法和实体法寻求救济，解决争端。其中阿根廷著名国际法学家卡尔沃（Carlo Calvo）提出的关于国际投资争议应当由东道国法院管辖，用尽当地救济，反对外交干预的主张，就是典型代表。

这种救济方法虽然有很强的法理依据，而且作为东道国的发展中国家都倾向于优先适用该方法，但在投资实践中，外国投资者及其母国常对东道国法律制度的公平性心存疑虑，认为发展中国家法律不健全，司法缺乏独立性，解决争议时有可能偏袒本国利益，尤其当被告是东道国政府或政府机构时。因此，他们一般不愿意将自己的争议交给东道国当地的司法、行政或仲裁机构处理。

(3) 第三国法院诉讼

这种解决方法主要是指由外国投资者单方面在东道国以外国家的法院对东道国提起诉讼，以求获得对己有利的解决结果。但在实践中可能遇到诸如国家主权豁免、国家行为学说、外国主权强制等种种强有力的抗辩，而且这种方式往往涉及判决难以得到东道国的承认与执行的问题。

（4）外交途径

即外交保护，是指由投资者本国代表投资者通过外交途径向东道国提起国际请求，两国政府之间或是通过外交谈判，或是通过仲裁，或是通过国际司法诉讼解决。外交保护的特点是不需要投资者本人参加，直接由两国政府决定解决。但外交保护方法的利用必须具备两个前提条件：投资者在争议发生至外交保护时具有连续的本国国籍，另外投资者须已用尽当地救济。

这种方法容易激发东道国和外国私人投资者母国之间的矛盾，也容易导致投资者母国即资本输出国强权政治的滥用，往往使外交保护变成"以强凌弱"的工具。在实践中，常因为外国私人投资者将争议交由母国政府通过外交保护的方式处理，使得争议的解决进入了国际法领域，外国私人投资者从此失去了对争端解决的控制，其母国从此成为案件的唯一请求人。因此，除非在东道国拒绝司法或拒绝执行国际仲裁裁决等特殊情形下，外交保护方法的使用应当受到限制。

（5）国际仲裁

这种方法是基于当事人自愿，其前提是存在将争议提交仲裁解决的仲裁协议。国际仲裁包括一般的国际商事仲裁和专门的投资仲裁。国际商事仲裁解决的是不同国家的投资者之间的争议，对于国家与外国投资者之间的争议，往往因为涉及国家的主权豁免而无能为力，但根据1965年华盛顿《解决国家与他国国民投资争端公约》设立的解决投资争议国际中心，就是为了为通过仲裁方式解决国家与外国投资者之间的争议提供便利。

11.4.3 解决投资争议国际中心（ICSID）

1. ICSID 的产生背景

长期以来在解决投资者与东道国政府间的投资争议方面存在着激烈的斗争和冲突，并导致国家间的经济关系甚至政治关系恶化。一般情况下，发展中国家倾向于通过本国当地救济或由发展中国家创设的仲裁机构解决投资争议，反对外交保护和外国法院诉讼，作为主权国家，亦不愿接受一般仲裁机构仲裁；而发达国家及其投资者却不信任东道国当地救济的公正性，主张通过其他方法解决投资争议。在实践中，为了缓和东道国与投资者之间产生的矛盾，优化投资环境，促进经济全球化的发展，在世界银行的支持下，于1965年缔结了《解决国家与他国国民之间投资争端公约》，简称《华盛顿公约》（以下简称《公约》）。《公约》于1966年10月14日生效，同时根据《公约》设立了"解决投资争议国际中心"，简称ICSID。目的是为此类争议提供一个争议解决的场所。我国于1990年2月9日签署了公约，1993年1月7日递交了批准文件。我国在交核准书时通知中心，中国仅考虑把由征收和国有化而产生的有关补偿的争议提交中心管辖。

2. ICSID 行使管辖权的必要条件

根据《公约》第 25 条的规定，争议当事人如欲将有关争议提交 ICSID 调解或仲裁，必须同时具备以下三个条件：争议当事人分别是《公约》的缔约国（或该缔约国指派到 ICSID 的该国的任何下属单位或机构）和另一缔约国国民；有关争议是直接因投资而产生的法律争议；争议当事人书面同意将争议提交 ICSID 管辖。因此，ICSID 行使管辖权必须同时满足三个必要条件：争议当事人适格、争议性质适格、争议当事人同意。

（1）争议当事人适格

《公约》将 ICSID 的对人的管辖权进行了限定：争议当事人的一方必须是缔约国国家（或其派到 ICSID 的任何下属单位或机构），另一方是另一缔约国的私人投资者。其目的在于：把缔约国和缔约国之间的争端、缔约国与非缔约国之间的争端、缔约国各方国民之间的争端及缔约国与其本国国民之间的争端，排除在 ICSID 的管辖权之外。但《公约》第 25 条第 2 款第 2 项又作了特殊规定：如果某法律实体与缔约国具有相同的国籍，但由于该法律实体直接受到另一缔约国利益的控制，如果双方同意，为了公约的目的，该法律实体也可被视为另一国国民。

（2）争议性质适格

根据《公约》第 25 条的规定，争议必须是直接因投资而产生的法律争议。这一规定包括两个条件：争议必须是法律争议，纯粹的利益争议不受理；争议是直接因投资而产生。但《公约》对其中的"投资"和"法律争议"未下明确的定义。从实践的效果看来，无论是传统类型的投资，还是现代类型的投资，无论是直接投资，还是间接投资，包括一些特定的交易如交钥匙契约、工程契约、管理契约及技术契约等都纳入到了中心的管辖范围中。

（3）争议当事人同意

根据《公约》第 25 条的规定，ICSID 对某一特定的投资争议享有管辖权的第三项条件是，该项争议经双方书面同意提交给 ICSID，并且当事人双方一旦作出书面同意，就不能单方将其所作的同意撤回。但是缔约国加入《公约》的行动并不当然代表同意，即缔约国对《公约》本身的批准、认可，或同意某类争议提交 ICSID 管辖的通知等行为，不能认为是对具体案件交付 ICSID 的同意。《公约》进而又规定，缔约国对于其本国国民和另一缔约国根据《公约》已同意提交或已提交仲裁的争议，不得采取外交保护或提出国际要求，除非该另一缔约国未能遵守和履行对此项争议所作出的仲裁裁决。根据 ICSID 执行董事会的报告，当事人各方同意是 ICSID 管辖的基石。

3. ICSID 解决争议的法律适用

《公约》对于仲裁应适用的程序性规则作了详细的规定，但适用的法律则是一个长期争论不休的理论和实践问题。《公约》规定仲裁庭应当首先适用双方协议一致所选择的法律；如果未选择，可适用争议国家一方的国内法（包括冲突法）和可适用的国际法规则。而且，即使在上述情况下，并不妨碍仲裁庭依据公平正义原则就争议作出裁决的权力。因此，就法律适用的原则分析，公平正义是法律适用时首先应当考虑的，它是属于第一等级的；争议双方约定的法律规则是第二等级的；争议一方国内法及有关的国际法是第三等级的。

(1) 当事人特别同意的公平正义原则

根据《公约》第42条的规定，当事人无论是在有法可依或无法可依，或法律规定不明的情况下，均可授权仲裁庭根据公平正义原则进行裁决。公平正义原则是指仲裁庭经双方当事人同意，可以不依照法律规定，而根据其他合理的标准作出具有拘束力的裁决。公平正义原则主要取决于仲裁员的个人意志，具有很强的自由裁量性，很可能造成实际上偏袒一方的结果。但该原则必须以当事人双方同意为前提，这可以限制仲裁庭对该原则的滥用，即双方未授权时，仲裁庭就只能严格适用法律规则进行裁决。

(2) 当事人意思自治原则

《公约》第42条明确规定了当事人意思自治原则。该规定包括两方面含义：一是当事人享有选择准据法的权利；二是仲裁庭必须尊重当事人的这种选择，即有义务适用当事人所选择的法律。从实践来看，大多规定适用东道国的法律。当然，当事人还可适用国际法或"一般法律原则"。

(3) 当事人未选择法律的补充规则

《公约》第42条规定，若当事人没有选择法律的协议，"仲裁庭适用作为争议当事国的法律（包括它的法律冲突规范）及可适用的国际法规范"。某些学者对这一规则给予高度评价，总结出它具有两个优势之处：第一，在当事人缺少法律选择的情况下，它避免了一般国际商事仲裁机构适用法律的不确定性，有助于使当事人预先知道他们的争议将适用特定的法律制度来处理，因而能起到鼓励当事人利用ICSID的作用。第二，它一方面提供了适用东道国法的可能性，反映了发展中国家的观点；另一方面又提供了适用国际法的可能性，对私人投资者又是一种刺激，这样，两种关于仲裁适用法律的观点在ICSID仲裁体制中获得了平衡。① 但也有学者指出，所谓"在投资者利益和东道国利益之间保持了一种精心考虑的平衡"，这种"平衡"其实就是妥协调和的"美称"……在处理投资争议中，东道国法律和国际法这两种法律规范，究竟何者应占优越地位，何者应是最高准据，仍是表述不明、易生歧义的问题。②

(4) ICSID仲裁裁决的承认与执行

ICSID所作裁决在各缔约国获得承认与执行是《公约》机制的重要内容。原因是ICSID仲裁庭就外国投资者与东道国之间关于投资的争议作出裁决后，解决了争议本身

---

① 捷利安. 投资契约与仲裁. 1975；109~116.
② 陈安. ICSID评述. 厦门：鹭江出版社，1989：38.

的是非曲直问题及各当事方的权利和责任问题，但争议的最终解决和当事人权益的最后实现还有赖于裁决的承认与执行，它是仲裁程序的必然延伸，故有人将其称为争议的"第二次解决"。

对于 ICSID 仲裁裁决的承认与执行，《公约》作了相关规定。根据《公约》第 53 条的规定，仲裁双方应受裁决的约束，应严格遵守并履行裁决。这一规定使双方当事人有遵守和履行裁决的义务。根据《公约》第 54 条的规定，每一缔约国应承认 ICSID 仲裁裁决具有约束力，并应把它视为本国法院最终判决一样加以承认和执行，不得对裁决进行审查或拒绝承认与执行；各缔约国执行裁决的范围限于在其领土履行该裁决所加的财政义务；对裁决的执行，受执行国关于执行裁决的现行法律的管辖。这一条明确规定了每一缔约国都负有承认和执行裁决的义务。

(5) ICSID 投资争议解决机制的评述

《公约》及 ICSID 机制的建立，在一定程度上缓和了发达国家与发展中国家在涉及投资者与东道国之间纠纷所引起的紧张关系，并为改善发展中国家的投资环境创造了条件。但是，从本质上说，《公约》既是发达国家与发展中国家相互矛盾的产物，又是相互妥协的产物。一方面，发达国家的私人投资者可基于《公约》将本来属于东道国管辖的争议转移至 ICSID 管辖，该公约为外国投资者指控一个主权国家提供了国际法上的依据。另一方面，发展中国家同意在一定条件下将本国政府与外国投资者之间的投资争议交付 ICSID 管辖，属于对本国主权权力作出必要的限制。对发展中国家而言，参加《公约》并不意味着当然放弃本国的管辖权，它更多地体现出一国愿意变化投资者利益的决心，有利于创造一种良好的投资气氛。

练 习 题

一、单项选择题

1. 解决国际经济争议的最重要的非诉讼方式是（　　）。
   A. 协商　　　　B. 调解　　　　C. 仲裁　　　　D. 诉讼
2. 下列哪项不是商事仲裁的特征（　　）。
   A. 自愿性　　　B. 专业性　　　C. 独立性　　　D. 任意性
3. 1965 年《解决国家和他国国民间投资争端公约》是在（　　）主持下制定的，根据公约设立了"解决投资争议的国际中心"。
   A. 国际货币基金组织　　　　　　B. 国际清算银行
   C. 世界银行　　　　　　　　　　D. 联合国贸易法委员会
4. 下列关于"解决投资争议国际中心"管辖权的选项哪一项是不正确的？（　　）
   A. 争议双方当事人为同一缔约国的国民

B. 争议必须是直接产生于投资的法律争议
C. 双方当事人必须书面同意将争议提交中心管辖
D. 一旦双方当事人将争议交付中心，原则上即排除了投资者本国的外交保护权

5. 关于WTO的争端解决程序，下列表述哪一个是错误的？（   ）
   A. 磋商是申请设立专家组的前提条件
   B. 提出磋商请求日起60天内磋商没有解决争端时，申诉方才可以申请成立专家组
   C. 无论是申诉方还是被诉方，对其所提出的诉求或主张，都承担证明责任，即谁主张谁举证
   D. 在专家组报告发布后的30天内，任何争端方都可以向上诉机构提起上诉。

二、多项选择题

1. 以下哪些属于处理国际经济争议的国际法规范？（   ）
   A. 《日内瓦公约》
   B. 《民事诉讼程序公约》
   C. 《承认与执行外国仲裁裁决公约》
   D. 《解决国家与他国国民间投资争议公约》

2. 关于国际商事仲裁协议，正确的表述有（   ）。
   A. 可以是合同中订立的仲裁条款
   B. 可以是以其他书面方式在纠纷发生后达成的请求仲裁的协议
   C. 与合同共同存在，不可分离，无独立效力
   D. 具有相对独立性

3. 我国于1986年加入承认和执行外国仲裁裁决的《纽约公约》。在加入时，我国作了如下哪几项保留（   ）。
   A. 互惠保留   B. 公共秩序保留
   C. 商事保留   D. 反致保留

4. 下列哪些是WTO争端解决机制中的方法（   ）。
   A. 调停   B. 斡旋   C. 专家组报告   D. 上诉

5. 根据《公约》，有关争议提交ICSID管辖时，下列说法正确的是（   ）。
   A. 提交ICSID管辖的争议必须采取仲裁的方式
   B. ICSID仲裁时只能适用东道国法律
   C. ICSID的仲裁裁决是终局的
   D. ICSID的仲裁裁决不仅约束当事人双方而且对所有缔约国都有约束力

三、思考题

1. 解决国际经济争端的方式有哪些？
2. 国际商事仲裁的特点是什么？

3. 简述仲裁协议的意义。
4. 试述 WTO 争端解决机制的主要内容。
5. 试述国家与他国国民之间投资争议的解决方式及其利弊。

四、案例分析题

1. 甲国环保局从 2010 年 1 月 1 日起实施新的汽油规则，针对国产汽油适用单独基线标准，而对于进口汽油则适用固定基线标准。2010 年 3 月 25 日和 2010 年 5 月 19 日，甲国的传统石油贸易国乙国和丙国分别向 WTO 争端解决机构（DSB）提出申诉，指责甲国违反 WTO 基本原则，对其向甲国的出口造成了损害。WTO 争端解决机构于 2011 年 5 月 20 日通过了上诉机构报告及经上诉机构报告修正的专家组报告，对乙国和丙国就甲国的汽油规则提出的申诉作出最后的裁决，要求甲国修改其不符合 WTO 的国内法规定。请回答：

(1) WTO 中，哪个机构行使争端解决机构的职能？
(2) 根据 WTO 的争端解决机制，专家组应该如何建立？
(3) 专家组和上诉机构都是常设的吗？
(4) 如果甲国拒不修改其汽油规则，乙国和丙国可以采取什么救济措施？

2. 英国和埃及均为《解决国家和他国国民投资争端公约》成员。英国 W 公司与埃及政府开办的 E 公司订立了为期 25 年的由英国 W 公司租赁经营埃及政府开办的 E 公司拥有的尼罗河酒店合同。在履约中，W 公司认为，E 公司提供的酒店不能达到合同规定的条件，扣付部分租金，E 公司遂撤除了依约应提供的酒店安全保卫，双方矛盾激化。2010 年 4 月，E 公司派 150 人冲进酒店，宣布没收该酒店，所有人员离开。后又将 W 公司派驻该酒店的经理人员押解出境。W 公司向 ICSID 提请仲裁，要求埃及政府赔偿 6 000 万美元损失。经查，在双方签订租赁协议时，英、埃政府间有投资保护协议，规定两国应相互给予对方的外国投资安全保障，如为公共利益有必要实行国有化征收，应给予外国投资者充分和有效的补偿。租赁协议规定，如发生争议，各方同意交 ICSID 仲裁。

请结合该案，说明该案件属于 ICSID 管辖范围的理由。

参 考 文 献

[1] 侯淑波. 国际货物贸易法. 北京：法律出版社，2003.
[2] 余劲松，吴志攀. 国际经济法. 3版. 北京：北京大学出版社，2009.
[3] 余劲松. 国际投资法. 北京：法律出版社，1997.
[4] 王传丽. 国际贸易法. 4版. 北京：法律出版社，2008.
[5] 王传丽. 国际经济法案例分析. 北京：高等教育出版社，2008.
[6] 王传丽. 国际经济法. 北京：高等教育出版社，2008.
[7] 姚梅镇. 海外投资法律实务. 北京：法律出版社，1993.
[8] 姚梅镇. 国际经济法概论. 武汉：武汉大学出版社，2004.
[9] 冯大同. 国际贸易法. 北京：北京大学出版社，1995.
[10] 赵承璧. 国际贸易统一法. 北京：法律出版社，1998.
[11] 白映福，黄瑞. 国际技术转让法. 武汉：武汉大学出版社，1995.
[12] 赵学清，邓瑞平. 国际经济法学. 北京：法律出版社，2005.
[13] 杨树明. 国际经济法学. 北京：中国检察出版社，2002.
[14] 李浩培. 国际民事程序法概论. 北京：法律出版社，1996.
[15] 张潇剑. 国际民商事及经贸争端解决途径专论. 北京：北京大学出版社，2003.
[16] 程德钧. 国际贸易争议与仲裁. 北京：对外经济贸易大学出版社，2002.
[17] 刘笋. WTO法律规则体系对国际投资法的影响. 北京：中国法制出版社，2001.
[18] 曹建明，陈治东. 国际经济法专论（第四卷）. 北京：法律出版社，2000.
[19] 史晓丽. 国际投资法. 北京：中国政法大学出版社，2005.
[20] 陈安. 国际经济法概论. 北京：中国政法大学出版社，2002.
[21] 杨紫烜. 国际经济法新论：国际协调论. 北京：北京大学出版社，2000.
[22] 程德钧. 国际惯例与涉外仲裁. 北京：中国青年出版社，1993.
[23] 吴志忠. 国际经济法. 北京：北京大学出版社，2008.
[24] 王新奎，刘光溪. WTO争端解决机制概论. 上海：上海人民出版社，2001.
[25] 张国平. 外商直接投资的理论与实践. 北京：法律出版社，2009.
[26] 曾华群. 国际投资法学. 北京：北京大学出版社，1999.
[27] 曹建明，丁伟. 海外投资法律问题比较研究. 上海：华东理工大学出版社，1996.

[28] 丁伟. 国际投资的法律管制. 上海：上海译文出版社，1996.

[29] 汤树梅. 国际经济法案例分析. 北京：中国人民大学出版社，2000.

[30] 王贵国. 世界贸易组织法. 北京：法律出版社，2003.

[31] 杨斐. WTO服务贸易法. 北京：对外经济贸易出版社，2003.

[32] 李仁真. 国际金融法学. 上海：复旦大学出版社，2004.